2024年
国家统一法律职业资格考试

大纲教材新增要点详解及配套练习

法律考试中心　组编

法律出版社
北京

图书在版编目(CIP)数据

2024年国家统一法律职业资格考试大纲教材新增要点详解及配套练习 / 法律考试中心组编. -- 北京 : 法律出版社, 2024

ISBN 978 - 7 - 5197 - 9039 - 4

Ⅰ. ①2… Ⅱ. ①法… Ⅲ. ①法律工作者 - 资格考试 - 中国 - 自学参考资料 Ⅳ. ①D920.4

中国国家版本馆 CIP 数据核字(2024)第078526号

2024年国家统一法律职业资格考试大纲教材新增要点详解及配套练习

2024 NIAN GUOJIA TONGYI FALÜ ZHIYE ZIGE KAOSHI DAGANG JIAOCAI XINZENG YAODIAN XIANGJIE JI PEITAO LIANXI

法律考试中心 组编

策划编辑 徐 菲
责任编辑 徐 菲
装帧设计 李 瞻

出版发行 法律出版社
编辑统筹 法律考试·职业教育出版分社
责任校对 王 丰
责任印制 胡晓雅
经　　销 新华书店

开本 787毫米×1092毫米 1/16
印张 17　**字数** 497千
版本 2024年5月第1版
印次 2024年5月第1次印刷
印刷 天津嘉恒印务有限公司

地址:北京市丰台区莲花池西里7号(100073)
网址:www.lawpress.com.cn
投稿邮箱:info@lawpress.com.cn
举报盗版邮箱:jbwq@lawpress.com.cn
销售电话:010 - 83938349
客服电话:010 - 83938350
咨询电话:010 - 63939796

书号:ISBN 978 - 7 - 5197 - 9039 - 4
定价:68.00元

编写说明

作为国家统一组织的从事特定法律职业的资格考试,国家统一法律职业资格考试的大纲和教材每年都根据现行法律以及社会热点的变动而有所变化,考试难度日益增加。那么,考试的命题思路究竟何在?我们认为,常考内容基本上有三个标准,即"综合的""常考的""新出的",尤其后两者是重中之重,只有抓住重点复习,才能事半功倍。

在《2024年国家统一法律职业资格考试大纲》和教材的修订过程中,我们与撰写大纲和教材的专家不断沟通,亲历了大纲和教材的每一点滴的改进与完善。我们了解命题人对于各个学科的调整幅度、把握各个学科的命题方向。因此,围绕统一法律职业资格考试命题思路,我们组编出版了《2024年国家统一法律职业资格考试大纲教材新增要点详解及配套练习》,希望在点明国家统一法律职业资格考试大纲、教材最新变化的同时,帮助考生破解考试的奥秘,为考生熟悉大纲和辅导用书的新增考点内容和新增法条,增强对新增考点内容和新增法条的理解和记忆。

从复习角度讲,新增考点、法条和教材修订、新增的内容都重点突出、难度不大,相对比较容易得分。可以说,只要抓住新增和修订的考点,就可以以最少的投入,获得最大的回报。

为提示考生注意,本书中新增和修订的内容(考点、法规)分别使用了"★"和"☆"加以区分。同时,本书设置以下几个栏目:

1.【本学科复习重点、难点说明】点明该学科复习的重点、难点部分,帮助考生指明该学科的复习方向。

2.【大纲变化法律法规提示】以大纲附录新增法律法规为主线,提示考生2024年大纲变化法律法规。

3.【大纲变化考点提示】提示考生注意2024年大纲变化调整的考点。

4.【教材新增要点详解】针对教材中每章每节所涉及的重要考点和2024年新修订、增加的考点,为使考生可以有针对性地进行复习,特意进行了提炼和总结,并对其中需要注意的内容用"～～～"进行了提示。

5.【大纲配套练习题】为使考生可以有对应地进行复习,在每一学科后搭配综合性练习题,帮助考生扎实基础、查漏补缺。

由于编写和出版时间紧迫,虽各位作者尽心竭力,但疏漏之处在所难免,敬请批评指正。

对明天最好的准备就是今天做到最好。衷心祝愿阅读本书的考生能够顺利通过2024年国家统一法律职业资格考试!

本书编写组

2024年5月

目　　录

习近平法治思想

法　理　学

宪　　法

中国法律史

国 际 法

司法制度和法律职业道德

刑　法

刑事诉讼法

行政法与行政诉讼法

民　　法

知识产权法

商　　法

经 济 法

环境资源法

劳动与社会保障法

国 际 私 法

国际经济法

民事诉讼法与仲裁制度

习近平法治思想

【大纲考点提示】

2024 年,本学科大纲考点无变化。

【大纲配套练习题】

1.(单项选择) 习近平总书记指出,"制度的生命力在于执行"。好的制度如果没有执行或执行不力,其优越性就会成为"空中楼阁",就不能转化为实际的治理效能。不要让它们形同虚设,成为"稻草人",形成"破窗效应"。下列做法,最能符合这一要求的是(　　)①

A. 建设完备的法律规范体系　　B. 建设有力的法治保障体系

C. 建设高效的法治实施体系　　D. 建设完善的党内法规体系

2.(单项选择) 习近平总书记指出:国家之权乃是"神器",是个神圣的东西。公权力姓公,也必须为公。下列选项正确的是(　　)②

A. 公权力是神圣的,超越政治的　　B. 公职人员在公职外不可以有个人利益

C. 公权力必须得到制约和监督　　D. 公权力行使的依据仅限于"国法"

3.(不定项选择) 以下关于坚持建设德才兼备的高素质法治工作队伍理解正确的是:(　　)③

A. 全面推进依法治国,首先要把专门队伍建设好

B. 要加强理想信念教育,深入开展社会主义核心价值观和社会主义法治理念教育,推进法治专门队伍革命化、正规化、专业化、职业化,确保做到忠于党、忠于国家、忠于人民、忠于法律

C. 对法治专门队伍的管理必须坚持更严标准、更高要求

D. 法律服务队伍是全面依法治国的重要力量

---

① C。要增强制度执行力,制度执行就要到人到事,做到用制度管权管事管人。推进法治体系建设,重点和难点在于通过严格执法、公正司法、全民守法,推进法律正确实施,把"纸上的法律"变为"行动中的法律"。C 项说法正确。

② C。公权力是为维护和增进公益而设的权力,不能超越政治。A 项说法错误。公职人员作为公民也存在个人利益,要正确处理个人利益与公共利益的关系。公职人员不能将自己的利益置于公共利益之上。在行使职权时,公职人员不能受到个人利益的影响。B 项说法错误。马克思强调,社会主义国家的一切权力属于人民,一切公职人员必须"在公众监督之下进行工作"。只要公权力存在,就必须有制约和监督。C 项说法正确。党纪和国法是当代中国国家治理制度的一体两翼。党纪往往体现更高更严的要求,公职人员要以更高的标准、更严的纪律加以自我约束。D 项说法错误。

③ ABCD。题中四个选项均正确。

法 理 学

【本学科复习重点、难点说明】

(一)法的本体

1. 如何正确理解法的价值与法的作用之间的关系?

法的价值理论既是法理学的重点问题也是难点问题,它与法的作用之间的关系是法理学的疑难问题。法的作用是指法作为一种规范或社会事物对人们的行为或社会产生的影响;前者被称为法的规范作用,也被称为法的功能,后者被称为法的社会作用。法的价值是指作为"人造物"的法能够以及应该促进和实现的人的价值。所谓人的价值是人类理性基于对作为理智存在者的人的认识而作的人应该珍视或尊重的观念或判断。因此,它是理性的理想。根据这两者的概念,我们可以得到下列关于它们之间的关系的观点:第一,如果我们将法学的问题区分为三个维度,即分析维度、经验维度与规范维度;那么,无论法的规范作用或法的功能还是法的社会作用都属于经验维度,法的价值属于规范维度。法的作用属于因果关系的范畴,而法的价值属于目的论。第二,法的作用在特定社会状态之中有可能得到完全的实现也有可能得不到完全的实现。法的价值实质上是法的理想,任何特定国家的实在法都在追求这种理想,作为理想它永远不可能在任何特定社会状态之中得到完全的实现。第三,法作为一种特定的规范与社会事物的性质、功能、作用决定了法能够促进和实现的人的价值,或者说法具有哪些价值。反过来说,如果法不具有这种性质、功能、作用,它就不能促进和实现人的价值。在这样的意义上,可以说,法的作用是法的价值的前提,是法促进和实现人的价值的一种手段或方式。

2. 法的内容与法的形式之间的区分。

法作为一个存在物,像其他任何事物一样,也有其内容与形式,是内容和形式的统一体。所谓的法是"国法"意义上的法,而法就是一种规范,任何特定国家的法律都是由一个个法律规范组成的。

在此意义上,所谓"法的内容"就是指法律规范及其构成要素。从法律规范的内在结构来看,它可以被区分为法律规则与法律原则:法律规则具体规定法律权利与法律义务,法律原则可以确认或推定法律权利与法律义务。法律规则是假定条件、行为模式与法律后果构成的,法律后果被区分为肯定后果与否定后果,法律责任是一种否定法律后果;从法律规范的调整对象与调整方法来看,法律规范可以被区分为不同种类的法律规范,同类法律规范的总称就是一个部门法,即法律规范构成部门法,而部门法构成了法律体系。

所谓"法的形式"就是法的内容的表现方式。具体来说,法律规范可以通过法律条文的形式予以表达,这种形式的法可被称为成文法,法律条文是规范性法律文件的构成要素,特定国家的规范性法律文件构成了一个规范性法律文件体系;法律规范也可以通过非法律条文的形式予以表达,这种形式的法被称为不成文法,如"判例法""习惯法"。

法的内容与法的形式之间关系必须符合内容与形式之间的关系的原理，即同一个内容可以由不同的形式来表达，同一个形式可以表达不同的内容，例如，法律规则与法律条文之间的关系就是一个内容与形式之间的关系。如果接受上述关于法的内容与法的形式的划分以及它们之间的关系原理，我们就能更好地理解法学中的一些概念之间的区分以及它们之间的关系，如行政法规与行政法、作为法的渊源的宪法与作为部门法的概念、部门法与规范性法律文件等。

3. 如何正确理解法律规则、法律原则与法律概念在法律适用或法律推理之中的关系？

法律规则、法律原则与法律概念在法律适用或法律推理中的关系不仅是一个理论问题，更是一个法律实践问题，它既是法理学的重点问题也是难点问题。作为法律规范的法律规则与法律原则都是关于人们的行为的应然命题，而它们作为命题都是由法律概念组成的。根据这个逻辑原理，我们可以将它们三者在法律适用或法律推理中的关系区分为两个层面：

一方面，法律规则与法律原则之间的关系。在法律适用或法律推理中，法律规则与法律原则的各自性质不同决定了它们各自适用方式不同，即前者是“全有或全无的方式”或涵摄方式，后者是衡量方式。这就决定它们各自在法律适用或法律推理中对保证法律的确定性和可预测性的程度大小不同：法律规则所保证的确定性和可预测性程度大，法律原则反之。因此，法律人在法律适用或法律推理中应该优先适用法律规则，只是在一定条件下才可以适用法律原则。这些条件是：穷尽法律规则，方得适用法律原则；除非为了实现个案正义，否则不得舍弃法律规则而直接适用法律原则；没有更强的理由，不得径行适用法律原则。

另一方面，法律概念与法律规则、法律原则之间的关系。虽然法律概念是作为命题的法律规范（包括法律规则与法律原则）的组成部分，其意义受到后者的影响，但是，法律概念的意义并不是完全由法律规范所决定，即法律概念具有一定程度的独立性。法律概念的这种独立性就决定它在法律适用或法律推理中具有其特有的功能。这种功能主要体现在：首先，法律人在将现行有效的法律规范适用于特定案件事实获得法律决定或判断的过程中，在许多情况下，需要先对法律概念的意义进行确证和具体化。其次，法律人将现行有效的法律规范适用特定案件事实获得法律决定或判断的过程中，特定案件事实符合该法律规范中的法律概念的特征才导致将该法律规范所规定的法律后果适用于该案件。最后，法律人运用目的论证获得具体法律决定或判断的过程中，法律概念的语义构成了目的论证的界限。

4. 法的渊源的适用准则有哪些？

法的渊源可以被区分为正式的法的渊源与非正式的法的渊源。因此，法的渊源有下列两个方面的适用准则：一方面，法律人首先应该适用法的正式渊源；只有当法的正式渊源不能为一定的法律问题提供确定的大前提时，才可以诉诸法的非正式渊源。另一方面，法的正式渊源的适用准则。这些准则包括以下两项内容：第一，如果法律人在处理特定案件事实时有两个或两个以上不同的法的正式渊源都可以适用，而且这些法的正式渊源的规定之间没有发生冲突时，那么，法律人应该按照“下位阶法优先于上位阶法”的准则进行处理。第二，如果法律人在处理特定案件事实时有两个或两个以上不同的法的正式渊源都可以适用，而且这些法的正式渊源的规定之间发生了冲突时，那么，法律人应该按照下列准则处理：首先，如果是不同位阶之间的法的正式渊源之间发生了冲突，那么，应该按照“上位阶法优先于下位阶法”的准则处理。其次，如果是同一位阶的法的正式渊源之间发生了冲突，那么，应该按照“特别法优于一般法”或者“新法优于旧法”的准则进行处理。最后，如果是交叉位阶之间的法的正式渊源之间发生了冲突，那么，应该按照下列准则进行处理：

（1）自治条例和单行条例依法对法律、行政法规、地方性法规作变通规定的，在本自治地方适用自治条例和单行条例的规定。

（2）经济特区法规根据授权对法律、行政法规、地方性法规作变通规定的，在本经济特区适用经济特区法规的规定。

（3）地方性法规、规章之间不一致时，由有关机关依照下列规定的权限作出裁决：①同一机关制定的新的一般规定与旧的特别规定不一致时，由制定机关裁决。②地方性法规与部门规章之间对同一事项的规定不一致，不能确定如何适用时，由国务院提出意见。国务院认为应当适用地方性法规的，应当决定在该地方适用地方性法规的规定；认为应当适用部门规章的，应当提请全国人民代表大会常务委员会裁决。③部门规章之间、部门规章与地方政府规章之间对同一事项的规定不一致时，由国务院裁决。④根据授权制定的法规与法律规定不一致，不能确定如何适用时，由全国人民代表大会常务委员会裁决。

5. 如何全面地理解与掌握法律关系的原理？

为了全面地理解与掌握法律关系的原理，我们需要从下列几个方面着手：第一，正确理解法律关系的性质。法律关系不是纯粹的法律本身所规定的权利与义务关系，也不是纯粹的社会关系本身；而是在法律规范调整社会关系的过程中所形成的人们之间的权利和义务关系，它是具有合法性的、体现意志性的、特定法律主体之间的权利和义务关系。第二，正确理解法律关系的构成要素。任何特定的法律关系都是由三个要素组成，即法律关系的主体、法律关系的内容和法律关系的客体。就法律关系的主体而言，任何主体要成为特定法律关系的主体必须具有权利能力与行为能力。就法律关系的内容而言，作为法律关系内容的权利和义务与作为法律规范内容的权利和义务在所属的领域、针对的主体、法的效力等方面存在不同。就法律关系的客体而言，客体的范围和种类随着人类社会的发展而变化，我们现在可以将其归纳为四类：物、人身、精神产品和行为结果。第三，与其他事物一样，法律关系也处于不断地产生、变更和消灭的过程之中，而且这个产生、变更和消灭一定是有原因的。这个原因就是我们通常所谓的法律事实，它是指法律规范所规定的、能够引起法律关系产生、变更和消灭的客观情况或现象。法律事实又被区分为法律事件与法律行为。

6. 如何正确地理解法律责任的竞合？

法律责任的竞合问题是法理学的重点内容之一。要正确理解它，我们需要把握以下几个方面：

第一，法律责任竞合的产生的前提条件是任何特定国家的实在法中规定了不同种类的法律责任。因此，同一个法律主体的同一个法律行为才可能导致两种或两种以上的法律责任产生，而且该法律主体不能同时承担和履行这些法律责任。这就导致了哪一种法律责任应该被该法律主体优先承担和履行的问题。

第二，法律责任竞合产生的原因主要有两个方面：一方面，特定国家的实在法律规范所规定的行为模式是抽象的、一般的，而特定法律主体在现实生活中所实施的法律行为是具体的；因此，特定法律主体所实施的这个具体法律行为有可能同时符合了两个或两个以上的法律规范所规定的行为模式的构成要件，这就意味着该法律主体应该承担这些不同法律规范所规定的不同法律后果。另一方面，一个主体所实施的行为，不仅会产生该行为所必然追求的结果，而且也会产生其他后果。这就意味着，一个法律主体实施一个法律行为，虽然该行为仅仅符合了一个法律规范所规定的行为模式的构成要件；但是，该行为不仅会导致该法律规范规定的法律后果，而且会产生其他后果。

第三，法律责任竞合有不同种类。从法理学的角度看，它可以被区分为两大类：(1)同一个部门法之中的不同法律责任的竞合，例如，民法中的违约责任与侵权责任的竞合；(2)不同部门法的不同法律责任的竞合，例如，民事法律责任与行政法律责任或刑事法律责任的竞合。

(二)法的运行

1. 如何理解法的发现与法的证成的区别？

理解法的发现与法的证成之间的区别，对于把握法的适用的目标与性质来说非常关键。法律人在适用法律过程中不仅仅是简单地获得一个法律决定或判断，更重要的是要论证该法律决定或判断是合理的，也就是说要为法律决定或判断提供尽可能充足的理由支持，确保法律决定或判断是推理或论证的结果。为法律决定或判断提供充足理由支持的过程就是“法的证成”，而法律人获得法律决定或者判断的事实过程则被称为“法的发现”。法的发现将法律人作法律决定或判断作为一个事实或实际行为过程，将心理因素、社会因素与法律决定或判断之间的关系视为因果关系而进行处理。法的证成，是指法律人将其实际上所作的决定或判断进行合理化的证明和证成以保证该决定或判断是理性的、正当的或正确的。法的证成并不是将法律人作法律决定或判断的过程作为一个事实行为过程，而是将其作为一个推理或论证过程。

法律人处理待决案件时往往是先有法律结论或判断,然后寻找法律规范作为论证理由。这导致某些法学流派如现实主义法学,认为法的发现是法律人作法律决定或判断的"真实过程",法的证成只是法律人伪装其法律决定或判断是理性证成的外衣,仅仅起到"包装功能"。这种观点意味着法的发现具有优先性。但事实上,与法的发现相比,法的证成具有优先性,因为法律人的决定和判断必须具有可预测性与正当性。而法的证成能够在更大程度上保证法律决定可预测性与正当性的实现;因为法的发现过程中影响法律决定和判断的心理因素与社会因素不具有普遍必然性,而且无法对其进行规范的控制、检验与评价。

2. 如何理解内部证成与外部证成?

从证成的角度看,法律适用过程是一个为法律决定提供充足理由以证明法律决定合理性的证成过程。法律决定的合理性取决于两个关键点:第一,法律决定是按照一定的推理规则从前提中推导出来;第二,推导法律决定所依赖的前提正当合理。法律证成被分为内部证成和外部证成。法律决定必须按照一定的推理规则从相关前提中逻辑地推导出来,这属于内部证成;而对法律决定所依赖的前提的证成属于外部证成。内部证成关涉的是推论是否有效,而是否有效取决于推论是否符合推理规则或规律;外部证成关涉的是内部证成所使用的前提是否合理,因此外部证成是对前提的证立。内部证成保证了结论是从前提中逻辑地推导出来,却无法保证前提本身的合理性。内部证成的意义主要体现在,内部证成能够越来越清楚地显示究竟何种前提需要从外部加以证成,使那些可能仍然隐而不彰的前提条件必须明确地予以表达,从而提高了识别和批判错误的可能性。法律适用中,内部证成和外部证成互相关联。外部证成是将一个新的三段论附加在论证链条中,用来支持内部证成中的前提;而对法律决定所依赖的前提的证成本身也是一个推理过程,必须遵循一定的推理规则,因此也有一个内部证成的问题。我们不能仅将内部证成理解为通常所谓的法律规范、案件事实与法律决定之间的推理规则,而应包括确立前提本身所要遵循的推理规则。

3. 如何理解法律解释方法的适用模式与位阶?

法律人在进行法律解释时既可能只适用一种法律解释方法,也可能同时适用两种以上的法律解释方法。当适用两种以上法律解释方法时,又可能会遇到两种不同的情况:第一种情况是法律人适用多种法律解释方法得到同样的解释结果;第二种情况是法律人适用多种解释方法得到不同的相互冲突的解释结果。因此,我们可以将法律解释方法的适用分为三种模式:单一模式、累积模式和冲突模式。所谓单一模式,是指法律人只适用一种法律解释方法进行法律解释;所谓累积模式,是指法律人运用了两种以上的法律解释方法而且得到了相同的解释结果;冲突模式则指法律人运用了两种以上的法律解释方法但得到了至少两个相互对立冲突的解释结果。不同的法律解释方法有其各自特殊的功能,其提出问题的视角或考虑的因素不同,因此在具体案件中运用不同的解释方法可能会得出不同的解释结果。当遭遇冲突模式时,法律人必须确定哪一种解释结果具有优先性以解决冲突问题,这就涉及法律方法的位阶问题。换言之,需要在各种解释方法之间确定一个位阶关系,以便法律人在相互冲突的解释结果中作出正确的选择。现今大部分法学家都认可下列位阶:(1)语义学解释→(2)体系解释→(3)立法者意图或目的解释→(4)历史解释→(5)比较解释→(6)客观目的解释。但这种位阶关系并非固定不变,依此不能得以终局地确定个别解释方法的重要性。个别解释方法的重要性如何,很大部分取决于其将造成如何的结果。因此,不同法律解释方法的位阶是初步性的,这个位阶所确定的各种方法之间的优先性关系是相对的而非绝对的,即这种优先性关系是可以被推翻的。但法律人在推翻上述位阶所确定的各种方法之间的优先性关系时,必须充分地予以论证,即只有存在更强理由的情况下,法律人才可推翻那些优先性关系。

4. 如何理解法律推理的不同种类?

法律推理,是指法律人在从一定的前提推导出法律决定的过程中所必须遵循的推论规则,主要包括演绎推理、归纳推理、类比推理、反向推理、当然推理和设证推理六种推理形式。

(1)演绎推理。演绎推理是从一般到个别的推论,是一种必然性推理。演绎推理有三段论和涵摄两种形式。演绎推理是最基本的法律推理形式;其体现了受现行法律拘束的要求,能够保证法律上的平等对待,也是确保法的安定性的必要条件。

(2)归纳推理。归纳推理是从个别到一般的推论,可分为完全归纳推理与不完全归纳推理:完全归纳推理是必然性推理，而不完全归纳推理是或然性推理。一般意义上的归纳推理指的就是不完全归纳推理。在司法裁判活动中，归纳推理与案例推理之间联系密切，即从数量不特定的先例中归纳出一般法律原则适用于待决案件。在法律领域运用归纳推理时，所举的案例越具有足够的代表性，案例的数量越大，推论所得的结论的正确性就越高。

(3)类比推理。法律领域的类比推理是根据两个案例在事实特征方面的相似性，推导出将其中一个案例的法律后果也适用于另一个案件的推论。它与归纳推理的不同之处在于，它并不要求先提炼出一般性的法律原则，而是直接将某个先例的法律后果适用于待决案件。

(4)反向推理。反向推理又称"反面推论"，是指从法律规范赋予某种事实情形以某个法律后果推出，这一后果不适用于法律规范未规定的其他事实情形。如果说类比推理扩张了某个规范的法律后果，因而属于"积极推理"的话，反向推理则恰恰限制了某个规范的法律后果，故属于"消极推理"。对两类规范的适用会较多运用反向推理：一是高度重视法律安定性或确定性价值的法律规范；二是例外条款。

(5)当然推理。当然推理指的是由某个更广泛的法律规范的效力推导出某个不那么广泛的法律规范的效力。当然推理包括两种形式：举轻以明重与举重以明轻。当然推理与类比推理都是基于两种情形的相似性将其中一种情形的法律后果适用于另一种情形。其区别在于，类比推理中的相似性是根据案件事实上的共同点以及相关性来确定的，而当然推理中的相似性则是根据两类案件事实之性质轻重程度来判断。

(6)设证推理。设证推理又称为"推定"，是指从某个结论或事实出发，依据某个假定的法则推导出某个前提或曾发生的事实的推论。设证推理包括经验推定与规范推定两类。经验推定在日常生活中很常见，是刑警的典型思维方式，经常被用来侦破案件。规范推定的依据来自法律规范本身，而非经验法则。规范推定严重依赖法官的法感或先前理解。

5. 如何理解法律漏洞的填补？

法律适用活动有时会涉及法律漏洞的填补。所谓法律漏洞，是指违反立法计划(规范目的)的不圆满性，也就是说关于某个法律问题，法律依其规范目的应有所规定却未设规定。法律漏洞不同于法外空间。法律规范的缺失可能合乎目的也可能不合乎目的。合乎目的的缺失被称为"法外空间"。社会中并非所有领域都需要法律来调整；某些社会关系或领域，如友谊和爱情，法律并不加以调整，而是交由道德、习惯或者其他社会规范去调整。法律的这种不圆满状态并不违反立法计划，因而不属于漏洞。只有在不属于法外空间的事项法律未加规定时才有漏洞可言。是否存在法律漏洞需要进行评价性的认定，关键在于确定立法计划或规范目的，而这需要使用历史解释和目的论解释的方法求得。对于法律漏洞，可以从不同角度进行分类。根据法律对于某个事项是否完全没有规定，法律漏洞可分为全部漏洞和部分漏洞。根据漏洞的表现形态，可以将法律漏洞分为明显漏洞和隐藏漏洞。根据漏洞产生的时间，可以将法律漏洞分为自始漏洞和嗣后漏洞。无论是部分漏洞还是全部漏洞、自始漏洞还是嗣后漏洞，都可以要么是明显漏洞，要么是隐藏漏洞。填补明显漏洞和隐藏漏洞的方法分别是目的论扩张和目的论限缩。目的论扩张，是指法律规范的文义未能涵盖某类案件，但依据其规范目的应该将相同的法律后果赋予它，因而扩张该规范的适用范围，以将它包含进来。目的论限缩，是指虽然法律规范的文义涵盖了某类案件，但依据其规范目的不应该赋予它与文义所涵盖的其他情形相同的法律后果，因而限缩该规范的适用范围，以将它排除出去。需要注意的是，目的论扩张不同于扩张解释，同样目的论限缩也不同于限缩解释。

(三)法的演进

1. 中国和西方的传统法律文化。

在人类法律史上，中国和西方传统法律文化存在较大差异，主要表现为如下几个方面：

比较项	中国传统法律文化	西方传统法律文化
影响因素	以儒家思想为指导,强调道德对法的主导性,即"礼法结合、德主刑辅"	宗教对法的影响较大,宗教思想成为法的重要理论基础,宗教规范成为重要的法律渊源
法律本位	以"家"为本,注重维护家族利益,即"等级有序、家族本位"	比较重视个人的独立性和主体性,强调个人的自然权利
法律部门	刑法部门比较发达,即"以刑为主,民刑不分"	民法部门比较发达,私法文化较为繁荣
价值目标	强调"和谐",在纠纷解决中"重视调解、无讼是求"	强调"正义";在纠纷解决中重视诉讼,强调程序

2. 大陆法系和英美法系。

大陆法系(civil law system),也称民法法系,指以古罗马法特别是以19世纪初《法国民法典》为传统产生和发展起来的法律的总称。英美法系(common law system),也称普通法系,指以英格兰中世纪普通法为基础发展起来的法律的总称。作为西方两大法系,大陆法系与英美法系有许多共同之处,但也存在如下重要的区别:

比较项	大陆法系	英美法系
法的渊源	正式渊源主要指立法机关制定的成文法,司法机关的判例一般没有强制约束力	正式渊源除了立法机关的成文法,还包括高级法院发布的判例法
法的分类	法分为公法和私法:公法主要包括宪法、行政法、刑法等,私法主要包括民法、商法等	分为普通法与衡平法,两者都是判例法,但出自不同法院;普通法处理一般案件,衡平法处理特殊案件
诉讼程序	"纠问式审判";法官在审判中处于主导地位,作用非常突出	"对抗式审判";法官是中立的裁判者,律师的作用较突出
法典编纂	比较重视大而全的法典,尤其是民法、刑法等核心部门,一般都会编纂综合性的法典	单行法较多,不倾向进行系统的法典编纂,较少有民法典
法律思维	法官一般是演绎型思维,即从法律条文(大前提)出发,涵摄案件事实(小前提),推理出判决结果(结论)	法官常用归纳式思维,注重类比推理,即对以往的判例进行归纳,总结出一般性规则,将旧判例和待决案件进行比较,在总结其差异和共性的基础上进行裁判

3. 法的现代化。

法的现代化,即从传统法向现代法的转型,表现为法的传统性因素不断减少、现代性因素不断增长。法的现代化是人类政治文明发展过程中一场深刻的革命。

(1)法的现代化的内涵。

法的现代化的内涵是一个难点,可以将其概括为如下几个方面:

项目	内容
法与道德关系	法与道德相对分离;道德上善的要求,不一定成为法律上的义务
法的合法性	法的合法性不取决于其内容是否符合更高的道德、宗教标准,而取决于立法的主体及程序是否符合法律规定
法的形式	法律越来越强调可理解性、精确性、一致性、普遍性、公开性、不溯及既往等形式特征
法的价值	法律体现了现代价值目标,核心是自由、平等、民主、人权等

(2)法的现代化的两种类型。

17世纪以来,世界各国的法律先后开始了从传统法律向现代法律的转型。法的现代化大致可以分为内发型和外源型两类,其区别可以归纳为如下几个方面:

比较项	内发型法的现代化	外源型法的现代化
现代化的动力	本国经济和社会的发展推动了法的现代化	战争、殖民等外来因素和压力推动了法律的现代化
现代化的过程	自下而上,即社会发展在先,法律变革在后	自上而下,即国家为了解决政治困境,被迫推动法律变革
现代化的障碍	法的现代化是自发的,一般不存在太大的内部阻力	法的现代化是被迫的,常采用法律移植的方式,因此会存在外来法律制度与本土法律文化之间的不适应甚至冲突
代表性国家	欧洲国家,如英国、德国等	亚洲和非洲等曾为列强殖民地的国家

4. 法治理论与法治国家。

(1)法治的基本内涵。

法治与人治相对立,是现代社会治国理政的基本模式。法治的基本内涵,可以归纳为如下几个方面:

项目	内容
法律至上	法治要求一切国家机关、各政党、武装力量、各社会团体、各企事业单位和全体公民都必须在宪法和法律的范围内活动,不允许任何人、任何组织凌驾于法律之上
良法之治	良法是善治之前提。良法有两个标准:内容上须以民众的福祉为目的,与社会公认的平等、自由、正义等价值保持一致;形式上须确定、清晰、规范、统一,能够为公众和政府提供确定的指引
人权保障	保障人权是法治的核心目标。法治必须确保每个人的政治权利、公民权利、经济社会文化权利不受侵害,确保所有人平等地享有法律规定的各项自由
权力制约	约束权力是法治的重要内涵。在法治社会,国家权力的获得须源于法律的明文规定,法无规定即禁止;国家权力的行使,必须遵循法律的正当程序

(2)社会主义法治国家的条件。

社会主义法治国家建设,需要从社会、制度和思想等几方面进行:

项目	内容
社会条件	社会成员成为自主、独立、平等的人,经济活动以市场经济为基础,政治生活以民主的方式进行
制度条件	建立了完备优良的法律体系、权力运行监督机制、公正独立权威的司法体制、法律职业培养和选拔制度等
思想条件	社会成员具有法律至上、权利本位、人人平等等现代法治观念

(四)法与社会

1. 如何从总体上把握本章的基本脉络?

社会是一个综合系统,是由经济系统、政治系统、法律系统、道德系统、宗教系统、文化系统等子系统组成的。要理解法律系统与其他子系统的关系，首先要正确理解法与作为整体的社会之间的关系。首先要知道的是，无论是掌握法与社会的关系，还是掌握法与其他子系统之间的关系，关键是要把握一个“诀窍”，那就是辩证唯物主义。这包括两点：其一，法与这些系统之间都具有“双向关系”。这些系统影响着法律，而法律也反过来影响和作用于这些系统。这是辩证的一面。其二，通常其他系统对于法的影响更具有决定性。就法与社会的关系而言，社会是法的基础；就法与经济的关系而言，经济基础决定法；就法与政治的关系而言，政治具有主导作用。所以，法律对这些子系统的影响，我们通常称为“反作用”。至于道德、宗教，则与法律相互影响，这是唯物的一面。

2. 如何理解法与经济的关系？

马克思历史唯物主义和辩证唯物主义的四条基本原理：第一条原理，生产力决定生产关系，生产关系反作用于生产力；第二条原理，特定社会生产关系的总和是经济基础，经济基础决定上层建筑，上层建筑反作用于经济基础；第三条原理，上层建筑包括法律、政治、道德、宗教等，其中，政治对法律具有主导作用，法律反作用于政治；第四条原理，法律与道德、法律与宗教相互影响。

所以，法与经济的关系，就是上层建筑与经济基础的关系，适用第二条原理。一方面，经济基础对法具有决定作用。牢记四句话：(1)经济基础的性质决定法的性质，建立在资本主义经济基础上的必然是资本主义法，建立在社会主义经济基础上的必然是社会主义法；(2)经济基础决定法的内容，我国公有制为主体、多种经济生产关系并存的现实决定了我国宪法中“公有制为主体、多种所有制经济共同发展的基本经济制度”的规定；(3)经济基础的发展变化决定法的发展变化，资本主义生产关系演变为社会主义生产关系，资本主义法也就演变为社会主义法；(4)经济基础决定法的作用的实现程度，与经济关系相适应的法能推动经济基础的发展，反之会妨碍经济基础的发展。最后要明白，经济基础对法的决定作用是从最终的意义上讲的，它要通过人的有意识的活动来实现。回忆第一章第一节“马克思主义关于法的本质的基本观点”中关于“法的阶级性”的部分：法是统治阶级意志的体现，因为经济基础的决定作用要通过统治阶级的意志来实现。另一方面，法对于经济基础具有能动的反作用：法既对经济基础具有指引和预测的作用，也可能具有限制和削弱作用。

3. 如何理解法与科学技术的关系？

近年来，以数据科技、信息技术和人工智能为代表的新科技越来越深刻改变法律实践，同时也急需法律作出回应。科学技术是第一生产力，因而法与科学技术的关系，就是上层建筑与生产力的关系。它们的关系通常以“生产关系”为中介来发生，但有时也可以直接发生联系。此时间接适用第一条原理。一方面，科技进步对法影响巨大。在立法方面：(1)科技发展对传统法律领域提出了新问题，如人工智能作品的知识产权归属问题；(2)科技发展导致出现新的社会关系，亟须立法调整，如网络空间的大量虚拟关系；(3)科技发展提高立法的质量和水平，如通过网络广泛汇聚信息和民意；(4)新技术的出现导致伦理困境和法律评价的困难，如克隆技术、冷冻胚胎、代孕等。在司法方面，“智慧法院”“智慧强检”成为新时代的目标，事实认定和法律适用都受到科技变迁的影响，类案推送减轻了法官负担。另一方面，法对科技进步也有重要作用。科技是中立的，但法律必须对科技活动进行管理，促进科技成果商品化（使民众受惠），要对科技可能导致的问题进行限制，对科技发展方向予以引导。

4. 如何理解法与政策的关系？

政策是政治的体现，因而法与政策的关系是法与政治的关系的体现。一方面，党的政策对社会主义法有指导作用。党领导立法、保证执法、支持司法、带头守法，也要体现在政策方面。(1)党的政策是立法的指导思想，国家立法活动以政策为指导是党的领导的体现。《宪法》序言规定：“中国各族人民将继续在中国共产党领导下，在马克思列宁主义、毛泽东思想、邓小平理论、‘三个代表’重要思想、科学发展观、习近平新时代中国特色社会主义思想指引下，坚持人民民主专政，坚持社会主义道路，坚持改革开放，不断完善社会主义的各项制度，发展社会主义市场经济，发展社会主义民主，健全社会主义法治，贯彻新发展理念，自力更生，艰苦奋斗，逐步实现工业、农业、国防和科学技术的现代化，推动物质文明、政治文明、精神文明、社会文明、生态文明协调发展，把我国建设成为富强民主文明和谐美丽的社会主义现代化强国，实现中华民族伟大复兴。”这就是党基于对社会总体形势的判断制定的总路线方针。(2)党的政策可以指导法的实施,利用党组织的强大社会动员能力更好地发挥法律为社会服务的效能。另一方面,社会主义法对党的政策有制约作用。党必须在宪法和法律范围内活动。

法与政策的区别体现在规范形式、实施方式、调整范围、稳定性和程序化程度等方面。记住要点:(1)法律具体而政策笼统;(2)法律依靠国家强制而政策依靠党组织贯彻;(3)法的调整范围特定而政策调整范围宽泛;(4)法律稳定、程序严格而政策灵活。

5. 如何理解“法的概念的学说”和法与道德的联系之间的关系?

法与道德的联系体现在概念、内容和功能三个方面。其中,法与道德在概念上是否存在必然联系涉及第一章第一节的“法的概念的学说”,要联系起来进行复习。同时要记住一句话:实证主义者与非实证主义者的争议仅仅围绕“法与道德在概念上是否存在必然联系”展开,双方都不质疑法与道德在内容上和功能上存在联系。复习时可以牢记以下内容:

(1)法与道德在概念上的关系。

项目	法律实证主义		非法律实证主义(自然法学)	
含义	法与道德间不存在概念上的必然联系		法与道德间存在概念上的必然联系	
定义要素	权威性制定(A) + 社会实效(B)	A为主B为辅:分析法学	权威性制定(A)+ 社会实效(B)+ 内容正确性(C)	以C为唯一要素:古典自然法
		B为主A为辅:法社会学、法律现实主义		A+B+C:第三条道路(德沃金、阿列克西)
立场	恶法亦法		恶法非法	

(2)法与道德在内容上的联系。

时代	关系状态	倾向
近代以前	重合程度极高,甚至浑然一体	道德义务→法律义务
近代以后	注意两者重合的限度	“法律是最低限度的道德”

(3)法与道德在功能上的联系。

时代	关系状态	倾向
近代以前	道德在社会调控中起主要作用	只强调法的惩治功能
近代以后	法律在社会调控中起主要作用	法治国成为普遍的政治主张

【大纲变化考点提示】

第二章 法的运行

基本要求

理解:立法和立法权限,当代中国的立法体制,立法指导思想,科学立法原则,民主立法原则,依法立法原则,立法程序,执法的含义,执法的特点,司法的含义,司法的特点,守法的含义与构成,守法义务,法律监督的含义与构成,法律监督的体系,法的发现与法的证成的区分,法律解释的含义,法律解释的特点,法律漏洞的概念与特征,法律漏洞的分类。

熟悉并能够运用:立法技术,执法的基本原则,执法与司法的区别,当代中国司法的基本要求和原则,法适用的目标,法的证成的优先性,内部证成与外部证成的区分,语义解释,立法者目的解释,历史解释,比较解释,体系解释,客观目的解释,法律解释方法的适用模式(单一适用模式、累积适用模式、冲突适用模式),法律解释方法的位阶,当代中国的法律解释体制,演绎推理,归纳推理,类比推理,反向推理,当然推理,设证推理,目的论扩张,目的论限缩,分析和评价有关的案例、事例或者法条。

第二节　法的实施

执法(执法的含义　执法的特点　执法的基本原则)　**司法**(司法的含义　司法的特点及其与执法的区别　当代中国司法的基本要求和原则)　**守法**(守法的含义与构成　守法义务★)　**法律监督**(法律监督的含义和构成)　**法律监督体系**(国家法律监督体系　社会法律监督体系)

【教材新增要点详解】

☞ 2-2-1[①]　守法☆

1. 守法的含义。守法,是指公民、社会组织和国家机关以法律为自己的行为准则,依照法律行使权利、履行义务的活动。守法的含义并不仅限于不违法,不做法律所禁止的事情或做法律所要求做的事情。这是消极的、被动的守法。除此之外,守法还包括根据授权性法律规范积极主动地去行使自己的权利,实施法律。

2. 守法的构成。守法的构成要素有守法主体、守法范围、守法内容等。

守法的主体,即要求谁守法,与法律的本质、政体的性质、社会力量对比关系、历史及文化传统有着直接的关系。全民守法是社会主义法治的必要组成部分,全体人民都是社会主义法治的忠实崇尚者、自觉遵守者、坚定捍卫者。在当今的中国,党政领导干部带头学法、模范守法,是树立法治意识的关键。

守法的范围,即所要遵守的法律的种类及范围。在我国,它不仅包括宪法和全国人民代表大会及其常务委员会制定的基本法律和非基本法律,而且包括与宪法和法律相符合的行政法规、地方性法规、行政规章等。

守法的内容包括行使法律权利和履行法律义务,两者密切联系,不可分割。守法是行使法律权利和履行法律义务的有机统一。

3. 守法义务。守法义务是指公民、社会组织和国家机关遵守或服从法律的义务。它不同于特定国家的法律本身所规定的公民、社会组织和国家机关应该负有的义务,即法律义务本身,法律义务是守法义务的对象或主题之一。法律义务来源于特定国家的法律,但守法义务不是来源于法律本身,普遍的观点认为,守法义务来源于道德,或者说,守法义务是道德义务而不是法律义务。由于守法义务是道德义务,法理学对下列问题存在着不同的主张:守法义务是否实际存在以及在什么条件下实存?一般来说,自然法学者主张实际存有一个守法义务;但是,有的自然法学者认为守法义务只是一种初始性义务。法实证主义者一般否认守法义务的实存,甚至否认初始性的守法义务的实存。

---

① 以此处举例,"2-2-1"代表该考点为辅导用书中对应学科的"第二章第二节"中所筛选出的"第一个"考点。

【大纲配套练习题】

1.(单项选择题)关于实证主义法学和非实证主义法学，以下说法中错误的是哪一项？(　　)①

A."法律的生命不在于逻辑，而在于经验"是社会法学派的观点

B.非实证主义不承认"社会是法律的前提与基础"

C.分析法学派认为恶法亦法

D.实证主义法学和非实证主义法学主要的划分标准是：是否认为法和道德之间有本质和必然的联系

2.(多项选择题)关于法与科学技术的关系，下列说法中哪些是正确的？(　　)②

A.1993年颁布的《科学技术进步法》体现了国家运用法律管理科技活动

B.随着人工授精、试管婴儿技术的发展，"代孕"行为引起了广泛的争议。现行的法律规定已不足以对"代孕"行为作出规制，这体现了科技进步对立法的影响

C.某县人民法院刑事审判庭的远程庭审系统搭建成功并正式投入使用，通过远程视频提讯系统对被告人进行了"面对面"的视频提讯，体现了科技进步对司法的影响

D.将科技成果推向成熟、稳定的市场，促进科技成果源源不断地转化为现实生产力，离不开公平有序的竞争规则，离不开相应的法律制度

3.(不定项选择题)民法法系是指以古罗马法特别是以19世纪初《法国民法典》为传统产生和发展起来的法律总称。由于该法系的影响范围主要是在欧洲大陆国家，特别是法国和德国，且主要法律的表现形式均为法典，所以又称为大陆法系。普通法系，又称英美法系，是指以英国中世纪的法律特别是以普通法为基础和传统产生与发展起来的法律总称。关于两者差别，下列说法中错误的是：(　　)③

A.在法律思维方式方面，普通法系属于演绎型思维；而民法法系属于归纳式思维，注重类比推理

B.在法的渊源方面，在民法法系中，法的正式渊源只是制定法；而在普通法系中，制定法、判例法都是法的正式渊源

C.在诉讼程序方面，民法法系与教会法程序接近，属于纠问制诉讼；普通法系则采用对抗制诉讼程序

D.在法律的分类方面，民法法系国家一般都将公法与私法的划分作为法律分类的基础，而普通法系则是以普通法与衡平法为法的基本分类

---

① B。考查法的概念。B选项错误，无论是实证主义还是非实证主义都承认社会的基础性和前提性。

② ABCD。考查法与科学技术的关系。

③ A。考查英美法系与大陆法系的区别。A选项说法错误，在法律思维方式方面，民法法系属于演绎型思维，而普通法系属于归纳式思维，注重类比推理。

宪　法

【本学科复习重点、难点说明】

(一)如何理解“我国宪法是一部真正的人民宪法”?

我国宪法是由中国共产党领导人民制定的,集中了人民智慧,体现了全体人民共同意志,实现了党的主张和人民意志高度统一,是一部真正的人民宪法,彰显了以人民为中心的理念。

宪法确立了人民当家作主的制度体系,专章规定了“公民的基本权利和义务”,并置于“国家机构”之前;还通过宪法修正案把“国家尊重和保障人权”载入宪法,保障我国人民享有最广泛、最真实、最管用的民主。

宪法确立的各项制度和大政方针,都是为了实现好、维护好、发展好最广大人民根本利益。

根据宪法,要建立并不断完善中国特色社会主义法律体系,保障公民的人身权、财产权等不受侵犯,公民的经济、政治、文化、社会、生态等各方面权利得到落实。

要坚持国家一切权力属于人民的宪法理念,践行全过程人民民主,不断健全民主制度、丰富民主形式、拓宽民主渠道,保证人民通过人民代表大会行使国家权力,保证人民依法管理国家事务、管理经济和文化事业、管理社会事务,努力解决人民群众最关心最直接最现实的利益问题,增进民生福祉。

(二)如何认识国家监察体制改革的重要意义?

深化国家监察体制改革是以习近平同志为核心的党中央作出的事关全局的重大政治体制改革,是强化党和国家自我监督的重大决策部署。改革的目标是,整合反腐败资源力量,加强党对反腐败工作的集中统一领导,构建集中统一、权威高效的中国特色国家监察体制,实现对所有行使公权力的公职人员监察全覆盖。

在国家监察体制改革之前,我国的监察体制机制存在明显不适应问题。一是监察范围过窄。国家监察体制改革之前,党内监督已经实现全覆盖;而依照行政监察法的规定,行政监察对象主要是行政机关及其工作人员,还没有做到对所有行使公权力的公职人员全覆盖。二是反腐败力量分散。国家监察体制改革之前,党的纪律检查机关依照党章党规对党员的违纪行为进行审查,行政监察机关依照行政监察法对行政机关工作人员的违法违纪行为进行监察,检察机关依照刑事诉讼法对国家工作人员职务犯罪行为进行查处;反腐败职能既分别行使,又交叉重叠,没有形成合力。同时,检察机关对职务犯罪案件既行使侦查权,又行使批捕、起诉等权力,缺乏有效监督机制。深化国家监察体制改革,组建党统一领导的反腐败工作机构即监察委员会,就是将行政监察部门、预防腐败机构和检察机关查处贪污贿赂、失职渎职以及预防职务犯罪等部门的工作力量整合起来,把反腐败资源集中起来,把执纪和执法贯通起来。三是体现专责和集中统一不够。通过明确监察委员会的性质、地位,明确“各级监察委员会是行使国家监察职能的专责机关”,与党章关于“党的各级纪律检查委员会是党内监督专责机关”相呼应,通过国家立法把党对反腐败工作集中统一领导的体制机制固定下来,构建党统一指挥、全面覆盖、权威高效的监督体系,把制度优势转化为治理效能。

从法治角度来看,国家监察体制改革主要经历了个别试点、全国试点、修改宪法、制定专门法律等几个环节:(1)2016 年 12 月,第十二届全国人大常委会第二十五次会议通过《全国人民代表大会常务委员会关于在北京市、山西省、浙江省开展国家监察体制改革试点工作的决定》,开展了 1 年多的试点实践工作。(2)2017 年 11 月,第十二届全国人大常委会第三十次会议通过《全国人民代表大会常务委员会关于在全国各地推开国家监察体制改革试点工作的决定》,国家监察体制改革试点工作在全国推开,在省、市、县三级组建监察委员会。(3)2018 年 3 月 11 日,第十三届全国人大第一次会议审议通过《宪法修正案》,在"国家机构"一章增加"监察委员会"一节,并在其他部分相应调整充实有关监察委员会的内容,确立了监察委员会作为国家机构的法律地位,为设立国家和地方各级监察委员会提供了根本法保障,为制定监察法提供了宪法依据。(4)2018 年 3 月 20 日,第十三届全国人大第一次会议通过《监察法》。《监察法》的立法依据是《宪法》,是反腐败国家立法,是一部对国家监察工作起统领性和基础性作用的法律。2021 年 8 月 20 日,第十三届全国人大常委会第三十次会议通过《监察官法》。2021 年 9 月 20 日,国家监察委员会公布《监察法实施条例》。2020 年 6 月 20 日,第十三届全国人大常委会第十九次会议通过《公职人员政务处分法》。

国家监察体制改革具有重要意义。第一,这是全面从严治党、实现党内监督与人民监督有机结合的需要。实现党的历史使命,必须破解自我监督这个难题,要以党内监督带动和促进其他监督,健全完善科学管用的权力监督制约体系,推进治理体系和治理能力现代化。国家监察体制改革的一个根本出发点是健全国家监察组织架构,形成全面覆盖国家机关及其公务员的国家监察体系,使监督力量覆盖延伸到所有公职人员。第二,这是全面依法治国的需要。依规管党治党建设党是依法治国的重要前提和政治保障。全面推进依法治国,既要求党依据宪法和法律治国理政,也要求党依据党内法规管党治党。建立国家监察委员会,可以整合反腐败资源力量,形成集中统一、权威高效的反腐败体制,有利于形成严密的法治监督体系,实现全面推进依法治国的目标。第三,这是推进国家治理体系、治理能力现代化的需要。治理体系和治理能力现代化,最重要的就是在治国理政方面形成一套完备的、成熟的、定型的制度,通过有效运转的制度体系,实现国家治理体系和治理能力的制度化、法治化。建立国家监察委员会,形成高效权威的国家监察体系,有利于提升国家治理能力,推进国家治理体系和治理能力现代化。

(三)如何认识合宪性审查的内涵与意义?

2017 年党的十九大报告提出:"加强宪法实施和监督,推进合宪性审查工作,维护宪法权威。"2022 年党的二十大报告提出:"加强宪法实施和监督,健全保证宪法全面实施的制度体系,更好发挥宪法在治国理政中的重要作用,维护宪法权威。"所谓合宪性审查,就是特定机关对立法等公权力行为是否符合宪法予以审查判断并相应处理的活动。从制度目标上说,合宪性审查与违宪审查具有相当程度的一致性,都是为了维护宪法秩序的统一性;但在方法、内容等方面存在差别,不能混淆。合宪性审查是宪法实施的制度保障,是宪法监督的基本形式甚至是主要形式。

开展合宪性审查的意义主要在于以下几点:

第一,有利于加强党的领导,维护党的权威。宪法是国家根本法,具有最高的法律地位、法律权威、法律效力。宪法规定,中国共产党领导是中国特色社会主义最本质的特征。合宪性审查是为了解决可能出现的违宪行为,化解宪法实施中潜在的风险。合宪性审查与党的领导是一致的,有利于坚持和加强党的领导,有利于党以法治思维处理宪法问题,有利于提升党的执政能力和领导水平。

第二,有利于监督宪法实施,维护宪法权威。合宪性审查是现代法治国家实施宪法、约束公权力、保障宪法实施的重要机制。合宪性审查有利于监督宪法实施。合宪性审查的重要内容是对法律和各类型的法律文件是否符合宪法进行审查,为有权机关纠正或者撤销违宪的法律及法律文件提供依据,消弭法律体系内部的矛盾冲突,降低法律文件违宪的可能性。合宪性审查有利于维护宪法的权威。要想使宪法赢得尊重和权威,关键在于对违宪行为的惩处,使违宪主体承担相应的责任。通过有效的制度构建,特别是建立完善的合宪性审查制度,能够有效增强宪法文本的制裁性。合宪性审查制度的构建,有利于宪法监督真正运转起来,监督并纠正可能存在的违宪行为,使依宪治国的目标获得强有力的制度保障。

第三,有利于完善救济途径,保护公民的基本权利。随着“人权入宪”等宪法理念深入人心,国家对基本权利的保障越来越重视,公民的权利救济渠道越来越广泛;但伴随时代发展,新的侵权方式超越了人们对传统侵权行为的认知,加上法律具有一定的滞后性,导致法律无法穷尽对公民权利的保护。合宪性审查在一定程度上满足了公民拓展权利救济渠道的愿望。宪法的核心任务在于保障公民的基本权利。符合宪法规定、原则和精神的法律等立法文件,本身就具有保护公民权利的功能,有利于实现良法善治。合宪性审查目的是让法律及规范性文件与宪法保持一致,遵循宪法的精神和基本原则,保证制定出的法律等立法文件符合人民的意志,维护人民的利益,保障人民的权利。

(四)如何确保每一部法律、每一项制度、每一条规定都符合宪法规定、宪法原则、宪法精神?

确保每一部法律、每一项制度、每一条规定都符合宪法规定、宪法原则、宪法精神,必须加强宪法实施和监督,维护宪法权威和尊严。

坚持宪法法律至上。任何组织和个人都不得有超越宪法法律的特权,一切违反宪法法律的行为都必须予以追究。

坚持依宪立法,全面发挥宪法在立法中的核心地位功能。加快完善以宪法为核心的中国特色社会主义法律体系,把宪法规定、宪法原则、宪法精神贯彻到立法中,体现到各项法律法规中。一切法律、行政法规和地方性法规都不得同宪法相抵触,一切违反违背宪法规定、原则、精神的法律法规规定必须予以纠正。

落实宪法解释程序机制。积极回应涉及宪法有关问题的关切,说明有关情况,提出研究意见,努力实现宪法的稳定性和适应性的统一。

推进合宪性审查工作。有关方面拟出台的法规规章、重要政策和重大举措,凡涉及宪法有关规定如何理解、如何实施、如何适用的,都应当事先经过全国人大常委会合宪性审查,确保同宪法规定、宪法原则、宪法精神相符合。

完善和加强备案审查制度。贯彻“有件必备、有备必审、有错必纠”的总要求,所有法规规章、司法解释和其他规范性文件出台后都要依法依规纳入备案审查范围。建立健全党委、人大、政府、军队间备案审查衔接联动机制。有关机关发现规范性文件可能存在合宪性问题的,应当及时向全国人大常委会报告或者依法提请全国人大常委会审查。加强对宪法法律实施情况的监督,依法纠正违反宪法法律、违背党中央精神或者不合时宜的规定。

地方各级人大及其常委会应当依法行使职权,保证宪法、法律、行政法规等在本行政区域内得到遵守和执行。

(五)如何认识宪法在实现中国式现代化中的作用?

党的二十大报告强调“在法治轨道上全面建设社会主义现代化国家”。法治的核心与基础是宪法。宪法通过合理配置国家权力、有效保障公民权利,为中国式现代化提供最基本两方面保障。宪法的全面实施是对这两个方面的制度保障。

中国式现代化必须坚持中国共产党领导。我国宪法对中国共产党的领导地位作出了体系性规定,明确规定“中国共产党领导是中国特色社会主义最本质的特征”。这为党在宪法与法律范围内活动提供了规范依据,也体现了党的领导、人民当家作主与依法治国的有机统一。我国宪法不断为高质量发展提供支撑和依据,确认了创新、协调、绿色、开放、共享的新发展理念。我国宪法既是全过程人民民主的结果,也是全过程人民民主的载体,有助于强化中国式现代化的政治制度基础。

中国式现代化要更好发挥宪法在治国理政中的重要作用。宪法是规定国家根本任务与根本制度的根本法,组建国家机构、配置国家权力是宪法发挥组织规范功能的重要方面。我国宪法制度既是社会主义制度的重要组成部分,也是确认、维护、发展中国特色社会主义制度的重要载体和方式。宪法规定了国家的根本制度、基本制度与重要制度体系,奠定了国家治理的基础与架构。为实行上述制度,宪法架构了相应的国家机构体系,并根据国家治理实践的需要,对相关体系不断予以完善。

中国式现代化要"以人民为中心",实现人的现代化。为了实现人的全面发展,必须确保每个人享有广泛、平等且真实的基本权利。作为社会主义宪法,我国宪法除保障人身自由、选举权和被选举权等政治自由外,还关注对经济、社会和文化权利的保障,规定了类型众多、内容广泛的社会保障权、受教育权、劳动权、获得物质帮助权等基本权利。只有实现了类型广泛、保障真实的基本权利,人的现代化才能成为可能。

宪法的全面实施既是中国式现代化所应达到的目标,也是实现中国式现代化的重要保障。推动宪法的全面实施,必须坚持中国共产党的领导,把宪法实施贯穿到治国理政全过程,积极探索保证宪法全面实施的新机制新体制。宪法的全面实施,意味着宪法规定、宪法原则与宪法精神都能得到完整、准确、全面的贯彻。保证宪法的全面实施,既要积极推进一些宪法规定的直接实施、直接适用,也要不断完善立法,还要发挥宪法解释、合宪性审查及备案审查等制度的功能。

【大纲变化法律法规提示】

中华人民共和国国务院组织法☆

(1982年12月10日第五届全国人民代表大会第五次会议通过　2024年3月11日第十四届全国人民代表大会第二次会议修订)

【大纲考点提示】

第五章　国家机构

基本要求

了解与理解:宪法与国家机构的关系,国家机构的特征,我国宪法关于国家机构的活动原则与划分,人民法院、人民检察院和公安机关的关系。

熟悉与运用:国家机构的组织和活动原则;全国人民代表大会及其常务委员会、国家主席、国务院、中央军事委员会、地方各级人民代表大会和地方各级人民政府、监察委员会、人民法院和人民检察院的宪法地位、组成、任期、职权、制度和工作程序;结合宪法文本,分析有关宪法案例、事例或法条。

第四节　国务院

国务院的性质和地位　国务院的组成和任期(国务院的组成　国务院的任期)　国务院的领导体制(总理负责制　会议制度)　国务院所属机构☆(国务院所属机构的性质和地位☆　国务院组成部门的领导体制　国务院组成部门的职权☆)　审计机关

【教材新增要点详解】

☞ 5-4-1　国务院所属机构☆

1. 国务院所属机构的性质和地位。国务院是组织、管理我国政治、经济、文化、教育、科学、技术等各项事业的最高行政机关。为了完成全国范围内的各项组织管理任务,必须设立相应的组织机构。按照《宪法》和《国务院组织法》的规定,国务院设有办公厅,部、委员会等组成部门,直属机构以及办事机构。

国务院所属各部、各委员会等组成部门受国务院统一领导。国务院组成部门在工作中的方针、政策、计划和重大行政措施,应向国务院请示报告,由国务院决定。

国务院组成部门的设立、撤销或者合并,经总理提出,由全国人大决定;在全国人大闭会期间,由全国人大常委会决定。《国务院组织法》规定,国务院组成部门设部长(主任、行长、审计长)1人,副部长(副主任、副行长、副审计长)2~4人,委员会可以设委员5~10人。

国务院办公厅由秘书长领导。国务院直属机构是国务院设立的主管各项专门业务的机关。国务院办事机构的主要职能是协助总理办理专门事项。

2. 国务院组成部门的领导体制。国务院组成部门实行部长(主任、行长、审计长)负责制。部长(主任、行长、审计长)领导本部门的工作,召集和主持部务(委务、行务、署务)会议,讨论决定本部门工作的重大问题;签署上报国务院的重要请示、报告和发布的命令、指示。副部长(副主任、副行长、副审计长)协助部长(主任、行长、审计长)工作。

部务会议、委务会议、行务会议、署务会议是各组成部门发挥集体作用的组织,其成员包括部长(委员会主任、行长、审计长)、副部长(副主任、副行长、副审计长)和其他成员。

3. 国务院组成部门的职权。各部、各委员会等组成部门是分管某一方面行政事务的职能部门,根据法律和国务院的行政法规、决定、命令,在本部门的权限内,发布命令、指示和制定规章。这包括三层含义:一是它们主要通过发布命令、指示和制定规章来管理本部门的工作;二是它们必须在本部门的权限范围内进行领导、组织和管理;三是它们发布的命令、指示和制定的规章,必须以法律和国务院的行政法规、决定、命令为依据,不得同它们相抵触。

此外,国务院具有行政管理职能的直属机构以及法律规定的机构,可以根据法律和国务院的行政法规、决定、命令,在本部门的权限范围内,制定规章。

☞ 6-4-1 宪法监督的方式☆

我国采取事先审查与事后审查相结合的方式。

1. 事先审查。主要体现为自治条例和单行条例、地方性法规等规范性文件经批准后生效,有权机关在批准过程中要审查其是否抵触宪法。根据《宪法》和《立法法》,自治区人大制定的自治条例和单行条例报全国人大常委会批准后生效,自治州、自治县人大制定的自治条例和单行条例报省、自治区、直辖市人大常委会批准后生效,设区的市、自治州人大及其常委会制定的地方性法规报省、自治区人大常委会批准后施行。此外,《海南自由贸易港法》第10条第3款规定:“海南自由贸易港法规涉及依法应当由全国人民代表大会及其常务委员会制定法律或者由国务院制定行政法规事项的,应当分别报全国人民代表大会常务委员会或者国务院批准后生效。”

关于规范性文件的批准制度,如下表所示:

规范性文件	制定机关	批准机关
自治条例和单行条例	自治区人大	全国人大常委会
	自治州、自治县人大	省、自治区、直辖市人大常委会
地方性法规	设区的市、自治州人大及其常委会	省、自治区人大常委会

2. 事后审查。主要体现为有权机关接受规范性文件备案后进行合宪性审查,并可要求原制定机关作出处理。

(1)规范性文件的备案。

法规、规章等规范性文件的备案审查是我国宪法监督的重要方式。根据《宪法》《立法法》《监督法》等规定:①全国人大常委会接受行政法规、监察法规、地方性法规、自治州和自治县的自治条例和单行条例、经济特区法规、浦东新区法规、海南自由贸易港法规以及司法解释的备案;②省、自治区、直辖市人大常委会接受本级政府制定的规章的备案;③设区的市、自治州人民政府制定的规章应当报国务院,省、自治区人大常委会和人民政府以及本级人大常委会备案;④根据授权制定的法规应当报授权决定规定的机关备案。上述规范性文件应当在公布后的30日内报有关机关备案。

按照《立法法》,全国人大专门委员会和常委会工作机构可以对报送备案的规范性文件进行主动审查,并可以根据需要进行专项审查。其中,对于行政法规、地方性法规、自治条例和单行条例,如果全国人大专门委员会、常委会工作机构认为同宪法或者法律相抵触,或者存在合宪性、合法性问题,可以向制定机关提出书面审查意见;也可以由宪法和法律委员会与有关专门委员会、常委会工作机构召开联合审查会议,要求制定机关到会说明情况,再向制定机关提出书面审查意见。制定机关应当在两个月内研究提出是否修改或者废止的意见,并向全国人大宪法和法律委员会、有关的专门委员会或者常委会工作机构反馈。制定机关按照所提意见进行修改或者废止的,审查终止。如果被认为同宪法或者法律相抵触,或者存在合宪性、合法性问题需要修改或者废止,而制定机关不予修改或者废止的,则全国人大宪法和法律委员会、有关的专门委员会、常委会工作机构应向委员长会议提出予以撤销的议案、建议,由委员长会议决定提请常委会会议审议决定。

关于规范性文件的备案制度,如下表所示:

规范性文件	制定机关	接受备案机关	其他要求
行政法规	国务院	全国人大常委会	—
监察法规	国家监察委员会	全国人大常委会	—
地方性法规	省、自治区、直辖市人大及其常委会	全国人大常委会、国务院	—
	设区的市、自治州人大及其常委会	全国人大常委会、国务院	由省、自治区人大常委会报备
自治条例和单行条例	自治州、自治县人大	全国人大常委会、国务院	由省、自治区、直辖市人大常委会报备,报备时应说明对法律、行政法规、地方性法规的变通情况
经济特区法规	经济特区所在地的省、市的人大及其常委会	全国人大常委会	报备时,应说明变通的情况
浦东新区法规	上海市人大及其常委会	全国人大常委会	报备时,应说明变通的情况
海南自由贸易港法规	海南省人大及其常委会	全国人大常委会	报备时,应说明变通的情况
部门规章	国务院部门	国务院	—

续表

规范性文件	制定机关	接受备案机关	其他要求
地方政府规章	省、自治区、直辖市政府	国务院、本级人大常委会	—
	设区的市、自治州政府	国务院,省、自治区人大常委会和政府,本级人大常委会	—
根据授权制定的法规	被授权机关	授权决定规定的机关	—
具体应用法律的解释(司法解释)	最高人民法院、最高人民检察院	全国人大常委会	—

(2)规范性文件的审查请求。

规范性文件的审查请求包括要求审查和建议审查两种情况。按照《立法法》,如果认为行政法规、地方性法规、自治条例和单行条例同宪法或者法律相抵触,或者存在合宪性、合法性问题的,国务院、中央军委、国家监察委员会、最高人民法院、最高人民检察院和各省、自治区、直辖市人大常委会可以向全国人大常委会书面提出进行审查的要求,由全国人大有关的专门委员会和常委会工作机构进行审查、提出意见。其他国家机关和社会团体、企业事业组织以及公民认为行政法规、地方性法规、自治条例和单行条例同宪法或者法律相抵触的,可以向全国人大常委会书面提出进行审查的建议,由常委会工作机构进行审查;必要时送有关的专门委员会进行审查、提出意见。全国人大有关专门委员会和常委会工作机构应当将审查情况向提出审查建议的国家机关、社会团体、企业事业组织以及公民反馈,并可以向社会公开。值得注意的是,2019 年 12 月 4 日,全国人大常委会在中国人大网开通公民网上提交审查建议功能,公民可以通过该网站向全国人大常委会提起法规及司法解释的审查建议。

根据《全国人民代表大会常务委员会关于完善和加强备案审查制度的决定》,地方各级监察委员会、人民法院、人民检察院在监察、审判、检察工作中发现法规、司法解释同宪法或者法律相抵触,或者存在合宪性、合法性问题的,可以逐级上报至国家监察委员会、最高人民法院、最高人民检察院,由国家监察委员会、最高人民法院、最高人民检察院向全国人民代表大会常务委员会书面提出审查要求。

关于规范性文件的审查请求制度,如下表所示:

审查对象	请求主体	请求方式	处理方式
行政法规、地方性法规、自治条例和单行条例	国务院、中央军委、国家监察委员会、最高人民法院、最高人民检察院和各省、自治区、直辖市人大常委会	向全国人大常委会书面提出审查要求	全国人大有关的专门委员会和常委会工作机构进行审查、提出意见
	其他国家机关和社会团体、企业事业组织以及公民	向全国人大常委会书面提出审查建议	常委会工作机构进行审查,必要时送有关专门委员会进行审查、提出意见,审查情况向建议者反馈并可向社会公开

☞ 6-4-2 违宪的制裁措施☆

违宪的制裁措施是宪法监督的核心内容,没有制裁措施的宪法监督缺乏实效性。从各国实践来看,违宪的制裁措施主要包括:撤销违宪法律,宣布违宪法律无效,允许宪法主体不受该违宪法律约束或者不适用该法律,不得通过违宪法案,并责令立法机关修改,以弹劾、罢免等措施追究违宪行为的责任者。

根据《宪法》和《立法法》的规定:(1)全国人大有权改变或者撤销全国人大常委会制定的不适当的法律和决定,有权撤销全国人大常委会批准的违背《宪法》和《立法法》的自治条例和单行条例;(2)全国人大常委会有权撤销国务院制定的同宪法、法律相抵触的行政法规、决定和命令,有权撤销同宪法和法律相抵触的监察法规,有权撤销同宪法、法律和行政法规相抵触的地方性法规,有权撤销省、自治区、直辖市国家权力机关制定的同宪法、法律和行政法规相抵触的决议,有权撤销省、自治区、直辖市人大常委会批准的违背《宪法》和《立法法》的自治条例和单行条例;(3)国务院有权改变或者撤销不适当的部门规章和地方政府规章,有权改变或者撤销各部、各委员会发布的不适当的命令、指示,有权改变或者撤销地方各级国家行政机关不适当的决定、命令;(4)县级以上地方各级人大有权改变或者撤销本级人大常委会不适当的决定;(5)省、自治区、直辖市人大有权改变或者撤销其常委会制定的和批准的不适当的地方性法规;(6)地方人大常委会有权撤销本级政府制定的不适当的规章,有权撤销本级政府不适当的决定和命令,有权撤销下一级人大不适当的决议;(7)县级以上地方各级政府有权改变或者撤销所属各工作部门和下级政府不适当的决定;(8)省、自治区政府有权改变或者撤销下一级政府制定的不适当的规章;(9)授权机关有权撤销被授权机关制定的超越授权范围或者违背授权目的的法规,必要时可以撤销授权。

根据《全国人民代表大会常务委员会关于完善和加强备案审查制度的决定》,制定机关未按照书面审查意见或者处理计划对法规、司法解释予以修改、废止的,全国人大专门委员会、常委会工作机构可以依法提出下列议案、建议,由委员长会议决定提请常务委员会会议审议决定:(一)确认有关法规、司法解释与宪法、法律相抵触或者违背宪法、法律的原则和精神,要求制定机关限期修改或者废止;(二)要求制定机关自行修改完善有关法规、司法解释,或者要求制定机关进行清理;(三)依法予以撤销;(四)依法作出法律解释。法规、司法解释被纠正或者撤销后,其他规范性文件存在相同问题的,制定机关应当及时修改或者废止。

关于规范性文件的改变和撤销制度,如下表所示:

有权机关	处理对象	处理方式	审查标准
全国人大	其常委会制定的法律	改变或者撤销	不适当
	其常委会的决定	改变或者撤销	不适当
	其常委会批准的自治条例和单行条例	撤销	违背《宪法》和《立法法》
全国人大常委会	行政法规、国务院决定和命令	撤销	同宪法和法律相抵触
	监察法规	撤销	同宪法和法律相抵触
	地方性法规	撤销	同宪法、法律和行政法规相抵触
	省、自治区、直辖市人大及其常委会的决议	撤销	同宪法、法律和行政法规相抵触
	省、自治区、直辖市人大常委会批准的自治条例和单行条例	撤销	违背《宪法》和《立法法》
国务院	部门规章	改变或者撤销	不适当
	地方政府规章	改变或者撤销	不适当
	各部委发布的命令、指示	改变或者撤销	不适当
	地方各级国家行政机关的决定、命令	改变或者撤销	不适当

续表

有权机关	处理对象	处理方式	审查标准
县级以上地方各级人大	本级人大常委会的决定	改变或者撤销	不适当
省、自治区、直辖市人大	其常委会制定和批准的地方性法规	改变或者撤销	不适当
地方人大常委会	本级地方政府规章	撤销	不适当
	本级政府的决定、命令	撤销	不适当
	下一级人大的决议	撤销	不适当
县级以上地方各级政府	所属工作部门的决定	改变或者撤销	不适当
	下级政府的决定	改变或者撤销	不适当
省、自治区政府	下一级地方政府规章	改变或者撤销	不适当
授权机关	被授权机关制定的法规	撤销	超越授权范围或者违背授权目的
	必要时可以撤销授权		

我国宪法监督制度在宪法实施、推进社会主义民主政治建设和法治国家建设方面发挥了重要作用，同时还应当进一步完善。深化依法治国实践需要继续加强宪法实施和监督，强化全国人大宪法和法律委员会的统一审议功能，切实推进合宪性审查工作。

【大纲配套练习题】

1.（单项选择题）关于宪法的效力，下列哪一说法是正确的？（　　）①

A. 我国宪法对境内的外国公民不具有效力

B. 我国宪法对条约与宪法的关系有明文规定

C. 宪法的地域效力决定了我国公民一旦出国便不再受宪法的管辖

D. 宪法的空间效力及于国土的所有领域

2.（单项选择题）我国中央行政机关和军事机关都采用首长负责制。关于两者的比较，下列哪一选项是错误的？（　　）②

A. 中央军委委员由军委主席直接任命，而国务院其他组成人员都要经过总理提名，由全国人大决定

B. 国务院总理需向全国人大作工作报告，而中央军委主席则不需要作工作报告

C. 中央军委主席需经过人大选举，而国务院总理不需要选举，由全国人大直接决定

D. 中央军委主席向全国人大负责，而国务院全体向全国人大负责

3.（多项选择题）宪法规范具有多种形式。关于我国宪法规范，下列哪些说法是正确的？（　　）③

A.“中华人民共和国是工人阶级领导的、以工农联盟为基础的人民民主专政的社会主义国家。”这一条款属于确认性规范

---

① D。考查宪法的效力。宪法对境内外国公民和国外的本国公民均具有效力，我国宪法并未规定条约与宪法的关系。

② A。考查我国国家机构的组织和活动原则。中央军委除军委主席之外的所有成员，以及国务院包括总理在内的所有成员，都要经全国人大决定。

③ ABD。考查宪法规范。《宪法》第1条就包含了确认性规范与禁止性规范两种，故C选项错误。

B.“禁止任何组织或者个人破坏社会主义制度”属于禁止性规范

C.一个宪法条文只能载明一种宪法规范,不能同时包含确认性规范与禁止性规范

D.程序性规范主要涉及国家机关活动程序方面的内容

4.(多项选择题)基本文化制度是宪法中的重要内容。下列关于宪法中文化制度的说法中,哪些选项是正确的?(　　)①

A.1919年德国《魏玛宪法》首次针对公民的文化权利作出规定,但未对国家的基本文化政策作出相关规定

B.我国现行《宪法》的基本文化政策中,规定公民有受教育的基本权利

C.我国《宪法》规定,国家发展教育事业、科学事业、医疗卫生体育事业、文学艺术和其他文化事业

D.国家立法保护知识产权,鼓励公民创新,是我国基本文化政策的重要组成部分

5.(不定项选择题)某县是一少数民族自治县,根据该族风俗习惯,招婿现象较为普遍,而且一般不与外族通婚。该自治县人民政府变通执行了自治区人民政府下发的某个鼓励各民族通婚的指示。关于该自治县自治机关的行为,下列说法中正确的是:(　　)②

A.该自治县人民政府无权对自治区的某个鼓励各民族通婚的指示变通执行

B.该自治县人民政府可以对自治区的某个鼓励各民族通婚的指示变通执行,但须报经本级人民代表大会及其常务委员会批准

C.该自治县的人民代表大会有权依照该自治县的政治、经济和文化特点,制定关于婚姻方面的单行条例,在报自治州人民代表大会常务委员会批准后生效,并报自治区人民代表大会常务委员会和国务院备案

D.该自治县的人民代表大会有权依照该自治县的政治、经济和文化特点,制定关于婚姻方面的单行条例,在报自治区人民代表大会常务委员会批准后生效,并报全国人民代表大会常务委员会和国务院备案

---

① BC。考查国家的基本文化制度。《魏玛宪法》不但对公民的文化权利作出了规定,还对国家的基本文化政策作出了规定。保护知识产权是保护公民财产权利的内容,不属于国家基本文化政策的范畴。因此,AD选项错误。

② D。考查民族区域自治制度。依据《民族区域自治法》第20条的规定,该自治县人民政府可以对自治区的某个鼓励各民族通婚的指示变通执行,但是报经本级人民代表大会及其常务委员会批准是错的,而是应当层报自治区人民政府批准,因此AB选项不得入选。依据《民族区域自治法》第19条的规定,该自治县制定的单行条例,应报自治区人大常委会批准后生效,并报全国人大常委会和国务院备案。故C选项错误,D选项正确。

中国法律史

【本学科复习重点、难点说明】

中国法律史关注中国传统法律思想与制度的发展演变,作为法学学科之中的重要基础课程,属于理论法学的范畴。对众多考生而言,学习中国法律史不仅需要对历朝历代的法律思想、立法概况、司法实践等基础知识牢固掌握,更需要形成整体性的系统认知,尤其是思想与制度的纵向贯通与横向比较。与此同时,考生还应当在对重要知识点深入理解的基础上,能够举一反三,灵活运用。

考生在学习中国法律史过程中,应首先从宏观层面把握法律发展演变的基本脉络,形成知识的基本框架;其次应当将精力集中于关键性、代表性朝代及其思想与制度;最后应当关注不同朝代之间相关思想与制度的异同,尤其注意类似之处的辨析。关于中国法律史备考中的重点、难点及疑点,现按照时间顺序概述如下:

(一)先秦时期

先秦时期主要包括西周时期与春秋战国时期两个阶段。西周时期的法律思想是应当重点掌握的要点,尤其要深入理解礼与刑的关系问题。礼起源于祭祀,从抽象方面来看,主要包括“亲亲”与“尊尊”两个方面,“亲亲”对应家族范围内,主要调整的是家族内的关系,强调“亲亲父为首”;“尊尊”对应国家范围内,主要调整的是社会上的关系,强调“尊尊君为首”。西周“亲贵合一,家国不分”的宗法制,即是上述原则的制度化。从具体方面来看,西周时期主要包括五个方面,即“五礼”:吉礼(祭祀之礼)、凶礼(丧葬之礼)、军礼(行兵仗之礼)、宾礼(迎宾待客之礼)、嘉礼(冠婚之礼)。需要注意的是,礼在西周时期并非单纯的道德规范,它已经具备了法的性质,并且借助其规范性、国家意志性与强制性,发挥了调整社会生活各个方面的实际作用。刑起源于战争,伴随征战过程,刑罚由作为对待俘虏的手段逐渐引入部落的内部,使其无论是在对外关系中还是在对内关系中都发挥了日益重要的作用。在理解礼与刑关系时,应当注意以下两点:其一,礼是积极、主动的事前预防,而刑是消极、被动的事后处罚,两者是相辅相成的,正所谓“礼之所去,刑之所取,失礼则入刑,相为表里者也”。其二,礼重在教化,刑重在惩罚,但两者均强调等级与差别,维护的是不平等的社会关系和秩序,所谓“礼不下庶人,刑不上大夫”。“礼不下庶人”强调礼的等级性,“刑不上大夫”强调贵族官僚在适用刑罚上的特权。此外,西周确立了相对完备的婚姻制度,包括“六礼”“七出”“三不去”等。“六礼”是婚姻成立的必要条件,包括纳采、问名、纳吉、纳征、请期、亲迎。“七出”是允许解除婚姻的条件,即不顺父母去、无子去、淫去、妒去、有恶疾去、多言去、窃盗去。“三不去”是对婚姻解除的限制,包括:有所娶无所归,不去;与更三年丧,不去;前贫贱后富贵,不去。“六礼”“七出”“三不去”奠定了传统婚姻制度的基本原则和内容,对后世影响深远。西周时期的继承制度,则是宗法制下的嫡长子继承制,所谓“立嫡以长不以贤,立子以贵不以长”,此种继承方式强调的是政治身份的继承,土地、财产的继承则是次要的。

春秋战国时期,需要注意以下三部分内容:第一,需要注意公布成文法的活动,主要包括公元前536年的郑国执政子产"铸刑书"与公元前513年的晋国赵鞅"铸刑鼎"。对成文法公布活动的理解,重点应放在其背景与意义方面。春秋时期社会关系的变迁,尤其是新兴地主阶级的兴起,导致旧有不公开、不成文的法律体制已经无法满足社会发展的需要,也无法适应社会变革的新形势下新的利益阶层的利益平衡。在此背景下,成文法的公布,严重冲击了旧贵族的特权,尤其是对法律的解释和操纵,反映了新兴地主阶级的要求,也打破了"刑不可知,则威不可测"的旧有局面,使得法律公布成为立法的新原则,对后世法律的发展产生了深远影响。第二,《法经》。《法经》作为第一部比较系统的成文法典,是中国法律史的重点内容,考生应当着重从内容、地位两个方面,较为全面地掌握相关知识点。《法经》的内容主要是其篇目组成与排列顺序,即《盗法》《贼法》《囚法》《捕法》《杂法》《具法》。对于具体篇目,应当明确其具体含义,个别重点篇目应当联系其排列顺序有进一步理解。具体而言,《盗法》《贼法》主要惩罚危害国家安全、危害他人及侵犯财产的犯罪,置于法典之首的原因在于李悝认为"王者之政莫急于盗贼"。《囚法》《捕法》二篇多属于诉讼法的范围。《杂法》是关于"盗贼"以外的其他犯罪与刑罚的规定,主要规定了"六禁",即淫禁、狡禁、城禁、嬉禁、徒禁、金禁。《具法》是关于定罪量刑中从轻从重法律原则的规定,起着"具其加减"的作用,相当于近代刑法典中的总则部分。一方面,《法经》作为战国时期政治制度变革的重要成果,是战国时期封建立法的典型代表和全面总结;另一方面,《法经》的体例和内容为后世帝制王朝成文法典的发展奠定了基础。《法经》六篇为秦汉直接继承,商鞅改法为律,秦有《盗律》《贼律》《囚律》《捕律》《杂律》《具律》,汉萧何所作《九章律》即是在《盗》《贼》《囚》《捕》《杂》《具》六篇基础上,增加《兴》《厩》《户》三篇而成。魏晋以后,在此基础上进一步发展,最终形成了以《名例》为统率,以各篇为分则的完善的法典体例。第三,法家的思想。这部分内容应当结合法家的代表人物商鞅及其变法进行理解,特别是法家的"以法治国"和"明法重刑"思想。

(二)秦汉至魏晋南北朝时期

第一,秦汉律的主要内容。秦代法律重点掌握主要罪名与刑罚,理解主要罪名、刑罚的基本含义,由于秦代罪名与刑罚种类繁多,掌握时应当注意采取分类的方式进行梳理。如罪名分为危害皇权罪、侵犯财产和人身罪、渎职罪、妨害社会管理秩序罪、破坏婚姻家庭罪等,刑罚分为笞刑、徒刑、流放刑、肉刑、死刑、耻辱刑、赀赎刑、株连刑等。

第二,汉代文帝、景帝废肉刑的刑罚改革,包括刑制改革的具体内容以及主要意义。首先需要注意的是,刑制改革大致有两个阶段,要分别掌握各自阶段的主要改革内容以及两个阶段之间的联系。刑制改革的意义主要集中于废除肉刑与建立新的刑罚制度。其次需要注意汉律的儒家化。儒家化作为汉律的重要特征,不仅表现在法律思想方面,也表现在法律制度与实践方面。关于"亲亲得首匿原则"的法律思想、春秋决狱以及秋冬行刑等需要着重了解掌握。

第三,魏晋南北朝时期法典的发展变化,包括法典结构与内容两个方面。在掌握此部分知识点时,尤其需要注意各法典之间的主要特点和前后关联。结构方面,《魏律》(18篇)将《法经》中的"具律"改为"刑名"置于律首;《晋律》(20篇)在刑名律后增加法例律,丰富了刑法总则的内容;《北齐律》(12篇)将刑名与法例律合为名例律一篇,充实了刑法总则,将刑法分则精练为禁卫、婚户、擅兴、违制、诈伪、斗讼、贼盗、捕断、毁损、厩牧、杂律。内容方面,需要结合法律儒家化和儒家思想法律化的大背景进行理解,主要包括:其一,"八议"与"官当"。"八议"是由魏明帝在制定《魏律》时确立的,"官当"则正式出现在《北魏律》与《陈律》中。其二,"重罪十条"。《北齐律》中首次规定"重罪十条",请考生注意其与"十恶"的差别。其三,刑罚制度改革。如规定流刑、废除宫刑等。其四,"准五服以制罪"。《晋律》与《北齐律》中相继确立"准五服以制罪"的制度。其五,死刑复奏制度。北魏太武帝时正式确立。其六,妇女犯罪行刑上享有特殊规定等。考生在掌握时需要注意联系相关制度的后世发展,如"重罪十条""八议""官当"等。

（三）隋唐宋元时期

隋唐时期是中国历史发展过程中的鼎盛时期，在政治、经济、文化等各方面都取得了令人瞩目的成就，也是中国传统法律发展的高峰期，需要考生给予格外关注。

第一，《唐律疏议》是这一时期的代表性法典，也是需要掌握的重点内容。《唐律疏议》是《永徽律》与《律疏》合编的结果，计分 12 篇，共 30 卷，称为《永徽律疏》，元代后多称为《唐律疏议》。其一，对于《唐律疏议》的代表性制度，如十恶、六赃、保辜等制度应当注意理解，并能够进行简单应用。其二，唐律中的五刑及刑罚原则需要重点掌握。唐律五刑为笞、杖、徒、流、死五种刑罚，虽然唐律五刑承袭自隋律，但需要提醒考生注意二者的差异，即排列顺序、流刑里数、赎铜数额。唐律刑罚原则主要包括区分公、私罪的原则，自首原则，类推原则，化外人原则等，此类原则的考查可能会采取案例的形式，因此考生需要理解不同原则的基本内容和逻辑。其三，应当掌握《唐律疏议》的基本特点与地位，即唐律具有"礼律合一"、科条简要与宽简适中、立法技术完善等特征，是中国传统法典的楷模与中华法系形成的标志。同时，作为中华法系的代表作，唐律对周边的影响也需要考生注意，特别是亚洲诸国中朝鲜《高丽律》、日本《大宝律令》、越南李太宗时期颁布的《刑书》等。

第二，隋唐时期的司法机关。唐代沿袭隋制，皇帝以下设大理寺、刑部、御史台三大司法机构。具体而言，大理寺为审判机关，刑部为复核机关，御史台为监察机关。考生在掌握时，需要与其后各朝代中央司法机关进行比较与联系，尤其注意机构名称相同但职能不同的情形，如明清时期的中央司法机构为刑部、大理寺与都察院，但刑部成为中央审判机关，大理寺成为中央复核机关，都察院则为中央监察机关。

第三，《宋刑统》与编敕。《宋刑统》全称《宋建隆重详定刑统》，是历史上第一部刊印颁行的法典，它的编纂体例可追溯至唐宣宗时颁行的《大中刑律统类》。其结构上与《唐律疏议》大体相同，也是 30 卷 12 篇，共 502 条，但在 12 篇的 502 条中又分为 213 门，将性质相同或相近的律条及有关的敕、令、格、式、起请等条文作为一门，并对部分字词进行了改动。编敕，是将单行的敕令整理成册，上升为一般法律形式的一种立法过程。编敕是宋代一项重要和频繁的立法活动，其特点是由"敕律并行"到"凡律所不载者，一断于敕"。

第四，宋代的司法制度。宋代中央三法司延续唐制，设大理寺、刑部、御史台，地方司法机构方面，在州县之上，设立提点刑狱司，作为中央在地方各路的司法派出机构。此外，宋代的翻异别勘制度也需要注意。

第五，宋代的契约法规。宋代契约制度的发展，首先，表现在土地契约出现了红契与白契的区分，地契订立后，须缴纳交易税后由官府在契约上加盖官印，才能成为红契，否则为国家不承认的白契。其次，宋代的契约还包括买卖契约（包括绝卖、活卖与赊卖）、租赁契约、租佃契约（包括定额租与分成租）、典卖契约、借贷契约等类型。

第六，唐宋的婚姻法规。唐宋基本延续了"七出""三不去"等婚姻制度。婚姻缔结方面，宋代严禁官员与属下及任职辖境内百姓通婚。婚姻解除方面，唐代出现了"义绝""和离"的法律规定，并被宋代所延续。"义绝"即指夫妻间或夫妻双方亲属间或夫妻一方对他方亲属凡有殴、骂、杀、伤、奸等行为，依律视为夫妻恩义断绝，无论夫妻双方是否同意离婚，均由官府审断强制离异，对任何不离婚的一方依律处罚；"和离"即协议离婚，夫妻可以因"情不相得"而双方自愿解除婚姻关系。

（四）明清时期

第一，明清时期的主要立法，如明代的《大明律》《明大诰》，清代的《大清律例》等。《大明律》一改传统刑律体例，更为名例、吏、户、礼、兵、刑、工七篇格局，用以适应强化中央集权的需要，其律文简于唐律，精神严于宋律，成为终明之世通行不改的基本法典。《大清律例》的结构、形式、体例、篇目与《大明律》基本相同，附例一千余条。《大清律例》是中国历史上最后一部传统成文法典，是中国传统法典的集大成者。

第二，清代的例。例作为清代最重要的法律形式之一，包括条例、则例、事例、成例等名目。条例一般而言是专指刑事单行法规;则例指某一行政部门或某项专门事务方面的单行法规汇编;事例指皇帝就某项事务发布的“上谕”或经皇帝批准的政府部门提出的建议;成例,也称“定例”,指经过整理编订的事例,是一项单行法规。需要说明的是,对例的理解需要将其放入清代法律体系之中,尤其要考虑清代律例关系问题,其要点有二:一是律文高度稳定,甚少大的改动,条例则随时增删;二是律为主导,例为补充,二者关系的主流是相辅相成。

第三,清代会审。清代会审制度主要包括秋审、朝审、热审等比较规范的会审体制。秋审是最重要的死刑复审制度,因每年秋天举行而得名,这与秋冬行刑的理念是一脉相承的。秋审是“国家大典”,延续明代朝审制度而来,审理对象是全国上报的斩、绞监候案件,最终的结果分为情实、缓决、可矜、留养,奉旨“情实”者当年处决,“缓决”者留待下一年度秋审,多次“缓决”者多改为流刑或发遣。朝审是对刑部判决的重案及京师附近斩、绞监候案件进行的复审,其审判组织、方式与秋审大体相同。热审是对发生在京师的笞杖刑案件进行重审的制度,于每年小满后十日至立秋前一日,由大理寺官员会同各道御史及刑部承办司共同进行,快速决放在监笞杖刑案犯。

第四,清末修律。主要掌握清末修律的主要内容,包括《大清现行刑律》与《大清新刑律》、《大清商律草案》与《大清民律草案》、诉讼法律与法院编制法。《大清现行刑律》是作为《大清新刑律》完成前的一部过渡性法典,因此它对《大清律例》的改变并不彻底,主要体现在:改律名为“刑律”;取消了六律总目,将法典各条按性质分隶30门;对纯属民事性质的条款不再科刑;废除了一些残酷的刑罚手段,如凌迟;增加了一些新罪名,如妨害国交罪等。而《大清新刑律》是中国历史上第一部近代意义上的专门刑法典,但需要注意它仍保留了封建伦理的传统。另外需要注意的是,《大清商律草案》由修订法律馆起草,《大清民律草案》总则、债权、物权三编由松冈义正等人草拟而成,亲属、继承两编则由修订法律馆会同保守的礼学馆起草,但两部法律草案均未正式颁行。

第五,清末司法制度变革。首先是司法机构的变革,改刑部为法部,掌管全国司法行政事务;改大理寺为大理院,为全国最高审判机关;实行审检合署。其次是审级实行四级三审制。领事裁判权也是重点内容,尤其是其内容、审理机构及其后果。

(五)中华民国时期

中华民国时期着重掌握相关宪法的发展演变,主要包括:其一,孙中山“五权宪法”理论,即行政权、立法权、司法权、考试权、监察权五权。其二,《修正中华民国临时政府组织大纲》,该大纲基本上采用总统制共和政体;实行资产阶级三权分立原则;采取一院制的议会政治体制,参议院是国家立法机关。其三,《中华民国临时约法》,它是中国历史上最初的资产阶级宪法性文件,具有中华民国临时宪法的性质。作为中国近代最初的资产阶级民主共和国性质的宪法文件,体现了资产阶级的意志,代表了资产阶级的利益,具有革命性、民主性。其四,“天坛宪草”“袁记约法”“贿选宪法”,着重掌握其主要特点及产生背景。其五,《训政时期约法》,该法的核心精神,是以根本法形式确认训政时期国民党为最高“训政”者,代行国民大会的统治权。约法的解释权属国民党中央执行委员会。其六,《中华民国宪法草案》(“五五宪草”),国民政府宣称该草案遵奉孙中山遗教制定,标榜要结束“训政”,实行“宪政”,以体现三民主义、五权宪法精神。其七,《中华民国宪法(1947)》,基本精神与《训政时期约法》和“五五宪草”一脉相承。但碍于政协通过的“宪法修改原则”12条的重大影响,即实行国会制、内阁制、省自治、司法独立、保护人民权利等,又不得不在具体条文上有所变动。其特点是:(1)表面上的“民有、民治、民享”和实际上的个人独裁,即人民无权、党国一体、个人集权。(2)政权体制上是用不完全责任内阁制与实质的总统制的矛盾条文,掩盖总统即蒋介石的个人集权专制统治的本质。(3)罗列人民各项民主自由权利,但通过《紧急治罪法》等加以限制否定。

（六）新民主主义革命时期

新民主主义革命时期重点掌握民主政权宪法性文件与司法制度的发展演变及其特点。主要包括《中华苏维埃共和国宪法大纲》、《陕甘宁边区施政纲领》、《陕甘宁边区宪法原则》和“马锡五审判方式”。

着重从主要内容与意义两个方面把握。《中华苏维埃共和国宪法大纲》，是第一部由劳动人民制定，确保人民民主制度的宪法性文件，是工农民主专政的伟大纲领。《陕甘宁边区施政纲领》继承发扬苏区法制传统，建立起切合国情的抗日民主法制，标志着新民主主义法制的形成和重大发展。

对“三三制”的民主价值应当有正确理解；对“马锡五审判方式”的产生、特点与意义应当有正确的理解。注意区分人民法院与人民法庭的差异，人民法庭不同于地方法院，是县以下基层农会以贫、雇农为骨干并有政府代表参加的群众性临时审判机关，专门审判《中国土地法大纲》实施过程中一切违抗、破坏土改的案件。

【大纲变化考点提示】

第六章　新民主主义革命时期民主政权法制★

基本要求

理解：新民主主义革命时期民主政权主要宪法性文件，民主政权主要司法制度。

熟悉：《中华苏维埃共和国宪法大纲》，《陕甘宁边区施政纲领》，《陕甘宁边区宪法原则》，马锡五审判方式，并能够分析借鉴。

第一节　宪法★

《中华苏维埃共和国宪法大纲》★　《陕甘宁边区施政纲领》★　《陕甘宁边区宪法原则》★

第二节　司法制度★

陕甘宁边区高等法院★　马锡五审判方式★　废除《六法全书》★

【教材新增要点详解】

☞ 6－1－1　《中华苏维埃共和国宪法大纲》★

（一）《中华苏维埃共和国宪法大纲》制定经过

1930 年 7 月党中央成立中华工农兵苏维埃第一次全国代表大会中央准备委员会，负责草拟宪法。1931 年 11 月 7 日—20 日第一次代表大会在江西瑞金召开，通过《中华苏维埃共和国宪法大纲》。1934 年 1 月第二次代表大会作某些修正，最主要的是在第 2 条增加“同中农巩固的联合”。

（二）《中华苏维埃共和国宪法大纲》的主要内容

《中华苏维埃共和国宪法大纲》遵循党中央提出的“制宪七大原则”，规定苏维埃政权的性质、政治制度、公民权利义务、外交政策等内容，共 17 条。主要内容是：

1. 确定苏维埃国家性质是“工人和农民的民主专政国家”。所谓专政，一是将地主资产阶级（军阀、官僚、地主、资本家、豪绅、僧侣及一切剥削者）拒绝于政权之外；二是剥夺他们的言论、出版、集会、结社等自由；三是使用革命武力和法庭镇压一切反革命复辟活动。

2. 确定苏维埃国家政治制度是工农兵苏维埃代表大会制度。它保证工农大众参加国家管理，便于工人阶级及其政党的领导,实行民主集中制和议行合一原则。它是根据革命实践及苏联经验建立的新式民主制度。

3. 确定苏维埃国家公民的权利和义务,包括政治、经济、文化等各方面。工农兵及一切劳苦民众享有广泛民主权利。各级政府采取切实有效措施,提供力所能及的物质保障条件。

4. 确定苏维埃国家外交政策。宣布中华民族完全自由独立,不承认帝国主义在中国的特权及不平等条约。与世界无产阶级和被压迫民族站在一起,苏联是巩固的同盟者。对受迫害的世界革命者给予保护。对居住在苏区从事劳动的外国人给予法定的政治权利。

(三)《中华苏维埃共和国宪法大纲》的意义

1. 它是第一部由劳动人民制定、确保人民民主制度的宪法性文件,是共产党领导人民反帝反封建的工农民主专政的伟大纲领。

2. 它同民国政府制定的"约法""宪法"有本质的区别。

3. 它肯定革命胜利成果,提出斗争方向。尽管受到"左"的影响,但仍是划时代的宪法性文件。

4. 它的颁行调动了苏区人民的革命积极性,为以后制定民主宪法提供了宝贵经验。

☞ 6-1-2 《陕甘宁边区施政纲领》★

(一)《陕甘宁边区施政纲领》的制定

中国共产党领导的地方抗日民主政权以 1937 年 8 月 25 日公布的《抗日救国十大纲领》为准绳,继承发扬苏区法制传统,建立起切合国情的抗日民主法制,标志着新民主主义法制的形成和重大发展。

1939 年 1 月陕甘宁边区第一届参议会通过《陕甘宁边区抗战时期施政纲领》。1941 年经中共中央政治局批准,边区第二届参议会通过了新的《陕甘宁边区施政纲领》,完善了原有的保障抗战、加强团结、健全民主、发展经济、普及文化教育的规定,增加了"三三制"政权组织形式和保障人权等崭新内容。

(二)《陕甘宁边区施政纲领》的主要内容

1. 保障抗战的规定。团结边区各社会阶级、各抗日党派,发挥一切人力、物力、财力、智力抗战。严厉镇压汉奸及反共分子。

2. 加强团结的规定。坚持抗日民族统一战线方针,团结边区各抗日阶级、工人、农民、地主、资本家。主要措施是:调节各阶级的关系,地主减租息,农民交租息;改善工农生活,资本家有利可图;一致对外,共同抗日。

3. 健全民主制度的规定。将其提到保证全国人民团结的高度。规定几项重大措施:(1)普遍、直接、平等、无记名投票的选举制度。(2)保障一切抗日人民的选举权与被选举权。(3)"三三制"政权组织原则。明确规定:"本党愿与各党各派及一切群众团体进行选举联盟,并在候选名单中确定共产党员只占三分之一,以便各党各派及无党无派人士均能参加边区民意机关之活动与边区之行政管理。在共产党员被选为某一行政机关之主管人员时,应保证该机关之职员有三分之二为党外人士充任,共产党员应与这些党外人士实行民主合作,不得一意孤行,把持包办。"毛泽东在《抗日根据地的政权问题》中强调:"根据抗日民族统一战线政权的原则,在人员分配上,应规定为共产党员占三分之一,非党的左派进步分子占三分之一,不左不右的中间派占三分之一。"中国共产党在抗日战争期间为把根据地建设成"民主的模范",巩固和扩大抗日民族统一战线,在根据地政权建设中普遍实行了"三三制"原则。(4)保障一切抗日党派、团体、人民的人权、财权及各项自由。(5)人民享有用任何方式控告任何公务人员非法行为的权利。(6)男女平等,提高妇女地位,保护其特殊利益。(7)反对民族歧视,实行民族平等、自治,尊重宗教信仰、风俗习惯。

4. 发展经济的规定。从"发展经济,保障供给"总方针出发,发展农业、林业、牧业、手工业和工业,奖励扶助私人企业,保障经营自由。实施外贸统治。贯彻统筹统支的财政制度。征收统一累进税,巩固边币,维护法币。

5. 普及文化教育的规定。举办各类学校,普及免费义务教育。尊重知识分子,提高边区人民政治文化水平。

（三）《陕甘宁边区施政纲领》的意义

《陕甘宁边区施政纲领》以反对日本帝国主义、保护抗日人民、调节各抗日阶级利益、改善工农生活、镇压汉奸反动派为基本出发点，全面系统反映了抗日民族统一战线的要求和抗战时期的宪政主张，是法制实践经验的科学概括与总结。

☞ 6-1-3 《陕甘宁边区宪法原则》★

（一）《陕甘宁边区宪法原则》制定的背景

1945 年抗日战争结束，国共两党于 10 月 10 日签订"双十协定"。1946 年 1 月南京国民政府在重庆召开政治协商会议，通过《关于宪草问题的协议》，规定了制定省宪的原则。因此，各解放区政府开始制定宪法原则与施政纲领，其中，有代表性的是 1946 年 4 月陕甘宁边区第三届参议会通过的《陕甘宁边区宪法原则》。其结构分为"政权组织""人民权利""司法""经济""文化"五部分，共 26 条。

（二）《陕甘宁边区宪法原则》的主要内容

1. 确立边区、县、乡人民代表会议为管理政权机关。

2. 规定人民政治上行使的各项自由权利，受政府指导与物质帮助。边区人民不分民族一律平等。

3. 规定除司法机关、公安机关依法执行职务外，任何机关、团体不得有逮捕审讯行为。人民有权用任何方式控告失职的任何公务人员。各级司法机关独立行使职权，除服从法律外，不受任何干涉。

4. 应保障耕者有其田，劳动者有职业，企业者有发展机会。经济上采取公营、合作、私营三种方式，组织一切人力、财力为促进经济繁荣消灭贫穷而斗争。

5. 普及并提高人民文化水准。从速消灭文盲，减少疾病与死亡。

☞ 6-2-1 马锡五审判方式 ★

1942 年至 1943 年，马锡五担任边区陇东专区专员兼高等法院陇东分庭庭长，在边区长期的司法审判实践中，形成了马锡五审判方式。马锡五审判方式是把群众路线的工作方法创造性地运用到审判工作中去的司法民主的崭新形式，也是从一系列司法案件中总结归纳出的经验成果。

1. 马锡五审判方式的特点。(1)深入农村调查研究，实事求是了解案情。(2)依靠群众，教育群众，尊重群众意见。(3)方便群众诉讼；手续简便、不拘形式。

2. 马锡五审判方式的产生和意义。延安整风运动为马锡五审判方式的产生奠定了思想基础，群众智慧是其产生的源泉。这一方式是在巡回审判基础上成长起来的，成为陕甘宁边区司法工作的一面旗帜。马锡五审判方式的出现和推广，培养了大批优秀司法干部，解决了积年疑难案件，减少争讼、促进团结、利于生产、保证抗日，使人民司法制度落到实处。

【大纲配套练习题】

1.（单项选择题）西周时期在审判中观察当事人心理活动的方式"五听"中的"气听"指：（　　）①

---

① C。本题考查的是西周的诉讼审判制度。通过对长期司法实践经验的总结和提炼，西周时期形成了审理案件的"五听"制度。所谓"五听"即辞听、色听、气听、耳听和目听。这是审判案件时，观察当事人心理活动的五种方式。《周礼·秋官·小司寇》中载：辞听，听当事人的陈述，理屈则言语错乱；色听，观察当事人的表情，如理亏就会面红耳赤；气听，听当事人陈述时的呼吸，如无理就会紧张得喘息；耳听，观察当事人的听觉反应，如无理就会紧张得听不清话；目听，观察当事人的眼睛，如无理就会失神。因此，本题的正确选项为 C 选项。

A. 分析当事人的陈述内容 B. 观察当事人陈述时的气色

C. 观察当事人陈述时的呼吸 D. 观察当事人陈述时的眼睛

2.(单项选择题)《法经》具有重要历史地位。以下表述正确的是:( )①

A. 从体例上看,《法经》六篇为明清律直接继承

B.《法经》六篇成为隋唐律的篇目蓝本

C.《法经》是对西周出礼入刑制度的一种肯定

D.《法经》中各篇的主要内容被后世传统法典继承发展

3.(单项选择题)秦律规定凡属未成年人犯罪,其刑事责任的执行标准是:( )②

A. 不负刑事责任或减轻刑事处罚 B. 等年龄达到,减轻刑事处罚

C. 由其家长负完全刑事责任 D. 负刑事责任,但免予刑事处罚

4.(单项选择题)南宋时,寡妇阿章将田宅卖给徐荣,2年后徐荣把田宅卖给阿章丈夫的从弟徐蒙,9年后阿章以田宅系典卖为由起诉,想从徐蒙处赎田。易化县令判"交钱还业"。徐蒙上诉到临安府,并"缴徐荣厚买"阿章"赤契三道",分明该载出卖二字。对于本案,正确的是:( )③

A. 典卖田宅最长赎回期20年

B. 徐蒙对阿章田宅有优先购买权

C."赤契"系纳税标志,与田宅所有权无关

D. 阿章与徐荣对田宅的买卖属于"活卖"

5.(单项选择题)清末刑法修订的成果之一是《大清现行刑律》,对此说法错误的是:( )④

A.《大清现行刑律》是一部过渡性法典

B.《大清现行刑律》是清政府在《大清律例》的基础上稍加修改而成

C.《大清现行刑律》仍采用传统的六律总目

D.《大清现行刑律》废除了一些残酷的刑罚手段,如凌迟

6.(单项选择题)《中华民国民法》是国民政府"六法全书"体系的重要组成部分,该民法典对旧法作了较多修改,有较大的进步,以下说法错误的是:( )⑤

---

① D。《法经》具有重要历史地位。《法经》是战国时期政治变革的重要成果,是战国时期封建立法的典型代表和全面总结。《法经》作为李悝变法的重要内容之一,也是对这一时期社会变革的一种肯定。另外,《法经》的体例和内容为后世封建成文法典的进一步完善奠定了重要的基础。从体例上来看,《法经》六篇为秦、汉律直接继承,成为秦、汉律的主要篇目。魏晋以后在此基础上进一步发展,最终形成了以《名例》为统率、以各篇为分则的完善的法典体例。在内容上,《法经》中"盗""贼""囚""捕""杂""具"各篇的主要内容大都为后世封建法典继承与发展。因此,无论从其历史作用还是对后世的影响来看,《法经》都是中国法制史上一部极为重要的法典。因此,本题的正确选项为D选项。

② A。本题考查的是秦代的刑事责任能力。秦律规定,凡属未成年人犯罪,不负刑事责任或减轻刑事处罚。秦律以身高判定是否成年,大约六尺五寸为成年身高标准,低于六尺五寸的为未成年人。因此,本题的正确选项为A选项。

③ B。宋朝的土地买卖分为"活卖"和"绝卖":活卖也称典卖,绝卖也称出卖。出卖是指所有权转移后永不回赎,典卖是指在一定期限内按照约定赎回土地。宋朝土地买卖属于要式法律行为,买卖双方必须订立书面契约,写明买卖双方、田地信息,买卖性质(典卖还是出卖)等。订立契约后,未加盖官府印章的契约称为白契;到官府交契税钱,加盖官府印章的契约称为赤契。赤契不仅是土地合法买卖的凭证,也是诉讼和公证的根据。B选项,宋朝对优先购买权有明文规定:"凡典卖物业地产,先问房亲,房亲不买,次问四邻,四邻不要,他人才得交易。"也就是说,亲邻有优先购买权,本题中徐蒙是阿章丈夫的从弟,因此徐蒙对阿章田宅有优先购买权,B说法正确。A选项,宋朝法律规定,对于典卖契约中没有回赎期限约定的,最长赎回期为30年。因此A说法错误。C选项,"赤契"不仅是纳税标志,也是说明田宅所有权的凭证,C说法错误。D选项,本题中,徐蒙上诉到临安府,"缴徐荣厚买"阿章"赤契三道",分明该载"出卖"二字。徐荣与阿章所订立的赤契上面写明"出卖",因此是出卖而非典卖,D说法错误。

④ C。本题考查的是《大清现行刑律》的相关知识。《大清现行刑律》是清政府在《大清律例》的基础上稍加修改,作为《大清新刑律》完成前的一部过渡性法典。与《大清律例》相比,《大清现行刑律》改律名为"刑律",取消了六律总目,将法典各条按性质分隶30门,废除了一些残酷的刑罚手段,如凌迟。因此,C选项错误。

⑤ C。本题考查的是"六法体系"中民法典的相关内容。在继承制度方面,法典废止了旧法中长期沿用的宗祧继承制度。因此,C选项错误。

A. 认定留置权有物权的效力

B. 在结婚的法律效力上采用登记制，而不采用仪式制

C. 家庭关系上取消嫡子与庶子的区别

D. 不再认为妻是限制行为能力人

7.（单项选择题）对国民政府1935年刑法典表述错误的是：（　　）①

A. 是国民政府颁布的第一部刑法典 B. 实行从新兼从轻原则

C. 采取罪刑法定主义原则 D. 依据社会防卫主义，实行保安处分制度

① A。本题考查的是“六法体系”中刑法典的相关内容。国民政府共制定有两部主要的刑法典。1928年3月10日颁布的刑法典为第一部刑法典。因此，A选项错误。

国 际 法

【本学科复习重点、难点说明】

国际法是人类法律现象和法律思想的组成部分，对于法律人的职业思维培养具有重要意义。全球化和法治化不断发展，国际法的重要性日益增加。根据法律职业资格考试的目标要求，国际法学科的内容相对其他学科，其重点掌握和难点解决从两个方面把握：一是本身特点和结构性方面，二是具体规则理解和运用方面。

（一）导论

本章重点难点：一是从渊源的角度，掌握国际法规则确立的方法和限制；二是掌握国际法与国内法关系及其中国的实践；三是掌握以主权概念为核心的国际法各项基本原则的准确内涵和运用范围；四是体会习近平法治思想和人类命运共同体理念对中国实践和国际法发展的指引。

示例　国际法渊源。理解条约和习惯作为国际法的渊源，是运用国际法的开始。

2017年7月7日，联合国大会以122票赞成通过了《禁止核武器条约》，该条约要求世界各国立刻停止几乎所有与核武器相关的活动。安理会五个常任理事国均拒绝参与投票。2018年10月29日，五国发表共同声明，反对《禁止核武器条约》。声明强调，五国一直在按照1968年《不扩散核武器条约》对核武器进行削减，该条约在防止核武器的威胁扩散到全球方面发挥了重要作用，极大控制了核战争的风险，还给民用核技术提供了重要的框架，造福了人类。声明强调："我们不会支持、签署或批准《禁止核武器条约》，该条约不会对我们的国家产生任何法律强制效力。"此后，五国又以多种方式，明确表达了这一立场。

2021年1月22日，《禁止核武器条约》达到条约本身规定的生效条件（50个国家表示接受拘束）。据此，对下列判断进行辨析。

A.《禁止核武器条约》已生效，对于该条约的当事国具有拘束力

B.《禁止核武器条约》由于安理会常任理事国的一致反对，应自始无效

C. 由于禁止核武器成为世界多数国家的主张，《禁止核武器条约》构成重要的国际立法行为。一旦得到绝大多数国家实践支持并被接受为习惯法规则，则产生广泛的拘束力，包括对于五大国

D. 即使《禁止核武器条约》的内容被多数国家广泛接受为习惯国际法规则，但对于持续反对立场的上述五大国，不产生法律拘束力

【疑难点释析】该案例涉及对国际法渊源的准确全面理解。首先，条约的缔结出于当事国的意思自治和意思一致，在条约法下，条约的生效和效力取决于当事国的约定。当《禁止核武器条约》满足其规定的生效条件时，即可生效并对当事国产生拘束力。当然，该条约对于非缔约国没有拘束力。其次，该条约的内容未来可以因得到各国的广泛实践支持（包括成为缔约国，也包括非缔约国但以其他一贯的重复实践表达支持）以及法律确信而成为习惯国际法规则。此时，一般地说，该习惯规则对上述缔约国和非缔约国都将

产生法律拘束力。但是,根据国际法委员会“国际法习惯法的识别”案文结论:在一项规则被逐渐习惯化,即逐渐得到多数国家实践接受作为法律的过程中,若一国自始并持续一贯地明确反对该规则(成为“持续的反对者”),可以排除该规则对该反对国的拘束力,即使这项规则未来被多数国家接受为习惯法规则。最后,《禁止核武器条约》的相关内容,并非国际强行法规则。鉴于安理会五个常任理事国持续对《禁止核武器条约》表示拒绝和反对,即使未来条约内容可能演变为习惯规则,对于这五个“持续反对者”国家,其拘束力亦被阻却。因此,AD两项判断正确。

(二)国际法的主体与国际法律责任

本章重点难点:一是国家各项权利之间和各项制度间的联系、国家间各项管辖权的冲突,以及主权豁免规则的运用;二是联合国体系的基本框架和规则;三是国际法律责任的构成、归责原则、形式,以及适用规则进行责任判断;四是目前国家责任制度新发展所引起的典型问题。

示例　联合国组织。联合国在当今的国际体系中具有核心地位,《联合国宪章》构成当代国际秩序的基础。应准确理解《联合国宪章》的宗旨及原则的内容和法律性质,了解其各机构特别是安理会相关的主要规则。

甲、乙、丙分别是“南罗地”地区的三个陆地邻国,也都是“南罗地组织”的成员,该组织由10个国家根据1979年的《南罗地资源开发和安全互助条约》成立。2017年在三国交界处发现新油田,甲、乙因新油田开采产生分歧,进而引发两国间激烈的武装冲突,并波及相邻的丙国。甲、乙、丙三国也均为联合国成员国。此事态引发了国际社会的强烈关注。“南罗地组织”根据上述《南罗地资源开发和安全互助条约》,就该事态通过了对成员国有法律拘束力的“南罗地组织决议”。联合国安理会也对事态进行了紧急讨论并通过决议,要求双方立即停火,其他国家不得卷入冲突或向任一方提供武器援助。根据《联合国宪章》规定和有关国际法规则,分析下列判断。

A. 在安理会就该事态开始讨论时,甲国要求安理会终止讨论并在安理会决议通过后明确表示反对。根据《联合国宪章》,安理会仍有权继续进行讨论,且其后通过的决议对于甲国同样具有拘束力

B. 根据“特别法优于一般法”的原则,若“南罗地组织决议”与安理会的决议在内容方面存在冲突,应优先执行“南罗地组织决议”

C. 安理会决议通过后,乙国与丙国缔结了一项新条约,该条约规定丙国立即向乙国提供武器并共同打击甲国。根据“后法优于先法”的原则,该新条约的规定可以排除安理会决议对乙丙两国的效力

D. 安理会要求停火的决议通过后,“南罗地组织”可以合法地以其名义组织武装力量,对甲国采取武力行动。根据条约的相对性原则,该组织非《联合国宪章》缔约方,因此不受安理会停火决议的拘束

【疑难点释析】联合国的会员国之间发生武装冲突,并且危及了国际和平与安全,涉及《联合国宪章》有关规定的适用,也涉及《宪章》宗旨原则的习惯法和强行法性质。本题考查四个方面的相关规则运用:(1)安理会的职权;(2)安理会决议的法律拘束力;(3)成员国《联合国宪章》义务优先;(4)《联合国宪章》原则的强行法性质。

首先,根据《联合国宪章》,安理会是联合国在维持国际和平与安全方面负主要责任的机关,其职权之一即为促使争端和平解决、调查任何争端或情势,以确定其继续存在是否足以危及国际和平与安全;对于上述性质的争端,可以在任何阶段提出适当的调整程序或方法,促请当事国遵行安理会认为必要或适当的临时措施以防止事态恶化。安理会有权自觉地对上述甲乙两国间的冲突事态进行审议和讨论,以找出适当措施。甲国的要求不能构成对安理会对事态讨论的限制。其次,安理会在其职权内通过的决议,对于所有成员国具有法律效力,包括对决议提出质疑或反对的成员国。再次,根据《联合国宪章》第103条,联合国成员国由《宪章》所负之义务优先于其他条约的义务,因此,《南罗地资源开发和安全互助条约》的区域性或专业性,都不能对抗其成员国的《联合国宪章》义务,包括遵守和执行安理会决议的义务。同理,乙丙两国之间嗣后订立的条约,也不得对抗其《联合国宪章》的义务和安理会有效力的决议。最后,《联合国宪

章》在维护国际和平与安全、禁止法外使用武力方面的原则和规则，已经国际实践接受为习惯法和强行法，对于非成员国和其他国际法主体具有拘束力。“南罗地组织”若违反不得非法使用武力原则和安理会上述停火和禁止卷入冲突的决议，对甲国使用武力，该行为同样具有非法性，应当被禁止。综上，选项 A 正确。

(三)国际法上的空间划分

本章的重点难点：一是领土涉及的各项规则以及之间的联系；二是国家在海洋各个区域上的权利差别；三是航空法、外空法和国际环境法基本规则和制度。

示例 1　国家领土。领土是构成国家的要素之一。在国家间存在领土争端时，国际法中关于领土变更的有关规则，是解决问题的重要依据。

依当代国际法，对下列情况进行分析判断。

A. 甲国在未对他国法律权益造成影响的情况下，可以实施围海造田以增加领陆

B. 对于甲乙两国间存在主权争议的某个边境地区，其居民可以自主举行公民投票，确定该地区的主权归属。对此结果甲乙两国政府须予以接受

C. 丙国与其邻国经平等协商订立条约，将各自边界的部分领土相互交换

D. 丁国最近五十年派兵持续控制其邻国部分领土，并对外宣称拥有主权，可以因时效而获得被占领土主权

【疑难点释析】示例涉及国际法上领土的获得方式的掌握。添附是国际法上一项合法取得领土的方式。甲国在无损他国的利益的情况下，围海造田，属于人工添附的领土取得方式。若以公民投票方式作为领土变更的方式，是有条件的。其必须依有关国家间具体协议规定或相关国家国内法规定为前提，包括公民投票方式的选择及其程序、范围和结果的性质等，都必须得到相关国家的同意和接受。该地区居民擅自进行公民投票不能决定其领土归属。丙国与其邻国订立条约，自愿互换部分领域，属于非强制性割让，依据国际法，这是合法有效的。丁国派兵持续控制邻国部分领土，其本身非法，加之国际法上的取得时效的期限并无明确规定，时效概念在领土法上没有普遍适用意义。综上，A、C 选项正确。

示例 2　海域划分及其制度。海洋法体系的基本思路是通过海域划分设定不同制度，以规范国家相关行为。掌握辨析各个区域中的基本规则，是分析判断问题的基础。

“合力号”是甲国的核动力破冰船，“克伦号”是甲国的客轮，“俊健号”是乙国的军舰、“科达号”是丙国的科考船。甲乙丙丁四国为《联合国海洋法公约》的缔约国。据此分析下列判断。

A.“合力号”在丁国领海航行时，丁国有权要求其按照丁国法律的规定，分道航行

B.“俊健号”在实施一项连续合法的紧追权时，可以追入丁国的专属经济区，无须得到丁国的许可

C.“科达号”在丁国的专属经济区内发现一艘本国 20 年前的沉船，可以自主进行水中探测和打捞

D.“克伦号”乘客中有一名被丁国通缉的重罪越狱犯人詹某，当“克伦号”由甲国驶向乙国途中，航行穿过丁国领海时，丁国公务船有权要求“克伦号”停船并登临缉拿詹某

【疑难点释析】示例分析要求对《联合国海洋法公约》中关于领海和专属经济区的制度规则有准确把握。首先，外国船舶在沿海国领海中，拥有无害通过权。即外国船舶(军舰除外)在不损害沿海国安全和良好秩序的前提下，迅速地和连续不停地通过沿海国的领海而无须事先通知或取得沿海国的许可。无害通过是任何国家都拥有的权利，沿海国不应对此进行妨碍。同时，沿海国为了维护其秩序及权益，可以制定有关无害通过的相关法规，包括对油轮、核动力船等船舶实行分道航行制度。而对于来自外国港口，仅通过领海而不进入内水的外国船舶，沿海国不得在该船上对驶入领海前所犯罪行有关的任何人进行逮捕或进行有关的调查，包括造成对航行本身的干扰。其次，对于专属经济区，沿海国拥有以勘探、开发、养护和管理海床和底土及其上覆水域自然资源为目的的主权权利，对于海洋科学研究、海洋环境保护事项拥有专属管辖权。因此，专属经济区中的沉船勘察和打捞，须得到沿海国的许可。在顾及沿海国上述权利的基础上，外国船舶包括军舰，在专属经济区拥有航行自由。一项合法开始的紧追权一般地可以延续到他国的专

属经济区，而不需得到专属经济区国家的特别许可。综上，A、B 选项为正确。

示例 3　国际环境法。生物多样性保护，包括物种和生态的保护，是当前国际环境法中的重要内容。

2019 年 1 月，甲国的"甲优"野生公园，拟向乙国的"乙美"动物园，转让 K 种动物活体 2 只；向乙国的"乙强"生物研究机构转让 L 种动物标本 1 具和 M 种植物标本 1 株。经查，K 种动物和 M 种植物已被列入《濒危野生动植物种国际贸易公约》附件一，L 种动物被列入公约附件二。甲乙两国均是上述公约的当事国。根据相关的国际法规则，分析以下判断。

A."甲优"公园和"乙美"动物园关于 K 种动物的上述转让，需要同时办理甲国的出口许可证和乙国的进口许可证，才能合法进行

B."甲优"公园与"乙强"研究机构的上述关于 L 种动物标本的转让，由于出于科学研究目的，无须甲国的出口许可证

C."甲优"公园与"乙强"研究机构上述关于 M 种植物标本的转让，尚没有国际法相关规则的限制

D. 上述各类动植物，根据国际法相关规则，都已被严格禁止跨境转让活动

【疑难点释析】国际环境法中，生物资源和生态保护是其中的重要部分。《联合国生物多样性公约》对生物资源保护作了全面广泛的规定。还有一些公约针对某些物种、某些区域的生物环境进行保护，其中重要的一项为《濒危野生动植物种国际贸易公约》。该公约建立了濒危物种清单基础上的许可证制度。附件一所列是受贸易影响濒于灭绝的物种，只有在极其特殊情况下才被允许贸易；附件二是如不管理可能成为濒于灭绝的物种，必须加以限制贸易。对于附件中所列物种标本的贸易，必须按照公约规定进行。附件一、附件二所列物种出口都必须事先取得出口许可证。附件一物种的进口还应取得进口许可证。列入附件被限制贸易的物种包括动植物的活体和标本。因此，A 项判断正确。

(四) 国际法上的个人

本章重点难点：一是适用我国《国籍法》、《出境入境管理法》和《引渡法》中有关规定分析案件；二是根据外交保护制度的条件和范围对外交保护权的正确运用；三是掌握庇护和引渡制度。

示例　外交保护。外交保护是国际法上一项制度，它不同于"领事保护"（领事法中的领事职务之一）。外交保护的启动需要满足国际法上的相关条件。

2015 年，甲国公民廖某在乙国投资一家服装商店，生意兴隆，引起一些从事服装经营的当地商人不满。一日，这些商人煽动纠集一批当地人，涌入廖某商店哄抢物品。廖某向当地警方报案。警察赶到后并未采取措施控制事态，而是袖手旁观。最终廖某商店被洗劫一空。根据国际法的有关规则，对下列判断进行分析。

A. 该哄抢行为可以直接视为乙国的国家行为

B. 甲国可以立即行使外交保护权

C. 乙国中央政府有义务调查处理肇事者，纠正当地警方的行为

D. 廖某应首先诉诸乙国行政当局和司法机构，寻求救济

【疑难点释析】本案涉及外交保护制度以及国家行为的规则原则。首先，判断哄抢行为和警察的不作为行为在国际法上的性质，进而才能判断乙国国家是否应承担责任，以及甲国是否可以提起外交保护。在国际法中，引起国家责任的行为必须根据国际法能够归因于国家。私人或私人团体本身对外国或外国人的不法侵害一般不引起国家责任，但是该行为如果由于国家的失职造成，或国家对该行为进行纵容，则可能引起国家对本身失职或放纵行为的责任。这也称为间接责任。或者说，在这种情况下，国家责任的产生不是由于私人侵害行为本身，而是由于对该私人行为，国家事先或事后的态度和行为。哄抢行为不是乙国的国家行为；而警察的不作为，要进一步调查和澄清究竟是得到国家的命令，还是纯属个人的懈怠。前者属于受国家指示而违背义务，引起国家责任；后者国家应调查督促纠正警方行为，并采取相应措施，否则也会因不作为而引起国家责任。其次，国际法上，国家行使外交保护权一般应符合三个条件：(1) 一国国民权

利受到侵害是由于所在国的国家不当行为所致,也就是说,该侵害行为可以引起国家责任。(2)受害人自受害行为发生起到外交保护结束的期间内,必须持续拥有保护国国籍。(3)在提出外交保护之前,受害人必须用尽当地法律规定的一切可以利用的救济办法,包括行政和司法救济手段。因此,C、D选项判断正确。

(五)外交关系法与领事关系法

本章重点难点:一是区分外交机构和领事机构在组成、职务等方面的区别;二是掌握外交或领事机构中不同身份人员的权利义务的具体规定;三是区分外交特权豁免与领事特权豁免规则的不同之处,并能够在案件中正确适用。

示例　使馆与外交人员的特权与豁免。

1995年,甲乙两国建立大使级外交关系。双方根据协议,互为对方在本国首都提供了使馆馆舍用地。2014年,甲国使馆鉴于工作发展需要,向乙国提出增加使馆馆舍用地的要求,未得到乙国回应。2015年,甲国使馆与乙国"那波公寓"的业主订立合同,租用两层的"那波公寓",租期10年。之后该公寓二层作为甲国外交人员的住所,一层用于储存甲国使馆办公用品的库房。2019年,乙国政府通过新城市规划,"那波公寓"拟被拆除。根据国际法相关规则,对下列各项作出判断。

A."那波公寓"已构成甲国使馆馆舍的组成部分,乙国若实施拆除该公寓,必须得到甲国的同意

B.甲国外交人员克某在"那波公寓"居住期间,乙国警察未经其本人或使馆允许,不得进入其房间执行公务

C.对于"那波公寓"一层用于使馆储存物品而产生的水电费用,乙国应免于收缴

D."那波公寓"业主,以使馆未及时履行2019年租金给付义务为由,在乙国当地法院以使馆为被告提起诉讼,法院应不予受理

【疑难点释析】本题考查对于外交特权豁免的准确适用。根据《维也纳外交关系公约》,首先,使馆馆舍是指供使馆使用及供使馆馆长寓所之用的建筑物或建筑物的各部分及其所附属的土地。使馆馆舍及设备以及馆舍内其他财产与使馆交通工具免受搜查、征用、扣押或强制执行。但使馆馆舍的确定,应经接受国明确同意,派遣国无权单方面选定使馆馆舍。因此,"那波公寓"不具有使馆馆舍的法律地位。其次,"那波公寓"可以认定为外交人员的寓所,根据《维也纳外交关系公约》,外交人员的寓所指外交人员的住所,包括临时住所。外交人员的私人寓所不得侵犯并应得到保护,接受国的官员、司法人员等未经外交人员的许可不得进入。再次,使馆有某些捐税免除的特权,如使馆馆舍的房地产税,但为使馆提供的特定服务所收的费用,如水费、电费和清洁费等,不在免除范围。最后,无论根据外交关系法,还是国家主权豁免原则,使馆以公务为目的租用公寓的行为,在接受国应享有司法管辖豁免。综上,B、D为正确选项。

(六)条约法

本章重点难点:一是条约的缔结、效力、保留、解释、终止等各个方面规则和对规则的综合运用;二是中国缔结条约程序法的相关规定;三是注意条约法与国内合同法中的相同和不同之处,避免干扰。

示例　条约保留和违约责任。

M河是一条依次流经甲乙丙丁四国的多国河流。1986年,甲乙丙丁四国就该河流的航行事项缔结条约,规定缔约国船舶可以在四国境内的该河流中通航。同时规定,各国可以对于航道标志的维护费用条款作出保留。条约于1988年经四国批准后生效,只有甲国在批准时对上述航道标志维护费用条款作出了保留。2003年,乙国新当选政府宣布,当年甲国提出保留时,乙国并未明确表示接受,因此,乙国也要求采取与甲国保留内容同等的待遇。2004年之后,乙国以未得到与甲国同等待遇为由停止了对其境内航道标志的维护。2005年年底,甲国宣布:因乙国政府未能按照条约的规定按时维护其境内航道标志,所以甲国不再受上述条约的拘束,任何外国船舶进入甲国境内的M河段,均须得到甲国政府的专门批准。自2006年

起，甲国开始拦截和驱逐未经其批准而驶入甲国河段的乙丙丁国船舶，并发生多起扣船事件。对此，根据国际法的有关规则，分析下列判断。

A. 甲国在1988年批准该条约时作出的保留有效，无须其他国家明示接受

B. 乙国2003年提出与甲国保留内容同等待遇的要求，亦可构成对条约的保留

C. 由于乙国未能履行条约义务，因此，甲国有权终止该条约

D. 甲乙两国应分别就其上述未履行义务的行为，承担相应的国家责任

【疑难点释析】示例涉及条约保留和违约后果两个方面的规则：首先，对于条约保留，根据《维也纳条约法公约》的规定，条约明文准许保留的，一国的保留不需要其他缔约国再行表示予以接受，即可成立。条约的保留只能在一国表示接受条约拘束时做出，而乙国要求同等待遇的行为，不能作为保留成立，只能作为条约修改的请求，在没有得到其他缔约国同意并进行条约修改前，不能产生法律效力。故乙国的停止航标维护的行为构成违背义务的不法行为。其次，关于违约后果：(1)《维也纳条约法公约》规定，凡有效的条约对其各当事国有拘束力，必须由其善意履行。一当事国不得援引其国内法规定为理由而不履行条约。乙国政府的更迭，不应作为影响其条约义务的辩由。(2)违背条约义务的行为是否严重符合条约终止的条件。(3)退出一项条约应依照条约所规定的程序，并在该退出成立后才能够不再受拘束。(4)条约的修改或终止的条件与范围。《维也纳条约法公约》规定，条约当事国一方违约时，他方可以终止条约或暂停条约作为对对方不法行为的一种对抗，必须满足必要和成比例原则，一方并不严重的违约不能导致另一方的废约。对于乙国未能及时维护航道的行为，不能构成终止条约的必要和成比例理由。甲国首先应敦促乙国履行义务，而不能借口废除条约。甲国以此理由提出终止条约，并单方面采取强制行动的行为，没有条约法的根据。甲国政府片面实施强制行动，并扩展至其他缔约国，构成国际不法行为。因此，甲乙两国应分别就其不法行为承担相应的法律责任。故A、D项判断正确。

(七)国际争端的和平解决

本章重点难点：一是各主要国际司法机构管辖权规则和在案件中的正确适用；二是解决国际争端强制措施启动的条件和限制；三是国际法院这一典型的国际司法机构特征和司法程序。

示例　国际法院。联合国国际法院作为典型的国际司法机构，其管辖权类型和建立、程序证据规则以及执行方式都与国内法院具有很多不同，学习中应注意比较区分。

2013年，甲乙丙三国缔结一项航运条约。其中规定：若就该条约事项产生纠纷，提交联合国国际法院解决。2018年，甲乙两国在该条约履行中产生纠纷。甲乙丙三国均为联合国成员国。根据《国际法院规约》，分析下列判断。

A. 若甲国就该纠纷单独向国际法院提起诉讼，法院无管辖权

B. 若甲乙两国共同就该纠纷向国际法院提起咨询意见请求，法院应当作出咨询意见

C. 若国际法院受理该案，丙国可以作为第三方参加诉讼，而无须得到法院特别准许

D. 若国际法院受理该案并作出判决，当甲乙两国任一国拒不执行判决时，另一国可向联合国安理会提出申诉，由安理会作出有关建议或决定采取措施执行判决

【疑难点释析】根据《国际法院规约》(《联合国宪章》组成部分)，国际法院的职能包括诉讼职能和咨询职能。首先，国际法院咨询管辖权的主体仅限于特定的联合国机构及专门组织。任何国家、团体或个人，都无权请求法院提供咨询意见。其次，国际法院的诉讼管辖权须建立在争端各方同意的基础上，包括在条约中设立争议解决条款而将争端提交国际法院。在案件受理后，其他国家在下列两种情况下可以提出作为第三国参加诉讼：(1)第三国认为案件诉讼可能影响其法律性质的利益可以提出请求参加诉讼；(2)诉讼涉及条约解释时，诉讼当事国以外该条约其他缔约国有参加诉讼的权利。是否准许第三方参加诉讼由法院决定。如果参加诉讼被准许，法院判决的相关内容对于该参加国具有拘束力。国际法院的判决须在法院开庭宣读，并自宣布之日起对各当事国发生拘束力。国际法院的判决是终局性的，判决一经作

出,即对本案及本案当事国产生拘束力,当事国必须履行。如有一方拒不履行判决,他方得向安理会提出申诉,安理会可以作出有关建议或决定采取措施执行判决。因此,D 项判断正确。

(八)战争与武装冲突法

本章重点难点:一是理解战争作为一种法律状态而引起的法律关系的产生和改变;二是对国际人道法基本内容的掌握。

示例　战争和武装冲突法、战争法基本原则。

甲乙两国是陆地邻国,对于位于其间的“凯特里地区”存在领土纠纷,该地区现由甲国实际控制。2001 年,“凯里特地区”议会通过法案拟在该地区扩建机场,乙国提出反对未果。2002 年,乙国派军队进入该地区与甲国军队发生武装冲突。2003 年,乙国军队扩大军事行动,进入到无争议的甲国领土内,引发了大规模武装冲突。其间两国并未相互宣战,也未断绝外交关系。甲国是 1949 年日内瓦四个公约的缔约国,乙国不是。根据国际法的有关规则,分析下列判断。

A. 由于两国之间尚未处于国际法上的战争状态,甲国军队对乙国军队的作战不受日内瓦公约的拘束

B. 由于甲国作战是行使自卫权,甲国军队对乙国军队的作战不受战争法规则的拘束

C. 虽然乙国非日内瓦四公约的缔约国,但甲国军队对乙国军队的作战中仍须受到日内瓦四个公约中战争法规则的约束

D. 虽然乙国不是日内瓦四公约的缔约国,但乙国也有遵守战争法规则的法律义务

【疑难点释析】战争法是调整交战国之间,交战国与中立国和其他非交战国之间的关系以及规范战争中交战方行为的规则和制度的总体。战争法规则中多数是国际习惯法规则,并经过了国际社会官方的大规模编纂。特别是对作战手段的限制规则以及对人员的保护规则。这部分内容不但在法律上的战争状态中适用,而且一般也被适用于非战争的武装冲突中。对于国家间的战争或武装冲突,战争法的一般规则对有关各方同等适用,不存在由于战争性质或作战区域的不同而排除战争法规则的适用。因此,本题中甲国不能免受战争法规则的拘束。具体到作为战争法组成部分的日内瓦四公约,首先,为了最大限度地保护战争受难者,公约对本身的适用作出了明确的规定,规定不仅对发生在缔约国之间的战争或武装冲突中,对于缔约国具有拘束力,而且在交战国中有非缔约国的情况下,对于缔约国也具有拘束力。其次,日内瓦公约仅仅是战争法规则的一部分,并且其中许多是对国际习惯法的编纂,战争法的一般规则对各国都具有拘束力。因此,C、D 项判断正确。

【大纲变化法律法规提示】

中华人民共和国对外关系法★

(2023 年 6 月 28 日第十四届全国人民代表大会常务委员会第三次会议通过　2023 年 6 月 28 日中华人民共和国主席令第 7 号公布　自 2023 年 7 月 1 日起施行)

中华人民共和国外国国家豁免法★

(2023 年 9 月 1 日第十四届全国人民代表大会常务委员会第五次会议通过　2023 年 9 月 1 日中华人民共和国主席令第 10 号公布　自 2024 年 1 月 1 日起施行)

【大纲变化考点提示】

2024 年,本学科大纲考点无变化。

【大纲配套练习题】

1.(单项选择题)甲国与乙国相邻,为谋求共同发展,多年来,两国间签署了若干个双边条约。后甲国分立为东甲、西甲两国。现问,如果所涉各方之间尚没有新的相关协议达成,那么,根据国际法中有关国家继承的规则,对于东甲、西甲两国,下列哪一项条约不予继承?(　　)①

A. 甲、乙两国间的大陆架划界条约　　B. 甲、乙两国界河航行使用协定

C. 甲、乙两国和平友好共同防御条约　　D. 甲、乙两国关于界湖水资源灌溉分配协定

2.(单项选择题)甲国在其专属经济区某暗礁上修建了一座人工岛屿,并修建了灯塔。甲国军舰在其领海巡航时,发现乙国一油轮在甲国领海排污,随即要求其停船检查,但乙国油轮拒不停船,驶过甲国专属经济区后,向公海驶去。依《联合国海洋法公约》,下列哪一选项是正确的?(　　)②

A. 甲国对该人工岛屿拥有领土主权

B. 甲国无权在该暗礁上修建人工岛屿和灯塔

C. 只要甲国军舰连续不断即可紧追乙国油轮至公海

D. 乙国油轮驶入了丙国领海,只要连续不断,甲国军舰可继续紧追乙国油轮

3.(多项选择题)甲国公民查尔斯读书期间曾在中国某大学交流半年,并认识了中国学生小严,现查尔斯申请来中国旅游,关于其在中国出入境和居留期间的管理,下列哪几项符合《出境入境管理法》?(　　)③

A. 查尔斯入境后,在小严家住宿的,应当在入住后48小时内由本人向居住地的公安机关办理登记

B. 查尔斯在小严家住宿后,也可由小严在24小时内向居住地的公安机关办理登记

C. 经小严介绍,查尔斯到小严友人的公司兼职担任技术指导

D. 查尔斯在入境后如发生未了结的民事案件,法院决定不准出境的,中国边检有权阻止其出境

4.(不定项选择题)甲、乙、丙、丁都是《维也纳条约法公约》的缔约国。甲、乙、丙、丁四国签订协议,约定如果对协议发生争议由国际法院管辖,甲国声明对该条款的保留,乙国接受该保留,丙国反对甲国的保留并反对该条约在两国间适用,丁国仅反对甲国的保留。下列哪些表述是正确的?(　　)④

A. 甲国与乙国的冲突由国际法院管辖　　B. 甲国与丙国的冲突由国际法院管辖

C. 乙国与丙国的冲突由国际法院管辖　　D. 乙国与丁国的冲突由国际法院管辖

---

① C。本题考查国际法上的继承。根据条约继承的相关规则,人身条约一般是不予继承的,"非人身性条约"一般是可以继承的。故选C选项。

② C。本题考查国际法上的空间划分、海洋法、专属经济区。依《联合国海洋法公约》,甲国在其宣布的专属经济区水域某暗礁上有权修建人工岛屿,对建造和使用该人工岛屿拥有管辖权,但甲国对该人工岛屿没有领土主权,AB选项错误。紧追可以开始于一国的内水、领海、毗连区或专属经济区,紧追可以追入公海继续进行,但必须是连续不断的。当被紧追船舶进入其本国或第三国领海时应立即停止紧追。C选项正确,D选项错误。

③ BD。本题考查外国人法律地位。A选项错误,依据《出境入境管理法》第39条的规定,外国人在旅馆以外的其他住所居住或者住宿的,应当在入住后24小时内由本人或者留宿人,向居住地的公安机关办理登记。B选项正确,留宿人也可以在24小时内办理登记。C选项错误,查尔斯所持的是旅游签证,不能工作。D选项正确,依《出境入境管理法》第28条:"外国人有下列情形之一的,不准出境……有未了结的民事案件,人民法院决定不准出境的……"

④ CD。条约的保留是指一国在签署、批准、接受、赞同或加入一个条约时所作的单方声明,无论措辞或名称如何,其目的在于排除或更改条约中某些规定对该国适用时的法律效果。保留是一国单方面作出的;对于保留,其他的缔约国可以作出同意或反对。在保留国与接受保留国之间,按保留的范围,改变该保留所涉及的一些条约规定。本题中,甲、乙、丙、丁四国约定如果对协议发生争议由国际法院管辖,甲国声明对该条款的保留,乙国接受该保留,甲国为保留国,乙国为接受保留国,甲、乙两国间适用保留的规定,即甲国与乙国的冲突不适用国际法院管辖。A选项说法错误。在保留国与反对保留国之间,则保留所涉及的规定,在保留的范围内,不适用于该两国之间。本题中,丙国和丁国均反对甲国的保留,因此,甲国与丙国、丁国的冲突不适用国际法院管辖。B选项说法错误。在未提出保留的国家之间,按照原来条约的规定。本题中乙国、丙国、丁国均未提出保留,仍适用四国协议约定,乙国与丙国的冲突、乙国与丁国的冲突均由国际法院管辖,C、D选项说法正确。

司法制度和法律职业道德

【本学科复习重点、难点说明】

(一)学科重点

本学科的重点为司法的特征和功能,中国特色社会主义司法制度特别是法官制度、检察官制度和律师制度。

1. 就重点方面而言,司法的特征是与行政执法相比较而讨论的,需要掌握司法具有独立性、法定性、交涉性、程序性、普遍性、终极性等特点。考试时往往会考查其中某一或者某些内容。

2. 司法具有解决纠纷的直接功能,同时还具有人权保障、调整社会关系、解释和补充法律、形成公共政策、秩序维持、文化支持等间接功能。需要从司法功能角度进一步认识司法的意义和价值,加深对司法制度和法律职业道德的理解。

3. 法官制度、检察官制度和律师制度的具体规定可根据以下总结对比内容进行整体把握。

(1)任职条件。

项目	法官	检察官	律师
一般条件	①具有中华人民共和国国籍。 ②拥护中华人民共和国宪法,拥护中国共产党领导和社会主义制度。 ③具有良好的政治、业务素质和道德品行。 ④具有正常履行职责的身体条件。 ⑤具备普通高等学校法学类本科学历并获得学士及以上学位;或者普通高等学校非法学类本科及以上学历并获得法律硕士、法学硕士及以上学位;或者普通高等学校非法学类本科及以上学历,获得其他相应学位,并具有法律专业知识;确有困难的地方,经最高人民法院审核确定,在一定期限内,可以将担任法官的学历条件放宽为高等学校本科毕业。 ⑥从事法律工作满5年。其中获得法律硕士、法学硕士学位,或者获得法学博士学位的,从事法律工作的年限可以分别放宽至4年、3年。 ⑦初任法官应当通过国家统一法律职业资格考试取得法律职业资格	①具有中华人民共和国国籍。 ②拥护中华人民共和国宪法,拥护中国共产党领导和社会主义制度。 ③具有良好的政治、业务素质和道德品行。 ④具有正常履行职责的身体条件。 ⑤具备普通高等学校法学类本科学历并获得学士及以上学位;或者普通高等学校非法学类本科及以上学历并获得法律硕士、法学硕士及以上学位;或者普通高等学校非法学类本科及以上学历,获得其他相应学位,并具有法律专业知识;确有困难的地方,经最高人民检察院审核确定,在一定期限内,可以将担任检察官的学历条件放宽为高等学校本科毕业。 ⑥从事法律工作满5年。其中获得法律硕士、法学硕士学位,或者获得法学博士学位的,从事法律工作的年限可以分别放宽至4年、3年。 ⑦初任检察官应当通过国家统一法律职业资格考试取得法律职业资格	①拥护中华人民共和国宪法。 ②通过国家统一法律职业资格考试取得法律职业资格。 ③在律师事务所实习满1年;品行良好。而具有高等院校本科以上学历,在法律服务人员紧缺领域从事专业工作满15年,具有高级职称或者同等专业水平并具有相应的专业法律知识的人员;申请专职律师执业的,经国务院司法行政部门考核合格,准予执业。具体办法由国务院规定

续表

项目	法官	检察官	律师
禁止条件	下列人员不得担任法官： ①因犯罪受过刑事处罚的； ②被开除公职的； ③被吊销律师、公证员执业证书或者被仲裁委员会除名的； ④有法律规定的其他情形的	下列人员不得担任检察官： ①因犯罪受过刑事处罚的； ②被开除公职的； ③被吊销律师、公证员执业证书或者被仲裁委员会除名的； ④有法律规定的其他情形的	申请人有下列情形之一的，不予颁发律师执业证书： ①无民事行为能力或者限制民事行为能力的； ②受过刑事处罚的，但过失犯罪的除外； ③被开除公职或者被吊销律师、公证员执业证书的
限制条件	①法官不得兼任人民代表大会常务委员会的组成人员。 ②法官不得兼任行政机关、监察机关、检察机关的职务。 ③法官不得兼任企业或者其他营利性组织、事业单位的职务。 ④法官不得兼任律师、仲裁员和公证员	①检察官不得兼任人民代表大会常务委员会的组成人员。 ②检察官不得兼任行政机关、监察机关、审判机关的职务。 ③检察官不得兼任企业或者其他营利性组织、事业单位的职务。 ④检察官不得兼任律师、仲裁员和公证员	①律师只能在一个律师事务所执业。 ②公务员不得兼任执业律师；律师担任各级人民代表大会常务委员会组成人员的，任职期间不得从事诉讼代理或者辩护业务

(2)职责、权利和义务。

项目	法官	检察官	律师
职责	①依法参加合议庭审判或者独任审判案件、依法办理引渡、司法协助等案件； ②法律规定的其他职责，如将生效的裁判交付或移送执行，执行民事、行政裁判和部分刑事裁判，提出司法建议，指导人民调解委员会的工作等	①对法律规定由人民检察院直接受理的刑事案件进行侦查； ②对刑事案件进行审查逮捕、审查起诉，代表国家进行公诉； ③开展公益诉讼工作； ④开展对刑事、民事、行政诉讼活动的监督工作； ⑤法律规定的其他职责	律师可以从事下列业务： ①接受自然人、法人或者其他组织的委托，担任法律顾问； ②接受民事案件、行政案件当事人的委托，担任代理人，参加诉讼； ③接受刑事案件犯罪嫌疑人、被告人的委托或者依法接受法律援助机构的指派，担任辩护人，接受自诉案件自诉人、公诉案件被害人或者其近亲属的委托，担任代理人，参加诉讼； ④接受委托，代理各类诉讼案件的申诉； ⑤接受委托，参加调解、仲裁活动； ⑥接受委托，提供非诉讼法律服务； ⑦解答有关法律的询问、代写诉讼文书和有关法律事务的其他文书

续表

项目	法官	检察官	律师
权利	①履行法官职责应当具有的职权和工作条件; ②非因法定事由、非经法定程序,不被调离、免职、降职、辞退或者处分; ③履行法官职责应当享有的职业保障和福利待遇; ④人身、财产和住所安全受法律保护; ⑤提出申诉或者控告; ⑥法律规定的其他权利	①履行检察官职责应当具有的职权和工作条件; ②非因法定事由、非经法定程序,不被调离、免职、降职、辞退或者处分; ③履行检察官职责应当享有的职业保障和福利待遇; ④人身、财产和住所安全受法律保护; ⑤提出申诉或者控告; ⑥法律规定的其他权利	①接受辩护委托权、代理委托权; ②同犯罪嫌疑人、被告人会见权; ③阅卷权; ④调查取证权; ⑤依法执行职务受法律保障的权利; ⑥拒绝辩护或代理权; ⑦要求回避、申请复议权; ⑧得到人民法院开庭通知权; ⑨在法庭审理阶段的权利; ⑩代为上诉的权利; ⑪代理申诉或控告权; ⑫获取本案诉讼文书副本的权利; ⑬为犯罪嫌疑人、被告人申请变更和要求解除强制措施的权利
义务	①严格遵守宪法和法律; ②秉公办案,不得徇私枉法; ③依法保障当事人和其他诉讼参与人的诉讼权利; ④维护国家利益、社会公共利益,维护个人和组织的合法权益; ⑤保守国家秘密和审判工作秘密,对履行职责中知悉的商业秘密和个人隐私予以保密; ⑥依法接受法律监督和人民群众监督; ⑦通过依法办理案件以案释法,增强全民法治观念,推进法治社会建设; ⑧法律规定的其他义务	①严格遵守宪法和法律; ②秉公办案,不得徇私枉法; ③依法保障当事人和其他诉讼参与人的诉讼权利; ④维护国家利益、社会公共利益,维护个人和组织的合法权益; ⑤保守国家秘密和检察工作秘密,对履行职责中知悉的商业秘密和个人隐私予以保密; ⑥依法接受法律监督和人民群众监督; ⑦通过依法办理案件以案释法,增强全民法治观念,推进法治社会建设; ⑧法律规定的其他义务	①只能在一个律师事务所执业; ②加入所在地的地方律师协会,并履行律师协会章程规定的义务; ③不得私自接受委托、收取费用; ④不得利用提供法律服务的便利谋取当事人争议的权益,或者接受对方当事人的财物; ⑤不得在同一案件中,为双方当事人担任代理人; ⑥律师接受委托后,无正当理由的,不得拒绝辩护或代理; ⑦不得违反规定会见法官、检察官、仲裁员以及其他有关工作人员;不得向法官、检察官、仲裁员以及其他有关工作人员行贿、介绍贿赂或者指使、诱导当事人行贿; ⑧不得提供虚假证据,隐瞒事实或者威胁、利诱他人提供虚假证据,隐瞒事实以及妨碍对方当事人合法取得证据; ⑨不得以不正当方式影响依法办理案件; ⑩不得扰乱法庭、仲裁庭秩序,干扰诉讼、仲裁活动的正常进行; ⑪不得煽动、教唆当事人采取扰乱公共秩序、危害公共安全等非法手段解决争议; ⑫不得发表危害国家安全、恶意诽谤他人、严重扰乱法庭秩序的言论; ⑬应当保守在执业活动中知悉的国家秘密和当事人的商业秘密,不得泄露当事人的隐私; ⑭曾担任法官、检察官的律师,从人民法院、人民检察院离任后2年内,不得担任诉讼代理人或者辩护人; ⑮按照国家规定承担法律援助义务; ⑯依法纳税

（二）学科难点

本学科的难点为法官职业道德、检察官职业道德、律师职业道德、公证员职业道德、法律顾问职业道德、仲裁员职业道德和行政机关中从事行政处罚决定法制审核、行政复议、行政裁决的公务员职业道德；法官职业责任、律师职业行为规范。

法官职业道德、检察官职业道德、律师职业道德可根据以下总结对比内容进行整体掌握。

项目	内容
法官职业道德	忠诚司法事业、保证司法公正、确保司法廉洁、坚持司法为民、维护司法形象
检察官职业道德	忠诚、为民、担当、公正、廉洁
律师职业道德	忠诚、为民、法治、正义、诚信、敬业
公证员职业道德	忠于法律、尽职履责；爱岗敬业、规范服务；加强修养、提高素质；廉洁自律、尊重同行
法律顾问职业道德	忠诚法律、保持独立、保守秘密
仲裁员职业道德	独立公正、诚实信用、勤勉高效、保守秘密、尊重同行
行政机关中从事行政处罚决定法制审核、行政复议、行政裁决的公务员职业道德	坚定信念、忠于宪法、忠于国家、忠于人民、忠于职守、保守秘密、清正廉洁、诚实守信

（三）疑点辨析

1. 律师业务推广行为规范方面，需要注意律师和律师事务所可以通过发表学术论文、案例分析、专题解答、授课、普及法律等活动，宣传自己的专业领域。律师和律师事务所可以通过举办或者参加各种形式的专题、专业研讨会，宣传自己的专业特长。同时，律师和律师事务所不得以有悖律师使命、有损律师形象的方式制作广告，不得采用一般商业广告的艺术夸张手段制作广告；律师和律师事务所不得进行律师之间或者律师事务所之间的比较宣传。

2. 律师与委托人或当事人的关系规范方面，需要注意律师接受委托后，无正当理由不得拒绝辩护或者代理，或以其他方式终止委托；禁止虚假承诺；在民事诉讼、行政诉讼、仲裁案件中，同一律师事务所的不同律师不得同时担任争议双方当事人的代理人，或者本所或其工作人员为一方当事人，本所其他律师担任对方当事人的代理人。

3. 律师参与诉讼或仲裁规范方面，需要注意在开庭审理过程中，律师应当尊重法庭、仲裁庭；律师在办案过程中，不得与所承办案件有关的司法、仲裁人员私下接触。

4. 律师与其他律师的关系规范方面，需要注意在庭审或者谈判过程中各方律师应当互相尊重，不得使用挖苦、讽刺或者侮辱性的语言；律师事务所和律师不得以诋毁其他律师事务所、律师或者支付介绍费等不正当手段承揽业务；律师和律师事务所不得擅自或者非法使用社会专有名称或者知名度较高的名称以及代表其名称的标志、图形文字、代号以混淆误导委托人。

【大纲变化法律法规提示】

法律援助法实施工作办法★

（2023年11月20日最高人民法院、最高人民检察院、公安部、司法部联合发布）

【大纲变化考点提示】

2024 年，本学科大纲考点无变化。

【教材新增要点详解】

☞ 1－5－1　法律援助的机构和人员☆

1. 法律援助机构。《法律援助法》规定，县级以上人民政府司法行政部门应当设立法律援助机构。法律援助机构负责组织实施法律援助工作，受理、审查法律援助申请，指派律师、基层法律服务工作者、法律援助志愿者等法律援助人员提供法律援助，支付法律援助补贴。

法律援助机构根据工作需要，可以安排本机构具有律师资格或者法律职业资格的工作人员提供法律援助；可以设置法律援助工作站或者联络点，就近受理法律援助申请。法律援助机构可以在人民法院、人民检察院和看守所等场所派驻值班律师，依法为没有辩护人的犯罪嫌疑人、被告人提供法律援助。

2. 法律援助人员。法律援助人员是指接受法律援助机构的指派或者安排，依法为经济困难公民和符合法定条件的其他当事人提供法律援助服务的律师、基层法律服务工作者、法律援助志愿者以及法律援助机构中具有律师资格或者法律职业资格的工作人员等。根据《法律援助法》的规定，司法行政部门可以通过政府采购等方式，择优选择律师事务所等法律服务机构为受援人提供法律援助。律师事务所、基层法律服务所、律师、基层法律服务工作者负有依法提供法律援助的义务。律师事务所、基层法律服务所应当支持和保障本所律师、基层法律服务工作者履行法律援助义务。

同时，国家鼓励和规范法律援助志愿服务；支持符合条件的个人作为法律援助志愿者，依法提供法律援助。高等院校、科研机构可以组织从事法学教育、研究工作的人员和法学专业学生作为法律援助志愿者，在司法行政部门指导下，为当事人提供法律咨询、代拟法律文书等法律援助。

按照《法律援助法》的规定，国家建立健全法律服务资源依法跨区域流动机制，鼓励和支持律师事务所、律师、法律援助志愿者等在法律服务资源相对短缺地区提供法律援助。

法律援助人员应当依法履行职责，及时为受援人提供符合标准的法律援助服务，维护受援人的合法权益。法律援助人员应当恪守职业道德和执业纪律，不得向受援人收取任何财物。

法律援助机构、法律援助人员对提供法律援助过程中知悉的国家秘密、商业秘密和个人隐私应当予以保密。

☞ 1－5－2　法律援助的程序☆

根据《法律援助法》的规定，法律援助的程序主要包括申请、审查、指派、办理、归案结档等。

(1) 申请。对诉讼事项的法律援助，由申请人向办案机关所在地的法律援助机构提出申请；对非诉讼事项的法律援助，由申请人向争议处理机关所在地或者事由发生地的法律援助机构提出申请。

值班律师依法为没有辩护人的犯罪嫌疑人、被告人提供法律咨询、程序选择建议、申请变更强制措施、对案件处理提出意见等法律帮助。人民法院、人民检察院、公安机关应当在确定的法律帮助日期前 3 个工作日，将法律帮助通知书送达法律援助机构，或者直接送达现场值班律师。该期间没有安排现场值班律师的，法律援助机构应当自收到法律帮助通知书之日起 2 个工作日内确定值班律师，并通知人民法院、人民检察院、公安机关。被羁押的犯罪嫌疑人、被告人、服刑人员，以及强制隔离戒毒人员等提出法律援助申请的，办案机关、监管场所应当在24小时内将申请转交法律援助机构。犯罪嫌疑人、被告人通过值班律师提出代理、刑事辩护等法律援助申请的，值班律师应当在24小时内将申请转交法律援助机构。

无民事行为能力人或者限制民事行为能力人需要法律援助的，可以由其法定代理人代为提出申请。法定代理人侵犯无民事行为能力人、限制民事行为能力人合法权益的，其他法定代理人或者近亲属可以代为提出法律援助申请。

被羁押的犯罪嫌疑人、被告人、服刑人员，以及强制隔离戒毒人员，可以由其法定代理人或者近亲属代为提出法律援助申请。

因经济困难申请法律援助的，申请人应当如实说明经济困难状况。法律援助机构核查申请人的经济困难状况，可以通过信息共享查询，或者由申请人进行个人诚信承诺。法律援助机构开展核查工作，有关部门、单位、村民委员会、居民委员会和个人应当予以配合。

法律援助申请人有材料证明属于下列人员之一的，免予核查经济困难状况：①无固定生活来源的未成年人、老年人、残疾人等特定群体；②社会救助、司法救助或者优抚对象；③申请支付劳动报酬或者请求工伤事故人身损害赔偿的进城务工人员；④法律、法规、规章规定的其他人员。

（2）审查。法律援助机构应当自收到法律援助申请之日起7日内进行审查，作出是否给予法律援助的决定。决定给予法律援助的，应当自作出决定之日起3日内指派法律援助人员为受援人提供法律援助；决定不给予法律援助的，应当书面告知申请人，并说明理由。法律援助机构应当自收到人民法院、人民检察院、公安机关的法律援助通知文书之日起三日内，指派律师并函告人民法院、人民检察院、公安机关，法律援助公函应当载明承办律师的姓名、所属单位及联系方式。

申请人提交的申请材料不齐全的，法律援助机构应当一次性告知申请人需要补充的材料或者要求申请人作出说明。申请人未按要求补充材料或者作出说明的，视为撤回申请。

☞ 1-5-3　法律援助的实施☆

《法律援助法》规定，法律援助机构收到法律援助申请后，发现有下列情形之一的，可以决定先行提供法律援助：（1）距法定时效或者期限届满不足7日，需要及时提起诉讼或者申请仲裁、行政复议；（2）需要立即申请财产保全、证据保全或者先予执行；（3）法律、法规、规章规定的其他情形。法律援助机构先行提供法律援助的，受援人应当及时补办有关手续，补充有关材料。

法律援助机构为老年人、残疾人提供法律援助服务的，应当根据实际情况提供无障碍设施设备和服务。法律法规对向特定群体提供法律援助有其他特别规定的，依照其规定。

法律援助人员接受指派后，无正当理由不得拒绝、拖延或者终止提供法律援助服务。法律援助人员应当遵守有关法律、法规、规章和规定，根据案件情况做好会见、阅卷、调查情况、收集证据、参加庭审、提交书面意见等工作，依法为受援人提供符合标准的法律援助服务。法律援助人员应当按照规定向受援人通报法律援助事项办理情况，不得损害受援人合法权益。

受援人应当向法律援助人员如实陈述与法律援助事项有关的情况，及时提供证据材料，协助、配合办理法律援助事项。

根据《法律援助法》的规定，有下列情形之一的，法律援助机构应当作出终止法律援助的决定：（1）受援人以欺骗或者其他不正当手段获得法律援助；（2）受援人故意隐瞒与案件有关的重要事实或者提供虚假证据；（3）受援人利用法律援助从事违法活动；（4）受援人的经济状况发生变化，不再符合法律援助条件；（5）案件终止审理或者已经被撤销；（6）受援人自行委托律师或者其他代理人；（7）受援人有正当理由要求终止法律援助；（8）法律法规规定的其他情形。法律援助人员发现有上述情形的，应当及时向法律援助机构报告。

被告人拒绝法律援助机构指派的律师为其辩护，坚持自己行使辩护权，人民法院依法准许的，法律援助机构应当作出终止法律援助的决定。对于应当通知辩护的案件，犯罪嫌疑人、被告人拒绝指派的律师为其辩护的，人民法院、人民检察院、公安机关应当查明原因。理由正当的，应当准许，但犯罪嫌疑人、被告人应当在5日内另行委托辩护人；犯罪嫌疑人、被告人未另行委托辩护人的，人民法院、人民检察院、公安机关应当在3日内通知法律援助机构另行指派律师为其提供辩护。

申请人、受援人对法律援助机构不予法律援助、终止法律援助的决定有异议的，可以向设立该法律援助机构的司法行政部门提出。司法行政部门应当自收到异议之日起5日内进行审查，作出维持法律援助机构决定或者责令法律援助机构改正的决定。申请人、受援人对司法行政部门维持法律援助机构决定不服的，可以依法申请行政复议或者提起行政诉讼。

法律援助事项办理结束后，法律援助人员应当及时向法律援助机构报告，提交有关法律文书的副本或者复印件、办理情况报告等材料。

☞ 1－5－4　法律援助的保障和监督☆

在法律援助的保障和监督方面，《法律援助法》规定国家加强法律援助信息化建设，促进司法行政部门与司法机关及其他有关部门实现信息共享和工作协同。

法律援助机构应当依照有关规定及时向法律援助人员支付法律援助补贴。法律援助补贴的标准，由省、自治区、直辖市人民政府司法行政部门会同同级财政部门，根据当地经济发展水平和法律援助的服务类型、承办成本、基本劳务费用等确定，并实行动态调整。法律援助补贴免征增值税和个人所得税。

同时，人民法院应当根据情况对受援人缓收、减收或者免收诉讼费用；对法律援助人员复制相关材料等费用予以免收或者减收。公证机构、司法鉴定机构应当对受援人减收或者免收公证费、鉴定费。

《法律援助法》要求，县级以上人民政府司法行政部门应当有计划地对法律援助人员进行培训，提高法律援助人员的专业素质和服务能力。

法律援助人员的人身安全和职业尊严受法律保护。对任何干涉法律援助人员履行职责的行为，法律援助人员有权拒绝，并按照规定如实记录和报告。对于侵犯法律援助人员权利的行为，法律援助人员有权提出控告。法律援助人员因依法履行职责遭受不实举报、诬告陷害、侮辱诽谤，致使名誉受到损害的，依法追究相关单位或者个人的责任。

根据法律，受援人有权向法律援助机构、法律援助人员了解法律援助事项办理情况；法律援助机构、法律援助人员未依法履行职责的，受援人可以向司法行政部门投诉，并可以请求法律援助机构更换法律援助人员。

司法行政部门应当建立法律援助工作投诉查处制度；接到投诉后，应当依照有关规定受理和调查处理，并及时向投诉人告知处理结果。司法行政部门应当加强对法律援助服务的监督，制定法律援助服务质量标准，通过第三方评估等方式定期进行质量考核。司法行政部门、法律援助机构应当建立法律援助信息公开制度，定期向社会公布法律援助资金使用、案件办理、质量考核结果等情况，接受社会监督。人民法院、人民检察院、公安机关应当配合司法行政机关、法律援助机构做好法律援助服务质量监督相关工作，协助司法行政机关、法律援助机构调查核实投诉举报情况，回复征询意见。

《法律援助法》要求，法律援助机构应当综合运用庭审旁听、案卷检查、征询司法机关意见和回访受援人等措施，督促法律援助人员提升服务质量。

同时，律师协会应当将律师事务所、律师履行法律援助义务的情况纳入年度考核内容，对拒不履行或者怠于履行法律援助义务的律师事务所、律师，依照有关规定进行惩戒。

【大纲配套练习题】

1.(单项选择题)《中共中央关于全面推进依法治国若干重大问题的决定》提出了一系列完善司法管理体制和司法权力运行机制的重大改革措施。下列哪一项不是关于完善司法管理体制方面的措施?(　　)①

A. 最高人民法院设立巡回法庭　　B. 探索建立跨行政区划的人民法院和人民检察院

C. 完善行政诉讼体制机制　　D. 改革法院案件受理制度

2.(多项选择题)某法官说:"个别法官和律师关系不正常,有些律师,不打官司,只打关系,这很危险,法官放松自己就将毁掉一生。"关于法官和律师的相互关系,下列事实中哪些违反了相关规范?(　　)②

A. 李律师在代理案件之前及其代理过程中,向当事人宣称自己与受理案件法院的法官有亲戚关系

B. 王法官与本案当事人委托的律师有同学关系,他自行申请回避,本院院长决定其不予回避

C. 张律师在业务推广中使用已获得的法律服务荣誉称号,但未注明获得时间和期限

D. 潘律师担任某市人民代表大会常务委员会组成人员期间,谢绝当事人的诉讼代理委托

3.(多项选择题)律师在诉讼与仲裁中,必须遵循一定的行为规范。根据相关规范的要求,下列哪些表述是正确的?(　　)③

A. 法官从人民法院离任后2年内,不得以律师身份担任诉讼代理人或者辩护人

B. 法官的配偶、子女、兄弟姐妹不得担任该法官所任职法院办理案件的诉讼代理人或者辩护人

C. 检察官从人民检察院离任后,不得担任原任职检察院办理案件的诉讼代理人或者辩护人

D. 律师因法定事由或者根据相关规定不得担任诉讼代理人或者辩护人的,可以将被委托的法律事务转委托同一律师事务所的其他律师办理

4.(不定项选择题)关于人民检察院的性质与组织体系,下列选项正确的是:(　　)④

A. 检察院内设业务机构的负责人对本部门的办案活动进行监督管理

B. 上级检察院可以调用下级检察院的检察官办理案件并代表上级检察院出庭支持公诉,体现了检察一体化

C. 检察官在法庭审理中提交证明被告人构成坦白的证据,体现了检察一体化

---

① D。D选项属于完善司法权力运行机制。

② ABC。考查法官和律师的相互关系。

③ AC。《律师法》第41条规定,曾经担任法官、检察官的律师,从人民法院、人民检察院离任后2年内,不得担任诉讼代理人或者辩护人。《法官法》第36条第1、2款规定,法官从人民法院离任后2年内,不得以律师身份担任诉讼代理人或者辩护人。法官从人民法院离任后,不得担任原任职法院办理案件的诉讼代理人或者辩护人,但是作为当事人的监护人或者近亲属代理诉讼或者进行辩护的除外。《检察官法》第37条第1、2款规定,检察官从人民检察院离任后2年内,不得以律师身份担任诉讼代理人或者辩护人。检察官从人民检察院离任后,不得担任原任职检察院办理案件的诉讼代理人或者辩护人,但是作为当事人的监护人或者近亲属代理诉讼或者进行辩护的除外。律师因法定事由或者根据相关规定不得担任诉讼代理人或者辩护人的,应当谢绝当事人的委托,或者解除委托代理合同。

④ AB。《高检规则》第6条第2款规定:"业务机构负责人对本部门的办案活动进行监督管理。需要报请检察长决定的事项和需要向检察长报告的案件,应当先由业务机构负责人审核。业务机构负责人可以主持召开检察官联席会议进行讨论,也可以直接报请检察长决定或者向检察长报告。"因此A选项说法正确。在上下级检察机关和检察官之间存在上命下从的领导关系,这是检察一体化原则的体现之一。《高检规则》第9条规定:"最高人民检察院领导地方各级人民检察院和专门人民检察院的工作,上级人民检察院领导下级人民检察院的工作。检察长统一领导人民检察院的工作。上级人民检察院可以依法统一调用辖区的检察人员办理案件,调用的决定应当以书面形式作出。被调用的检察官可以代表办理案件的人民检察院履行出庭支持公诉等各项检察职责。"B选项说法正确。检察一体化原则与检察官独立原则是对立统一的,检察官在法庭审理中提交证明被告人构成坦白的证据,体现了检察官独立原则,C选项说法错误。《人民检察院组织法》第29条规定:"检察官在检察长领导下开展工作,重大办案事项由检察长决定。检察长可以将部分职权委托检察官行使,可以授权检察官签发法律文书。"因此,只有重大办案事项由检察长决定,D选项说法错误。

D. 检察官在检察长领导下开展工作，办案事项均由检察长决定

5.（不定项选择题）关于公证员的表述，下列选项不正确的是：（　　）①

A. 公证员吉某在派发的名片上印有"法学博士、法学教授"的头衔

B. 公证员马某利用职务之便将公证费6000余元据为己有，被法院判决职务侵占罪成立，免予刑事处罚，并被司法行政部门处以罚款3000元和停止执业2个月的处罚

C. 对私自出证、出假证、篡改公证书、泄露当事人商业秘密或隐私的，处罚很重，对公证员罚款可高达10万元

D. 因故意犯罪或者职务过失犯罪受刑事处罚的，应当吊销公证员执业证书

① ABC。考查公证员制度。

刑　　法

【本学科复习重点、难点说明】

(一)总论编

从犯罪与刑罚的关系看,犯罪是科处刑罚的前提,科处刑罚是犯罪的后果。要保障人权,首先需要扎紧犯罪认定这个入口。因此,与以前极为重视刑罚论不同,当前各国刑法学极为重视犯罪论,犯罪论更为复杂、严密。在法学院,刑法学的教学重点、教学时长都向犯罪论倾斜。这自然对国家统一法律职业资格考试产生一定影响:相较于刑法基础论与刑罚论,犯罪论的测试占比最高,需要重点学习与把握。

在犯罪论中,犯罪构成理论是最为核心的知识模块,其中,危害行为又具有基础性地位。以危害行为为抓手,能够串联起整个犯罪论,甚至能够往前延伸至刑法基础论。因此,在学习刑法总论时,可以危害行为为中心进行相关学习,具体而言如下:

第一,以危害行为的类型为纽带,犯罪论与刑法基础论中的刑法解释、罪刑法定原则建立起关联。军警人员明示自己军警人员的身份实施抢劫的,是否属于"冒充"军警人员抢劫?行为人捡起摔伤在地的被害人的钱包扬长而去的,是"盗窃"还是"抢夺"他人财物?如何认定危害行为的行为类型,离不开刑法解释,最终结论都要接受罪刑法定原则的检验。以危害行为的类型为中介,犯罪论与刑法基础论的关系变得紧密起来。罪刑法定原则禁止通过某种巧妙的解释,将刑法并不处罚的行为类型解释为属于刑法明文禁止的行为类型,从而将其认定为犯罪。关于罪刑法定原则的测试,经常涉及危害行为的类型认定问题。例如,2014 年司法考试卷二第 51 题 B 项要求判断"将卡拉 OK 厅未经著作权人许可大量播放其音像制品的行为,认定为侵犯著作权罪中的'发行'"这一看法是否违反罪刑法定原则。《刑法》第 217 条第 1 项中的"复制发行"包括复制、发行或者既复制又发行的行为;其中的"发行",是指非法制作侵犯著作权的产品,通过出售、出租、出借、散发等方式提供复制作品的行为;"发行"要求侵权复制品有一定的载体,且意味着取得侵权复制品的人具有可以随时或者反复使用侵权复制品的可能性。卡拉 OK 厅未经著作权人许可大量播放其音像制品的行为虽然侵权,但是客观上既不存在具有一定载体的侵权复制品,又没有使第三人在本人的空间内(而不是只能在卡拉 OK 厅)可以随时或者反复使用侵权复制品的可能性,故卡拉 OK 厅的行为不属于侵犯著作权罪中的"发行"行为。B 选项的看法违反罪刑法定原则。

第二,行为人的身体举止是否属于危害行为,直接决定行为的罪与非罪。危害行为具有排除功能,单纯的思想以及犯意表示之所以被排除在犯罪之外,原因就在于客观上不存在危害行为。危害行为是指由行为人的意思与意志支配之下的危害社会的身体举止,具有有意性、有体性与有害性三个特性,其中"有害性"是指行为人的身体举止创设了侵犯刑法所保护的社会关系(犯罪客体)的客观危险。危害行为的核心就在于针对刑法所保护的社会关系,行为人的身体举止创设除了超越日常危险的危险,使犯罪客体处于危险之中。行为人虽然主观上追求威胁或者侵害某种刑法所保护的社会关系,但这并不意味着客观上其身体举止果真就能威胁或者侵害犯罪客体，只有行为人的举止在客观上确实能威胁或者侵害刑法所保护的社会关系时，才能认定该身体举止属于刑法上的危害行为。掌握了是否存在有害性的判断，便能准确判断某一身体举止是否属于危害行为。例如，甲女得知男友乙移情，怨恨中送其一双滚轴旱冰鞋，企盼其运动时摔伤；乙穿此鞋运动时，果真摔成重伤(2013 年司法考试卷二第 5 题)。甲女赠送男友旱冰鞋的行为即使存在导致男友有摔伤的危险，该危险也属于日常危险——如果穿旱冰鞋并不安全，具有经常致人摔伤的危险，法律就不会允许生产、销售这样的商品。既然甲女并未创设出超越日常危险的更高程度的危险，甲女的行为就不属于危害行为，因而没有构成故意伤害罪的余地。如果没有掌握判断有害性的要领，便会因为甲女主观上有伤害故意，就将其赠送旱冰鞋的行为评价为危害行为，从而得出其构成故意伤害罪的错误结论。

第三，暂且不论属于危害行为表现形式之一的不作为，是经常测试的考点，准确把握危害行为，也有助于判断因果关系。关于判断因果关系的考题几乎每年都有，对于此类考题需要注意如下两点：其一，刑法上的因果关系是指危害行为与危害结果之间引起与被引起的关系。如果行为人的身体举止不能被评价为刑法上的危害行为，就没有判断因果关系的必要。例如，甲女赠送男友旱冰鞋致其摔伤案，甲女的行为不属于刑法上的危害行为，因而，虽然在事实上存在关联，但不能认定甲的行为与乙的重伤之间存在刑法上的因果关系。所以，认为“甲的行为与乙的重伤之间存在刑法上的因果关系”就是错误的。其二，虽然作为知识点，危害行为与因果关系属于各自独立的刑法学问题，但是，如何判断因果关系绝非与危害行为毫无关系。

第四，犯罪故意的内容以及犯罪故意的成立，也与危害行为存在密切关联。一方面，犯罪故意的内容受制于危害行为的性质。这是因为，犯罪故意的认识内容不是漫无边际的，受到客观构成要件要素的制约，仅在行为人对客观构成要件要素(如行为性质、行为对象、危害结果、犯罪的时间、地点等附随情况)存在相应的认识，才有可能认定行为人存在犯罪故意。例如，仅在行为人认识到自己通过压制他人的反抗取得财物时，才能认定行为人具有抢劫故意。同样，仅在行为人认识到自己实施欺诈行为，使他人产生认识错误并进而处分财物，才能认定行为人具有诈骗故意。另一方面，如果行为人对危害行为的性质欠缺认识，就不能肯定犯罪故意的存在。例如，农民甲醉酒在道路上驾驶拖拉机，其认为拖拉机不属于《刑法》第 133 条之一规定的机动车(2016 年司法考试卷二第 4 题)，关于能否认定甲存在危险驾驶罪的犯罪故意问题，对此应作肯定回答。“机动车”属于规范的构成要件要素，只要甲对自己醉酒在道路上驾驶拖拉机这一基础性事实存在认识，即可作出甲存在危险驾驶罪的犯罪故意的规范评价。至于甲认为拖拉机不属于《刑法》第 133 条之一规定的“机动车”，这属于违法性错误(甲误以为自己的行为不为刑法所禁止)，该错误并非不可避免，故无法据此否定甲的犯罪故意。

第五，是否存在危害行为，也影响反击行为能否成立正当防卫的认定。客观上存在不法侵害，是成立正当防卫的起因条件。从《刑法》第 20 条的规定看，不法侵害只能是来自人的不法侵害。对于来自人的不法侵害，完全可以将其转换表述为危害行为。因此，在语言表述的意义上，也可认为正当防卫的前提是客观上存在危及防卫人的危害行为。制服不法侵害人之后，又对其实施加害行为的，由于来自不法侵害人的危害行为已经不复存在，故继续加害行为不成立正当防卫。可见，从是否存在危害行为的角度判断反击行为的性质，是完全可能的。例如，陈某抢劫出租车司机甲，用匕首刺甲一刀，强行抢走财物后下车逃跑；甲发动汽车追赶，在陈某往前跑了 40 米处将其撞成重伤并夺回财物(2007 年司法考试卷二第 2 题)。陈某下车逃跑的行为属于继续侵害司机财产的危害行为，故司机的适度反击行为能够成立正当防卫。

第六，准确把握危害行为(实行行为)，有助于正确认定未遂犯。在认定未遂犯时，需要注意其与不可罚的不能犯的区分。所谓不可罚的不能犯，是指行为人主观上有实行犯罪的意思，但其身体举止并无造成危害结果的可能性，客观上根本不可能侵害刑法所保护的社会关系(犯罪客体)，因而不受处罚的情形。不可罚的不能犯和未遂犯之间具有本质差别：在不可罚的不能犯中，因不存在危及犯罪客体的危害行为(实行行为)，因而没有实现犯罪的可能性，而在未遂犯中，客观上存在危害行为(实行行为)，具有实现犯罪的可能性。所以，并非所有以犯罪的意思实施某种身体举动，由于对象或者工具的原因，最终未能发生危害结果的情形,都能被评价为对象不能犯或者工具不能犯。要被评价为对象不能犯或者工具不能犯,最低限度要求行为人的身体举止能被评价为属于刑法上的危害行为(实行行为),在行为当时存在侵犯刑法所保护的社会关系的现实的、紧迫的危险。掌握这一点有助于准确识别未遂犯。例如,因乙移情别恋,甲将硫酸倒入水杯带到学校欲报复乙;课间,甲、乙激烈争吵,甲欲以硫酸泼乙,但情急之下未能拧开杯盖,后甲因追乙离开教室;丙到教室,误将甲的水杯当作自己的杯子,拧开杯盖时硫酸淋洒一身,灼成重伤(2012 年司法考试卷二第 53 题)。本题 A 选项认为,甲未能拧开杯盖,其行为属于不可罚的不能犯。A 选项错误。杯盖通常都能被拧开,且事实上也被丙拧开了,因此,装在水杯中的硫酸泼向乙的可能性极大,乙遭受伤害的危险是现实的、紧迫的,故甲未能拧开杯盖的举止也属于危害行为,其行为成立未遂犯,而不是不可罚的不能犯。再如,丙见商场橱柜展示有几枚金锭(30 万元/枚),打开玻璃门拿起一枚就跑,其实是值 300 元的仿制品,真金锭仍在,丙属于犯罪未遂(2016 年司法考试卷二第 53 题 C 选项)。这一判断是正确的。商场橱柜展示的几枚金锭中虽有仿制品,但也有真金锭,丙以数额巨大的财物为盗窃目标,拿起金锭就跑时有很大的可能取得真金锭。既然丙的行为在客观上具有侵犯他人财产的高度危险,就应成立未遂犯,而不属于不可罚的不能犯。

第七,准确把握危害行为,也有助于共同犯罪的判断。成立共同犯罪,要求存在共同行为。共同行为包括共同作为、共同不作为、一方作为与另一方不作为的结合、对他人不作为的参与等情形。后两种情形在测试中经常出现。例如,甲、乙夫妇因 8 岁的儿子严重残疾,生活完全不能自理而非常痛苦;一天,甲往儿子要喝的牛奶里放入"毒鼠强"时被乙看到,乙说:"这是毒药吧,你给他喝呀?"见甲不说话,乙叹了口气后就走开了;毒死儿子后,甲、乙二人一起掩埋尸体并对外人说儿子因病而死(2008 年司法考试卷二第 7 题)。本题中,并非只有甲构成故意杀人罪,乙也构成故意杀人罪,因为对于甲杀儿子的行为,身为监护人的乙负有保护儿子安全的义务,应当阻止甲的投毒行为,但其以不作为的形式参与了甲的杀人行为,构成一方作为与另一方不作为的共同犯罪。再如,甲意外将 6 岁幼童撞入河中,甲欲施救,乙劝阻,甲便未救助,致幼童溺亡;因只有甲有救助义务,乙的行为不成立犯罪(2013 年司法考试卷二第 51 题 C 选项)。C 选项的判断是错误的。甲的先前行为导致幼童有被淹死的危险,甲负有救助幼童的义务,其能履行该义务而不履行该义务,成立不作为犯罪。甲本无不作为犯罪的意思,在乙的唆使下实施了不作为犯罪,导致幼童溺亡。乙参与了甲的不作为犯罪,成立甲不作为故意杀人罪的教唆犯。C 选项认为只有甲有救助义务、乙的行为不成立犯罪,这是错误的。

第八,危害行为的个数,对于罪数判断同样具有重要价值。罪数的判断也是常见考题,解题要点之一在于判断行为的个数。无论是想象竞合还是法条竞合,都只存在一个危害行为。而如果是牵连犯或者吸收犯,一定存在数个危害行为。所以,通过判断行为人的身体举止属于几个行为,即可判断行为成立想象竞合犯还是属于牵连犯或者吸收犯。

综上所述,危害行为不仅贯穿整个犯罪论,还与刑法解释、罪刑法定原则存在紧密关联,是学习刑法总论的重要抓手,应当予以高度重视。

(二)分论编

在刑法分论中,罪名繁多,多数罪名之间的联系也不紧密,于此论述某章犯罪或者某个犯罪的重点、难点与疑点,难免挂一漏万。寻找学习刑法分论的门道,研究其中的规律,这才是学好刑法分论的重点所在。所以,这里主要谈谈学习、研究刑法分论的方法。

1. 反复阅读各罪条文。

只有熟悉分论各罪条文的罪状规定,才能得出具体犯罪的相应概念,才能由此推导出该罪的犯罪构成。虽然于理论而言,行为是否符合某罪的犯罪构成是判断该行为是否成立犯罪的唯一法律标准,但于事实而言,通常都是以行为是否符合相关罪刑条文规定,来分析具体刑事案件的。不首先阅读罪刑条文的具体规定,就开始学习分论各罪,这不是一种合理、高效的学习方法。反复阅读条文规定,将罪刑条文作为思维的前提,这是学好刑法分论的重要一步。

2. 精确把握犯罪构成。

刑法分论的首要任务是阐明具体犯罪的犯罪构成。犯罪构成是学习分论各罪的抓手,只有牢记各罪犯罪构成的具体内容,才能精准把握各罪。

(1)犯罪客体。

学习分论各罪,首先需要掌握该罪的犯罪客体。得到被害人同意的诬告行为是否成立诬告陷害罪,向外国警方诬告中国公民在境外犯罪的行为是否构成诬告陷害罪,这些问题是不可能从《刑法》第243条的文字表述中找到答案的,只有把握了诬告陷害罪的犯罪客体,才能回答这些问题。再如,所有权人窃回质押给他人的财物的行为是否成立盗窃罪,也只有明确了盗窃罪的犯罪客体,才能得出合理结论。

在具体案件中对某一行为应当如何定性,同样首先需要判断该行为侵犯了何种犯罪客体。如果对行为所侵犯的同类客体产生错误判断,对行为的具体定性就会出现偏差。例如,甲对拆迁不满,在高速公路中间车道用树枝点燃一个焰高约20厘米的火堆,将其分成两堆后离开,火堆很快就被通行车辆轧灭(2016年司法考试卷二第12题)。根据本案火焰高度、火被分成两堆、很快就被车辆轧灭这些客观事实,可以得出甲在高速公路上点燃树枝的行为并不足以危害公共安全。因此,甲的行为既不构成放火罪,也不构成以危险方法危害公共安全罪,更不构成破坏交通设施罪。然而,本题答题正确率一般,原因就在于不少人对本题犯罪客体的判断出现失误。

(2)客观要件。

在犯罪构成四要件中,客观要件具有重要地位。学习分论各罪,必须牢牢把握各罪的客观要件。例如,在学习盗窃罪的客观要件时,必须把握如下内容:①盗窃行为的含义。盗窃的含义决定着盗窃与抢夺的界限。如果认为盗窃只能是"秘密窃取",则公然取财行为就只能成立抢夺罪,无法成立盗窃罪;反之,如果认为盗窃的本质是以不危及人身安全的方式取得财物,不危及人身安全的公然取财行为就只能构成盗窃罪,而不可能构成抢夺罪。学习分论时不可忽视这些理论争议。在国家统一法律职业资格考试主观题部分,经常考查对某一行为可能有几种处理方案。学习分论时,如果不关注这些理论争议,一定会影响主观题的答题质量。②盗窃的对象。盗窃的对象只能是他人占有之下的公私财物。对于已被行为人占有的财物,或者已经脱离他人占有的财物,不能成为盗窃罪的对象。只有掌握这一点,才能正确区分盗窃罪与侵占罪。③盗窃入罪的情形。盗窃行为成立盗窃罪,虽然通常要求数额较大,但在多次盗窃、入户盗窃、携带凶器盗窃、扒窃的场合,盗窃数额虽然不大,但只要不属于情节显著轻微危害不大的情形,就能以盗窃罪追究刑事责任。④盗窃的既遂标准。一方面,要掌握盗窃既遂与未遂的区分标准。另一方面,盗窃未遂,如果不属于情节严重的情形,对此可不追究刑事责任,仅对情节严重的盗窃未遂行为(如以数额巨大的财物或者珍贵文物为盗窃目标而未得逞),才有以未遂犯追究刑事责任的必要。此外还应注意,盗窃既有既遂,又有未遂,分别达到不同量刑幅度的,依照处罚较重的规定处罚;达到同一量刑幅度的,以盗窃罪既遂处罚。

考试中,不少题目都是对某罪客观要件的测试。例如,郑某冒充银行客服发送短信,称张某手机银行即将失效,需重新验证;张某信以为真,按短信提示输入银行卡号、密码等信息后,又将收到的编号为135423的"验证码"输入手机页面;后张某发现,其实是将135423元汇入了郑某账户(2017年司法考试卷二第17题)。本题中对郑某的行为应当如何定性,取决于其行为符合盗窃罪的客观要件还是符合诈骗罪的客观要件。一方面,张某在输入所谓的"验证码"时,并没有财产处分意识,不存在处分行为,故郑某的行为不符合诈骗罪的客观要件;另一方面,郑某取得135423元的行为不会危及张某的人身安全,属于趁被害人不注意,利用其疏忽窃取被害人财物,这符合盗窃罪的客观要件,故郑某的行为构成盗窃罪。

(3)犯罪主体。

在分论各罪的犯罪主体部分,需要注意之处有:①本罪是否包括单位犯罪。②如果仅是自然人犯罪,一方面,要注意该罪对行为人刑事责任年龄的要求。通常的犯罪要求行为人必须年满16周岁以上。根据《刑法》第17条第2款的规定,犯故意杀人、故意伤害致人重伤或者死亡、强奸、抢劫、贩卖毒品、放火、爆炸、投放危险物质罪的,已满14周岁不满16周岁的人应负刑事责任。根据《刑法》第17条第3款的规定,犯故意杀人、故意伤害罪,致人死亡或者以特别残忍手段致人重伤造成严重残疾,情节恶劣,经最高人民检察院核准追诉的,已满12周岁不满14周岁的人也应负刑事责任。另一方面,对于自然人犯罪,还应注意该罪对主体身份是否有特定要求。对于真正身份犯,只有具有相应身份的人,才能构成该罪。

(4)主观要件。

在分论各罪的主观要件部分,需要注意之处有:①该罪是故意犯罪还是过失犯罪。如果属于故意犯罪,犯罪故意的具体内容是什么,该罪是否有特定目的的要求。②如果侵犯同一客体的故意行为与过失行为均被刑法规定为犯罪时,还应注意故意与过失的区分方案。能够在具体案件中明确判断行为人的罪过形式是故意还是过失乃至属于意外事件,这是常见的考点。例如,2013年司法考试卷二第53题即属于这方面的典型试题。该题A选项认为,甲、乙是马戏团演员,甲表演飞刀精准,从未出错;某日甲表演时,乙突然移动身体位置,飞刀掷进乙胸部致其死亡的,甲的行为属于意外事件。A选项正确。甲、乙是马戏团演员,甲表演飞刀精准,从未出错,这表明甲、乙长期配合默契。在投掷飞刀时,甲能够合理地信赖乙不会移动身体,因而其投掷飞刀的行为不会伤害到乙。根据信赖原则,可以认定甲不存在过失,乙的死亡属于意外事件所致。该题B选项认为,甲、乙在路边争执,甲推乙一掌,致其被路过车辆轧死的,甲的行为构成故意伤害(致死)罪。B选项错误。虽然乙的死亡很不幸,但从日常生活经验来看,推被害人一掌致其被路上的车辆轧死的概率较低,据此,对于死亡结果的发生应认定甲主观上为过失。

3. 注意罪与非罪的区分。

明确区分具体犯罪的罪与非罪的界限,也是刑法分论的重要任务。罪与非罪的区分存在于两个层面:其一,暂时撇开具体案件事实,在解释具体犯罪的犯罪构成的过程中,如何将不值得科处刑罚的行为,排除在犯罪构成之外。例如,《刑法》第389条第1款规定:“为谋取不正当利益,给予国家工作人员以财物的,是行贿罪。”那么,对于为谋取不正当利益,给予国家工作人员以少量财物的行为,能否以行贿罪论处?这一层面的罪与非罪的区分,涉及的是犯罪构成的解释问题。其二,事实认定层面的罪与非罪的界限,即某个具体案件事实是构成犯罪还是不构成犯罪。例如,身体健康的甲冒充残疾人向行人乞讨,行人误以为甲是残疾人,才向其交付财物。在类似这样的案件中,需要讨论的是甲的行为是否符合诈骗罪的犯罪构成。如果能够得出肯定结论,甲就成立犯罪;反之,则不成立犯罪。概言之,事实认定层面的罪与非罪的界限,基本上是判断行为是否符合犯罪构成的问题。

从司法实践来看,罪与非罪的界限主要是一般违法行为与犯罪之间的区别。一般违法行为与犯罪行为当然是有区别的,但这种区别并不意味着二者存在对立关系。换言之,不能因为某个行为符合一般违法行为的特征,就否认其构成犯罪。例如,某一案件事实满足民法上的不当得利的要件时,不能以“该行为属于民法上的不当得利”为由,立即得出该案不成立财产犯罪的结论。财产犯罪具有双重性质,一是违反了刑法,二是违反了民法。所以,侵犯财产的行为,只有不触犯刑法时,才仅依照民法处理。刑法并没有规定不当得利罪,所以,民法上的不当得利不可能一概成为刑法上的犯罪行为。但是,民法上的部分不当得利行为完全可能触犯刑法上的侵占、盗窃等犯罪,此时就应按照相应财产犯罪处理。

在考试中,罪与非罪的界限也是经常测试的考点。例如,某地突发百年未遇的冰雪灾害,乙离开自己的住宅躲避自然灾害;两天后,大雪压垮了乙的房屋,家中财物散落一地,灾后最先返回的邻居甲路过乙家时,将乙垮塌房屋中的2万元现金拿走(2008年司法考试卷二第16题)。对邻居甲的行为的定性,就涉及仅成立民法上的不当得利,还是涉嫌财产犯罪的问题。显然,甲的行为属于秘密窃取他人财物,符合盗窃罪的犯罪构成,应按盗窃罪论处。以本案属于不当得利为由,主张甲的行为不构成犯罪,这是没有道理的。

4. 理顺此罪与彼罪的关系。

刑法分论规定了大量的具体犯罪,如何正确认识与处理此罪与彼罪的关系,也是刑法分论的重要任务之一。由于犯罪错综复杂,为了避免处罚空隙,刑法不得不从不同侧面、以不同方式规定各种类型的犯罪。因此,部分条文规定的犯罪之间具有相似性,一些条文之间形成了包容关系与交叉关系。另外,由于行为人并非按照刑法规定的犯罪构成实施犯罪,一个行为可能具有多重属性,侵犯多个犯罪客体,因而触犯多个罪名。于是,此罪与彼罪的区分就成为刑法教科书与司法实践经常讨论的话题。

必须指出,刑法分论所规定的大部分犯罪之间并不是非此即彼的关系,一个案件事实完全可能亦此亦彼。换言之,由于用语具有多义性、边缘模糊性等特征,使一个案件事实符合多个犯罪构成的现象极为普遍。刑法理论应当承认一个案件事实可能触犯多个罪名。一方面,即使从法条关系上看是毫不相干的两个犯罪,也可能由一个行为同时触犯,从而成立想象竞合犯。另一方面,为了准确适用刑法条文,还必须注重法条竞合关系。所以,在明确了犯罪构成最低要求的前提下,人们要初步判断案件事实可能触犯的罪名,既可能由重罪到轻罪做出判断,也可能由轻罪到重罪做出判断。例如,在行为人随意殴打他人致人轻伤的场合,应当首先判断行为是否成立故意伤害罪;如果得出肯定结论,还应继续判断行为是否符合寻衅滋事罪的犯罪构成;如果得出肯定结论,则成立故意伤害罪与寻衅滋事罪的想象竞合犯,从一重罪处罚。又如,在行为人采取暴力手段不法取得他人财物的场合,应当首先判断行为是否符合敲诈勒索罪的犯罪构成;如果得出肯定结论,还应继续判断行为是否达到了压制他人反抗的程度,即是否构成抢劫罪;如果得出肯定结论,就仅认定为抢劫罪(法条竞合)。

此罪与彼罪的关系也是频繁出现的考点。2017 年司法考试卷二第 15 题 A、B 选项是这方面的典型考题。该题 A 选项认为,甲对家庭成员负有扶养义务而拒绝扶养,故意造成家庭成员死亡的,甲不构成遗弃罪,成立不作为的故意杀人罪。A 选项错误。甲对家庭成员负有扶养义务而拒绝扶养,故意造成家庭成员死亡属于“情节恶劣”,甲的行为完全符合遗弃罪的犯罪构成,首先构成遗弃罪。同时,甲故意造成家庭成员死亡,还触犯故意杀人罪。在 A 选项中,甲的行为构成遗弃罪与故意杀人罪的想象竞合犯。该题 B 选项认为,乙闯入银行营业厅挟持客户王某,以杀害王某相要挟,迫使银行职员交给自己 20 万元的,乙不构成抢劫罪,仅成立绑架罪。B 选项也是错误的。绑架罪不以行为人挟持被绑架者离开其原来所处地点为前提,绑架犯也有可能是当场取得财物,因而绑架罪与抢劫罪有时也能形成竞合。乙闯入银行营业厅挟持客户王某,以杀害王某相要挟,迫使银行职员交给自己 20 万元的,乙的行为同时符合绑架罪与抢劫罪的犯罪构成,成立绑架罪与抢劫罪的想象竞合犯。

学习刑法分论的方法有很多,按照以上方法学习刑法分论未必能够保证学习者成为刑法分论的高手,唯愿对考生复习备考略有裨益。

【大纲变化法律法规提示】

中华人民共和国刑法修正案(十二)★

(2023 年 12 月 29 日第十四届全国人民代表大会常务委员会第七次会议通过　2023 年 12 月 29 日中华人民共和国主席令第 18 号公布　自 2024 年 3 月 1 日起施行)

最高人民法院、最高人民检察院关于办理环境污染刑事案件适用法律若干问题的解释☆

(2023 年 3 月 27 日最高人民法院审判委员会第 1882 次会议、2023 年 7 月 27 日最高人民检察院第十四届检察委员会第十次会议通过　2023 年 8 月 8 日公布　自 2023 年 8 月 15 日起施行)　法释〔2023〕7 号

【大纲变化考点提示】

第十七章　破坏社会主义市场经济秩序罪

第三节　妨害对公司、企业的管理秩序罪

基本要求

理解:妨害对公司、企业的管理秩序罪中具体犯罪的概念、犯罪构成、犯罪认定中的各种问题。

熟悉并能够运用：妨害对公司、企业的管理秩序罪中各种具体犯罪的认定。

非国家工作人员受贿罪　对非国家工作人员行贿罪　非法经营同类营业罪　为亲友非法牟利罪　签订、履行合同失职被骗罪　徇私舞弊低价折股、出售公司、企业资产罪☆

第十九章　侵犯财产罪

基本要求

理解：侵犯财产罪中具体犯罪的概念、犯罪构成、犯罪认定中的各种问题。

熟悉并能够运用：侵犯财产罪中各种具体犯罪的认定，相关犯罪的区分。

抢劫罪　盗窃罪　诈骗罪　抢夺罪　侵占罪　职务侵占罪　挪用资金罪　挪用特定款物罪　敲诈勒索罪　故意毁坏财物罪　破坏生产经营罪★　拒不支付劳动报酬罪

【教材新增要点详解】

☞ 16－1－1　危险驾驶罪☆

本罪是指在道路上驾驶机动车追逐竞驶，情节恶劣；或者在道路上醉酒驾驶机动车，以及从事校车业务或者旅客运输，严重超过额定乘员载客或者严重超过规定时速行驶；或者违反危险化学品安全管理规定运输危险化学品，危及公共安全的行为。目前，本罪的发案量极大，对其应当予以严格认定。本罪分为四个类型。

1. 追逐竞驶。

一般来说，追逐竞驶，是指行为人在道路上高速、超速行驶，随意追逐、超越其他车辆，频繁、突然并线，近距离驶入其他车辆之前的危险驾驶行为。追逐竞驶属于危害公共安全的危险犯，但刑法没有将本罪规定为具体的公共危险犯，而是以情节恶劣限制处罚范围。换言之，只要追逐竞驶行为具有类型化的抽象危险，并且情节恶劣，就构成犯罪。(1)本罪行为不要求发生在公共道路(公路)上，只需要发生在道路上即可。在校园内、大型厂矿内的道路上，以及在人行道上追逐竞驶的，因为对不特定或者多数人的生命、身体产生了抽象的危险，依然可能成立本罪。(2)追逐竞驶以具有抽象危险性的高速、超速驾驶为前提，缓慢驾驶的行为不可能成立本罪。但是，单纯的高速驾驶或者超速驾驶，并不直接成立本罪。换言之，不能将本罪等同于国外的超速驾驶罪。(3)追逐竞驶要求以产生抽象的交通危险的方式驾驶，行为的基本方式是随意追逐、超越其他车辆，频繁并线、突然并线，或者近距离驶入其他车辆之前等。(4)追逐竞驶既可能是二人以上基于意思联络而实施，也可能是单个人实施。机动车驾驶人员出于竞技、追求刺激、斗气或者其他动机，在道路上曲折穿行、快速追赶行驶的，属于追逐竞驶。驾驶机动车针对救护车、消防车等车辆实施追逐竞驶行为的，可能成立本罪。(5)成立本罪要求情节恶劣。情节恶劣的基本判断标准是追逐竞驶行为的危险程度。对此，应以道路上车辆与行人的多少、驾驶的路段与时间、驾驶的速度与方式、驾驶的次数等进行综合判断。大体可以肯定的是，如果发生了具体的公共危险，就能够得出情节恶劣的结论。换言之，追逐竞驶虽未造成人员伤亡或财产损失，但综合考虑超过限速、闯红灯、强行超车、抗拒交通执法等严重违反《道路交通安全法》的行为，足以威胁他人生命、财产安全的，属于危险驾驶罪中“情节恶劣”的情形。在没有其他车辆与行人的荒野道路上追逐竞驶的行为，不应认定为情节恶劣。追逐竞驶的罪过形式为故意，不要求行为人以赌博竞技或者追求刺激为目的。因为基于任何目的与动机的故意追逐竞驶行为，只要产生了抽象的公共危险且情节恶劣，就值得科处刑罚。

2. 醉酒驾驶。

醉酒驾驶，是指在醉酒状态下在道路上驾驶机动车的行为。醉驾案件中“道路”“机动车”的认定适用道路交通安全法有关“道路”“机动车”的规定。对机关、企事业单位、厂矿、校园、居民小区等单位管辖范围内的路段是否认定为“道路”,应当以其是否具有“公共性”,是否“允许社会机动车通行”作为判断标准。只允许单位内部机动车、特定来访机动车通行的,可以不认定为“道路”。

根据2023年12月13日《最高人民法院、最高人民检察院、公安部、司法部关于办理醉酒危险驾驶刑事案件的意见》(以下简称《意见》),在道路上驾驶机动车,经呼气酒精含量检测,显示血液酒精含量达到80毫克/100毫升以上,除情节显著轻微、危害不大,不认为是犯罪的情形之外,成立危险驾驶罪。行为人是否属于“醉酒”驾驶,主要以血液酒精含量鉴定意见作为依据。行为人经呼气酒精含量检测,显示血液酒精含量达到80毫克/100毫升以上,在提取血液样本前脱逃或者找人顶替的,可以以呼气酒精含量检测结果作为认定其醉酒的依据。行为人在公安机关依法检查时或者发生道路交通事故后,为逃避法律追究,在呼气酒精含量检测或者提取血液样本前故意饮酒的,可以以查获后血液酒精含量鉴定意见作为认定其醉酒的依据。根据《意见》,醉酒驾驶具有下列情形之一,不具有《意见》所规定的造成交通事故且负事故全部或者主要责任、造成交通事故后逃逸等15种从重处理的情形,可以认定为情节显著轻微、危害不大,不构成危险驾驶罪:(1)血液酒精含量不满150毫克/100毫升的;(2)出于急救伤病人员等紧急情况驾驶机动车,且不构成紧急避险的;(3)在居民小区、停车场等场所因挪车、停车入位等短距离驾驶机动车的;(4)由他人驾驶至居民小区、停车场等场所短距离接替驾驶停放机动车的,或者为了交由他人驾驶,自居民小区、停车场等场所短距离驶出的;(5)其他情节显著轻微的情形。醉酒后出于急救伤病人员等紧急情况,不得已驾驶机动车,构成紧急避险的,依照《刑法》第21条紧急避险的规定处理。

本罪是抽象危险犯,不需要司法人员具体判断醉酒行为是否具有公共危险。一方面,抽象的危险犯实际上是类型化的危险犯,司法人员只需要进行类型化的判断即可。另一方面,没有抽象危险的行为,不可能成立本罪。例如,在没有车辆与行人的荒野道路上醉酒驾驶机动车的,因为不具有抽象的危险,不应以本罪论处。

关于醉酒型危险驾驶罪的罪过形式,刑法理论存在不同观点。通说认为,醉酒驾驶属于故意犯罪,行为人必须认识到自己是在醉酒状态下驾驶机动车。但是,对于醉酒状态的认识不需要十分具体(不需要认识到血液中的酒精具体含量),只要有大体上的认识即可。一般来说,只要行为人知道自己喝了一定量的酒,事实上又达到了醉酒状态,并驾驶机动车的,就可以认定其具有醉酒驾驶的故意。认为自己只是酒后驾驶而不是醉酒驾驶的辩解,不能排除故意的成立。即使行为人没有主动饮酒(饮料中被他人掺入酒精),但驾驶机动车之前或者当时意识到自己已经饮酒的,也应认定具有醉酒驾驶的故意。当然,如果没有主动饮酒,也没有意识到自己已经饮酒的,排除故意的成立。

醉酒驾驶既不是亲手犯,也不是身份犯。教唆他人醉酒驾驶的,成立教唆犯;明知他人即将驾驶机动车,而暗中在其饮料中掺入酒精,驾驶者不知情而驾驶机动车的,对掺入酒精者应以间接正犯论处。

3. 超员、超速行驶。

超员、超速行驶,是指从事校车业务或者旅客运输,严重超过额定乘员载客,或者严重超过规定时速行驶的行为。本类型的危险驾驶罪属于抽象危险犯。依照国务院《校车安全管理条例》的规定,“校车”是指用于接送接受义务教育的学生上下学的机动车。本罪中的校车既包括依照国家规定取得使用许可的校车,也包括没有取得使用许可的违章从事接送学生业务的校车。从事旅客运输的车辆,是指从事公路客运、公交客运、出租客运、旅游客运等从事旅客运输的车辆;既包括具有营运资格的车辆,也包括非法从事旅客运输的车辆。一般超员、超速的行为不成立本罪,只有严重超员、超速的行为才成立本罪。本罪的成立不以发生人员伤亡等后果为要件。机动车所有人、管理人对严重超员、超速行驶负有直接责任的,以本罪论处。例如,机动车所有人、管理人强令、指使驾驶人员超员、超速行驶的,或者明知驾驶人员超员、超速行驶而放任的,应以本罪论处。概言之,所谓“负有直接责任”,是指超员、超速行驶的状态能够归属于机动车所有人、管理人的作为或者不作为的情形。本类型的危险驾驶罪只能由故意构成。

4. 违规运输危险化学品。

违规运输危险化学品,是指违反危险化学品安全管理规定运输危险化学品,危及公共安全的行为。本类型的危险驾驶罪属于具体危险犯。危险化学品，是指具有毒害、腐蚀、爆炸、燃烧、助燃等性质，对人体、设施、环境具有危害的剧毒化学品和其他化学品。根据《危险化学品安全管理条例》的规定，从事危险化学品道路运输的，应当取得危险货物道路运输许可，并向工商行政管理部门办理登记手续；危险化学品道路运输企业应当配备专职安全管理人员；危险化学品道路运输企业的驾驶人员、装卸管理人员、押运人员、申报人员、集装箱装箱现场检查员应当经交通运输主管部门考核合格，取得从业资格；运输危险化学品，应当根据危险化学品的危险特性采取相应的安全防护措施，并配备必要的防护用品和应急救援器材；用于运输危险化学品的槽罐以及其他容器应当封口严密，能够防止危险化学品在运输过程中因温度、湿度或者压力的变化发生渗漏、洒漏；槽罐以及其他容器的溢流和泄压装置应当设置准确、起闭灵活；通过道路运输危险化学品的，应当按照运输车辆的核定载质量装载危险化学品，不得超载；危险化学品运输车辆应当符合国家标准要求的安全技术条件，并按照国家有关规定定期进行安全技术检验；运输危险化学品途中因住宿或者发生影响正常运输的情况，需要较长时间停车的，驾驶人员、押运人员应当采取相应的安全防范措施；如此等等。违反上述《危险化学品安全管理条例》的规定，并且危及公共安全的，成立本罪。行为是否危及公共安全，要根据行为人所运输的危险化学品的种类、数量、运输的时间、路线、车辆的安全状况、发生实害事故的可能性程度等进行综合判断。机动车所有人、管理人对上述违规行为负有直接责任的，以本罪论处。本类型的危险驾驶罪的罪过形式只能是故意，行为人必须认识到自己违规运输的是危险化学品（不必认识到具体种类），并且希望或者放任公共危险的发生。

在危险驾驶罪的罪数方面，危险驾驶行为同时构成其他犯罪的，依照处罚较重的规定定罪处罚。例如，追逐竞驶或者醉酒驾驶行为，过失造成他人伤亡或者重大财产损失结果，构成交通肇事罪的，应以交通肇事罪论处（此时的交通肇事罪属于结果加重犯）。但是，如果致人伤亡的交通事故不是由追逐竞驶或者醉酒驾驶行为引起，而是由其他违反交通运输管理法规的行为（如无视交通信号）所引起，则应对危险驾驶罪与交通肇事罪实行数罪并罚。再如，违规运输化学危险品，发生重大事故，造成严重后果的，应以危险物品肇事罪论处（此时的危险物品肇事罪属于结果加重犯）。但是，如果违规运输化学危险品，危及公共安全，又由于闯红灯而造成交通事故的，则应对危险驾驶罪与交通肇事罪实行数罪并罚。如果在危险驾驶行为之外，又实施其他行为构成犯罪的，对此应当数罪并罚。如追逐竞驶或者醉酒驾驶，又以暴力、威胁方法阻碍公安机关依法检查，构成妨害公务罪、袭警罪等其他犯罪的，应以危险驾驶罪与妨害公务罪、袭警罪等犯罪实行数罪并罚。

危险驾驶行为具有与放火、爆炸等相当的具体的公共危险，行为人对该具体的公共危险具有故意的，应当认定以危险方法危害公共安全罪。例如，在高速公路上逆向追逐竞驶或者醉酒高速驾驶，但没有造成严重后果的，应当适用《刑法》第 114 条，认定为以危险方法危害公共安全罪。当然，对以危险方法危害公共安全罪的认定必须采取严格的限制态度。危险驾驶行为具有与放火、爆炸等相当的具体的公共危险，且造成人身伤亡等严重后果（如在高速公路上逆向追逐竞驶或者醉酒高速驾驶造成他人死亡），行为人对该具体的公共危险或者人身伤亡等严重后果具有故意的，应当适用《刑法》第 115 条第 1 款。

犯本罪的，根据《刑法》第 133 条之一的规定处罚。

☞ 17－3－1　非法经营同类营业罪☆

本罪是指国有公司、企业的董事、监事、高级管理人员，利用职务便利，自己经营或者为他人经营与其所任职公司、企业同类的营业，获取非法利益，数额巨大，或者其他公司、企业的董事、监事、高级管理人员违反法律、行政法规规定，利用职务便利，自己经营或者为他人经营与其所任职公司、企业同类的营业，致使公司、企业利益遭受重大损失的行为。2023 年 12 月 29 日通过的《刑法修正案（十二）》扩大了本罪的主体范围，尤其是将本罪主体扩大至国有公司、企业之外的其他公司、企业的董事、监事、高级管理人员。根据刑法的时间效力原理，对于《刑法修正案（十二）》施行之前发生的其他公司、企业的董事、监事、高级管理人员的非法经营同类营业行为，不能以本罪论处。

构成本罪，在客观上要求行为人利用职务便利，自己经营或者为他人经营与其所任职公司、企业同类的营业。“利用职务便利”，是指行为人利用自己在所任职公司、企业担任董事、监事、高级管理人员所获得的权限、地位以及掌握的人脉、信息等便利条件。“经营与其所任职公司、企业同类的营业”，是指行为人从事与其所任职公司、企业相同或者近似的业务。无论是自己经营还是为他人经营与其所任职公司、企业同类的营业，都能构成本罪。如国有粮食公司、企业的董事利用职务便利，帮助自己经营的公司、企业借用其任职国有公司、企业的资质，从事与其任职国有公司、企业相同的营业行为，抢占、排挤任职国有公司、企业的交易机会的，行为人属于经营与其所任职公司、企业同类的营业。如果国有公司、企业的董事、监事、高级管理人员直接利用职务之便为相关公司、企业提供帮助，从中获得所谓利润分成的，不属于为他人经营与其所任职公司、企业同类的营业，不能以本罪论处，应以受贿罪定罪处罚。国有公司、企业的董事、监事、高级管理人员非法经营同类营业，并通过虚设交易环节，非法占有公共财物，同时构成贪污罪的，应视行为数量与情节从一重罪处罚或者实行数罪并罚。

本罪是身份犯，犯罪主体分为两类：(1)国有公司、企业的董事、监事、高级管理人员。国有公司、企业的其他职员，只要不属于董事、监事或者高级管理人员，即使属于国家工作人员，也不能单独构成本罪。根据《公司法》第265条的规定，“高级管理人员”是指董事、监事之外的公司、企业的主管人员和其他重要管理人员，如公司、企业的经理、副经理、财务负责人等等。该类主体构成本罪，要求行为人获取非法利益，数额巨大。(2)其他公司、企业的董事、监事、高级管理人员。该类主体构成本罪，要求行为人违反法律、行政法规规定，致使公司、企业利益遭受重大损失。如果行为人经营同类营业行为并不违反法律、行政法规规定，如向公司董事会或者股东会报告并获得同意后，自己经营与其所任职公司、企业同类的营业的，不构成本罪。该类主体成立本罪，不要求行为人必须获取非法利益，数额巨大，只要其行为致使公司、企业利益遭受重大损失，即构成本罪。

☞ 17－3－2　为亲友非法牟利罪☆

本罪是指国有公司、企业、事业单位的工作人员，利用职务便利，为亲友非法牟利，致使国家利益遭受重大损失，或者其他公司、企业的工作人员违反法律、行政法规规定，利用职务便利，为亲友非法牟利，致使公司、企业利益遭受重大损失的行为。2023年12月《刑法修正案(十二)》将本罪主体扩大至国有公司、企业、事业单位之外的其他公司、企业的工作人员。对于《刑法修正案(十二)》施行之前发生的其他公司、企业的工作人员为亲友非法牟利的行为，不能以本罪论处。

成立本罪，要求行为人利用职务便利(利用自己主管、管理、经营、经手公司、企业业务的便利)，实施下列行为之一：(1)将本单位的盈利业务交由自己的亲友进行经营；(2)以明显高于市场的价格从自己的亲友经营管理的单位采购商品、接受服务或者以明显低于市场的价格向自己的亲友经营管理的单位销售商品、提供服务；(3)从自己的亲友经营管理的单位采购、接受不合格商品、服务。不存在上述行为，如行为人以正常的市场价格从自己的亲友经营管理的单位采购商品、接受服务，或者以正常的市场价格向自己的亲友经营管理的单位销售商品、提供服务的，不构成本罪。对于这里的“亲友”，不宜作过于狭隘的理解，应以与行为人是否存在利益关系进行实质把握。

本罪的主体分为两类。其一，国有公司、企业、事业单位的工作人员。该类主体成立本罪，要求行为人利用职务便利，为亲友非法牟利行为致使国家利益遭受重大损失。其二，其他公司、企业的工作人员。与前一类主体不同，《刑法修正案(十二)》并未将本罪主体扩大到“其他事业单位”。因此，像民办学校、民办医院中的工作人员为亲友非法牟利的，不构成本罪。该类主体成立本罪，要求行为人违反法律、行政法规规定，为亲友非法牟利行为致使公司、企业利益遭受重大损失。如果为亲友非法牟利的行为并未违反法律、行政法规规定的，不构成本罪。《公司法》第183条规定，董事、监事、高级管理人员，不得利用职务便利为自己或者他人谋取属于公司的商业机会。但是，有下列情形之一的除外：(1)向董事会或者股东会报告，并按照公司章程的规定经董事会或者股东会决议通过；(2)根据法律、行政法规或者公司章程的规定，公司不能利用该商业机会。据此，向董事会或者股东会报告并获得同意，或者公司不能利用该商业机会，行为人将该盈利业务交由自己的亲友进行经营，即使亲友从中获利，也不构成本罪。此外，个人独资企业等公司、企业的实控人，自愿将本公司、企业的盈利业务交由自己的亲友进行经营，或者从自己的亲友经营管理的单位采购、接受不合格商品、服务的，实控人的决策并未损害他人利益，谈不上违反法律、行政法规规定，因此，即使该行为使公司、企业利益遭受损失，实控人也不构成本罪。

☞ 17－3－3　徇私舞弊低价折股、出售公司、企业资产罪☆

本罪是指国有公司、企业或者其上级主管部门直接负责的主管人员，徇私舞弊，将国有资产低价折股或者低价出售，致使国家利益遭受重大损失，或者其他公司、企业直接负责的主管人员，徇私舞弊，将公司、企业资产低价折股或者低价出售，致使公司、企业利益遭受重大损失的行为。《刑法修正案（十二）》将本罪主体扩大至国有公司、企业之外的其他公司、企业直接负责的主管人员。构成本罪，要求行为人徇私舞弊，将公司、企业资产低价折股或者低价出售。这意味着本罪为故意犯罪，过失不构成本罪。如在公司、企业资产重组、收购过程中，行为人由于经验不足、决策失误或者市场行情变化，致使公司、企业资产在折股、出售过程中价格偏低的，不构成本罪。国有公司、企业或者其上级主管部门直接负责的主管人员，与他人串通，私自将国有资产低价折股或者低价出售给他人，同时触犯本罪与贪污罪的，对行为人应以贪污罪论处。

犯本罪的，根据《刑法》第169条的规定处罚。

☞ 17－4－1　伪造货币罪☆

本罪是指没有货币发行权的人，非法制造外观上足以使一般人误认为是货币的假货币，妨害货币的公共信用的行为。

1. 本罪客体是国家货币管理秩序。

2. 客观行为表现为制造外观上足以使一般人误认为是货币的假货币。（1）伪造，是指制造外观上足以使一般人误认为是货币的假货币的行为。根据司法解释，伪造货币必须是仿照真币的图案、形状、色彩等特征非法制造假币来冒充真币。在这种情况下，存在与伪造的货币相对应的（或相当的）真币。至于伪造的方法，则没有任何限制，如机器印制、石印、影印、复印、手描等。同时采用伪造和变造手段，制造真伪拼凑货币的，以伪造货币罪定罪处罚。（2）伪造货币包括伪造正在流通的中国货币、外国货币（包括香港特别行政区、澳门特别行政区、台湾地区的货币），包括硬币（含普通纪念币和贵金属纪念币）与纸币。伪造正在流通的境外货币，即使该境外货币不可在境内市场流通或者兑换，同样构成本罪。行为人所伪造的货币必须是正在流通的货币，如果伪造已经停止流通的古钱、废钞，则不成立本罪。以使用为目的，伪造停止流通的货币，或者使用伪造的停止流通的货币的，以诈骗罪定罪处罚。（3）所伪造以及可能伪造出来的货币应在外观上足以使一般人误认为是货币，即对于所伪造的货币必须特别加以注意，或者具有一定检测手段、具有专业知识方能发现（这只是对伪造行为的限定，并不意味着本罪不存在未遂犯。只要实施了伪造行为，客观上可能制造出足以使一般人误认为真币的假币，即使没有完成全部印制工序，也构成伪造货币罪）。行为人制造出来的物品完全不可能被人们误认为是货币的，不可能成立伪造货币罪。但是，也不要求伪造的货币与真币完全相同，且不以与真币所具有的特征完全一致为条件。如不具有真币的号码或印章的，也是伪造的货币。

3. 伪造货币罪的主体必须是没有货币发行权的自然人，单位不能成为本罪主体。行为人制造货币版样或者与他人事前通谋，为他人伪造货币提供版样的，以本罪论处。

4. 伪造货币罪的主观方面只能是故意，即明知自己的行为会发生妨害货币的公共信用的结果，并且希望或者放任这种结果发生。明知他人意图伪造货币，通过网络提供伪造货币技术或者设备、材料的人员，与直接实施伪造货币的人员构成伪造货币共同犯罪。为直接实施伪造货币人员提供专门用于伪造货币的技术或者设备、材料的,应当认定其具有伪造货币的共同犯罪故意。

犯本罪的,根据《刑法》第170条的规定处罚。

☞ 17-4-2 骗取贷款、票据承兑、金融票证罪☆

本罪是指以欺骗手段取得银行或者其他金融机构贷款、票据承兑、信用证、保函等,给银行或者其他金融机构造成重大损失的行为。本罪主观方面为故意,但不要求具有非法占有目的。如果行为人具有非法占有目的,则应按照相应的金融诈骗罪或者其他犯罪论处。例如,以非法占有为目的,骗取银行贷款的,成立贷款诈骗罪;以非法占有为目的,骗取信用证的,成立信用证诈骗罪。成立本罪虽不要求行为人具有非法占有目的,但应以危害金融资金安全为要件。行为人虽然采用欺骗手段(如提供了虚假的申请材料)从银行获取贷款的数额特别巨大,但其提供了足额真实抵押,未给银行造成损失,不会危及金融资金安全的,不构成本罪。犯本罪的,依照《刑法》第175条之一的规定处罚。

☞ 17-4-3 妨害信用卡管理罪☆

本罪是指以特定方式妨害信用卡管理的行为。根据《刑法》第177条之一的规定,下列行为构成本罪:

(1)明知是伪造的信用卡而持有、运输的,或者明知是伪造的空白信用卡而持有、运输,数量较大。“数量较大”是指信用卡的数量累计在10张以上。

(2)非法持有他人信用卡,数量较大。“持有”的认定,以事实上的支配为标准。实务界认为,非法持有他人信用卡既可以是行为人直接持有他人信用卡,也可以是通过第三人间接持有他人信用卡。“数量较大”是指信用卡的数量累计在5张以上。行为人为上游实施信息网络犯罪收购、租借他人银行卡后非法持有的,在案证据无法证明这些银行卡被用于帮助他人进行违法犯罪活动,但持有数量较大的,可以妨害信用卡管理罪论处。对于有证据证明这些银行卡被用于上游信息网络犯罪的,其行为同时构成妨害信用卡管理罪和帮助信息网络犯罪活动罪,择一重罪论处。

(3)使用虚假的身份证明骗领信用卡。以虚假的身份证明骗领信用卡,并不要求身份证明本身是虚假的;违背他人意愿,使用其居民身份证、军官证、士兵证、港澳居民往来内地通行证、台湾居民来往大陆通行证、护照等身份证明申领信用卡的,或者使用伪造、变造的身份证明申领信用卡的,应当认定为“使用虚假的身份证明骗领信用卡”。以虚假的身份证明骗领信用卡,还包括使用虚假的保证人身份证明骗领信用卡。骗领信用卡,还包括以他人的身份证明挂失他人的信用卡并骗领补办的信用卡。

(4)出售、购买、为他人提供伪造的信用卡或者以虚假的身份证明骗领的信用卡。

犯本罪的,根据《刑法》第177条之一的规定处罚。

☞ 17-4-4 洗钱罪☆

本罪是指为掩饰、隐瞒毒品犯罪、黑社会性质的组织犯罪、恐怖活动犯罪、走私犯罪、贪污贿赂犯罪、破坏金融管理秩序犯罪、金融诈骗犯罪的所得及其产生的收益的来源和性质,而提供资金账户,将财产转换为现金、金融票据、有价证券,通过转账或者其他支付结算方式转移资金,跨境转移资产,或者以其他方法掩饰、隐瞒犯罪所得及其收益的来源和性质的行为。

1. 本罪客体是国家对金融资产的来源与性质的监管秩序。

2. 客观方面表现为实施了特定的洗钱行为。

首先,洗钱的上游犯罪仅限于毒品犯罪(指刑法分则第六章第七节所规定的犯罪)、黑社会性质的组织犯罪(指以黑社会性质组织及其成员为主体实施的各种犯罪)、恐怖活动犯罪(主要指以恐怖活动组织及其成员为主体实施的各种犯罪)、走私犯罪(刑法分则第三章第二节所规定的全部走私犯罪)、贪污贿赂犯罪(除刑法分则第八章贪污贿赂罪外,还包括非国家工作人员受贿罪等犯罪)、破坏金融管理秩序犯罪(刑法分则第三章第四节规定的犯罪)、金融诈骗犯罪(刑法分则第三章第五节规定的犯罪)这七类犯罪。"犯罪的所得",是指由这七类犯罪行为所获取的非法利益以及利用该非法利益所产生的经济利益,包括犯罪行为的直接所得与间接所得,还包括犯罪行为所取得的报酬。例如,帮助他人实施金融诈骗犯罪所获得的报酬,也是犯罪所得。"产生的收益"既包括上游犯罪所得产生的收益,也包括没有犯罪所得的上游犯罪行为直接产生的收益。构成洗钱罪,应以上游犯罪事实成立为认定前提。上游犯罪尚未依法裁判但查证属实的,上游犯罪事实可以确认但因行为人死亡等原因依法不予追究刑事责任的,上游犯罪事实可以确认但依法以其他罪名定罪处罚的,均不影响洗钱罪的认定。

其次,洗钱行为具体表现为:(1)提供资金账户;(2)将财产转换为现金、金融票据、有价证券;(3)通过转账或者其他支付结算方式转移资金;(4)跨境转移资产;(5)以其他方法掩饰、隐瞒犯罪所得及其收益的来源和性质。情形(5)中的"以其他方法掩饰、隐瞒犯罪所得及其收益的来源和性质",包括但不限于通过典当、租赁、买卖、投资等方式,协助转移、转换犯罪所得及其收益;通过与商场、饭店、娱乐场所等现金密集型场所的经营收入相混合的方式,协助转移、转换犯罪所得及其收益;通过虚构交易、虚设债权债务、虚假担保、虚报收入等方式,协助将犯罪所得及其收益转换为"合法"财物;通过买卖彩票、奖券等方式,协助转换犯罪所得及其收益;通过赌博方式,协助将犯罪所得及其收益转换为赌博收益,等等。明知是犯罪所得及其产生的收益而予以掩饰、隐瞒,同时构成本罪与掩饰、隐瞒犯罪所得、犯罪所得收益罪等犯罪的,依照处罚较重的规定定罪处罚。

3. 本罪主体既包括自然人,也包括单位。《刑法修正案(十一)》第 14 条对《刑法》第 191 条的修改,将特定的"自洗钱"行为纳入洗钱罪的规制范围,即上游犯罪的行为人也可以成为洗钱罪的主体。

4. 本罪主观方面为故意。《刑法修正案(十一)》第 14 条虽然删除了原《刑法》第 191 条中"明知是"的文字表述,但洗钱罪是故意犯罪,故成立洗钱罪仍然要求行为人必须明知是毒品犯罪、黑社会性质的组织犯罪、恐怖活动犯罪、走私犯罪、贪污贿赂犯罪、破坏金融管理秩序犯罪、金融诈骗犯罪的所得及其产生的收益,否则不构成本罪。行为人认识的内容是对这七种上游犯罪的犯罪事实的认识,而不是对法律性质的认识。对于行为人是否"明知",应当结合被告人的认知能力,接触他人犯罪所得及其收益的情况,犯罪所得及其收益的种类、数额,犯罪所得及其收益的转换、转移方式以及被告人的供述等主、客观因素进行认定。被告人将《刑法》第 191 条规定的某一上游犯罪的犯罪所得及其收益误认为《刑法》第 191 条规定的上游犯罪范围内的其他犯罪所得及其收益的,不影响本罪"明知"的认定。此外,"为掩饰、隐瞒……来源和性质",属于构成要件的内容,而不是洗钱罪的目的。

认定本罪需要正确处理罪数问题。为他人洗钱的行为同时触犯《刑法》第 312 条的掩饰、隐瞒犯罪所得、犯罪所得收益罪的,宜认定为想象竞合,从一重罪处罚。还需讨论的是对上游犯罪人"自洗钱"的情形,是实行数罪并罚,还是仅按上游犯罪处罚或者仅按重罪处罚。如果在"自洗钱"的场合对行为人仅按上游犯罪处罚,刑法处罚"自洗钱"的范围就极为有限。如果在某些情况下仅按洗钱罪处罚,则完全没有评价上游犯罪行为,明显不当。所以,上游犯罪人"自洗钱"的,原则上应对上游犯罪与洗钱罪实行数罪并罚。认定上游犯罪和自洗钱犯罪,都应当符合各自独立的犯罪构成,上游犯罪行为人完成上游犯罪并取得或控制犯罪所得后,进一步实施的掩饰、隐瞒犯罪所得及其产生的收益的来源和性质的行为,属于自洗钱行为。上游犯罪实施过程中的接收、接受资金行为,属于上游犯罪的完成行为,是上游犯罪既遂的必要条件,不宜重复认定为洗钱行为,在他人实施上游犯罪过程中故意帮助接收、接受犯罪所得的人员可以成立上游犯罪的共犯。

认定本罪需要正确处理共犯问题。其一,应准确区分洗钱罪与上游犯罪的共犯。洗钱罪是在上游犯罪完成、取得或控制犯罪所得及其收益后实施的新的犯罪活动,与上游犯罪分别具有独立的构成。在上游犯罪实行过程中提供资金账户、协助转账汇款等帮助上游犯罪实现的行为,是上游犯罪的组成部分,应当认定为上游犯罪的共犯,不能认定洗钱罪。上游犯罪完成后掩饰、隐瞒犯罪所得及其收益的来源和性质的行为,才成立洗钱罪。其二,行为人与上游犯罪人事前通谋,事后与上游犯罪人共同实施洗钱行为的,对行为人与上游犯罪人均应按上游犯罪与洗钱罪实行数罪并罚。当然,不排除上游犯罪与洗钱罪构成想象竞合的情形。例如,乙有求于国家工作人员甲,甲要求乙将行贿款直接汇往境外的银行账户的,甲的行为是受贿罪与洗钱罪的想象竞合,乙的行为是行贿罪与洗钱罪的想象竞合,均应从一重罪处罚。再如,国家工作人员实施贪污犯罪时,直接将公款汇往境外的,也是贪污罪与洗钱罪的想象竞合,应当从一重罪处罚。

犯本罪的,根据《刑法》第191条的规定处罚。

☞ 18-1-1 诽谤罪☆

本罪是指捏造并散布某种事实,足以败坏他人名誉,情节严重的行为。

1. 本罪客观上表现为捏造并散布某种事实,足以败坏他人名誉,情节严重。首先,所谓"捏造并散布",是指散布捏造的事实。所谓捏造的事实,是指无中生有、凭空制造的虚假事实,而且所捏造的事实,是有损对他人的社会评价、具有某种程度的具体内容的事实。根据司法解释,明知是捏造的损害他人名誉的事实,在信息网络上散布,情节恶劣的,以"捏造事实诽谤他人"论。换言之,在信息网络上制造、散布谣言,贬损他人人格、损害他人名誉,情节严重的,以诽谤罪定罪处罚。如果行为人散布的是有损他人名誉的真实事实,则不构成诽谤罪(有可能构成侮辱罪)。其次,必须针对特定的人进行诽谤。特定的人既可以是一人,也可以是数人。诽谤时虽未具体指明被害人的姓名,但能推知具体被害人的,仍构成诽谤罪。最后,构成本罪要求情节严重。

2. 本罪主观上必须出于故意,行为人必须明知自己散布的是虚假的事实。通过信息网络检举、揭发他人犯罪或者违法违纪行为,只要不是故意捏造事实或者明知是捏造的事实而故意散布的,不应当认定为诽谤违法犯罪。针对他人言行发表评论、提出批评,即使观点有所偏颇、言论有些偏激,只要不是肆意谩骂、恶意诋毁的,不应当认定为侮辱违法犯罪。

3. 根据《刑法》的规定,诽谤行为情节严重的才构成诽谤罪。情节严重主要是指手段恶劣、内容恶毒、后果严重等。

诽谤罪与侮辱罪在客体、主体、主观方面都有相同或相似之处,它们的区别主要有两点:(1)诽谤罪的方法只能是口头或文字的,不可能是暴力的;侮辱罪的方法既可以是口头、文字的,也可以是暴力的。(2)诽谤罪必须有捏造并散布有损他人名誉的虚假事实的行为;侮辱罪既可以不用具体事实,也可以用真实事实损害他人名誉。例如,被害妇女并无婚外性行为,但行为人捏造并散布被害妇女有婚外性行为的事实,情节严重的,构成诽谤罪。如果被害妇女有婚外性行为,行为人为了损害其名誉,散布这种婚外性行为的事实,情节严重的,则构成侮辱罪。

根据《刑法》第246条第1款的规定,犯诽谤罪的,处3年以下有期徒刑、拘役、管制或者剥夺政治权利。

《刑法》第246条第2款规定,犯侮辱、诽谤罪,"告诉的才处理,但是严重危害社会秩序和国家利益的除外"。第3款规定,通过信息网络实施诽谤行为,被害人向人民法院告诉,但提供证据确有困难的,人民法院可以要求公安机关提供协助。该款规定并不意味着通过信息网络实施侮辱、诽谤的案件转化为公诉案件,仅是意味着在法院的要求下,被害人在收集证据方面可以获得公安机关的协助。所谓"告诉的才处理",是指被害人告诉才处理,如因受强制、威吓无法告诉的,人民检察院和被害人的近亲属也可以告诉。刑法之所以将侮辱、诽谤罪规定为告诉才处理的犯罪,主要是因为侮辱、诽谤行为大都发生在邻居、同事之间,在多数场合可以通过调解方式解决。此外,被害人可能不愿意让更多的人知道自己受侮辱、诽谤的事实,如果违反被害人的意志提起诉讼,会产生相反的效果。所谓"严重危害社会秩序和国家利益的除外",一般是指在下列三种情况下,可以或者应当由人民检察院提起诉讼:一是侮辱、诽谤情节特别严重,引起了被害人自杀身亡或者精神失常等后果,被害人失去自诉能力的;二是侮辱、诽谤党和国家领导人、外国元首、外交代表等特定对象,既损害他人名誉,又危害国家利益的;三是侮辱、诽谤行为指向任何的个人,并对他人名誉造成巨大贬损和特别恶劣社会影响,从而严重危害社会秩序的。实施网络侮辱、诽谤行为,具有下列情形之一的,应当认定为"严重危害社会秩序":(1)造成被害人或者其近亲属精神失常、自杀等严重后果,社会影响恶劣的;(2)随意以普通公众为侵害对象,相关信息在网络上大范围传播,引发大量低俗、恶意评论,严重破坏网络秩序,社会影响恶劣的;(3)侮辱、诽谤多人或者多次散布侮辱、诽谤信息,社会影响恶劣的;(4)组织、指使人员在多个网络平台大量散布侮辱、诽谤信息,社会影响恶劣的;(5)其他严重危害社会秩序的情形。

☞ 19-1-1 破坏生产经营罪★

本罪是指由于泄愤报复或者其他个人目的,毁坏机器设备、残害耕畜或者以其他方法破坏生产经营的行为。行为人实施了破坏生产经营的行为,这是构成本罪的核心。这里的"生产经营",包括一切经济形式的生产经营,不问其所有制性质。破坏生产经营的方法,包括毁坏机器设备、残害耕畜或者其他方法。"其他方法"是指与毁坏机器设备、残害耕畜具有相当性的方法,即能够导致生产经营的某个环节难以正常进行的破坏性方法,如损毁设计图纸、污损原材料、切断生产所需电力等。破坏的对象是进行正常生产经营活动所需的物质条件。破坏不属于正常生产经营所需的物质条件,如破坏已经报废的机器设备的,不构成本罪。对本罪客观要件的把握,应与网络时代的社会现实相适应。例如,行为人通过在网络交易平台恶意大量购买他人商品或服务,导致商家被网络交易平台认定为虚假交易进而被采取商品搜索降权的管控措施,造成商家损失严重的,该行为属于以其他方法破坏生产经营,构成本罪。成立本罪要求行为人主观上具有泄愤报复或者其他个人目的。只要破坏生产经营行为无正当理由,就可以认定行为人存在"其他个人目的"。如为打击、排挤对手或者掩盖自己业绩不达标,而破坏生产经营的行为,成立本罪。以放火、爆炸等方法破坏厂矿、企业的机器设备、生产设施和耕畜、农具以及其他生产资料等,足以危害公共安全的,成立放火罪、爆炸罪等犯罪与破坏生产经营罪的想象竞合犯,从一重罪处断,对行为人应以放火罪、爆炸罪等犯罪论处。犯本罪的,根据《刑法》第276条的规定处罚。

☞ 20-6-1 污染环境罪☆

本罪是指违反国家规定,排放、倾倒或者处置有放射性的废物、含传染病病原体的废物、有毒物质或者其他有害物质,严重污染环境的行为。

1. 本罪的客体是环境保护制度。

2. 本罪在客观方面表现为行为人违反国家规定,排放、倾倒或者处置有放射性的废物、含传染病病原体的废物、有毒物质或者其他有害物质,严重污染环境。

成立本罪,首先,要求相应行为违反国家规定。违反国家规定,主要是指违反《大气污染防治法》《固体废物污染环境防治法》《水污染防治法》《海洋环境保护法》《环境保护法》等法律以及国务院颁布的有关实施细则。

其次,要求存在排放、倾倒或者处置有放射性的废物、含传染病病原体的废物、有毒物质或者其他有害物质的行为。排放、倾倒与处置的共同点是,将危险废物、有毒物质或者其他有害物质置于大气或者水土(包括海洋、湖泊等)之中。根据相关司法解释,"有毒物质"具体包括:(1)危险废物,是指列入国家危险废物名录,或者根据国家规定的危险废物鉴别标准和鉴别方法认定的,具有危险特性的固体废物;(2)《关于持久性有机污染物的斯德哥尔摩公约》附件所列物质;(3)重金属含量超过国家或者地方污染物排放标准的污染物;(4)其他具有毒性,可能污染环境的物质。"有害物质"是指有放射性的废物、含传染病病原体的废物、有毒物质以外的能够严重污染环境的有害物质。常见的有害物质主要有:工业危险废物以外的其他工业固体废物;未经处理的生活垃圾;有害大气污染物、受控消耗臭氧层物质和有害水污染物;在利用和处置过程中必然产生有毒有害物质的其他物质;国务院生态环境主管部门会同国务院卫生主管部门公布的有毒有害污染物名录中的有关物质等。

最后,构成本罪要求上述行为严重污染环境。2023 年 8 月 8 日《最高人民法院、最高人民检察院关于办理环境污染刑事案件适用法律若干问题的解释》第 1 条对“严重污染环境”的认定作了详细规定,如在饮用水水源保护区、自然保护地核心保护区等依法确定的重点保护区域排放、倾倒、处置有放射性的废物、含传染病病原体的废物、有毒物质,或者非法排放、倾倒、处置危险废物 3 吨以上等等,都属于严重污染环境。行为人已经着手实施非法排放、倾倒、处置有毒有害污染物的行为,由于有关部门查处或者其他意志以外的原因未得逞的,可以污染环境罪(未遂)追究刑事责任。单位污染环境的定罪量刑标准,适用相应自然人犯本罪和定罪的量刑标准。

3. 本罪主体既可以是自然人,也可以是单位。为了单位利益,实施环境污染行为,并具有下列情形之一的,应当认定为单位犯罪:(1)经单位决策机构按照决策程序决定的;(2)经单位实际控制人、主要负责人或者授权的分管负责人决定、同意的;(3)单位实际控制人、主要负责人或者授权的分管负责人得知单位成员个人实施环境污染犯罪行为,并未加以制止或者及时采取措施,而是予以追认、纵容或者默许的;(4)使用单位营业执照、合同书、公章、印鉴等对外开展活动,并调用单位车辆、船舶、生产设备、原辅材料等实施环境污染犯罪行为的。单位污染环境的定罪量刑标准,适用相应自然人犯本罪的定罪量刑标准。

4. 本罪主观方面为故意。由于本罪的危害结果比较复杂,所以,不要求行为人对污染环境的具体结果有确定的认识,只要行为人明知自己的行为可能发生污染环境的结果,并且希望或者放任这种结果发生,即成立本罪的故意。明知他人无经营许可证或者超出经营许可范围,向其提供或者委托其收集、贮存、利用、处置危险废物,严重污染环境的,以污染环境罪的共同犯罪论处。过失排放、倾倒或者处置危险物质,致人重伤、死亡或者使公私财产遭受重大损失的,以过失投放危险物质罪论处。

无危险废物经营许可证从事收集、贮存、利用、处置危险废物经营活动,严重污染环境的,按照污染环境罪定罪处罚;同时构成非法经营罪的,依照处罚较重的规定定罪处罚。明知他人无危险废物经营许可证,向其提供或者委托其收集、贮存、利用、处置危险废物,严重污染环境的,以共同犯罪论处。违反国家规定,排放、倾倒、处置含有毒害性、放射性、传染病病原体等物质的污染物,同时构成污染环境罪、投放危险物质罪等犯罪的,依照处罚较重的规定定罪处罚。

犯本罪的,根据《刑法》第 338 条与第 346 条的规定处罚。

☞ 20-6-2 盗伐林木罪☆

本罪是指盗伐森林或者其他林木,数量较大的行为。

客观方面表现为盗伐森林或者其他林木,数量较大的行为。(1)行为对象必须是森林或者其他林木。这里的“森林”,是指大面积的原始森林和人造林,包括防护林、用材林、经济林、薪炭林和特种用途林等;“其他林木”,是指小面积的树林和零星树木,但不包括农村农民房前屋后个人所有的零星树木。(2)必须有盗伐行为。所谓盗伐,是指以非法占有为目的,擅自砍伐森林或者其他林木的行为。根据司法解释,盗伐行为包括:未取得采伐许可证,擅自采伐国家、集体或者他人所有的林木;违反《森林法》第 56 条第 3 款的规定,擅自采伐国家、集体或者他人所有的林木;在采伐许可证规定的地点以外采伐国家、集体或者他人所有的林木。不以非法占有为目的,违反森林法的规定,进行开垦、采石、采砂、采土或者其他活动,造成国家、集体或者他人所有的林木毁坏,不构成本罪,符合《刑法》第 275 条规定的,以故意毁坏财物罪定罪处罚。(3)要求数量较大。多次盗伐林木未经处罚,且依法应当追诉的,数量累计计算。

主体既可以是自然人,也可以是单位。对雇用他人盗伐林木构成犯罪的案件,如果被雇者不知是盗伐他人林木的,应由雇主承担刑事责任(雇主为间接正犯);如果被雇者明知是盗伐他人林木的,除参与利润分成或者领取高额固定工资的以外,一般不以犯罪论处,但曾因破坏森林资源受过处罚的除外。单位盗伐林木的,适用相应自然人犯罪的定罪量刑标准。

主观方面是故意,并具有非法占有目的。以毁坏为目的砍伐国家、集体或者他人林木的,应认定为故意毁坏财物罪。

在认定本罪时，应注意处理好以下几个问题：

1. 应当妥善处理聚众盗伐(哄抢)林木的事件。对聚众哄抢的首要分子、积极参加者，应依法追究刑事责任；对其他一般参加者，不宜认定为犯罪。

2. 应当正确区分本罪与盗窃罪的界限。对于盗窃国家、集体或者他人所有并已经伐倒的树木，或者偷砍他人在自留地或者房前屋后种植的零星树木的行为，应以盗窃罪定罪处罚。非法实施采种、采脂、掘根、剥树皮等行为，符合《刑法》第264条规定的，以盗窃罪论处。在决定应否追究刑事责任和裁量刑罚时，应当综合考虑对涉案林木资源的损害程度以及行为人获利数额、行为动机、前科情况等情节；认为情节显著轻微危害不大的，不作为犯罪处理。

3. 应当正确处理盗伐林木罪与危害国家重点保护植物罪的关系。盗伐珍贵树木的行为，实际上也会触犯了盗伐林木罪与危害国家重点保护植物罪两个罪名，对此应从一重罪论处。对于盗伐林木数额较大，同时另有盗伐珍贵树木、保护植物行为的，应实行数罪并罚。

犯本罪的，根据《刑法》第345条第1款、第4款与第346条的规定处罚。

☞ 20－6－3　滥伐林木罪☆

本罪是指违反森林法的规定，滥伐森林或者其他林木，数量较大的行为。

本罪客观方面表现为违反森林法的规定，滥伐森林或者其他林木，数量较大的行为。这里的森林与其他林木的范围与盗伐林木罪的对象范围基本相同。但是，滥伐属于自己所有的林木的，也可能成立本罪，因为属于个人所有的林木，也是国家森林资源的一部分，虽然不能成为盗伐林木罪的对象，却可以成为滥伐林木罪的对象。根据有关司法解释，下列行为属于滥伐林木：(1)未取得采伐许可证，或者违反采伐许可证规定的时间、地点、数量、树种、方式，任意采伐本单位或者本人所有的林木的；(2)违反《森林法》第56条第3款的规定，任意采伐本单位或者本人所有的林木的；(3)在采伐许可证规定的地点，超过规定的数量采伐国家、集体或者他人所有的林木的。林木权属存在争议，一方未取得采伐许可证擅自砍伐的，以滥伐林木论处。实施滥伐林木的行为，所涉林木系风倒、火烧、水毁或者林业有害生物等自然原因死亡或者严重毁损的，一般不以犯罪论处；确有必要追究刑事责任的，应当从宽处理。本罪主体既可以是自然人，也可以是单位。对于受雇佣为滥伐林木犯罪提供劳务的人员，除参与利润分成或者领取高额固定工资的以外，一般不以犯罪论处，但曾因破坏森林资源受过处罚的除外。单位滥伐林木的，适用相应自然人犯罪的定罪量刑标准。主观方面只能出于故意。

滥伐林木罪与盗伐林木罪的客体不完全相同：前者破坏了林业资源保护；后者不仅破坏了林业资源保护，而且侵犯了财产权。因此，二者的犯罪构成存在区别：(1)犯罪对象不完全相同：前者包括自己所有的林木；后者不包括自己所有的林木。(2)行为方式不同：前者是不按要求任意砍伐的行为；后者是盗伐行为。(3)主观方面不完全相同：前者不要求具有非法占有目的；而后者要求具有非法占有目的。

犯本罪的，根据《刑法》第345条第2款、第4款和第346条的规定处罚。

☞ 20－7－1　走私、贩卖、运输、制造毒品罪☆

本罪是指违反毒品管理法规，走私、贩卖、运输、制造毒品的行为。

1. 本罪客体是国家对麻醉药品和精神药品的监管秩序。

2. 行为人实施了走私、贩卖、运输、制造毒品的行为。行为人走私、贩卖、运输、制造的必须是毒品。根据《刑法》第357条的规定，毒品，是指鸦片、海洛因、甲基苯丙胺(冰毒)、吗啡、大麻、可卡因以及国家规定管制的其他能够使人形成瘾癖的麻醉药品和精神药品。麻醉药品是指连续使用后易产生身体依赖性、能成瘾癖的药品。精神药品是指直接作用于中枢神经系统，使之兴奋或抑制，连续使用能产生依赖性的药品。要确定案件中的物品是否刑法所规定的毒品，通常必须进行认定。在实务中，2015年10月1日起施行的公安部、国家卫生和计划生育委员会、国家食品药品监督管理总局、国家禁毒委员会办公室《非药用类麻醉药品和精神药品列管办法》及其附表《非药用类麻醉药品和精神药品管制品种增补目录》，是认定毒品的依据。认定的方法一般是化学鉴定方法，但对有关物品作一部分化学鉴定，能够合理认定其他部分与所鉴定的毒品是相同物品时，也能将其他部分认定为毒品。在有些情况下，虽未经过化学鉴定，但根据其他证据能够合理推定为毒品的，也应认定为毒品。不仅如此，即使司法机关未能收押毒品，但也可能根据其他证据认定行为人走私、贩卖、运输、制造的是毒品。在存在毒品的前提下，成立本罪，行为人需实施了下列行为之一：

(1)走私毒品。走私毒品是指非法运输、携带、邮寄毒品进出国(边)境的行为。行为方式主要是输入毒品与输出毒品，此外对在领海、内海运输、收购、贩卖国家禁止进出口的毒品，以及直接向走私毒品的犯罪人购买毒品的，应视为走私毒品。根据刑法的规定，影响走私毒品行为的危害程度的因素，主要是走私毒品的数量、主体的情况(是否首要分子、是否参与国际贩毒组织)、方式(是否武装掩护)等。

(2)贩卖毒品。贩卖毒品是指有偿转让毒品的行为。有偿转让毒品，即行为人将毒品交付给对方，并从对方获取物质利益。贩卖方式既可能是公开的，也可能是秘密的；既可以在物理空间进行，也可在网络进行；既可能是行为人请求对方购买，也可能是对方请求行为人转让；既可能是直接交付给对方，也可能是间接交付给对方。在间接交付的场合，如果中间人认识到是毒品而帮助转交给买方的，则该中间人的行为也属于贩卖毒品；如果中间人没有认识到是毒品，则不构成贩卖毒品罪。贩卖是有偿转让，但行为人交付毒品既可能是获取金钱，也可能是获取其他物质利益。因此，用毒品支付劳务报酬、偿还债务或者换取其他财产性利益的，或者用毒品向他人换取毒品用于贩卖的，以贩卖毒品罪定罪处罚，但双方以吸食为目的互换毒品，不成立本罪，构成非法持有毒品罪等其他犯罪的，依法定罪处罚。如果是无偿转让毒品，如赠与等，则不属于贩卖毒品。就汉语的词义解释而言，“贩卖”毒品，包括为转卖而收买毒品的行为和出卖毒品的行为。因此，有偿转让的毒品来源既可能是自己所购买的毒品，也可能是自己制造的毒品，还可能是通过其他方法取得的毒品，如行为人将拾到的毒品或者受赠的毒品出卖给他人的，同样成立贩卖毒品罪。贩卖的对方没有限制，即不问对方是否达到法定年龄，是否具有辨认控制能力，是否与贩卖人具有某种关系。为他人代购毒品时，代购者加价或者变相加价从中牟利的，以贩卖毒品罪定罪处罚。代购者收取、私自截留部分购毒款、毒品，或者通过在交通、食宿等开销外收取“介绍费”“劳务费”等方式从中牟利的，属于变相加价。如果代购者从托购者事先联系的贩毒者处，为托购者购买仅用于吸食的毒品，并收取、私自截留少量毒品供自己吸食的，一般不以贩卖毒品罪论处。没有证据证明代购者明知他人实施毒品犯罪而为其代购毒品，代购者亦未从中牟利，代购毒品数量达到非法持有毒品罪的最低数量标准，代购者因购买、存储毒品被查获的，以非法持有毒品罪定罪处罚；因运输毒品被查获的，一般以运输毒品罪定罪处罚。

长期以来，刑法理论与司法实践都将为了出卖而购买毒品的行为认定为贩卖毒品罪的未遂犯乃至既遂犯，但这种做法存在疑问。一方面，《刑法》第347条仅规定了贩卖毒品罪，而没有规定购买毒品罪，这意味着单纯购买毒品的行为不属于刑法的规制对象(刑法仅处罚购买毒品之后持有毒品的行为)。另一方面，“贩卖”毒品并不以购买毒品为前提，如行为人拾到毒品后出卖给他人的，同样成立贩卖毒品罪。既然如此，出于贩卖目的而非法购买毒品的行为就不是贩卖毒品罪的实行行为，而是贩卖毒品罪的预备行为(当然，可能同时触犯非法持有毒品罪)。

(3)运输毒品。运输毒品是指采用携带、邮寄、利用他人或者使用交通工具等方法在我国领域内转移毒品。运输毒品必须限制在国内，而且不是在领海、内海运输国家禁止进出口的毒品，否则便是走私毒品。运输毒品具体表现为转移毒品的所在地，如将毒品从甲地运往乙地。虽然从结局上看没有变更毒品所在地，但使毒品的所在地曾经发生了变化的行为，也是运输毒品。例如，行为人先将毒品从甲地运往乙地，由于某种原因，又将毒品运回甲地的，属于运输毒品。

(4)制造毒品。制造毒品，除传统、典型的非法利用毒品原植物直接提炼和用化学方法加工、配制毒品的行为以外，还包括以改变毒品的成分和效用为目的用物理方法加工、配制毒品的行为。它包括以下几种情况：一是将毒品以外的物作为原料，提取或制作成毒品。如将罂粟制成为鸦片。二是毒品的精制，即去掉毒品中的不纯物，使之成为纯毒品或纯度更高的毒品。如去除海洛因中所含的不纯物。三是使用化学方法使一种毒品变为另一种毒品。如使用化学方法将吗啡制作成海洛因。四是使用化学方法以外的方法使一种毒品变为另一种毒品。如将盐酸吗啡加入蒸馏水，使之成为注射液。五是非法按照一定的处方针对特定人的特定情况调制毒品。上述五种行为都属于制造毒品。至于制造毒品的原料是什么、原料是否合法，不影响制造毒品罪的认定。行为人利用原生植物为原料，通过提炼等方法制成含有国家管制的麻醉药品、精神药品的物质的，或者利用未列入国家管制的化学品为原料，生产含有国家管制的麻醉药品、精神药品成分的食品，均属于制造毒品。为欺骗购毒者或者逃避查缉等，对毒品掺杂使假，通过物理方法使毒品溶解、混合、吸附于某种物质，或者以自用为目的对少量毒品添加其他物质、改变形态的，不认定为制造毒品。

虽然走私、贩卖、运输、制造毒品，无论数量多少，都应追究刑事责任，但毒品数量、含量无疑影响行为人的量刑。对多次走私、贩卖、运输、制造毒品，未经处理的，毒品数量累计计算。走私、贩卖、运输、制造、非法持有两种以上毒品，《刑法》及相关司法解释明确规定了定罪量刑数量标准的，可以根据现有定罪量刑数量标准，将不同种类的毒品分别折算为海洛因的数量，以折算后累加的毒品总量作为定罪量刑的根据；《刑法》及相关司法解释未规定定罪量刑数量标准的，参考已有折算标准，综合考虑其毒害性、滥用情况、受管制程度、纯度及犯罪形势、交易价格等因素，依法定罪量刑。涉案毒品既无定罪量刑数量标准，亦无折算标准的，应当委托有关专业机构确定涉案毒品的致瘾癖性、毒害性、纯度等，综合考虑其滥用情况、受管制程度及犯罪形势、交易价格等因素，依法定罪量刑。

3. 主体既可以是自然人，也可以是单位。在自然人主体中，已满 14 周岁不满 16 周岁，具有辨认控制能力的人，可以成为贩卖毒品罪的主体；走私、运输、制造毒品罪的主体必须是已满 16 周岁，具有辨认控制能力的人。

4. 本罪只能由故意构成，过失不能构成本罪。成立本罪，要求行为人认识到自己走私、贩卖、运输、制造的是毒品，但不要求行为人认识到毒品的名称、化学成分、效用等具体性质。而且，不管行为人是认识到肯定是毒品，还是认识到可能是毒品，都属于认识到是毒品，不影响犯罪的成立。对毒品种类产生错误认识的，也不影响本罪的成立（但有时可能影响到量刑）。行为人否认明知是毒品，又缺乏其他证据证明其明知的，可以根据其实施毒品犯罪的方式、过程及毒品被查获时的情形，结合其年龄、文化程度、生活状况、职业背景、是否有毒品违法犯罪经历及与共同犯罪人之间的关系等情况，综合分析判断。具有下列情形之一，被告人不能作出合理解释的，可以认定其明知走私、贩卖、运输、非法持有的是毒品，但有证据证明其确实不知情或者确系被蒙骗的除外：(1)执法人员在口岸、机场、车站、港口、邮局、快递站点等场所检查时，要求申报为他人运输、携带、寄递的物品和其他毒品疑似物，并告知法律责任，但被告人未如实申报，在其运输、携带、寄递的物品中查获毒品的；(2)以伪报、藏匿、伪装等蒙蔽手段逃避海关、边防等检查，或者行程路线故意绕开检查站点，在其运输、携带、寄递的物品中查获毒品的；(3)在执法人员检查时有逃跑、藏匿、丢弃、试图销毁其携带的物品、弃车逃离或者其他逃避、抗拒检查行为，在其携带的物品或者遗弃的车辆中查获毒品的；(4)采用高度隐蔽方式运输、携带、交接物品，明显违背合法物品的惯常运输、携带、交接方式，从中查获毒品的；(5)以虚假的身份、地址或者物品名称办理托运、寄递手续，从托运、寄递的物品中查获毒品的；(6)采用隐匿真实身份、支付不等值报酬等不合理方式，指使、雇用他人运输、携带、寄递物品或者代为接收物流寄递的物品，从中查获毒品的；(7)为获取不同寻常的高额、不等值报酬，为他人运输、携带、寄递物品或者接收物流寄递的物品，从中查获毒品的；(8)其他可以认定被告人明知的情形。

认定本罪需要注意如下问题：

1. 正确适用罪名。走私、贩卖、运输、制造毒品罪是选择性罪名，确定罪名时不以行为实施的先后、毒品数量或者危害大小排列，一律按照刑法条文规定的顺序表述。对同一宗毒品实施了不同种犯罪行为且有确凿证据证明的，应当按照犯罪行为的性质并列确定罪名，毒品数量不重复计算，不实行数罪并罚。对同一宗毒品可能实施了不同种犯罪行为，但根据证据只能认定其中一种或者几种行为，认定其他行为的证据不属确实、充分的,则按照依法能够认定的行为性质定罪。对不同宗毒品分别实施了不同种犯罪行为的,应对不同行为并列确定罪名,累计毒品数量,不实行数罪并罚。

2. 正确区分本罪与其他犯罪的界限。对于走私其他货物、物品的,以实际走私的货物、物品的性质认定犯罪,不能认定为走私毒品罪。行为人在一次走私活动中,既走私毒品又走私其他货物、物品的,一般应按走私毒品罪和构成的其他走私罪,实行数罪并罚。行为人故意以非毒品冒充真毒品或者明知是假毒品而贩卖牟利的,应认定为诈骗罪,而非贩卖毒品罪。行为人在生产、销售的食品中掺入微量毒品的,应视性质与情节,认定为生产、销售有毒、有害食品罪或欺骗他人吸毒罪,不宜认定为贩卖毒品罪。

3. 正确区分本罪的既遂与未遂。走私、贩卖、运输、制造毒品罪有四种行为方式,其既遂与未遂的标准因行为方式而异。(1)走私毒品主要分为输入毒品与输出毒品,只要明确了输入毒品的既遂与未遂标准,输出毒品的既遂与未遂标准就容易解决了。关于输入毒品的既遂标准,宜采取到达说,即装载毒品的船舶到达本国港口或航空器到达本国领土内时为既遂,否则为未遂。(2)刑法理论一般认为,贩卖以毒品实际上转移给买方为既遂,转移毒品后行为人是否已经获取了利益,则并不影响既遂的成立。毒品实际上没有转移时,即使已经达成转移的协议,或者行为人已经获得了利益,也不宜认定为既遂。(3)行为人为了运输而开始搬运毒品时,是运输毒品罪的着手,由于行为人意志以外的原因不能或没有进入正式的运输状态时为未遂;否则即为既遂。例如,行为人以邮寄方式运输毒品时,在邮件包装过程中被查获的,属于未遂;如果已将装有毒品的邮件交付给邮局,则为既遂。再如,使用交通工具运输毒品的,当毒品置入交通工具内,交通工具已经进入行驶状态时,即为既遂。(4)制造毒品罪应以实际上制造出毒品为既遂标准,至于所制造出来的毒品数量多少、纯度高低等,都不影响既遂的成立。着手制造毒品后,没有实际上制造出毒品的,则是制造毒品未遂。需注意的是,行为人以为自己所使用的原料与配料能够制造出毒品,但事实上未能制造出毒品,且客观上也没有制造出毒品的具体危险的,不能以犯罪论处。

4. 共同犯罪的认定。办理贩卖毒品案件,应当准确认定居间介绍买卖毒品行为。对于居间介绍买卖毒品行为,应当准确认定,并与居中倒卖毒品行为相区别。居间介绍者在毒品交易中处于中间人地位,发挥介绍联络作用,通常与交易一方构成共同犯罪,但不以牟利为要件。受购毒者或者贩毒者委托,为其提供交易信息、介绍交易对象、居中协调交易数量、价格,或者提供其他帮助,促成毒品交易的,属于居间介绍买卖毒品。居中倒卖者则属于毒品交易主体,与前后环节的交易对象是上下家关系,直接与上家、下家联系,自主决定交易毒品的数量、价格并赚取差价。受贩毒者委托,为其居间介绍贩卖毒品的,与贩毒者构成贩卖毒品共同犯罪。明知购毒者以贩卖为目的购买毒品,受委托为其介绍联络贩毒者的,与购毒者构成贩卖毒品共同犯罪。受以吸食为目的的购毒者委托,为其提供购毒信息或者介绍认识贩毒者,毒品数量达到《刑法》第 348 条规定的最低数量标准的,一般与购毒者构成非法持有毒品共同犯罪;同时与贩毒者、购毒者共谋,联络促成双方交易的,与贩毒者构成贩卖毒品共同犯罪。居间介绍者实施帮助行为,对促成毒品交易起次要或者辅助作用,一般应当认定为从犯。以居间介绍者的身份介入毒品交易,但在交易中实际已超出居间介绍者的地位,对交易的发起和达成起重要作用的,可以认定为主犯。

二人以上同行运输毒品的,应当从是否明知他人带有毒品、有无共同运输毒品的犯意联络、有无实施配合、掩护他人运输毒品的行为等方面,综合审查认定是否构成共同犯罪。受雇于同一雇主同行运输毒品,但受雇者之间没有共同犯罪故意,或者虽然明知他人受雇运输毒品,但各自的运输行为相对独立,既未实施配合、掩护他人运输毒品的行为,又分别按照各自运输的毒品数量获取报酬的,不认定为共同犯罪,受雇者对各自运输的毒品承担刑事责任。受雇于同一雇主分段运输同一宗毒品,但受雇者之间没有共谋的,也不认定为共同犯罪。雇用他人运输毒品的雇主,以及其他对受雇者起到一定组织、指挥作用的人员,与各受雇者分别构成运输毒品共同犯罪,对运输的全部毒品承担刑事责任。

犯本罪的,根据《刑法》第 347 条的规定处罚。量刑时,既要考虑毒品的数量与种类,也要考虑其他情节。不能单纯以毒品数量特别巨大为由决定死刑的适用。只有那些死不足惜、死有余辜的毒品犯罪分子,对其判处死刑立即执行才是较为合适的。

根据《刑法》的规定,具有下列情节的应当从重处罚:(1)利用、教唆未成年人走私、贩卖、运输、制造毒品或者向未成年人出售毒品的,从重处罚。这里的未成年人是指未满 18 周岁的人。(2)因走私、贩卖、运输、制造、非法持有毒品被判过刑,又犯走私、贩卖、运输、制造毒品罪的,从重处罚。这是关于再犯从重处罚的规定。不论前罪何时受处罚,不论判处何种刑罚,不论处刑轻重,不论是在前罪刑罚执行完毕或者赦免后,还是在缓刑、假释、暂予监外执行期间或者缓刑考验期满后,均能成立毒品再犯。对于同时构成累犯和毒品再犯的被告人,在裁判文书中应当同时引用刑法关于累犯和毒品再犯的条款。对于因同一毒品犯罪前科同时构成累犯和毒品再犯的,量刑时不得重复从重处罚。

单位犯走私、贩卖、运输、制造毒品罪的,对单位判处罚金,并对其直接负责的主管人员和其他直接责任人员,依照《刑法》第 347 条的规定处罚。

☞ 22-1-1　单位受贿罪☆

本罪是指国家机关、国有公司、企业、事业单位、人民团体,索取、非法收受他人财物,为他人谋取利益,情节严重的行为。本罪主体为国家机关、国有公司、企业、事业单位与人民团体。本罪在客观方面表现为,索取、非法收受他人财物,为他人谋取利益,情节严重。根据《刑法》第 387 条第 2 款的规定,国家机关、国有公司、企业、事业单位、人民团体,在经济往来中,在帐外暗中收受各种名义的回扣、手续费的,以受贿论,以本罪论处。2023 年的《刑法修正案(十二)》修订了本罪的法定刑,降低了本罪第一档法定刑的最高刑,通过增设第二档法定刑提高了本罪的法定最高刑。在适用本罪时,应注意妥善处理刑法的时间效力问题。犯本罪的,根据《刑法》第 387 条的规定处罚。

☞ 22-1-2　行贿罪☆

本罪是指为谋取不正当利益,给予国家工作人员以财物的行为。

本罪在客观方面表现为给予国家工作人员以财物的行为,主要表现为以下四种情况:一是为了利用国家工作人员的职务行为(包括利用国家工作人员的斡旋行为),主动给予国家工作人员以财物。二是在有求于国家工作人员的职务行为时,由于国家工作人员的索取而给予国家工作人员以财物。当然,根据《刑法》第 389 条第 3 款的规定,因被勒索给予国家工作人员以财物,没有获得不正当利益的,不是行贿。三是与国家工作人员约定,以满足自己的要求为条件给予国家工作人员以财物。四是在国家工作人员利用职务上的便利为自己谋取利益之时或者之后,给予国家工作人员以财物,作为其职务行为的报酬。此外,《刑法》第 389 条第 2 款规定:"在经济往来中,违反国家规定,给予国家工作人员以财物,数额较大的,或者违反国家规定,给予国家工作人员以各种名义的回扣、手续费的,以行贿论处。"

"给予国家工作人员以财物",意味着给予国家工作人员以不正当的报酬,或者说,将财物作为国家工作人员已经、正在、将要或者许诺实施的职务行为的对价,使国家工作人员接受。"给予国家工作人员以财物",既可能表现为直接将财物交付给国家工作人员,也可能表现为通过第三者(不管是否知情)将财物交付给国家工作人员;既可以是直接将财物交付给国家工作人员本人,也可以是将财物交付给国家工作人员的亲属或者国家工作人员指定的第三者。例如,甲向国家工作人员乙请托不正当事项,乙谎称请托事项需要第三者丙(非国家工作人员)的参与才能完成,并要求甲送给丙 10 万元。丙实为乙的朋友,10 万元由丙占有。甲的行为依然成立行贿罪。

刑法虽然没有将数额较大规定为行贿罪的构成要件要素,但根据相关司法解释,为谋取不正当利益,向国家工作人员行贿,数额在 3 万元以上的,才应以行贿罪追究刑事责任。行贿数额在 1 万元以上不满 3 万元,具有下列情形之一的,也应以行贿罪追究刑事责任:(1)向三人以上行贿的;(2)将违法所得用于行贿的;(3)通过行贿谋取职务提拔、调整的;(4)向负有食品、药品、安全生产、环境保护等监督管理职责的国家工作人员行贿,实施非法活动的;(5)向司法工作人员行贿,影响司法公正的;(6)造成经济损失数额在 50 万元以上不满 100 万元的。多次行贿未经处理的,累计行贿的数额。

本罪主观方面为故意,行为人具有谋取不正当利益的目的。根据相关司法解释,"谋取不正当利益",是指行贿人谋取的利益违反法律、法规、规章、政策规定,或者要求国家工作人员违反法律、法规、规章、政策、行业规范的规定,为自己提供帮助或者方便条件。违背公平、公正原则,在经济、组织人事管理等活动中,谋取竞争优势的,应当认定为"谋取不正当利益"。因此,行贿人虽然符合晋级、晋升的条件,但为了使自己优于他人晋级、晋升,而给予有关国家工作人员以财物的,应认定为行贿罪。至于行为人实际上是否因行贿谋取了不正当利益,则不影响行贿罪的成立。此外,为了谋取不正当利益而给予国家工作人员以财物时,即使具有事后索回财物的意思,也不影响行贿罪的成立。例如,甲为了获取某项工程,向国家工作人员乙交付20万元,打算获取工程后再索回。乙收受20万元后,将工程交给甲。甲完工后,以告发相要挟,要求乙退回20万元。乙担心甲告发,退还甲20万元。甲的行为不仅成立行贿罪,而且另成立敲诈勒索罪。

行贿罪与受贿罪属于对向犯,在通常情况下,行贿方与受贿方的行为均成立犯罪。因此,司法机关不能仅处罚其中一方。但是,这并不意味着一方行为成立犯罪时另一方行为也必然成立犯罪,仅一方的行为成立犯罪的现象是大量存在的。例如,因被勒索给予国家工作人员以财物,没有获得不正当利益的,不是行贿,但国家工作人员的行为仍然是索取贿赂,成立受贿罪。再如,为了谋取正当利益而给予国家工作人员以财物的,不是行贿,但国家工作人员接受财物的行为成立受贿罪。又如,为了谋取不正当利益而给予国家工作人员以财物的,构成行贿罪;但国家工作人员没有接受贿赂的故意,立即将财物送交有关部门处理的,不构成受贿罪。

在行贿既未遂的认定方面,为谋取不正当利益给予国家工作人员以财物,国家工作人员客观上接收(占有)了财物时,如财物已经放在国家工作人员家里或者办公室,财物已经转移至国家工作人员或者其亲属控制之下,行贿罪便既遂。即便国家工作人员事后退回财物或者及时上交,也不影响行贿罪既遂。换言之,即使国家工作人员不成立受贿罪或者受贿未遂,也不影响行贿罪既遂的认定。因为行贿罪的既遂标准是根据行贿罪的构成要件确定的,而不是根据受贿罪的构成要件确定的。但是,如果行为人是在被监察机关控制下向国家工作人员交付财物的,不能认定为行贿既遂,甚至有可能成立行贿的不能犯。

在行贿共犯的认定方面,在由第三者向国家工作人员交付财物时,第三者不知情的,当然不成立行贿罪的共犯,但第三者知情的,则成立行贿罪的共同犯罪。在认定行贿罪的共同犯罪时,不能简单地根据财物的来源判断主从犯。如甲缺乏与国家工作人员接触的机会,为了谋取不正当利益,甲将财物交付给熟悉国家工作人员的乙,由乙将财物交付给国家工作人员时,完全可能认定乙是行贿罪的主犯,而不能一概将乙认定为行贿罪的从犯。

罪数方面,行贿人反复要求国家工作人员接受自己给予的财物的,仅成立行贿罪,不同时成立受贿罪的教唆犯。但是,行为人不仅自己向国家工作人员行贿,而且劝说国家工作人员接受第三者给予的财物的,则成立行贿罪与受贿罪的共犯,实行数罪并罚。行贿人谋取不正当利益的行为构成犯罪的,应当与行贿犯罪实行数罪并罚。例如,个体企业老板甲请国有供电所抄表员乙帮忙,让后者从其负责的电表箱中牵出一根电线为企业免费供电,并送给乙3万元现金,于是,乙为甲的企业安装了一根电线。至案发时,甲的企业窃电量价值30万元。对甲的行为应以行贿罪与盗窃罪实行数罪并罚。但是,有两点值得注意:其一,不得进行重复评价,当行贿犯罪与其他犯罪由一个行为所触犯时,只能认定为想象竞合。例如,行贿人为了谋取不正当利益,必然向国家工作人员表达请托事项,不能将请托事项的表达认定为独立的教唆犯罪,即使构成教唆犯罪,也应当认定为想象竞合。其二,就未经行政许可而构成犯罪的行政犯而言,行贿人通过行贿取得许可后从事相应行为的,不得另认定为犯罪。例如,甲通过行贿获得了专营、专卖物品的经营权,然后经营专营、专卖物品的,只成立行贿罪,不另成立非法经营罪。再如,李某通过行贿获得了医生执业资格后从事行医活动,只成立行贿罪,不另成立非法行医罪。还如,张三通过行贿获准超额购买爆炸物品用于生产活动的,也仅成立行贿罪,而不另成立非法买卖爆炸物罪。

犯本罪的,根据《刑法》第390条的规定处罚。2023年12月29日通过的《刑法修正案(十二)》修订了本罪的法定刑,降低了本罪第一档法定刑的最高刑与第二档法定刑的最低刑,并明确了应当从重处罚的七种情形。在审理受贿犯罪案件时,应注意妥善处理本条的时间效力问题。

【大纲配套练习题】

1.(单项选择题)某国公民甲到我国旅行,因生意纠纷与我国公民乙发生争执。甲拿起身边的烟灰缸朝乙的头部猛砸数下,致乙重伤。我国对甲享有刑事管辖权。下列哪一原则构成我国对甲行使刑事管辖权的根据?( )①

A. 属地管辖原则 B. 属人管辖原则 C. 排他管辖原则 D. 普遍管辖原则

2.(单项选择题)甲系某厂司机,某日深夜驾车返回厂里,倒车入库时将偷偷溜进车库过夜的乞丐乙某轧死,后查明乙某当时睡在车库麻袋中取暖。对甲的行为定性,下列哪一选项是正确的?( )②

A. 属于意外事件,不构成犯罪

B. 构成过失致人死亡罪,属于疏忽大意的过失

C. 构成过失致人死亡罪,属于过于自信的过失

D. 构成故意杀人罪,属于间接故意

3.(单项选择题)刘某持西瓜刀去某超市抢劫,营业员陈某奋起反抗,扭打中夺下歹徒的西瓜刀,慌乱中欲把西瓜刀交给营业员王某控制,结果王某并未接住刀反而造成重伤。刘某见刀被夺,也未抢到财物,慌忙逃出超市,见路边有一自行车便骑车逃跑,陈某冲出超市追赶歹徒,飞身一跃压倒自行车,使刘某连人带车重重摔倒在地,造成陈某重伤,刘某擦伤。以下说法正确的是:( )③

A. 刘某对陈某的重伤负刑事责任 B. 陈某对王某的受伤负刑事责任

C. 陈某构成正当防卫 D. 刘某对王某的受伤负刑事责任

4.(多项选择题)关于犯罪未完成形态的论述,下列哪些选项是正确的?( )④

A. 犯罪未完成形态存在于故意犯罪中,不存在于过失犯罪中

B. 预备犯应当比照既遂犯从轻、减轻处罚或者免除处罚

C. 未遂犯可以比照既遂犯从轻或者减轻处罚

D. 对于中止犯,没有造成损害的,应当免除处罚,造成损害的,应当减轻处罚

5.(多项选择题)某村村民蔡某常年上访,村委会不胜其扰。一次村委会开会时,五位村委会成员甲、

---

① A。本题考查对刑法管辖原则的理解。我国之所以对外国公民甲行使刑事管辖权,是因为案件发生在我国领土上,这归属于属地管辖原则,不能归属于属人管辖原则或者普遍管辖原则。不存在排他管辖原则。

② A。本题考查意外事件与过失的区分。因为难以预想到会有人睡在车库麻袋中取暖,故甲的行为造成乙的死亡,属于意外事件,不构成犯罪。

③ B。陈某反抗刘某的抢劫,夺下其西瓜刀的行为属于防卫行为。陈某在慌乱中欲把西瓜刀交给营业员王某控制,其行为仍然属于防卫行为。结果王某并未接住刀反而造成重伤。因此,陈某的行为属于防卫行为造成第三者的损害。对此,应当认为,陈某的行为成立假想防卫,因为王某没有实施不法侵害,但陈某的防卫行为却导致了王某的伤害结果,所以应视为一种假想防卫,阻却故意责任。如果陈某对此有过失,则应按照过失犯罪来处理。陈某将刀扔给王某,显然是有过失的。他应当预见到将刀对着人扔过去,有可能伤到人。所以,陈某应当对王某的重伤负责。刘某对于陈某扔刀的行为无须负责。他没有用这把刀来砍王某,陈某将刀扔给王某也不是他能预见的,他也没有阻止陈某扔刀的义务。所以,他无须对王某的重伤负责。刘某在抢劫未遂,放弃抢劫逃走后,陈某仍然出门追赶,陈某的行为不再成立正当防卫。因为刘某已经放弃了抢劫,也没有携带赃物。此时,不法侵害已经结束。但是,陈某仍然有权追赶刘某,将其扭送到公安机关。因为,抢劫未遂也仍然成立犯罪。但是陈某这种行为的性质是扭送,不是正当防卫。陈某在飞身扑倒刘某时造成自己重伤,刘某显然无须对此负责。因为这是陈某自己的鲁莽行为导致的。陈某扑倒刘某也不是迫不得已的行为,所以刘某的逃走和陈某的受伤之间没有刑法上的因果关系,刘某无须对此负责。综上所述,只有B选项是正确的。

④ ACD。本题考查对犯罪未完成形态的理解和我国《刑法》对相关未完成形态的处罚规定。A选项中,犯罪未完成形态只存在直接故意犯罪中,过失犯罪中都不存在。B选项中,根据《刑法》第22条的规定,是“可以”而非“应当”,故错误。C选项和D选项参见《刑法》第23条、第24条原文。

乙、丙、丁、戊一致同意杀死蔡某。第二天傍晚，甲、乙、丙、丁、戊五位村委会委员在村口将上访回来的蔡某杀死后埋掉。关于本案的分析，下列哪些选项是正确的？(　　)①

A. 村委会构成单位犯罪　　B. 甲、乙、丙、丁、戊构成共同犯罪

C. 甲、乙、丙、丁、戊杀死蔡某是职务行为　D. 本案行为人触犯的罪名是故意杀人罪

6. (多项选择题) 赵某大学毕业后在北京工作，2013年3月因为诽谤罪被北京市某区人民法院判处管制2年。在管制执行期间，赵某的下列哪些行为违反我国法律规定？(　　)②

A. 家中经常去人，来去匆匆非常可疑，从未报告

B. 每天买一沓报纸回家，不知在干什么

C. 未经执行机关批准，写作并出版了《如何养生》一书

D. 未经执行机关批准，悄悄回了吉林省老家一趟

7. (多项选择题) 陈某与陆某是邻居，双方经常因琐事发生口角，陈某怀恨在心，萌生投毒之念。一日晚9时许，陈某找来一支一次性注射器，从农药瓶中抽取半针筒农药，至被害人陆某家门前丝瓜棚处，将农药打入丝瓜中。次日晚上，陆某及外孙女食用了被注射农药的丝瓜后，出现中毒症状，被及时送往医院，但抢救无效死亡。对陈某行为的认定，下列哪些选项是正确的？(　　)③

A. 陈某的行为构成故意杀人罪

B. 陈某的行为危及不特定多数人人身财产安全

C. 陈某的行为构成投放危险物质罪

D. 陈某的行为构成以危险方法危害公共安全罪

8. (多项选择题) 关于金融诈骗罪的认定，下列哪些选项是正确的？(　　)④

A. 被告人使用伪造、变造的委托收款凭证、汇款凭证，构成金融凭证诈骗罪

B. 投保人、被保险人故意造成被保险人死亡、伤残或者疾病，骗取保险金的，构成保险诈骗罪

C. 保险事故的鉴定人、证明人、财产评估人故意提供虚假的证明文件，为他人诈骗提供条件的，以保险诈骗的共犯论处

D. 被告人使用虚假的身份证明骗领信用卡，构成信用卡诈骗罪

9. (不定项选择题) 宋某外出打工期间与男友王某同居并怀孕，因父母反对二人处对象，一直将怀孕一事对外隐瞒。一日，宋某在其公司员工宿舍一楼卫生间内自然分娩产下一活体男婴后，不顾当日低温且下雪的室外环境，将男婴扔到女卫生间窗外的空地上，最终导致该男婴死亡。对于宋某的行为认定，下列选项正确的是：(　　)⑤

A. 构成遗弃罪　　B. 构成故意杀人罪

C. 构成虐待罪　　D. 构成过失致人死亡罪

10. (不定项选择题) 熊某为某运输公司的货车驾驶员。在一次运输过程中，熊某从其驾驶的货车内取

---

① BD。故意杀人罪只能由自然人构成，单位不能构成此罪。村委会无权决定村民的生死，村委会成员的行为也不是职务行为。

② ACD。《刑法》第39条第1款规定，被判处管制的犯罪分子，在执行期间，应当遵守下列规定：(1)遵守法律、行政法规，服从监督；(2)未经执行机关批准，不得行使言论、出版、集会、结社、游行、示威自由的权利；(3)按照执行机关规定报告自己的活动情况；(4)遵守执行机关关于会客的规定；(5)离开所居住的市、县或者迁居，应当报经执行机关批准。据此可知，ACD选项是正确的。

③ BC。本题考查的是投放危险物质罪与故意杀人罪的认定。投放危险物质罪是危害公共安全的犯罪，危及的是不特定多数人的生命、健康和公私财产安全；故意杀人罪侵犯的是公民人身权利犯罪。该题认定的关键是陈某的行为是否危及公共安全，应当认定陈某的行为危及不特定多数人的安全，构成投放危险物质罪。

④ ABCD。本题考查金融诈骗罪中具体个罪的认定，ABCD选项均正确。

⑤ B。本题考查的是故意杀人罪与遗弃罪的区别。行为人将负有抚养义务的被害人抛弃，构成故意杀人罪还是遗弃罪，关键是看该抛弃行为能否使被抛弃对象生命安全遭受重大危险。宋某将没有任何自我救助能力的婴儿扔在环境极其恶劣的室外，构成故意杀人罪。

出一箱品名为“纪念品”的货物,从该封存箱内窃得30枚梅花鼠年纪念金币(价值人民币16万余元)。后在运输公司的一再追问下,熊某将窃得的纪念金币退还给该公司。对于熊某行为的评价,下列选项正确的是:(　　)①

A. 熊某在运输途中利用其运输、保管货物的职务便利窃取货物,其行为构成职务侵占罪

B. 熊某以秘密窃取的方式获得纪念金币,其行为构成盗窃罪

C. 熊某受运输公司委托具体负责该批货物,其在运输途中取得了对该批货物的控制权

D. 该批纪念金币不是运输公司的财物,故熊某不构成职务侵占罪

11.(不定项选择题)陈某是一名网络黑客,其经常非法侵入腾飞网络计算机信息系统中,对该计算机信息系统功能非法进行修改、删除和干扰,同时盗窃腾飞网络游戏中的虚拟货币,在网络游戏中肆意挥霍。这些行为都导致腾飞网络系统经常不能正常运行,给腾飞网络公司造成了巨大的经济损失。对于陈某的定罪处罚,下列选项正确的是:(　　)②

A. 陈某只构成破坏计算机信息系统罪

B. 陈某利用计算机实施盗窃罪,仍然只构成破坏计算机信息系统罪

C. 陈某既构成破坏计算机信息系统罪,也构成盗窃罪,但应从一重罪处罚

D. 陈某既构成破坏计算机信息系统罪,也构成盗窃罪,对于二者数罪并罚

---

① AC。本题考查对职务侵占罪的认定。涉案财物为该运输公司运输、保管的财物,在运输过程中应当认定为该公司财物。熊某作为运输公司的货车司机不仅负有将货物安全送达目的地的职责,同时对该货物也负有直接保管的义务。因此,熊某在运输途中利用其运输、保管货物的职务便利窃取货物的行为,构成职务侵占罪。

② D。本题考查破坏计算机信息系统罪和盗窃罪的具体适用。《刑法》第287条规定,利用计算机实施金融诈骗、盗窃、贪污、挪用公款、窃取国家秘密或者其他犯罪的,依照本法有关规定处罚。

刑事诉讼法

【本学科复习重点、难点说明】

(一)总论编

1. 刑事诉讼法概述是刑事诉讼法学的基础,也是整个学科中理论性最强的。在司法考试早期,对相关知识点曾考查过纯粹的理论题,即考查对相关理论知识的表述是否准确掌握,但随着考试整体更为偏重对考生理解与运用能力的考查,相关知识点的考查更多地偏重于如何将理论与具体制度、程序相结合,在具体的刑事诉讼场景中考查对理论的理解。例如,在理解"诉讼效率"这一刑事诉讼基本理念时可以与司法改革措施和实践中具体操作相结合:采用不予逮捕直接起诉的方法能够节约审查批准逮捕和看守所羁押所投入的司法资源,自然有助于提升诉讼效率;召开庭前会议整理证据、特殊情况下采用远程视频开庭和速裁程序同样如此;但在看守所派驻值班律师为犯罪嫌疑人提供法律帮助更多地体现了程序公正和权利保障的理念,并未提升诉讼效率,反而增加了司法资源的投入;对未成年人适用附条件不起诉,虽然不再起诉到法院而节省了法庭审理所需要的司法资源,但附条件不起诉所增加的监督考察等环节反而大幅增加了检察机关的资源投入,其秉承的是教育感化挽救的方针和使未成年人复归社会的目标,诉讼效率并不是适用附条件不起诉制度所考虑的内容。其他的诸如在自诉案件、认罪案件、侦查程序与审查起诉中对刑事诉讼构造的理解,针对专门机关和诉讼参与人在特定案件、特定诉讼阶段中所实施的诉讼行为来理解刑事诉讼职能等,也均是同样的考查思路。

事实上,刑事诉讼法的很多规定背后都有相应的理论支撑,只有将这些理论基础与法律规定结合起来思考,才能够更好地掌握理论和法律规定,进而在掌握立法原意和理论的基础上更好地开展司法实践,这也是选拔合格法律人才的必然要求。复习时不仅要明确这些具体内容在实践运用时的具体表现,还需要在学习刑事诉讼制度与程序时"自觉"联系这些理论基础以更深刻地理解法律规定。

2. 我国刑事诉讼法基本原则规定了我国刑事诉讼法的一些基本问题。主要包括三方面的重点和难点:第一,几项有关职权分工与行使的原则划定了我国参与刑事诉讼国家机关的诉讼地位与相互关系,需要结合实践中不同诉讼阶段的衔接等问题进行理解,尤其是一些最新的司法改革措施可能使这些机关之间分工负责、互相配合和互相制约的关系有一些新的表现形式。例如,对检察机关在重大复杂案件中提前介入侦查的做法如何理解。第二,认罪认罚从宽既是原则又是制度,贯穿于我国刑事诉讼的主要阶段,其内容可以与侦查、审查起诉和审判程序相结合进行非常灵活的考查。第三,《刑事诉讼法》第 16 条规定的具有法定情形不予追究刑事责任的原则既是刑事诉讼法中非常重要的条文,也是历年司法考试和法律职业资格考试的重点,对于 6 种情形必须结合不同诉讼阶段在充分理解的基础上予以掌握,尤其是要结合特别不起诉(第 182 条)和被告人死亡情况下的缺席审判(第 297 条)更好地明晰这些特殊情形的处理。

3. 关于刑事诉讼中的专门机关和诉讼参与人,需要注意以下两个问题:

(1)单位犯罪嫌疑人、被告人及其诉讼代表人的权利义务。由于法条并没有详细列举诉讼代表人的权利义务,学习时需要比照一般犯罪嫌疑人、被告人的权利并结合单位犯罪的特殊情形进行理解。例如,诉讼代表人本身不能也无须委托辩护人为自己辩护,法庭调查中基于对多名被告人分别讯问的要求,在讯问单位主要负责人等其他被告人时诉讼代表人不应在场,作为被告单位的代表可以进行最后陈述等。(2)有专门知识的人如何参照鉴定人确定其诉讼地位和权利义务,尤其是提供价格认定书等有关专门性报告的人是否需要出庭作证等问题。

4. 关于管辖需要注意以下几个方面:一是立案管辖中公诉案件与自诉案件的区分,尤其是自诉案件与公诉案件的转换,实践中既有公诉转自诉案件,也有自诉转公诉案件。二是审判管辖中的并案管辖与分案处理,这是 2021 年《最高人民法院关于适用〈中华人民共和国刑事诉讼法〉的解释》新增的规定,也属于司法实践中较难处理的问题,需要与第一审程序中有关分案的规定结合起来学习。三是指定管辖常常与回避的相关知识点结合起来,考查有管辖权但不适宜管辖的情形如何处理。四是特殊情况的管辖,常常结合一般的地区管辖和级别管辖进行考查。例如,中国人和外国人一起在国外对中国人实施犯罪案件的管辖。源自司法实践经验总结的特殊情形的管辖中通常多个地点都具有管辖权,因此更需要注意哪些地点是没有管辖权的。另外,有关管辖的考查也常常与侦查程序、审查起诉程序以及审判程序一并综合考查。

5. 被追诉人的辩护权如何保障不仅是刑事诉讼实践和理论研究关注的重点,也历来是考查的重点。本部分易混淆并需要重点关注的方面包括:(1)哪些人可以担任辩护人与代理人,以及是以律师身份还是以监护人、近亲属身份担任辩护人和代理人?例如,外国人能否以近亲属的身份担任在我国犯罪的外国人的辩护人?公检法机关的现职人员以及检察院、法院离职人员能否以近亲属身份担任辩护人?检察院、法院离职人员在什么条件下可以以律师身份担任辩护人,这还涉及与法律职业道德方面知识点的交叉。(2)辩护律师与其他辩护人在不同诉讼阶段的权利如何行使。例如,辩护律师与其他辩护人在行使阅卷权、会见权等方面的不同,辩护律师不能在侦查终结前查阅侦查机关的起诉意见书,也不能在侦查阶段向犯罪嫌疑人核实证据等。(3)公检法机关在不同诉讼阶段如何来保障辩护权的实现,需要结合不同诉讼阶段和辩护人所享有的系列权利来进行针对性的学习。(4)值班律师在刑事诉讼中的地位、职责和权利。例如,值班律师能否出庭、值班律师能否对定罪问题提出意见抑或只能对量刑问题提出意见、值班律师是否为我国刑事诉讼的诉讼参与人等。关于值班律师的知识点还通常与认罪认罚从宽、速裁程序、共同犯罪等具体场景相结合,需要在具体案件给出的条件下进行甄别。

6. 每一个刑事案件都涉及证据问题,证据不仅几乎与每一项刑事诉讼的制度与程序相关联,而且会影响刑事诉讼各个阶段的推进。在法律职业资格考试中,不仅每年客观题要考查 2 ~ 3 题与证据相关的题目,而且常常在主观题考查中占据较大的比重。近年来,有关证据的考查也越来越呈现案例化和综合性的特征,即在一个较为完整的案例中,结合刑事诉讼的不同阶段考查有关对证据审查认定和证据规则的理解,这种趋势也更符合司法实践中有关证据问题的真实状况。

关于证据需要予以重点关注的方面:(1)证据规则中一些相对较为抽象的标准在司法实践中如何进行判断。例如,非法证据排除规则中有关威胁的认定需要达到"使被告人遭受难以忍受的痛苦而违背意愿"的程度,以曝光隐私可能导致家庭破裂和传唤犯罪嫌疑人的儿子作证可能影响其考试进行威胁,需要根据具体的表述和情节判断是否达到需要排除的程度。(2)在给定的具体案件背景中,如何判断特定证据能否作为定案的依据以及证明价值。例如,在幼儿园虐童案件中,4 岁的被害人、证人以及他们的母亲的陈述与证言在什么条件下可以作为定案的依据以及如何进行审查认定。(3)与刑法具体罪名相结合,考查证据的审查认定、证明责任与证明标准等内容。这方面会通过给出一系列的证据,要求剔除其中不能作为定案依据的证据材料,并综合在案证据判断是否构成某一罪名。(4)与刑事诉讼制度、程序相结合进行考查。例如,要求判断在案的某些证据是否已经达到了立案、逮捕、起诉等要求的标准,将讯问措施与口供的审查认定与排除相结合,将搜查、查封、扣押措施与物证、书证的审查认定与排除相结合。(5)有关专门性问题的证据的运用。例如,有关工程重大安全事故罪中的检验报告、事故调查报告、价格认定书等,这方面可以结合诉讼参与人的权利义务与法庭调查程序进行考查。(6)电子数据、重复性供述、监察机关所收集的证据、技术调查与侦查证据等相对较新的证据类型的运用问题。

7. 适用强制措施涉及被追诉者的基本权利，是刑事诉讼非常重要的环节。

关于强制措施，要重点关注的疑难问题主要包括：(1)强制措施的变更性和临时性的具体表现。强制措施在不同的诉讼阶段和不同的情形下应当适时变更，羁押性强制措施与非羁押性强制措施在特定情形下需要互相转换，案件侦查一段时间后经过羁押必要性审查、评估可以变更，人民法院作出判决尚未生效之前需要根据被告人被采取的强制措施和判决的内容进行调整，如被取保候审的被告人被宣告无罪的，取保候审自动解除，被逮捕的被告人被判决免除刑事处罚的应当解除逮捕、立即释放。(2)为了将强制措施可能对被追诉者在定罪前所造成的权利减损限制到最低的程度所设置的一系列要求，如强制措施适用的地点、拘留逮捕后要求送看守所并通知近亲属等、强制措施适用的期限要求等。(3)强制措施如何与侦查行为一并开展。例如，在实施拘留、逮捕措施的时候如何开展讯问、搜查等措施，强制措施如何与针对财产的强制性措施协调适用。

8. 关于附带民事诉讼需要关注的疑难问题：(1)附带民事诉讼成立条件中司法解释明确规定不予受理所对应的实践情形，如滥用职权等渎职类的犯罪虽然对被害人造成了物质损失，但不属于附带民事诉讼的受理范围；(2)附带民事诉讼中的和解、调解与刑事案件和解的关系；(3)在目前的公益诉讼实践中，检察机关可以提起刑事附带民事公益诉讼，检察机关作为附带民事诉讼的原告人对民事部分可以单独上诉，也可以结合公益诉讼的相关知识点进行考查；(4)对附带民事部分与刑事部分单独或共同提起上诉时的程序和处理。

(二)分论编

与总论部分相比，分论集中于程序机制的设计。一方面，在知识点的分布上较为琐碎；另一方面，此部分内容更偏重技术操作层面，要求考生在充分理解的同时，能够结合实战加以娴熟运用。具体来说，可以区分为如下三个领域的知识加以分别把握。

1. 审前程序的知识要点。

这一部分包括立案、侦查以及起诉三大流程。乍看起来，立案程序的内容在刑事诉讼法的全部知识体系中似乎并不显眼，但是其作为程序起点的理论价值却是不容忽视的。在法律职业资格考试中，这一部分的知识点常结合审前环节的其他内容在案例中呈现，既具有隐蔽性又富于综合性。考生尤其需要注意立案条件的相关规定，并与之将其他程序阶段的证明标准予以区别。司法实践中屡屡出现的“不破不立”“先破后立”等现象，也可从此角度予以切入，进而发现破题思路。什么情况下应予立案，而何种情形又不应立案或者予以撤案，都需要考生结合法律规范和现实情节加以判定。除此之外，立案监督构成了检察监督原则在程序环节的具体呈现，可满足综合性、体系性考查的命题标准。当学科交叉日臻成为热点考查内容时，针对民事、经济纠纷和刑事犯罪的区别，相关案例也多以本部分的知识内容作为逻辑起点。因此，看似不起眼的立案，却蕴藏着极其丰厚的考点资源。

侦查程序的内容体系相对繁杂，涉及此一领域的争议点也相对较多。由此，围绕侦查程序的命题数量始终居于高位。而随着《人民检察院刑事诉讼规则》与《公安机关办理刑事案件程序规定》的重新修订，与侦查相关的考点进一步呈现丰富化。其中的重点内容无疑与具体的侦查行为相关，而其与证据制度的天然联系则增强了命题难度。对于考生而言，侦查程序内容绝非死记硬背便可轻松应对，而必须诉诸基础理论环节的知识理解程度，如非法证据排除的意涵等。此外，由于监察体制改革导致职务犯罪案件的侦查程序为调查所替代，进而产生了一系列权力配置层面的变化，需要考生在对比中加以清晰辨析。侦查程序中的法律操作从来不是单向、孤立的，而需要结合其他领域的知识点，尤其要求考生能站在系统论的高度综合运用刑事诉讼法条文。譬如，侦查程序在适用强制性措施的同时，该如何操作逮捕、取保候审等强制措施，后者对于侦查目标的实际意义究竟是什么。具体来说，强制措施可以事实上对强制性措施的运用起到支持作用，却不能混同二者的功能趋向。再如，代表着程序倒流的补充侦查机制，究竟应当见诸何种前提条件方可实施，可否将其用于解决公安司法机关的办案期限紧张问题。对于这些问题的正确把握，都需要考生回归总则中的基本原理去寻找答案。

对于检察机关而言,无论是审查起诉抑或提起公诉,都与宪法赋予其的法律监督权有着千丝万缕的关联。因此,考生把握起诉程序的知识分布体系,不仅需要准确把握相关的技术性规定,更应以司法改革对检察权的定位作为立足点。值得关注的是,起诉阶段作为整个程序中承上启下的中间环节,可以凸显出配合制约原则在刑事诉讼中的统辖作用。对于公安机关移送的案卷,检察机关应当审查哪些内容,自己又能实施哪些权力行为;随着案件流转进入审判程序,作为公诉一方的检察机关又是如何完成指控任务的,考生可以尝试着代入身份,进而体味其中的重点、难点问题。尤其是随着认罪认罚从宽的入法以及大力推广,起诉程序也呈现了某些新的特征。从归口管理的角度审视,由于检察机关在此类案件中承担了更多的责任,其需要诉诸的程序行为也随之增多,可考查的知识点自然越发集聚。比如,代表认罪认罚从宽达成的具结文书包含了怎样的细节点,其是否具有不可或缺的属性;再如,检察官与值班律师之间如何互动,后者在保证认罪认罚自愿性上又该如何作为。归结起来,考生对于此类问题的把握,还应回归至认罪认罚从宽的改革初衷,立足于刑事程序中公正与效率的关系加以认知。

2. 审判程序的知识要点。

对于审判程序的把握,首先应当立足于相关的基础理论知识,包括刑事审判理论与审级制度、审判组织等问题。审判理论包括刑事审判的概念和任务、刑事审判模式、刑事审判原则等。人民法院行使刑事审判权具有九个基本特征,刑事审判具有三项任务,具有维护追诉正当性、保护被告人不受错误追究、保障辩护权实现等多方面的意义。现代刑事审判模式大体上分为当事人主义和职权主义两种,此外还出现了混合式审判模式。我国审判模式伴随刑事诉讼法的修改,确立了控辩式庭审方式,并不断发展完善。刑事审判的原则包括审判公开原则、直接言词原则、辩论原则和集中审理原则,各有其含义及要求,需要予以准确理解。我国实行两审终审制的审级制度。在我国刑事审判组织形式中,合议庭是主要的审判组织,需要掌握其组成和运行规则,审判委员会作为特殊的审判组织形式,对于其职权行使,立法作出了明确规定,也需要准确理解与运用。

对于一审公诉程序而言,需要准确把握某些程序机制的基本功能。譬如,庭前会议可以讨论的内容有哪些以及是否可以就讨论事项作出实质处理,需要考生予以重点关注,即庭前会议讨论的内容是有关审判的程序性问题。而根据《最高人民法院关于适用〈中华人民共和国刑事诉讼法〉的解释》规定,对可能导致庭审中断的程序性事项,人民法院可以在庭前会议后依法作出处理,并在庭审中说明处理决定和理由。再如,公诉人、当事人及其法定代理人、辩护人、诉讼代理人补充的和审判人员庭外调查核实取得的证据,是否可以直接作为定案依据呢?也是根据《最高人民法院关于适用〈中华人民共和国刑事诉讼法〉的解释》,这类证据应当经过当庭质证才能作为定案的根据。但是,对不影响定罪量刑的非关键证据、有利于被告人的量刑证据以及认定被告人有犯罪前科的裁判文书等证据,经庭外征求意见,控辩双方没有异议的除外。还有,公诉人当庭发表与起诉书不同的意见该如何处理?根据《最高人民法院关于适用〈中华人民共和国刑事诉讼法〉的解释》规定,属于变更、追加、补充或者撤回起诉的,人民法院应当要求人民检察院在指定时间内以书面方式提出;必要时,可以宣布休庭。人民检察院在指定时间内未提出的,人民法院应当根据法庭审理情况,就起诉书指控的犯罪事实依法作出判决、裁定。人民检察院变更、追加、补充起诉的,人民法院应当给予被告人及其辩护人必要的准备时间。

对于第二审程序,特别需要注意我国刑事诉讼法确立的上诉不加刑原则的适用范围。我国刑事诉讼法确立的上诉不加刑原则只适用于被告人和他的法定代理人、辩护人、近亲属提起的上诉案件。而人民检察院提出抗诉的或者自诉案件自诉人提出上诉的,第二审人民法院对案件进行判决时,不受该原则的限制。另外,二审不开庭审理是否等于书面审理也是常常混淆的问题。其实,二审不开庭审理不等于书面审理,不仅必须组成合议庭而不能由承办人独自审判,合议庭还必须阅卷,对被告人讯问,听取其他当事人、辩护人、诉讼代理人的意见。这里,一些细节性的操作尤其需要引起考生重视,譬如,第二审人民法院审理对附带民事部分提出上诉,刑事部分已经发生法律效力的案件,又该如何处理?根据相关条款,应当对全案进行审查,并按照下列情形分别处理:(1)第一审判决的刑事部分并无不当的,只需就附带民事部分作出处理;(2)第一审判决的刑事部分确有错误的,依照审判监督程序对刑事部分进行再审,并将附带民事部分与刑事部分一并审理。再如,人民检察院在抗诉期满要求撤回抗诉的问题。人民检察院在抗诉期满后要求撤回抗诉的,第二审人民法院可以裁定准许,但是认为原判存在将无罪判为有罪、轻罪重判等情形的,应当不予准许,继续审理。

针对死刑复核程序,则有必要结合某些背景知识。表面上看,自最高人民法院收回死刑复核权以来,此程序的现实操作也并未经历过大规模的改变。但不可否认的是,最高人民法院对于此特别程序的运用却依然会受到高度关注,与其相关的典型个案亦从不鲜见。毕竟,死刑案件的特殊性不言而喻。对于考生来说,对于此程序领域的学习不能沉湎于程序运转的细枝末节,而应从死刑复核程序的存在价值出发。换言之,无论司法解释层面呈现何种增减态势,都无法游离于少杀慎杀的刑事司法基调之外。此外,死刑缓期案件的复核近年来出现了一些争议点,特别是与其他刑事诉讼法的知识点可形成衔接关系,需要考生对相应的程序流转加以熟悉。

审判监督程序作为一种特殊的救济程序,相较于第一审程序、第二审程序而言,在法律职业资格考试中看似并不突出,但该程序中包含着的丰富诉讼法律问题是不容忽视的。作为刑事诉讼程序的一种,审判监督程序往往与一审程序、二审程序进行比较考查,对考生知识的系统化、综合性要求较高。"申诉与上诉""二审抗诉与再审抗诉"等基础内容需要考生结合刑事诉讼基础理论和相关法律规范进行判定与运用。尤其是随着审判监督程序在依法纠错方面的明显成效,依照审判监督程序对案件进行重新审判的程序也形成了丰富的考查内容,诸如审理级别、审理方式、审查原则、审理后的处理等可以形成单独的、比较的,乃至综合性的命题方式,相关案例也可能成为考查的主要方式。此外,与审判监督程序相关的"禁止双重危险""一事不再理""既判力"等诉讼原则和诉讼理念也需要考生理解与掌握,以此体味我国审判监督程序的立法理念与司法实践。因此,作为一种独立于普通程序的特别程序,需要考生充分认识到审判监督程序在功能定位、程序启动、具体程序适用等方面的特殊性。

3. 其他程序类型的知识要点。

(1)涉外刑事诉讼程序与司法协助制度。考生尤其要对涉外刑事诉讼程序的适用范围、涉外刑事诉讼的特有原则以及司法协助的主体等问题予以准确把握。对于相关知识点出现于案例考查中的形式,要考虑其与国际法、民事诉讼法等其他部门法学的相互交叉。

(2)执行程序。作为刑事诉讼程序的一个诉讼阶段,刑事执行同样是一种诉讼活动,是国家刑罚权实现的重要过程。刑罚的种类不同,执行主体不同、具体执行程序也不同,因此,考生需要掌握各种刑罚的执行方式、方法。刑罚执行程序不仅直接适用《刑事诉讼法》的相关规定,还与《刑法》《监狱法》《社区矫正法》等法律规范相关。因此,执行程序的重点内容必然与《刑法》规定的刑罚种类相关,亦与其他相关法律规范的内容密不可分。由此,考生需要综合、系统掌握执行相关知识,这也增加了考题难度。同时,鉴于死刑刑罚的严重性与适用的慎重性,死刑立即执行判决的执行、死刑立即执行的变更等相关内容需要考生准确掌握、运用。需要强调的是,为解决刑事裁判涉财产部分执行实践中存在的突出问题,《最高人民法院关于适用〈中华人民共和国刑事诉讼法〉的解释》中对刑事裁判涉财产部分的执行程序作出了较为详细的规定,需要考生对比掌握。此外,基于刑事判决、裁定的执行中的法定情形所带来的刑罚内容或刑罚执行方式的变更,亦是执行程序的重要组成部分,其变更的情形、程序及后果等需要考生进行掌握。

(三)特别程序编

本编涉及的五大特别程序,各自的要点问题都比较集中,且考虑到相关的案例同普通类型案件的结合方式比较有限,故从命题角度往往有章可循。具体来说,需要注意如下几个方面:

1. 未成年人刑事案件诉讼程序。

未成年人刑事案件诉讼程序历来是考查的重点,近年来更是因为这一方面的法律和司法解释修改较多而更受关注。我国未成年人刑事案件诉讼程序整体仍然依托于成年人普通刑事诉讼程序,因此学习的重点在于理解和掌握与成年人刑事诉讼程序的区别之处以及区别规定背后的原因。例如，普通案件中被害人所享有的对不起诉案件转而提起公诉的权利，为什么不适用于检察机关对未成年人作出的附条件不起诉决定，这样的规定与未成年人司法所强调的特殊保护有何关联；再如，为什么未成年人不签署认罪认罚具结书仍然可以从宽，最有利于未成年人的原则如何在一些具体程序设置中予以体现；等等。

同时，近年来随着刑事诉讼法学科考查的综合性不断提升，未成年人与成年人共同犯罪的案例能够更好地承载和考查两种程序的差异。例如，未成年人与作为其监护人的父亲共同犯罪，二者在讯问、审查批准逮捕以及法庭审理等方面具有多方面的不同，而作为共犯的监护人自然不再享有普通监护人同意对未成年人适用附条件不起诉的权利。对于未成年人与成年人共同犯罪的案件，虽然法律要求分案起诉和分案审理，但并不要求必须由不同的审判组织审理；相反，由相同的审判组织分案审理还能更好地把握同案犯之间定罪量刑的平衡。因此，需要注意的是，分案审理和不同的审判组织审理并不相同。此外，有关未成年人刑事案件诉讼程序的考查还可以与未成年证人、被害人的陈述审查判断相结合。例如，年幼的未成年被害人向其母亲转述的被害经过本身具有证据资格，是可以作为定案的依据的。

2. 当事人和解的公诉案件诉讼程序。

刑事和解在司法实践中的适用还是较为普遍的，且对最终的裁判方向有着较大影响。对于考生来说，最容易犯错误的环节其实是此类程序的适用范围问题，一些案例考点会以此范围之外的案由来诱导考生作出错误判断。而刑事和解自从雏形初现之日起，便背负着“花钱买刑”的质疑，这要求考生把握基本立场，即和解（尤其是金钱赔偿）并不是消弭罪责的替代范式。在复习这一特别程序的知识点时，最好结合刑事附带民事诉讼、认罪认罚从宽等知识点综合理解。尤其需要注意的是，刑事和解在刑事诉讼进程中并不存在一个异常明显的程序轮廓，故而务必要对不同程序环节的终结机制予以熟知。除此之外，和解协议的效力问题也常常作为考点出现于相应的案例中，尤其是对于和解协议的反悔问题，需要结合相关案情灵活分析。

3. 缺席审判程序。

就缺席审判的立法思路而言，其规范轮廓已然全面、清晰。对于考生而言，尤其需要对最高人民法院于2021年出台的司法解释吃透。此外，这一特别程序与犯罪嫌疑人、被告人逃匿、死亡案件违法所得的没收程序存在一些容易混淆的区域，二者如何结合运用以及各自的区别是什么，需要考生对“人”与“物”——在刑事诉讼程序中作为具体客体对象——的功能指向分别有所了解。

4. 犯罪嫌疑人、被告人逃匿、死亡案件违法所得的没收程序。

这一部分内容表面上看在程序设计上颇为复杂，但并非无章可循。特别需要关注的是，诸如送达之类的知识内容此前很少成为刑事诉讼法的考点，而见诸没收程序的框架内，其特殊性得以呈现并为题目设计提供了新的可能。无论相关程序作出何种全新考量，其出发点都不外乎提升职务犯罪打击力度以及减少不必要的财产损失，由此推导出的便利性趋势即可与若干制度设计相契合。由此，考生理解相应的程序排布、审判组织等事项便可免于生硬的记忆。

5. 依法不负刑事责任的精神病人的强制医疗程序。

强制医疗程序在刑事诉讼中具有一定的封闭性，但是仍需要注意其启动方式的二元性。在一些案例中，其与普通诉讼流程也存在衔接关系。考生不妨站在办案人的立场，结合程序的设计原理加以体会。强制医疗不是针对所有类型案件都适用的，犯罪行为的暴力性是基础要件。同时，此类案件的操作过程容易伤及当事人的基本权利，相应的救济渠道以及监督机制都发挥着保护性功能。另外，公安机关的约束性措施容易成为考查重点，考生应结合现实情境明确自身的立场，以契合刑事诉讼创设此一特别程序的初衷。

【大纲变化法律法规提示】

人民检察院公安机关羁押必要性审查、评估工作规定★

（2023年11月30日发布　自2023年11月30日起施行）　高检发〔2023〕12号

【大纲变化考点提示】

第八章　强制措施

基本要求

了解或理解:强制措施的概念与特点,公民的扭送,适用强制措施的原则和应当考虑的因素,拘留与行政拘留、司法拘留的区别,五种强制措施的适用对象或者条件、适用机关、审批程序和执行程序。

熟悉并能够运用:《刑事诉讼法》以及相关法律解释对强制措施的规定。

第六节　逮　　捕

逮捕的概念　逮捕的适用情形　不批准逮捕或不予逮捕的情形　逮捕的权限　逮捕的程序(批准和决定程序　执行程序)　羁押必要性审查、评估☆　逮捕的变更、撤销或解除

【教材新增要点详解】

☞ 8-3-2　羁押必要性审查、评估☆

《刑事诉讼法》第95条规定,犯罪嫌疑人、被告人被逮捕后,人民检察院仍应当对羁押的必要性进行审查。对不需要继续羁押的,应当建议予以释放或者变更强制措施。有关机关应当在10日以内将处理情况通知人民检察院。检察机关对羁押必要性的审查是依职权进行的,不以有关诉讼参与人提出审查的申请为前提。人民检察院对审查起诉阶段未经羁押必要性审查、可能判处三年有期徒刑以下刑罚的在押犯罪嫌疑人,在提起公诉前应当依职权开展一次羁押必要性审查。但犯罪嫌疑人、被告人及其法定代理人、近亲属或者辩护人也有权申请人民检察院进行羁押必要性审查,申请时应当说明不需要继续羁押的理由,有相关证据或者其他材料的,应当提供。看守所根据在押人员身体状况,也可以建议人民检察院进行羁押必要性审查。需要注意的是,已经逮捕的犯罪嫌疑人认罪认罚的,人民检察院应当及时对羁押必要性进行审查。根据《人民检察院 公安机关羁押必要性审查、评估工作规定》的规定,公安机关在移送审查起诉前,发现采取逮捕措施不当或者犯罪嫌疑人及其法定代理人、近亲属或者辩护人、值班律师申请变更羁押强制措施的,应当对羁押的必要性进行评估。不需要继续羁押的,应当及时决定释放或者变更强制措施。

根据《人民检察院刑事诉讼规则》和《人民检察院、公安机关羁押必要性审查、评估工作规定》的规定,羁押必要性审查案件由办案机关对应的同级人民检察院捕诉部门办理,负责刑事执行检察的部门收到有关材料或者发现不需要继续羁押的,应当及时将有关材料和意见移送负责捕诉的部门。审查起诉阶段,负责捕诉的部门经审查认为不需要继续羁押的,应当直接释放犯罪嫌疑人或者变更强制措施。人民检察院进行羁押必要性审查,可以采取以下方式:(1)审查犯罪嫌疑人、被告人不需要继续羁押的理由和证明材料;(2)听取犯罪嫌疑人、被告人及其法定代理人、近亲属或者辩护人、值班律师意见;(3)听取被害人及其法定代理人、诉讼代理人、近亲属或者其他有关人员的意见,了解和解、谅解、赔偿情况;(4)听取公安机关、人民法院意见,必要时查阅、复制原案卷宗中有关证据材料;(5)调查核实犯罪嫌疑人、被告人的身体健康状况;(6)向看守所调取有关犯罪嫌疑人、被告人羁押期间表现的材料;(7)需要采取的其他方式。

开展羁押必要性审查、评估工作,应当全面审查、评估犯罪嫌疑人、被告人涉嫌犯罪事实、主观恶性、悔罪表现、案件进展情况、可能判处的刑罚、身体状况、有无社会危险性和继续羁押必要等因素。经审查,发现犯罪嫌疑人、被告人具有下列情形之一的,应当向公安机关、人民法院提出释放或者变更强制措施的建

议:(1)案件证据发生重大变化,没有证据证明有犯罪事实或者犯罪行为系犯罪嫌疑人、被告人所为的;(2)案件事实、情节或者法律、司法解释发生变化,犯罪嫌疑人、被告人可能被判处拘役、管制、独立适用附加刑、免予刑事处罚或者判决无罪的;(3)继续羁押犯罪嫌疑人、被告人,羁押期限将超过依法可能判处的刑期的;(4)案件事实基本查清,证据已经收集固定,符合取保候审或者监视居住条件的;(5)其他对犯罪嫌疑人、被告人采取羁押强制措施不当,应当及时释放或者变更的。公安机关评估后发现符合上述情形的,应当及时决定释放或者变更强制措施。

经审查,发现犯罪嫌疑人、被告人具有下列情形之一,且具有悔罪表现,不予羁押不致发生社会危险性的,可以向公安机关、人民法院提出释放或者变更强制措施的建议:(1)预备犯或者中止犯;(2)主观恶性较小的初犯;(3)共同犯罪中的从犯或者胁从犯;(4)过失犯罪的;(5)防卫过当或者避险过当的;(6)认罪认罚的;(7)与被害方依法自愿达成和解协议或者获得被害方谅解的;(8)已经或者部分履行赔偿义务或者提供担保的;(9)患有严重疾病、生活不能自理的;(10)怀孕或者正在哺乳自己婴儿的妇女;(11)系未成年人或者已满75周岁的人;(12)系未成年人的唯一抚养人;(13)系生活不能自理的人的唯一扶养人;(14)可能被判处一年以下有期徒刑的;(15)可能被宣告缓刑的;(16)其他不予羁押不致发生社会危险性的情形。公安机关评估后发现符合上述情形的,可以决定释放或者变更强制措施。

人民检察院向办案机关发出释放或者变更强制措施建议书的,应当说明不需要继续羁押犯罪嫌疑人、被告人的理由和法律依据,并要求办案机关在10日以内回复处理情况。办案机关未在10日以内回复处理情况的,人民检察院应当提出纠正意见。对于依申请对羁押必要性进行审查的案件,人民检察院办结后,应当将提出建议的情况和公安机关、人民法院的处理情况,或者有继续羁押必要的审查意见和理由及时书面告知申请人。

【大纲配套练习题】

1.(单项选择题)甲是富家子弟,乙是下岗职工子女,二人共同伤害(轻伤)丙。在侦查过程中,公安机关鉴于二人犯罪情节较轻且认罪态度较好,决定取保候审,对甲采取了保证金的保证方式,由于乙经济困难,对其采取了保证人的保证方式。下列说法正确的是:(　　)①

A. 公安机关的做法不正确,对不同经济条件的人采用不同的保证方式,不符合公正的基本理念

B. 公安机关的做法不正确,未实现甲和乙法律适用上的平等,不符合程序公正与实体公正并重的基本理念

C. 公安机关的做法正确,体现了公平正义的基本理念

D. 公安机关的做法正确,因为其直接为犯罪嫌疑人选择不同的保证方式符合追求效率的基本理念

2.(单项选择题)李某系B市出租汽车公司司机,住该市河东区。某日晚上,美国人汤姆在河西区乘坐李某驾驶的出租车至该区吉祥大酒店,下车时将背包遗忘在车上,内有2万美元。汤姆下车后即意识到背包遗忘在车上,于是找到李某,向其索要。李某谎称并未见到背包,拒不交出。该案一审管辖法院应当是哪个法院?(　　)②

---

① C。本题考查刑事诉讼法的基本理念。刑事诉讼法的基本理念涵盖以下三个方面的内容:(1)既要惩罚犯罪,又要尊重和保障人权(2)程序公正与实体公正并重;(3)节约司法资源,提高诉讼效率。《刑事诉讼法》第68条规定,人民法院、人民检察院和公安机关决定对犯罪嫌疑人、被告人取保候审,应当责令犯罪嫌疑人、被告人提出保证人或者交纳保证金。对于取保候审的方式,有保证金和保证人两种,公安机关根据具体情况可以灵活采用,但必须要秉持有利于犯罪嫌疑人的原则。这两种方式并无轻重之分,因此公安机关作出不同的处理符合了公平正义的基本理念,故C选项正确,A选项和B选项错误;公安机关在选择不同的取保候审方式时不是毫无根据地任意选择,而且赋予其选择权并不是出于追求效率的考虑,故D选项排除。

② B。本题考查地域管辖。《刑事诉讼法》第25条规定,刑事案件由犯罪地的人民法院管辖。故选B选项。

A. 河东区人民法院　　B. 河西区人民法院

C. 市中级人民法院　　D. 市中级人民法院指定的其他基层人民法院

3.（多项选择题）甲17岁时抢劫他人财物，3年后案发，被公安机关立案侦查。同时被立案侦查的还有甲的朋友乙。经查，乙并未参与抢劫，因而乙的案件部分被撤销。关于此案的辩护，下列哪些说法是正确的？（　　）①

A. 甲未委托辩护人时，可以不给其指定辩护人

B. 可以准许甲委托乙作为他的辩护人

C. 可以准许甲委托他的一位正在检察院任检察员的堂兄作为辩护人

D. 可以准许甲委托他的正在该法院任人民陪审员的姐姐作为辩护人

4.（多项选择题）在王某被杀一案中，侦查人员取得了下列线索：(1)王某的朋友李某的陈述，证明王某患有严重的失眠症；(2)王某邻居张某的陈述，描述案发当天曾看见一个衣着邋遢的女子（后经查为留着长发的男子齐某被误认）离开王某家；(3)王某的又一邻居肖某反映，案发当天看见小区收破烂的齐某神色慌张地从王某家里跑出来，身上还隐约带着血迹；(4)齐某在被公安机关拘传后，在侦查人员的威逼恐吓下，按照公安人员的诱导，交代其用斧头杀害王某的犯罪事实；(5)按照齐某的交代，侦查人员找到沾有王某血迹的斧头。以上线索，下列说法正确的有：（　　）②

A. 材料(1)不能成为证据，因为缺乏证据的关联性

B. 材料(2)不能成为证据，因为缺乏证据的客观性

C. 材料(4)不能成为证据，因为缺乏证据的合法性

D. 材料(5)不能成为证据，因为缺乏证据的合法性

5.（多项选择题）某县公安机关收到王某控告孙某故意伤害的材料，经审查后发现以下哪些情形的，不予立案？（　　）③

A. 已过追诉时效期限 B. 孙某与王某是近亲属关系

C. 孙某已经死亡 D. 王某先辱骂孙某

6.（多项选择题）犯罪嫌疑人自愿认罪，同意量刑建议和认罪认罚程序适用的，应当在辩护人或者值班律师在场的情况下签署认罪认罚具结书，请问在以下哪些情形下犯罪嫌疑人可以不签署认罪认罚具结书？（　　）④

A. 犯罪嫌疑人是盲、聋、哑人

B. 犯罪嫌疑人是尚未完全丧失辨认或者控制自己行为能力的精神病人

C. 犯罪嫌疑人是未成年人

D. 成年犯罪嫌疑人的近亲属有异议

---

① ABD。本题考查辩护人的范围。参见《刑事诉讼法》第33条。

② ABC。本题考查证据的特性。证据的特性具体表现为如下三个方面：一是客观性。诉讼证据的客观性，是指诉讼证据是客观存在的事实，而不是人们主观猜测和虚假的东西。诉讼证据的这一本质特征，决定了虚幻或虚假的情况、一切主观的东西（如本案中张某自认为长头发的一定是女子）都必须排除在诉讼证据之外。二是关联性。诉讼证据的关联性是指诉讼证据与案件的待证事实之间存在客观的联系。很明显材料(1)缺乏证据的关联性。三是合法性。《刑事诉讼法》第56条确立了非法证据排除规则，即采用刑讯逼供等非法方法收集的犯罪嫌疑人、被告人供述和采用暴力、威胁等非法方法收集的证人证言、被害人陈述，应当予以排除。收集物证、书证不符合法定程序，可能严重影响司法公正的，应当予以补正或者作出合理解释；不能补正或者作出合理解释的，对该证据应当予以排除。故材料(4)不能成为本案证据，而材料(5)不应排除。

③ AC。本题考查法定不起诉的情况。根据《刑事诉讼法》第16条的规定，被害人过错以及与加害人的近亲属关系并不是不追究刑事责任的情况。

④ AB。本题考查认罪认罚具结书。《刑事诉讼法》第174条第2款规定，犯罪嫌疑人认罪认罚，有下列情形之一的，不需要签署认罪认罚具结书：(1)犯罪嫌疑人是盲、聋、哑人，或者是尚未完全丧失辨认或者控制自己行为能力的精神病人的；(2)未成年犯罪嫌疑人的法定代理人、辩护人对未成年人认罪认罚有异议的；(3)其他不需要签署认罪认罚具结书的情形。因此应当选择A、B选项。

7.（不定项选择题）下列关于速裁程序的表述错误的是：（　　）①

A. 适用速裁程序审理案件，一般应当当庭宣判，特殊情况下可以定期宣判

B. 适用速裁程序审理案件，人民法院应当在受理后15日以内审结

C. 适用速裁程序审理案件，对可能判处的有期徒刑超过1年的，审限可以延长至1个月

D. 适用速裁程序审理案件，一般不进行法庭调查、法庭辩论

8.（不定项选择题）下列说法错误的是：（　　）②

A. 二审期间，被告人以故意伤害罪对自诉人提起反诉，人民法院决定将案件发回重审

B. 二审自诉案件，二审法院进行调解并结案的，应当制作调解书，并裁定撤销原判

C. 被告人对刑事部分提起上诉，附带民事诉讼部分在上诉期满后生效，二审法院在对刑事部分进行审理时，发现一审判决中的附带民事部分确有错误，应当依照审判监督程序对附带民事部分予以纠正

D. 第二审人民法院审理对附带民事部分提出上诉，刑事部分已经发生法律效力的案件，发现第一审判决、裁定中的刑事部分确有错误的，应当依照审判监督程序对刑事部分进行再审，并将附带民事部分与刑事部分一并审理

9.（不定项选择题）未成年人刑事案件诉讼程序需要贯彻分案处理原则，关于分案处理原则，下列说法错误的是：（　　）③

A. 分案处理是指成年人与未成年人的案件要实行诉讼程序分离

B. 分案处理包括分别审理、分别关押、分别执行等

C. 分案处理主要是防止犯罪嫌疑人、被告人之间串供，影响刑事诉讼的顺利进行

D. 分案处理应当以不影响案件的处理为原则，并尽可能地采取分案处理

---

① ABC。本题考查速裁程序的审理方式、宣判方式和审限。根据《刑事诉讼法》第224条第2款规定："适用速裁程序审理案件，应当当庭宣判。"因此A选项表述错误。根据《刑事诉讼法》第225条的规定，适用速裁程序审理案件，人民法院应当在受理后10日以内审结；对可能判处的有期徒刑超过一年的，可以延长至15日。因此B选项、C选项表述错误。根据《刑事诉讼法》第224条第1款规定："适用速裁程序审理案件，不受本章第一节规定的送达期限的限制，一般不进行法庭调查、法庭辩论，但在判决宣告前应当听取辩护人的意见和被告人的最后陈述意见。"因此D选项正确。本题为选错题。

② AB。本题考查自诉案件的反诉以及和解问题。《最高人民法院关于适用〈中华人民共和国刑事诉讼法〉的解释》第412条规定，第二审期间，自诉案件的当事人提出反诉的，应当告知其另行起诉。所以，A选项说法错误。《最高人民法院关于适用〈中华人民共和国刑事诉讼法〉的解释》第411条规定，对第二审自诉案件，必要时可以调解，当事人也可以自行和解。调解结案的，应当制作调解书，第一审判决、裁定视为自动撤销。当事人自行和解的，依照本解释第329条的规定处理；裁定准许撤回自诉的，应当撤销第一审判决、裁定。所以B选项说法错误。

③ C。分案处理，是指在诉讼过程中把未成年人与成年人犯罪案件的刑事诉讼程序分离，分别审理、分别关押、分别执行。分别审理，是指未成年人和成年人共同犯罪或者与犯罪有牵连时，只要不妨碍审理，要进行分案审理，包括对未成年被告人分案讯问、分案起诉、分案审理和分案宣判。分别关押，是指在采取刑事诉讼中的拘留、逮捕等强制措施时，要将未成年人和成年人分别关押看管。分别执行，是指未成年人案件的判决、裁定生效后执行刑罚时，要将未成年罪犯与成年罪犯分开执行，不能放在同一场所，以防止成年罪犯对未成年罪犯产生不良影响。《刑事诉讼法》第280条第2款规定："对被拘留、逮捕和执行刑罚的未成年人与成年人应当分别关押、分别管理、分别教育。"

行政法与行政诉讼法

【本学科复习重点、难点说明】

(一)总论编

本编有以下两个难点:

1. 对行政法调整对象——“行政”的把握,这不仅关系到行政法的调整范围和边界,而且关系到某一行为的性质判断,即是否为行政行为,进而影响法律适用、争议解决途径,即是否属于行政复议范围、行政诉讼受案范围。行政法调整的对象为公共行政,而非私行政,区别主要集中在三个方面:一是目的不同,公共行政的目的在于公共利益,而私行政的目的在于私人利益或追求自身设定的利益,不必以实现公共利益为目的;二是主体不同,公共行政的主体是行政主体,而私行政主体则为私法主体;三是手段不同,公共行政有国家强制力作保障,可采用处罚、强制手段,私行政主要采用合同、协商等手段。在此点上,常会构成相关的疑点。

2. 对行政法基本原则的理解和认识。行政法的基本原则体现行政法的本质,合法行政、合理行政、程序正当、高效便民、诚实守信和权责统一,共同构成了行政法的基本原则。这六项原则虽有内在关联,但内涵和要求各不相同。

(二)行政组织法编

本编的难点是对不同形态的组织是否为行政主体的判断,往往与行政复议被申请人、行政诉讼被告、行政赔偿义务机关等确定密切相关。不同的组织、机构具有不同的特性,表现形式也不同,要判断是否为行政主体关键是要对照行政主体的要求。但凡能够以自己的名义独立实施行政管理职能并承受一定法律后果的组织,均具有行政主体地位,可以成为行政复议的被申请人和行政诉讼的被告。行政主体具有下列特征:一是组织;二是依法享有行政职权的组织;三是能够以自己的名义独立对外行使行政职权的组织;四是能够独立承担相应法律后果的组织。在行政主体的四个特征或要素中,依法享有行政职权是关键,能够以自己的名义独立对外是标识。

本编中,请注意下列概念的区别:

1. 行政主体与行政机关。

行政机关是从国家机关角度的划分,与人民代表大会、人民法院、人民检察院等国家机关相对应,其主要职能是行使行政职权,是最主要的行政主体。但是,行政机关有双重身份,其从事民事活动时,身份并非行政主体,而是机关法人。除行政机关可以成为行政主体外,法律、法规授权的组织也可成为行政主体。

2. 行政授权与行政委托。

行政授权是由法律、法规授予行政机关之外的组织行政管理职权,该组织由此获得行政主体资格,可以自己的名义对外进行行政管理并承担相应的法律后果。行政委托是行政机关基于管理需要,依法将自己的行政职权委托其他组织具体行使,行为后果仍由该行政机关承担的安排。二者的比较如下:

区别项	行政授权	行政委托
权力来源	法律、法规	行政机关
权力行使者	组织	组织
制度目的	解决行政职权的归属	解决是否亲自行为问题
效果	创设行政主体	创设行为主体
法律地位	组织本身承担法律后果	行政机关承担法律后果

3. 政务处分与行政机关公务员处分。

政务处分是由监察机关依法对违法的公职人员给予的处分,行政机关公务员处分是公务员任免机关或者监察机关对违反法律、法规、规章以及行政机关的决定和命令的行政机关公务员给予的处分。二者的关系如下:

项目		政务处分	行政机关公务员处分
相同点	性质	制裁	制裁
	目的	促进公职人员依法履职、秉公用权、廉洁从政从业、坚持道德操守	规范行政机关公务员的行为,保证行政机关及其公务员依法履行职责
不同点	主体	监察机关	任免机关或者监察机关
	对象	公职人员(包括但不限于行政机关公务员)	行政机关公务员
	程序与救济途径	依据《公职人员政务处分法》	依据《公务员法》《行政机关公务员处分条例》

(三)行政行为法编

1. 抽象行政行为与具体行政行为。

行政行为法是行政法的重要组成部分,主要涉及对行政主体行使行政职权作出的有法律效果的行政行为的规范。行政行为表现形式多样,达到的法律效果各不相同,立法对其规范程度也不一,可以采用不同标准加以分类。抽象行政行为与具体行政行为的划分,是十分重要的分类。抽象行政行为是指行政机关针对不特定对象发布的能反复适用的行政法规、规章和行政规范性文件的行为,而具体行政行为则指行政机关依法就特定事项对特定的公民、法人和其他组织权利义务作出的行政职权行为。二者的区别主要表现为:

类别	对象	效力	表现形式
抽象行政行为	不特定	能反复适用	行政法规、规章、规范性文件
具体行政行为	特定	一次性适用	行政处罚、行政许可、行政协议等

抽象行政行为是行政机关制定规则或者规范的行为,包括行政立法(行政法规、部门规章和地方政府

规章)和行政规范性文件(具有普遍约束力的决定、命令)。《立法法》《行政法规制定程序条例》《规章制定程序条例》对行政立法作出较明确的规定,构成判定相关行为合法性的要求。具体行政行为种类多样,且目前尚无统一立法。不过,在行政处罚、行政许可、行政强制领域已有针对共同性行政行为的统一性立法。

就具体行政行为而言,需要把握的重点同时也是难点的是,对某一行政行为性质的确定和其合法性的判定。前者是基础,因为行政行为的定性关系到法律适用、程序等后续一系列问题。因此,需要准确把握每一类行政行为的性质、特点等。

2. 行政处罚与行政强制措施。

《行政处罚法》和《行政强制法》分别对行政处罚与行政强制措施作出了界定,二者的区别主要表现在以下三方面:

(1)目的不同。行政处罚的目的具有唯一性,制裁性或惩戒性是行政处罚的本质属性和特征。根据《行政处罚法》第2条的规定,行政处罚是指行政机关依法对违反行政管理秩序的公民、法人或者其他组织,以减损权益或者增加义务的方式予以惩戒的行为。行政强制措施的目的具有多重性,《行政强制法》第2条规定行政强制措施的目的是"制止违法行为、防止证据损毁、避免危害发生、控制危险扩大等",可以将这些目的概括为预防性和制止性。

(2)环节不同。行政处罚位于行政执法过程中的末端,是行政机关对事件调查处理后作出的最终决定。除非当事人不履行此处罚决定,进行行政强制执行外,行政过程即宣告结束。行政强制措施是对公民人身自由或财物等进行的"暂时性限制"或"暂时性控制"行为,通常是中间行为,尚未到达对事件最终处理的状态,在其之后往往跟随着包括行政处罚在内的相关的处理决定。

(3)形式不同。《行政处罚法》第9条对行政处罚的种类和形式作出规定,主要有:警告、通报批评,罚款、没收违法所得、没收非法财物,暂扣许可证件、降低资质等级、吊销许可证件,限制开展生产经营活动、责令停产停业、责令关闭、限制从业,行政拘留,法律、行政法规规定的其他行政处罚。根据《行政强制法》的规定,行政强制措施的种类包括:限制公民人身自由;查封场所、设施或者财物;扣押财物;冻结存款、汇款;其他行政强制措施。

3. 行政强制措施与行政强制执行。

《行政强制法》对行政强制措施和行政强制执行作出专门界定,其中,行政强制措施"是指行政机关在行政管理过程中,为制止违法行为、防止证据损毁、避免危害发生、控制危险扩大等情形,依法对公民的人身自由实施暂时性限制,或者对公民、法人或者其他组织的财物实施暂时性控制的行为"。而行政强制执行"是指行政机关或者行政机关申请人民法院,对不履行行政决定的公民、法人或者其他组织,依法强制履行义务的行为"。二者的主要区别如下:

区别项	行政强制措施	行政强制执行
目的	制止违法行为、防止证据损毁、避免危害发生、控制危险扩大	促使履行决定确定的义务
前提	通常事先无行政决定	先有行政决定
主体	行政机关	行政机关和法院
时间点	中间性与暂时性	最终性
表现方式	冻结、扣押、查封等	划拨、收缴、拍卖等

4. 行政许可的撤销、撤回、吊销、注销。

行政许可的撤销、撤回、吊销、注销是四项相关但又区别的制度,需要清晰把握其区别。

行政许可的撤销是指行政许可行为违法,而依法否定其效力的制度,事实上属于对违法的行政许可行为的纠正,而不是行政处罚。行政许可被撤销后,其自始无效。《行政许可法》对行政许可的撤销条件作出明确了规定。《行政许可法》第 69 条规定：有下列情形之一的，作出行政许可决定的行政机关或者其上级行政机关，根据利害关系人的请求或者依据职权，可以撤销行政许可：(1)行政机关工作人员滥用职权、玩忽职守作出准予行政许可决定的；(2)超越法定职权作出准予行政许可决定的；(3)违反法定程序作出准予行政许可决定的；(4)对不具备申请资格或者不符合法定条件的申请人准予行政许可的；(5)依法可以撤销行政许可的其他情形。被许可人以欺骗、贿赂等不正当手段取得行政许可的，应当予以撤销。依照前两款的规定撤销行政许可，可能对公共利益造成重大损害的，不予撤销。依照本条第 1 款的规定撤销行政许可，被许可人的合法权益受到损害的，行政机关应当依法给予赔偿。依照本条第 2 款的规定撤销行政许可的，被许可人基于行政许可取得的利益不受保护。

行政许可的撤回是指行政许可行为合法，但因出现法定情形而依法使其失效的制度。行政许可被撤回后，失去的只是向后的效力。《行政许可法》第 8 条规定，公民、法人或者其他组织依法取得的行政许可受法律保护，行政机关不得擅自改变已经生效的行政许可。行政许可所依据的法律、法规、规章修改或者废止，或者准予行政许可所依据的客观情况发生重大变化的，为了公共利益的需要，行政机关可以依法变更或者撤回已经生效的行政许可。由此给公民、法人或者其他组织造成财产损失的，行政机关应当依法给予补偿。该条明确了行政许可的撤回的条件。

行政许可的吊销通常表达为吊销行政许可，或者暂扣许可证件、吊销许可证件，虽与行政许可的撤销仅有一字之差，但有本质区别，是指当事人在取得行政许可后，因从事违法行为取消其相应行政许可的制度，因此吊销行政许可本质是一种行政处罚，《行政处罚法》对此种处罚形式有明确规定。

行政许可的注销是指在出现特定事实时，行政机关依据法定程序收回行政许可证件或向社会公告行政许可失去效力的事实。注销更多是对特定事实的公示，不涉及行政许可的效力，因而主要是一个程序问题。《行政许可法》第 70 条明确规定，有下列情形之一的，行政机关应当依法办理有关行政许可的注销手续：(1)行政许可有效期届满未延续的；(2)赋予公民特定资格的行政许可，该公民死亡或者丧失行为能力的；(3)法人或者其他组织依法终止的；(4)行政许可依法被撤销、撤回，或者行政许可证件依法被吊销的；(5)因不可抗力导致行政许可事项无法实施的；(6)法律、法规规定的应当注销行政许可的其他情形。

5. 政府信息公开。

政府信息公开制度中的重点内容之一，是对不予公开事项的适用。不予公开事项包括：涉及国家秘密的政府信息，法律、行政法规禁止公开的政府信息，公开后可能危及国家安全、公共安全、经济安全、社会稳定的政府信息，公开会对第三方合法权益造成损害的政府信息、内部事务信息、过程性信息、行政执法案卷信息。

(四)行政救济法编

行政复议、行政诉讼与国家赔偿制度是行政监督救济制度的重要组成部分，因有专门法律规定，且在实践中运用频繁，形成了较为完整、细化的制度体系，所以成为考查的重点，其中不少问题也成为应用的难点和疑点。

1. 行政复议与行政诉讼的关系。

行政复议与行政诉讼是两种正式的解决行政争议的制度，其关系的处理既影响当事人的权利救济，也影响整体制度运行。根据《行政诉讼法》第 44 条的规定，行政复议与行政诉讼以当事人自由选择救济方式为原则，以行政复议前置为例外。具体为：

(1)自由选择。对可复议、可诉性的行政行为不服，当事人可以自由选择救济方式。当事人可选择复议，并在复议后不服再向法院提起行政诉讼，也可不经复议直接向法院提起行政诉讼。这属于大多数情形。

(2)复议前置。即必须先申请行政复议，对行政复议不服的才能向法院起诉，行政复议是行政诉讼的必经程序、前置程序。此种情形属于例外情形，必须由法律、法规作出规定。

(3)复议后终局或选择终局。即复议后当事人不得向法院起诉,经当事人选择后再次复议后终局。此种情形仅限于全国人大及常委会制定的法律有明确规定。例如,《出境入境管理法》第64条规定,外国人对依照该法规定对其实施的继续盘问、拘留审查、限制活动范围、遣送出境措施不服的,可以依法申请行政复议,该行政复议决定为最终决定。其他境外人员对依照该法规定对其实施的遣送出境措施不服,申请行政复议的,适用此规定。

2. 行政诉讼受案范围。

行政诉讼受案范围要解决哪些行政争议可以允许通过行政诉讼解决、哪些不允许通过行政诉讼解决的问题,即解决可诉性问题。对行政诉讼受案范围的判断、分析和把握,需要从以下方面着手:

(1)是否属于行政诉讼受案基本范围。行政诉讼受案基本范围划定了行政诉讼基本范围,根据《行政诉讼法》第2条的规定,我国行政诉讼的基本范围是被诉行为是"行政行为","公民、法人或者其他组织认为行政机关和行政机关工作人员的行政行为侵犯其合法权益,有权依照本法向人民法院提起诉讼。前款所称行政行为,包括法律、法规、规章授权的组织作出的行政行为。"事实上,是否为行政行为是判定是否行政诉讼案件的第一步也是关键一步,若一个行为不是行政行为,基本决定了这一案件不是行政诉讼。

(2)是否为排除事项。即为《行政诉讼法》明确排除在行政诉讼受案范围外的事项,这是把握行政诉讼受案范围的另一重点内容,也常常是难点。

根据《行政诉讼法》第13条和《最高人民法院关于适用〈中华人民共和国行政诉讼法〉若干问题的解释》第1条、第2条,下列14项不属于行政诉讼受案范围:

①国家行为。即国防、外交等国家行为,指国务院、中央军事委员会、国防部、外交部等根据宪法和法律的授权,以国家的名义实施的有关国防和外交事务的行为,以及经宪法和法律授权的国家机关宣布紧急状态等行为。

②抽象行政行为。行政法规、规章或者行政机关制定、发布的具有普遍约束力的决定、命令。

③行政机关对行政机关工作人员的奖惩、任免等决定,即行政机关作出的涉及行政机关工作人员公务员权利义务的决定。

④行政终局行为。全国人民代表大会及其常务委员会制定、通过的规范性文件规定由行政机关最终裁决的行政行为。

⑤刑事司法行为。公安、国家安全等机关依照《刑事诉讼法》的明确授权实施的行为。

⑥调解仲裁行为。调解行为以及法律规定的仲裁行为。

⑦行政指导行为。

⑧重复处理行为。驳回当事人对行政行为提起申诉的重复处理行为。

⑨无外部效力行为。行政机关作出的不产生外部法律效力的行为。

⑩过程性行为。行政机关为作出行政行为而实施的准备、论证、研究、层报、咨询等过程性行为。

⑪协助执行行为。行政机关根据人民法院的生效裁判、协助执行通知书作出的执行行为,但行政机关扩大执行范围或者采取违法方式实施的除外。

⑫内部层级监督行为。上级行政机关基于内部层级监督关系对下级行政机关作出的听取报告、执法检查、督促履责等行为。

⑬信访办理行为。行政机关针对信访事项作出的登记、受理、交办、转送、复查、复核意见等行为。

⑭无实际影响行为。对公民、法人或者其他组织权利义务不产生实际影响的行为。

(3)是否为肯定性事项。包括行政处罚,行政强制措施和行政强制执行,行政许可类行为,行政确权行为,征收征用补偿行为,不履行法定职责,侵犯法律规定的经营自主权和农村土地承包经营权、农村土地经营权,侵犯公民公平竞争权,违法要求履行义务行为,行政给付行为,行政合同(行政协议),其他侵犯人身权、财产权行为,法律、法规规定的其他行政案件等。

行政诉讼受案范围如下所示:

基本范围	行政行为
排除事项	(1)刑事司法行为;(2)协助执行行为;(3)调解仲裁行为;(4)行政指导行为;(5)重复处理行为;(6)信访处理行为;(7)无外部效力行为;(8)内部层级监督行为;(9)国家行为;(10)抽象行政行为;(11)对公务员的奖惩任免行为;(12)行政终局行为;(13)过程性行为;(14)不对当事人产生实际影响行为
可受理事项	行政处罚,行政强制措施和行政强制执行,行政许可类行为,行政确权行为,征收征用补偿行为,不履行法定职责,侵犯法律规定的经营自主权和农村土地承包经营权、农村土地经营权,侵犯公民公平竞争权,违法要求履行义务行为,行政给付行为,行政合同(行政协议),其他侵犯人身权、财产权行为,法律、法规规定的其他行政案件等

3. 经复议后的行政诉讼被告确定与地域管辖。

行政诉讼地域管辖与被告确定有一定的复杂性,需要准确理解并正确运用。经复议后的行政诉讼被告确定与地域管辖,值得关注。

复议结果	被告	地域管辖
维持	原行政机关和复议机关是共同被告	原行政机关在地法院或复议机关所在地法院
改变	复议机关	原行政机关在地法院或复议机关所在地法院
复议不作为	起诉原行政行为的,作出原行政机关是被告;起诉复议机关不作为的,复议机关是被告	根据被告确定

【大纲变化法律法规提示】

中华人民共和国行政复议法☆

(1999年4月29日第九届全国人民代表大会常务委员会第九次会议通过 根据2009年8月27日第十一届全国人民代表大会常务委员会第十次会议《关于修改部分法律的决定》第一次修正 根据2017年9月1日第十二届全国人民代表大会常务委员会第二十九次会议《关于修改〈中华人民共和国法官法〉等八部法律的决定》第二次修正 2023年9月1日第十四届全国人民代表大会常务委员会第五次会议修订)

最高人民法院关于审理司法赔偿案件适用请求时效制度若干问题的解释★

(2023年4月3日最高人民法院审判委员会第1883次会议通过 2023年5月23日公布 自2023年6月1日起施行) 法释〔2023〕2号

【大纲变化考点提示】

第十二章 行政复议

基本要求

理解:行政复议的功能,行政复议的范围,行政复议的申请人与被申请人,行政复议机关的确定,行政复议与行政诉讼的关系,行政复议的决定类型,行政复议指导和监督。

熟悉并能够运用:分析解决行政机关在受理和作出复议决定中的程序合法性问题。

第二节 行政复议范围

可申请行政复议的事项☆(基本范围☆ 可申请行政复议的具体事项☆ 对行政规范性文件的附带

审查☆） 行政复议的排除事项（国家行为☆ 抽象行政行为☆ 对行政机关工作人员的奖惩、任免等决定☆ 对民事纠纷作出的调解☆）

第四节 行政复议的申请与受理

行政复议的申请时间和方式☆ 对行政复议申请的审查和处理 行政复议与行政诉讼的关系 行政行为在行政复议期间的执行力☆

第五节 行政复议的审理、决定和执行

行政复议的审理（一般规定☆ 证据制度☆ 审理程序☆ 简易程序☆ 行政复议附带审查☆）行政复议决定☆（各类行政复议决定及其适用☆） 行政复议的执行☆ 行政复议指导和监督

【教材新增要点详解】

☞ 3－2－1 国务院组成部门☆

国务院组成部门，是国务院领导下主管特定国家行政事务的行政机构，依法分别履行国务院的基本行政管理职能。它包括各部、各委员会、中国人民银行和审计署。国务院组成部门的设立、撤销或者合并，由国务院机构编制管理部门提出方案，经国务院常务会议讨论通过后，由国务院总理提请全国人民代表大会决定。在全国人民代表大会闭会期间，提请全国人民代表大会常务委员会决定。国务院组成部门确定或者调整后，由全国人民代表大会或者全国人民代表大会常务委员会公布。

国务院组成部门设部长（主任、行长、审计长）一人，副部长（副主任、副行长、副审计长）2～4人；委员会可以设委员5～10人。国务院组成部门实行部长（主任、行长、审计长）负责制。部长（主任、行长、审计长）领导本部门的工作，召集和主持部务（委务、行务、署务）会议，讨论决定本部门工作的重大问题；签署上报国务院的重要请示、报告和发布的命令、指示。副部长（副主任、副行长、副审计长）协助部长（主任、行长、审计长）工作。国务院副秘书长、各部副部长、各委员会副主任、中国人民银行副行长、副审计长由国务院任免。

国务院组成部门工作中的方针、政策、计划和重大行政措施，应当向国务院请示报告，由国务院决定。根据法律和国务院的行政法规、决定、命令，主管部门可以在本部门的权限范围内发布命令、指示。

☞ 12－2－1 可以申请行政复议的事项☆

（一）基本范围

可以申请行政复议事项的基本范围是行政行为，这一范围与《行政诉讼法》规定的行政诉讼受案范围是一致的。之前《行政复议法》对行政复议范围的基本限定是"具体行政行为"，2023年修订后的《行政复议法》将基本范围限定为"行政行为"，其第2条第1款规定："公民、法人或者其他组织认为行政机关的行政行为侵犯其合法权益，向行政复议机关提出行政复议申请，行政复议机关办理行政复议案件，适用本法。"

根据2023年修订后的《行政复议法》规定，行政复议法将公民、法人和其他组织的合法权益都纳入保护范围，不限于人身权和财产权。在此之前的行政复议主要保护公民、法人和其他组织的人身权和财产权。

（二）可申请行政复议的具体事项

在行政复议基本范围之下，《行政复议法》第11条对可申请行政复议事项作出了列举规定，这些列举

规定主要是基于常见行政行为,包括:

1. 对行政机关作出的行政处罚决定不服;

2. 对行政机关作出的行政强制措施、行政强制执行决定不服;

3. 申请行政许可,行政机关拒绝或者在法定期限内不予答复,或者对行政机关作出的有关行政许可的其他决定不服;

4. 对行政机关作出的确认自然资源的所有权或者使用权的决定不服;

5. 对行政机关作出的征收征用决定及其补偿决定不服;

6. 对行政机关作出的赔偿决定或者不予赔偿决定不服;

7. 对行政机关作出的不予受理工伤认定申请的决定或者工伤认定结论不服;

8. 认为行政机关侵犯其经营自主权或者农村土地承包经营权、农村土地经营权;

9. 认为行政机关滥用行政权力排除或者限制竞争;

10. 认为行政机关违法集资、摊派费用或者违法要求履行其他义务;

11. 申请行政机关履行保护人身权利、财产权利、受教育权利等合法权益的法定职责,行政机关拒绝履行、未依法履行或者不予答复;

12. 申请行政机关依法给付抚恤金、社会保险待遇或者最低生活保障等社会保障,行政机关没有依法给付;

13. 认为行政机关不依法订立、不依法履行、未按照约定履行或者违法变更、解除政府特许经营协议、土地房屋征收补偿协议等行政协议;

14. 认为行政机关在政府信息公开工作中侵犯其合法权益;

15. 认为行政机关的其他行政行为侵犯其合法权益。

(三)对行政规范性文件的附带审查

公民、法人或者其他组织认为行政机关的行政行为所依据的行政规范性文件不合法,不能直接申请行政复议,但可以提出附带审查申请。即行政复议的申请人在对上述可申请复议的行政行为提出复议申请的同时,可以对该行政行为所依据的行政规定,提出进行审查的请求。

《行政复议法》第 13 条规定,公民、法人或者其他组织认为行政机关的行政行为所依据的一般行政规范性文件不合法,在对行政行为申请行政复议时,可以一并向行政复议机关提出对该规范性文件的附带审查申请。这里的行政规范性文件不含规章,但包括国务院部门的规范性文件、县级以上地方各级政府及其工作部门的规范性文件、乡或镇政府的规范性文件和法律、法规、规章授权的组织的规范性文件。

☞ 12-2-2 行政复议的排除事项☆

行政复议法明确排除的事项包括:

1. 国防、外交等国家行为。国家行为属于政治性行为,有别于一般行政行为,不能通过行政复议和行政诉讼审查其合法性和合理性。国家行为是指国务院、中央军事委员会、国防部、外交部等根据宪法和法律的授权,以国家的名义实施的有关国防和外交事务的行为,以及经宪法和法律授权的国家机关宣布紧急状态、实施戒严和总动员等行为。

2. 抽象行政行为。指行政机关制定行政法规、规章或者行政机关制定、发布的具有普遍约束力的决定、命令等规范性文件的行为。公民、法人或者其他组织不能直接对抽象行政行为申请行政复议,不过如前所述,可以对行政机关制定、发布的具有普遍约束力的决定、命令等规范性文件,即一般的行政规范性文件附带提出审查请求。

3. 行政机关对行政机关工作人员的奖惩、任免等决定。这类决定是涉及公务员权利义务的决定,已由公务员法规定了救济渠道,不纳入行政复议范围和行政诉讼受案范围。除奖惩、任免决定之外,这类决定还包括行政机关对其工作人员作出的培训、考核、离退休、工资、休假等方面的决定。

4. 行政机关对民事纠纷作出的调解。行政机关对民事纠纷作出的调解,是行政机关居间对民事纠纷作出的不具有法律约束力的处理,能否调解成功以及通过调解达到的协议的履行,取决于民事纠纷的当事人。调解不成或对达成的协议当事人不履行,当事人可以依法申请仲裁或者向人民法院提起民事诉讼。

☞ 12-3-1 行政复议申请人☆

行政复议申请人是行政复议的启动者,《行政复议法》第14条第1款规定:“依照本法申请行政复议的公民、法人或者其他组织是申请人。”因此,行政复议申请人是依法申请行政复议的公民、法人或者其他组织。第一,享有行政复议申请权的只能是公民、法人或者其他组织,行使国家权力的机关不能作为行政复议的申请人;第二,申请人必须是认为自身合法权益受到侵害,并依法提出复议申请的公民、法人或者其他组织。

《行政复议法实施条例》规定,合伙企业申请行政复议的,应当以核准登记的企业为申请人,由执行合伙事务的合伙人代表该企业参加行政复议;其他合伙组织申请行政复议的,由合伙人共同申请行政复议。合伙企业之外不具备法人资格的其他组织申请行政复议的,由该组织的主要负责人代表该组织参加行政复议;没有主要负责人的,由共同推选的其他成员代表该组织参加行政复议。

《行政复议法实施条例》同时规定,对于股份制企业,并非只有法定代表人有权以企业名义申请复议,股份制企业的股东会、股东代表大会、董事会认为行政机关作出的具体行政行为侵犯企业合法权益的,也可以以企业的名义申请行政复议,事实上赋予了股份制企业的股东会、股东代表大会、董事会行使申请行政复议权利的地位。

关于行政复议申请权的转移与承受:第一,公民死亡引起的申请权转移,由其近亲属承受;第二,法人或者其他组织终止引起的申请权转移,由承受其权利的法人或者其他组织申请。

有权申请行政复议的公民为无民事行为能力人或者限制民事行为能力人的,由其法定代理人代为申请行政复议。申请人可以委托代理人代为参加行政复议。同一行政复议案件申请人人数众多的,可以由申请人推选代表人参加行政复议。代表人参加行政复议的行为对其所代表的申请人发生效力,但是代表人变更行政复议请求、撤回行政复议申请、承认第三人请求的,应当经被代表的申请人同意。

根据《行政复议法》规定,申请人、第三人可以委托1~2名律师、基层法律服务工作者或者其他代理人代为参加行政复议。申请人、第三人委托代理人的,应当向行政复议机构提交授权委托书、委托人及被委托人的身份证明文件。授权委托书应当载明委托事项、权限和期限。申请人、第三人变更或者解除代理人权限的,应当书面告知行政复议机构。符合法律援助条件的行政复议申请人申请法律援助的,法律援助机构应当依法为其提供法律援助。

外国人、无国籍人、外国组织在中华人民共和国境内申请行政复议,应当享有与中国公民、法人或者其他组织相同的申请权。

☞ 12-3-2 行政复议被申请人☆

行政复议被申请人,是作出被申请复议的行政行为的行政机关。行政机关与被申请复议的行政行为之间的直接关系是确定被申请人的根据,它符合行政活动职权与职责相一致的原则。

作出行政行为的行政组织有多种形态,所以行政复议的被申请人也有多种:(1)独立被申请人。作出行政行为的一级人民政府和它的工作部门是独立被申请人。(2)共同被申请人。若干行政机关以共同名义作出同一行政行为的,共同作出行政行为的行政机关为共同被申请人;行政机关与法律、法规、规章授权的组织以共同的名义作出行政行为的,行政机关和法律、法规、规章授权的组织为共同被申请人。但是,如果行政机关与其他组织以共同名义作出行政行为的,其他组织不能成为被申请人,只有行政机关是被申请人。(3)继续行使被撤销或者职权变更的行政机关权限的被申请人。作出行政行为的行政机关被撤销或者职权变更的，继续行使其职权的行政机关是被申请人。(4)法定授权的组织作为被申请人。法律、法规、规章授权的组织作出行政行为，公民、法人或者其他组织不服提出行政复议，该法定授权组织为被申请人。(5)批准机关为被申请人。下级行政机关依照法律、法规、规章规定，经上级行政机关批准作出行政行为的，批准机关为被申请人。(6)派出机关、派出机构、内设机构作为被申请人。行政机关的派出机关，以及经法律、法规、规章授权的行政机关设立的派出机构、内设机构或者其他组织对外以自己的名义作出行政行为的，该派出机关、派出机构和内设机构为被申请人。而行政机关设立的派出机构、内设机构或者其他组织，未经法律、法规、规章授权，对外以自己的名义作出行政行为的，则由该行政机关为被申请人。

☞ 12-3-3　行政复议第三人☆

行政复议第三人，是同被申请的行政行为有利害关系，参加行政复议的其他公民、法人或者其他组织。首先在主体上，第三人是申请人以外的其他公民、法人或者其他组织；其次在实体权利义务上，第三人同被申请行政复议的行政行为或者行政复议案件处理结果有利害关系，即第三人参加行政复议是为了维护自己的合法权益；最后在程序上，第三人在行政复议开始后终结前，经过申请或者复议机关决定参加行政复议。法律设置第三人制度的目的，是使同被申请行政复议的行政行为有关的法律争议得到统一解决，使合法权益受到侵害的公民、法人或者其他组织得到法律救济。

根据《行政复议法》的规定，申请人以外的同被申请行政复议的行政行为或者行政复议案件处理结果有利害关系的公民、法人或者其他组织，可以作为第三人申请参加行政复议，或者由行政复议机构通知其作为第三人参加行政复议。第三人可以委托1~2名代理人代为参加行政复议，委托的要求与申请人相同。第三人不参加行政复议，不影响行政复议案件的审理。

☞ 12-3-4　行政复议机关☆

行政复议机关是指依法受理行政复议申请，对被申请的行政行为进行合法性和适当性审查并作出决定的行政机关。由于行政复议机关仍为行政机关，如何避免行政机关自己作自己案件的裁判者，影响行政复议的公正性，行政复议管辖的基本要求以上一级行政机关管辖为原则，以原行政机关管辖为例外。不过，过去政府部门上一级行政机关的确定既包括本级政府也包括上一级主管部门，导致行政复议机关多且分散，行政复议资源配置效率偏低。2023年修订后的《行政复议法》对行政复议改革成果加以确认，从而确立了原则上县级以上地方各级人民政府只保留一个复议机关，即由本级政府统一行使行政复议职责，政府各部门原则上不再行使行政复议职责。

(一)一般情形：县级以上地方政府作为行政复议机关

作为一般情形，除行政复议法有例外和特别规定外，县级以上地方政府作为行政复议机关，既管辖针对下一级政府作出的行政行为不服产生的行政复议案件，也管辖针对本级政府工作部门作出的行政行为不服产生的行政复议案件。具体而言，县级以上地方政府管辖下列行政复议案件：(1)对本级政府工作部门作出的行政行为不服的；(2)对下一级政府作出的行政行为不服的；(3)对本级政府依法设立的派出机关作出的行政行为不服的；(4)对本级政府或者其工作部门管理的法律、法规、规章授权的组织作出的行政行为不服的。

省、自治区政府依法设立的派出机关参照设区的市级政府的职责权限，管辖相关行政复议案件。

对县级以上地方各级政府工作部门依法设立的派出机构依照法律、法规、规章规定，以派出机构的名义作出的行政行为不服的行政复议案件，由本级政府管辖；其中，对直辖市、设区的市政府工作部门按照行政区划设立的派出机构作出的行政行为不服的，也可以由其所在地的政府管辖。

(二)例外情形：由主管部门管辖

虽然原则上行政复议案件由地方各级人民政府管辖，但在特定情形下仍可以由部门管辖。具体包括：

1. 国务院部门作为行政复议机关。

国务院部门有权管辖下列行政复议案件：(1)对本部门依法设立的派出机构依照法律、行政法规、部门规章规定，以派出机构的名义作出的行政行为不服的；(2)对本部门管理的法律、行政法规、部门规章授权的组织作出的行政行为不服的。

2. 由上一级主管部门作为行政复议机关。

一是对海关、金融、外汇管理等实行垂直领导的行政机关、税务和国家安全机关的行政行为不服的，向上一级主管部门申请行政复议。

二是对履行行政复议机构职责的地方政府司法行政部门的行政行为不服的，可以向本级政府申请行政复议，也可以向上一级司法行政部门申请行政复议。对履行行政复议机构职责的地方政府司法行政部门作出的行政行为不服行政复议，若采用一般情形确定管辖，行政复议机关应为本级政府，但由于此时司法行政部门又为行政复议机构，具体办理行政复议案件，为避免可能产生的不公正，行政复议法确定此种情形下既可以由本级政府管辖也可以由上一级司法行政部门管辖，从而出现选择管辖情形。这种情形下的行政复议机关，由申请人进行选择。

(三)特殊情形：由原机关管辖

总体而言，行政复议法对行政复议机关管辖安排采用上一级管辖要求，但在特殊情形下允许由原机关管辖，即国务院部门或者省、自治区、直辖市政府作为被申请人时，行政复议机关仍为该机关。《行政复议法》第24条第2款规定，省、自治区、直辖市政府同时管辖对本机关作出的行政行为不服的行政复议案件。《行政复议法》第25条第1项规定，国务院部门管辖对本部门作出的行政行为不服提出的行政复议案件。

对于上述两类由原机关管辖的行政复议案件，当事人对省、自治区、直辖市政府或国务院部门作出的行政复议决定不服的，可以向法院提起行政诉讼；也可以向国务院申请裁决，国务院作出的决定为最终裁决，当事人不能提起行政诉讼。

(四)提级管辖

根据《行政复议法》第38条的规定，提级管辖有两种情形：

一种情形是，上级行政复议机关根据需要，可以审理下级行政复议机关管辖的行政复议案件；另一种情形是，下级行政复议机关对其管辖的行政复议案件，认为需要由上级行政复议机关审理的，可以报请上级行政复议机关决定。

(五)行政复议机构和行政复议人员

1. 行政复议机构。

行政复议机构是行政复议机关中具体办理行政复议事项的机构。行政复议机构的工作具有事务性、程序性和可操作性。它没有作出行政复议决定的职权，有权作出行政复议决定的是行政复议机关。

行政复议机构的职权和职责具体包括：受理权，调查取证权，审查行政行为行政复议决定拟订权，处理或者转达对抽象行为的申请，处理行政违法的建议权，对复议行政诉讼的应诉，按规定转送有关行政复议申请，办理行政复议中的行政赔偿事项，督促行政复议申请的受理和行政复议决定的履行，办理行政复议、行政应诉案件统计和重大行政复议决定备案事项，办理或者组织办理未经行政复议直接提起行政诉讼的行政应诉事项，研究行政复议工作中发现的问题并及时向有关机关提出改进建议和向行政复议机关报告。

行政复议机关应当加强行政复议工作，支持和保障行政复议机构依法履行职责。上级行政复议机构对下级行政复议机构的行政复议工作进行指导、监督。

2. 行政复议人员。

行政复议人员是行政复议机构中具体办理行政复议事项的人员，行政复议法规定国家建立专业化、职业化行政复议人员队伍。

行政复议机构中初次从事行政复议工作的人员，应当通过国家统一法律职业资格考试取得法律职业资格，并参加统一职前培训。行政复议机关应当确保行政复议机构的人员配备与其所承担的工作任务相适应，提高行政复议人员专业素质，根据工作需要保障办案场所、装备等设施。县级以上各级人民政府应当将行政复议工作经费列入本级预算。

国务院行政复议机构应当会同有关部门制定行政复议人员工作规范，加强对行政复议人员的业务考核和管理。

☞ 12－4－1 行政复议的申请☆

（一）申请时间

申请行政复议的时间有三方面内容：

1. 申请期限。行政复议法规定可以在60日内申请行政复议。法律有关于超过60日的规定时，按照法律的规定。

2. 申请期限的起算。行政复议法规定，申请期限应当从申请人知道或者应当知道作出该具体行政行为之日起算。所谓知道之日，通常指了解具体行政行为内容之时。由于实际情况非常复杂，《行政复议法实施条例》对不同情况下“知道”的确定作出了具体规定。

（1）当场作出决定。行政机关当场作出具体行政行为的，自具体行政行为作出之日起计算。

（2）送达。行政机关作出的具体行政行为的书面决定事后送达的，自送达日期之日起计算。如果载明具体行政行为的法律文书直接送达的，自受送达人签收之日起计算；如果载明具体行政行为的法律文书邮寄送达的，自受送达人在邮件签收单上签收之日起计算。没有邮件签收单的，自受送达人在送达回执上签名之日起计算；具体行政行为依法通过公告形式告知受送达人的，自公告规定的期限届满之日起计算。

（3）未制作、未送达决定书。行政机关作出具体行政行为，依法应当向有关公民、法人或者其他组织送达法律文书而未送达的，视为该公民、法人或者其他组织不知道该具体行政行为。被申请人能够证明公民、法人或者其他组织知道具体行政行为的，自证据材料证明其知道具体行政行为之日起计算。同时，行政机关作出具体行政行为时未告知公民、法人或者其他组织，事后补充告知的，自该公民、法人或者其他组织收到行政机关补充告知的通知之日起计算。

（4）行政机关未履行法定职责。申请人申请行政机关履行法定职责，行政机关未履行的，行政复议申请期限计算分三种情形：第一，有履行期限规定的，自履行期限届满之日起计算；第二，没有履行期限规定的，自行政机关收到申请满60日起计算；第三，在紧急情况下请求行政机关履行保护人身权、财产权的法定职责，行政机关不履行的，行政复议申请期限不受前款规定的限制。

3. 最长保护期。行政机关作出行政行为时，未告知公民、法人或者其他组织申请行政复议的权利、行政复议机关和申请期限的，申请期限自公民、法人或者其他组织知道或者应当知道申请行政复议的权利、行政复议机关和申请期限之日起计算，但是自知道或者应当知道行政行为内容之日起最长不得超过1年。

因不动产提出的行政复议申请自行政行为作出之日起超过20年，其他行政复议申请自行政行为作出之日起超过5年的，行政复议机关不予受理。

4. 法定期限的耽搁。法定期限的耽搁有两种情况：一种是不可抗力。它指不能预见、不能避免并不能克服的客观情况的出现致使在法定期限内不能申请行政复议。另一种是其他正当理由，如申请人病重。法定期限耽搁的继续方法，是从障碍消除之日起继续计算。

（二）申请形式

申请形式包括两个问题：一个问题是申请方式，另一个问题是向谁申请。

1. 申请方式。

申请人申请行政复议，可以书面申请；书面申请有困难的，也可以口头申请。

书面申请应当载明申请人的基本情况，被申请人的名称，行政复议请求、主要事实和理由，申请人的签名或者盖章和申请日期。书面申请的，可以通过邮寄或者行政复议机关指定的互联网渠道等方式提交行政复议申请书，也可以当面提交行政复议申请书。行政机关通过互联网渠道送达行政行为决定书的，应当同时提供提交行政复议申请书的互联网渠道。

口头申请的,行政复议机关应当当场记录申请人的基本情况、行政复议请求、申请行政复议的主要事实、理由和时间。

若申请人对两个以上行政行为不服的,应当分别申请行政复议。

2. 递交申请机关。

原则上,申请人提出复议申请,应当直接向行政复议机关递交申请。不过,为方便申请人,在特定情形下允许其通过被申请人提出。《行政复议法》第 32 条规定,对当场作出或者依据电子技术监控设备记录的违法事实作出的行政处罚决定不服申请行政复议的,可以通过作出行政处罚决定的行政机关提交行政复议申请。行政机关收到行政复议申请后,应当及时处理;认为需要维持行政处罚决定的,应当自收到行政复议申请之日起 5 日内转送行政复议机关。

☞ 12－4－2 对行政复议申请的受理☆

(一)受理和受理的期限

行政复议机关应当在收到行政复议申请后的 5 日内,对申请进行审查并根据情况分别予以处理:

1. 受理。

对符合下列规定的,行政复议机关应当予以受理:(1)有明确的申请人和符合本法规定的被申请人;(2)申请人与被申请行政复议的行政行为有利害关系;(3)有具体的行政复议请求和理由;(4)在法定申请期限内提出;(5)属于行政复议法规定的行政复议范围;(6)属于本机关的管辖范围;(7)行政复议机关未受理过该申请人就同一行政行为提出的行政复议申请,并且人民法院未受理过该申请人就同一行政行为提起的行政诉讼。

行政复议机关受理行政复议申请,不得向申请人收取任何费用。行政复议活动所需经费,应当列入本机关的行政经费,由本级财政予以保障。

2. 不予受理。

对不符合前述情况的行政复议申请,行政复议机关应当在审查期限内决定不予受理并说明理由。不属于本机关管辖的,还应当在不予受理决定中告知申请人有管辖权的行政复议机关。

3. 通知补正。

行政复议申请材料不齐全或者表述不清楚,无法判断行政复议申请是否符合《行政复议法》第 30 条第 1 款规定的,行政复议机关应当自收到申请之日起 5 日内书面通知申请人补正。补正通知应当一次性载明需要补正的事项。

申请人应当自收到补正通知之日起 10 日内提交补正材料。有正当理由不能按期补正的,行政复议机关可以延长合理的补正期限。无正当理由逾期不补正的,视为申请人放弃行政复议申请,并记录在案。行政复议机关收到补正材料后,依照规定进行处理,决定受理还是不受理。

4. 视为受理。

行政复议申请的审查期限届满,行政复议机关未作出不予受理决定的,审查期限届满之日起视为受理。

(二)对行政复议机关无理拒绝受理、驳回申请的处理

公民、法人或者其他组织依法提出行政复议申请,行政复议机关无正当理由不予受理或、驳回申请的,申请人有权向上级行政机关反映。上级行政机关有两个处理办法:一是由上级行政机关责令该行政复议机关受理;二是在必要时,由上级行政机关直接受理。上级行政机关具体的处理程序是,上级行政机关认为行政复议机关不予受理行政复议申请的理由不成立的,可以先行督促其受理;经督促仍不受理的,应当责令其限期受理,必要时也可以直接受理。同时,值得注意的是,如果上级机关认为申请人的复议申请确实不符合法定受理条件,不存在行政复议机关无正当理由不予受理的情形的,应当告知申请人。

（三）行政复议申请的移转

1. 移转的义务和情形。县级地方人民政府收到属于其他行政复议机关受理的行政复议申请，有义务转送有关行政复议机关。

2. 移转的期限。移转是法定程序，应当执行法定期限。移转的法定期限是收到该行政复议申请后的7日内。移转时应当同时告知行政复议申请人。

3. 接受移转的处理。接受转送的行政复议机关应当根据关于受理的规定，在法定期限内作出有关受理的决定。但是接受转送的受理时间，应当从收到转送之日起计算。

☞ 12-4-3 行政复议与行政诉讼的关系☆

受理程序中的重要问题，是申请行政复议与提起行政诉讼的关系。结合我国《行政诉讼法》第44条和第13条规定，除非法律规定由行政机关复议最终裁决和法律、法规规定必须先申请行政复议的，行政争议当事人可以自由选择申请行政复议还是提起行政诉讼，即确立了自由选择为原则、复议前置为例外、有限行政终局的制度安排。

2023年修订后的《行政复议法》总体上维持了这一制度安排，不过对复议前置规定方式和范围进行了调整。就规定方式而言，原采用方式是由单行法律、法规作出规定，而根据《行政复议法》第23条规定，目前采用的是由行政复议法作规定加单行法律、行政法规规定的方式。因而，这意味着地方性法规不再享有规定复议前置的权限。就复议前置范围而言，行政复议法适当扩大了复议前置事项，这集中体现在了行政复议法明确规定必须先行政复议的事项。

《行政复议法》第23条规定，有下列五种情形之一的，申请人应当先向行政复议机关申请行政复议，对行政复议决定不服的，可以再依法向人民法院提起行政诉讼：(1)对当场作出的行政处罚决定不服；(2)对行政机关作出的侵犯其已经依法取得的自然资源的所有权或者使用权的决定不服；(3)认为行政机关存在《行政复议法》第11条规定的未履行法定职责情形；(4)申请政府信息公开，行政机关不予公开；(5)法律、行政法规规定应当先向行政复议机关申请行政复议的其他情形。凡有复议前置的情形，行政机关在作出行政行为时应当告知公民、法人或者其他组织先向行政复议机关申请行政复议。

法律、行政法规规定应当先向行政复议机关申请行政复议、对行政复议决定不服再向人民法院提起行政诉讼的，行政复议机关决定不予受理、驳回申请或者受理后超过行政复议期限不作答复的，公民、法人或者其他组织可以自收到决定书之日起或者行政复议期限届满之日起15日内，依法向人民法院提起行政诉讼。

法律规定行政复议机关作出的终局行政复议决定，当事人不得提起行政诉讼。行政复议法规定的终局行政复议决定，是《行政复议法》第26条规定的国务院的裁决。即对省、自治区、直辖市政府依照《行政复议法》第24条第2款的规定、国务院部门依照《行政复议法》第25条第1项的规定作出的行政复议决定不服的，可以向人民法院提起行政诉讼；也可以向国务院申请裁决，国务院作出最终裁决。

同时，在处理行政复议与行政诉讼关系时还需要注意，对于公民、法人或者其他组织可以自由选择行政复议与行政诉讼两种救济方式时，不意味着公民、法人或者其他组织选可以同时使用这两种方式。行政复议已经被依法受理的，公民、法人或者其他组织在法定复议期限以内不得提起诉讼；行政诉讼已经被依法受理的，则不得再申请行政复议。对于公民、法人或者其他组织既提起诉讼又申请行政复议的，由先立案的机关管辖；同时立案的，由公民、法人或者其他组织选择。

☞ 12-4-4 行政行为在行政复议期间的执行力☆

行政复议申请被行政复议机关受理以后，就开始计算行政复议期间。在这一期间行政行为是否还有执行效力是需要回答的重要程序问题。

原则上,在行政复议期间行政行为不停止执行。实行不停止执行制度的原因之一,是及时制止违法行为对社会的危害。多数行政复议案件涉及对行政机关规定义务的或者给予制裁性的决定,这些决定又往往是针对当事人违法行为作出的。在申请行政复议时,有些违法行为已经完成,但是也有些违法行为还处于持续状态有待于处理。例如,危害环境的违法行为,危害公众身体健康或者生命安全的违法行为,如果相关行政行为在被申请行政复议后就停止执行,那么违法行为就有可能继续危害环境和公众的健康与生命。

但是并不是所有的行政行为都需要在行政复议期间维持其执行力。至于哪些行政行为不需要维持执行力,需要由有关国家机关根据公共利益和执行法律的需要在其权限范围内,作出行政行为可以停止执行的决定。《行政复议法》第 42 条规定了四种应当停止执行的情形:(1)被申请人认为需要停止执行的;(2)行政复议机关认为需要停止执行的;(3)申请人、第三人申请停止执行,行政复议机关认为其要求合理,决定停止执行;(4)法律、法规、规章规定停止执行的其他情形。

☞ 12-5-1　行政复议的审理☆

(一)审理程序

1. 一般规定。

行政复议机关受理行政复议申请后,适用普通程序或者简易程序进行审理。行政复议机构应当指定行政复议人员负责办理行政复议案件。

行政复议机关依照法律、法规、规章审理行政复议案件。行政复议机关审理民族自治地方的行政复议案件,同时依照该民族自治地方的自治条例和单行条例。

行政复议期间有下列情形之一的,行政复议中止:(1)作为申请人的公民死亡,其近亲属尚未确定是否参加行政复议;(2)作为申请人的公民丧失参加行政复议的行为能力,尚未确定法定代理人参加行政复议;(3)作为申请人的公民下落不明;(4)作为申请人的法人或者其他组织终止,尚未确定权利义务承受人;(5)申请人、被申请人因不可抗力或者其他正当理由,不能参加行政复议;(6)依照行政复议法规定进行调解、和解,申请人和被申请人同意中止;(7)行政复议案件涉及的法律适用问题需要有权机关作出解释或者确认;(8)行政复议案件审理需要以其他案件的审理结果为依据,而其他案件尚未审结;(9)有《行政复议法》第 56 条或者第 57 条规定的情形,即涉及行政规范性文件附带审查转送情形;(10)需要中止行政复议的其他情形。行政复议中止的原因消除后,应当及时恢复行政复议案件的审理。行政复议机关中止、恢复行政复议案件的审理,应当书面告知当事人。

行政复议期间有下列情形之一的,行政复议机关决定终止行政复议:(1)申请人撤回行政复议申请,行政复议机构准予撤回;(2)作为申请人的公民死亡,没有近亲属或者其近亲属放弃行政复议权利;(3)作为申请人的法人或者其他组织终止,没有权利义务承受人或者其权利义务承受人放弃行政复议权利;(4)申请人对行政拘留或者限制人身自由的行政强制措施不服申请行政复议后,因同一违法行为涉嫌犯罪,被采取刑事强制措施;(5)前述行政复议中止情形第(1)(2)(4)项的规定中止行政复议满 60 日,行政复议中止的原因仍未消除。

2. 普通程序。

行政复议普通程序,是行政复议适用的一般程序。

(1)审理准备

行政复议机构应当自行政复议申请受理之日起 7 日内,将行政复议申请书副本或者行政复议申请笔录复印件发送被申请人。被申请人应当自收到行政复议申请书副本或者行政复议申请笔录复印件之日起 10 日内,提出书面答复,并提交作出行政行为的证据、依据和其他有关材料。

(2)听取意见

适用普通程序审理的行政复议案件,行政复议机构应当当面或者通过互联网、电话等方式听取当事人的意见,并将听取的意见记录在案。因当事人原因不能听取意见的,可以书面审理。

审理重大、疑难、复杂的行政复议案件,行政复议机构应当组织听证。行政复议机构认为有必要听证,或者申请人请求听证的,行政复议机构可以组织听证。听证由1名行政复议人员任主持人,2名以上行政复议人员任听证员,1名记录员制作听证笔录。行政复议机构组织听证的,应当于举行听证的5日前将听证的时间、地点和拟听证事项书面通知当事人。申请人无正当理由拒不参加听证的,视为放弃听证权利。被申请人的负责人应当参加听证。不能参加的,应当说明理由并委托相应的工作人员参加听证。

审理行政复议案件涉及下列情形之一的,行政复议机构应当提请行政复议委员会提出咨询意见:一是案情重大、疑难、复杂;二是专业性、技术性较强;三是《行政复议法》第24条第2款规定的行政复议案件,即省、自治区、直辖市政府管辖对本机关作出的行政行为不服的行政复议案件;四是行政复议机构认为有必要。行政复议机构应当记录行政复议委员会的咨询意见。为此,县级以上各级政府应当建立相关政府部门、专家、学者等参与的行政复议委员会,为办理行政复议案件提供咨询意见,并就行政复议工作中的重大事项和共性问题进行研究、提出意见。行政复议委员会的组成和开展工作的具体办法,由国务院行政复议机构制定。

3. 简易程序。

对较为简单的行政复议案件,可以适用简易程序进行审理。

(1)适用范围

可以适用简易程序的行政复议案件,包括两种情形:

第一种情形是符合规定条件的案件。行政复议机关审理下列行政复议案件,认为事实清楚、权利义务关系明确、争议不大的,可以适用简易程序:(1)被申请行政复议的行政行为是当场作出;(2)被申请行政复议的行政行为是警告或者通报批评;(3)案件涉及款额3000元以下;(4)属于政府信息公开案件。

第二种情形是当事人同意适用的简易程序的。即虽不属于第一种情形的行政复议案件,但当事人各方同意适用简易程序的,可以适用简易程序。

(2)适用要求

适用简易程序审理的行政复议案件,行政复议机构应当自受理行政复议申请之日起3日内,将行政复议申请书副本或者行政复议申请笔录复印件发送被申请人。被申请人应当自收到行政复议申请书副本或者行政复议申请笔录复印件之日起5日内,提出书面答复,并提交作出行政行为的证据、依据和其他有关材料。适用简易程序审理的行政复议案件,可以书面审理。

适用简易程序审理的行政复议案件,行政复议机构认为不宜适用简易程序的,经行政复议机构的负责人批准,可以转为普通程序审理。

(二)证据制度

1. 证据种类。

根据行政复议法规定,行政复议证据包括八类:书证;物证;视听资料;电子数据;证人证言;当事人的陈述;鉴定意见;勘验笔录、现场笔录。

以上证据经行政复议机构审查属实,才能作为认定行政复议案件事实的根据。

2. 举证责任。

被申请人对其作出的行政行为的合法性、适当性负有举证责任。被申请人履行这一义务的内容,是提交作出行政行为的证据、依据和其他有关材料。根据前述行政复议的审理程序,被申请人的举证责任在复议程序开始阶段对申请人申请的答复程序中履行。行政复议期间,被申请人不得自行向申请人和其他有关单位或者个人收集证据;自行收集的证据不作为认定行政行为合法性、适当性的依据。该规定确立了被申请人在行政复议过程中证据收集权的限制制度。第一,只是被申请人的证据收集权受到限制。申请人和第三人不受这种限制,他们有权在行政复议过程中收集证据。第二,限制的内容是被申请人不得自行向申请人和其他有关组织和个人收集证据。如果被申请人向复议机关提出取证要求,复议机关认为有必要时可以作出调查取证的决定。第三,限制的时间是行政复议的过程。这一过程开始于行政复议机关对复议申请的受理,结束于行政复议决定的执行完毕。

有下列情形之一的，申请人应当提供证据：(1)认为被申请人不履行法定职责的，提供曾经要求被申请人履行法定职责的证据，但是被申请人应当依职权主动履行法定职责或者申请人因正当理由不能提供的除外；(2)提出行政赔偿请求的，提供受行政行为侵害而造成损害的证据，但是因被申请人原因导致申请人无法举证的，由被申请人承担举证责任；(3)法律、法规规定需要申请人提供证据的其他情形。行政复议期间，申请人或者第三人提出被申请行政复议的行政行为作出时没有提出的理由或者证据的，经行政复议机构同意，被申请人可以补充证据。

3. 查阅材料。

行政复议法规定了查阅被申请人提供资料的制度，这是执行行政公开原则的重要制度，为申请人、第三人有效主张和维护其法律权利提供了条件。

行政复议期间，申请人、第三人及其委托代理人可以按照规定查阅、复制被申请人提出的书面答复、作出行政行为的证据、依据和其他有关材料，除涉及国家秘密、商业秘密、个人隐私或者可能危及国家安全、公共安全、社会稳定的情形外，行政复议机构应当同意。

4. 调查取证。

行政复议机关有权向有关单位和个人调查取证，查阅、复制、调取有关文件和资料，向有关人员进行询问。调查取证时，行政复议人员不得少于2人，并应当出示行政复议工作证件。被调查取证的单位和个人应当积极配合行政复议人员的工作，不得拒绝或者阻挠。

（三）撤回申请

法律规定了申请人撤回行政复议申请的制度。在理论上，申请人有权撤回已经提出的行政复议申请。因为行政复议的主要目的是保护申请人的合法权益，申请人对自己的合法权益享有放弃的权利。一旦申请人放弃对自己合法权益的主张，行政复议程序的继续进行就没有什么意义了。

但是因为申请人撤回申请会对行政复议秩序带来重要影响，法律需要设置一些必要的撤回条件，以规范申请人的申请撤回行为。第一，撤回的条件，是提出撤回的申请。撤回必须出自申请人的意愿。如果发现撤回申请有强迫、动员等违背申请人真实意愿的情形，行政复议机关可以不准许撤回申请。第二，撤回的时间，是申请被受理以后和复议决定作出以前。第三，撤回的效果，是终止正在进行的行政复议。行政复议机关可以采用制作裁决书或者记录在案的方法，予以同意并终结行政复议。申请人撤回行政复议申请的，不得再以同一事实和理由提出行政复议申请。但是，申请人能够证明撤回行政复议申请违背其真实意思表示的除外。

（四）原行政行为的改变、行政复议中的调解与和解

为促使行政争议的尽快解决，在行政复议期间被申请人可以改变原行政行为。如果申请人接受改变原行政行为的后果，撤回行政复议申请并获得行政复议机关的同意，行政复议程序结束。但是，如果申请人不提出撤回复议申请或者虽提出申请而未获得准许，不影响行政复议案件的审理，行政复议机关应当继续就原行政行为进行审查，并根据不同情况依法作出决定。

通常认为，调解与和解是解决民事争议的重要方式。但多年来，国内一直认为这两种方式原则上对行政争议的解决不适用。《行政诉讼法》明确规定，人民法院审理行政案件原则上不适用调解。通常认为，行政争议的解决不适用调解与和解的原因在于，行政机关行使的是国家职权，不能随意处分；而行政争议所涉及的行政行为只有合法与违法两种结果，因此不存在调解与和解的可能。近年来，随着对问题认识的深化，行政争议的解决不适用调解与和解的观念有所改变。一是行政争议的解决核心在于解决争议、消除矛盾，违法与合法或对与错的判断固然重要，但不是绝对的。行政复议和行政诉讼制度的存在及其运作，应当充分发挥其预防、解决行政争议的功能和作用。二是虽然行政机关不得放弃或任意处分自己的权力，但行政机关的职权并不是绝对的、羁束性的权力，在从事管理时没有丝毫的选择余地和活动空间；相反，行政机关享有广泛的裁量权力，在从事管理时存在多种选择可能。三是在实践中，有不少争议甚至是进入行政复议和行政诉讼中的争议，是通过直接或间接的调解与和解结案的。

为发挥行政复议在化解行政争议中主渠道的作用，2023年修订后的《行政复议法》对行政复议的调解与和解采取了更为积极开放的态度。《行政复议法》第 5 条第 1 款规定："行政复议机关办理行政复议案件，可以进行调解。"在总则中明确规定行政复议可以进行调解，且未设置范围限制。

行政复议机关在行政复议期间进行调解的要求和程序为：第一，调解应当遵循合法、自愿的原则，不得损害国家利益、社会公共利益和他人合法权益，不得违反法律、法规的强制性规定。第二，当事人经调解达成协议的，行政复议机关应当制作行政复议调解书，经各方当事人签字或者签章，并加盖行政复议机关印章，即具有法律效力。第三，调解未达成协议或者调解书生效前一方反悔的，行政复议机关应当依法审查或者及时作出行政复议决定。

在行政复议中，当事人可以进行和解。和解的要求有：第一，和解应当出于当事人自愿，不违背当事人的真实意愿；第二，应当在行政复议决定作出前达成和解；第三，和解内容不得损害国家利益、社会公共利益和他人合法权益，不得违反法律、法规的强制性规定；第四，当事人达成和解后，由申请人向行政复议机构撤回行政复议申请。行政复议机构准予撤回行政复议申请、行政复议机关决定终止行政复议的，申请人不得再以同一事实和理由提出行政复议申请。但是，申请人能够证明撤回行政复议申请违背其真实意愿的除外。

（五）行政复议附带审查

行政复议附带审查涉及的行政规范性文件和行政依据有两个方面：一是根据申请人提出的申请对有关行政规范性文件进行的审查处理；二是行政复议机关在对被申请人作出的行政行为进行审查时依职权发现依据不合法进行的处理。对前者，行政复议机关有权处理的，应当在 30 日内依法处理；无权处理的，应当在 7 日内转送有权处理的行政机关依法处理。对后者，行政复议机关有权处理的，应当在 30 日内依法处理；无权处理的，应当在 7 日内转送有权处理的国家机关依法处理。

1. 行政复议机关有权处理行政规范性文件或者依据的审查和处理。

对于行政复议机关有权处理行政规范性文件或者依据的，行政复议机构应当自行政复议中止之日起 3 日内，书面通知规范性文件或者依据的制定机关就相关条款的合法性提出书面答复。制定机关应当自收到书面通知之日起 10 日内提交书面答复及相关材料。行政复议机构认为必要时，可以要求规范性文件或者依据的制定机关当面说明理由，制定机关应当配合。

经审查，认为相关条款合法的，在行政复议决定书中一并告知；认为相关条款超越权限或者违反上位法的，决定停止该条款的执行，并责令制定机关予以纠正。

2. 行政复议机关无权处理行政规范性文件或者依据的转送回复。

对于行政复议机关无权处理行政规范性文件或者依据的情形，在行政复议机关应转送相关行政机关或国家机关，接受转送的行政机关、国家机关应当自收到转送之日起 60 日内，将处理意见回复转送的行政复议机关。

☞ 12－5－2　行政复议决定☆

（一）行政复议决定作出要求

1. 作出的程序。行政复议机关审理行政复议案件，由行政复议机构对行政行为进行审查，提出意见，经行政复议机关的负责人同意或者集体讨论通过后，以行政复议机关的名义作出行政复议决定。经过听证的行政复议案件，行政复议机关应当根据听证笔录、审查认定的事实和证据，依法作出行政复议决定。提请行政复议委员会提出咨询意见的行政复议案件，行政复议机关应当将咨询意见作为作出行政复议决定的重要参考依据。

2. 作出期限。适用普通程序审理的行政复议案件，行政复议机关应当自受理申请之日起 60 日内作出行政复议决定；但是法律规定的行政复议期限少于 60 日的除外。情况复杂，不能在规定期限内作出行政复议决定的，经行政复议机构的负责人批准，可以适当延长，并书面告知当事人；但是延长期限最多不得超过 30 日。

适用简易程序审理的行政复议案件,行政复议机关应当自受理申请之日起30日内作出行政复议决定。

3. 作出的形式和效力。行政复议机关作出行政复议决定,应当制作行政复议决定书,并加盖行政复议机关印章。行政复议决定书一经送达,即发生法律效力。

(二)行政复议决定种类

行政复议机关可以作出以下几种行政复议决定,法律对此规定了相应的条件:

1. 变更决定。

变更决定是行政复议机关全部或部分改变原行政行为的内容,用复议机关的决定替代原具体行政行为。根据行政复议法规定,变更决定适用于3种情形:(1)行政行为事实清楚,证据确凿,适用依据正确,程序合法,但是内容不适当;(2)事实清楚,证据确凿,程序合法,但是未正确适用依据;(3)事实不清、证据不足,经行政复议机关查清事实和证据。行政复议机关不得作出对申请人更为不利的变更决定,但是第三人提出相反请求的除外。

2. 撤销决定。撤销决定是行政复议机关认为行政行为违法,使行政行为丧失或者不能取得法律效力的行政复议决定。具体行政行为被撤销以后就不再有而且以后也不会有法律约束力,除非复议决定本身丧失法律效力。

根据行政复议法规定,行政行为有下列情形之一的,行政复议机关决定撤销或者部分撤销该行政行为,并可以责令被申请人在一定期限内重新作出行政行为:(1)主要事实不清、证据不足;(2)违反法定程序;(3)适用的依据不合法;(4)超越职权或者滥用职权。

行政复议机关责令被申请人重新作出行政行为的,被申请人不得以同一事实和理由作出与被申请行政复议的行政行为相同或者基本相同的行政行为,但是行政复议机关以违反法定程序为由决定撤销或者部分撤销的除外。

3. 确认违法决定。确认违法决定是对具体行政行为违法性质和违法状态的确定或者认定。作出确认决定的情形,是原来的行政行为确实构成违法,但是由于客观情况变化使撤销或者变更已经没有实际意义。

行政行为有下列情形之一的,行政复议机关不撤销该行政行为,但是确认该行政行为违法:(1)依法应予撤销,但是撤销会给国家利益、社会公共利益造成重大损害;(2)程序轻微违法,但是对申请人权利不产生实际影响。

行政行为有下列情形之一,不需要撤销或者责令履行的,行政复议机关确认该行政行为违法:(1)行政行为违法,但是不具有可撤销内容;(2)被申请人改变原违法行政行为,申请人仍要求撤销或者确认该行政行为违法;(3)被申请人不履行或者拖延履行法定职责,责令履行没有意义。

4. 履行职责决定。履行职责决定是行政复议机关认为被申请人不履行法定职责的,行政复议机关决定被申请人在一定期限内履行。

行政复议机关首先要确定存在被申请人应当履行的法定职责,确认存在没有履行职责的事实以及这种不履行对申请人的合法权益构成了侵害和行政违法;其次要确定继续履行法定职责仍然有实际意义和法律意义,并规定履行的期限和履行的法定内容。因此,这种决定包括了确认不作为违法和履行法定义务两个方面的内容。

5. 确认无效决定。行政复议机关经审理,认为行政行为有实施主体不具有行政主体资格或者没有依据等重大且明显违法情形,申请人申请确认行政行为无效的,行政复议机关确认该行政行为无效。

6. 维持决定。维持决定是行政复议机关认为行政行为合法适当,从而维护和支持行政行为的决定。行政复议法规定,行政行为认定事实清楚,证据确凿,适用依据正确,程序合法,内容适当的,行政复议机关决定维持该行政行为。

作出维持决定的条件有5个方面:第一,事实清楚。它的含义是对行政行为所认定的事实没有疑义,各方面能够达到一致的认识或者通过复议审查消除了疑义的。第二,证据确凿。它的含义是有关事实的证据达到确实可靠的程度，足以使有关的反驳不能成立。第三，适用依据正确。它的含义是行政行为所适用的法律、法规和其他依据是有效正确的，案件事实与依据之间存在正确的关系或者联系。第四，程序合法。它的含义是行政行为处理案件时所采用的程序符合法律法规规定，尊重当事人的程序权利，遵守法律对程序的要求。第五，内容适当。它的含义是行政行为规定的权利义务具有合理性和正当性，符合客观情形和法律正义的一般要求。

7. 驳回复议请求决定。行政复议机关受理申请人认为被申请人不履行法定职责的行政复议申请后，发现被申请人没有相应法定职责或者在受理前已经履行法定职责的，决定驳回申请人的行政复议请求。

8. 针对行政协议案件的复议决定。行政协议案件有一定的特殊性，行政复议机关应根据情况作出复议决定：被申请人不依法订立、不依法履行、未按照约定履行或者违法变更、解除行政协议的，行政复议机关决定被申请人承担依法订立、继续履行、采取补救措施或者赔偿损失等责任。

被申请人变更、解除行政协议合法，但是未依法给予补偿或者补偿不合理的，行政复议机关决定被申请人依法给予合理补偿。

9. 针对行政赔偿的决定。行政复议机关作出行政复议决定，可以依法同时决定行政赔偿的问题。这里有两种情形：一种是申请人提出赔偿请求的；另一种是申请人没有提出赔偿请求的。

依申请作出的赔偿决定，是申请人在申请行政复议时一并提出了行政赔偿请求，行政复议机关对依照《国家赔偿法》的有关规定应当不予赔偿的，在作出行政复议决定时，应当同时决定驳回行政赔偿请求；对符合《国家赔偿法》的有关规定应当给予赔偿的，在决定撤销或者部分撤销、变更行政行为或者确认行政行为违法、无效时，应当同时决定被申请人依法给予赔偿；确认行政行为违法的，还可以同时责令被申请人采取补救措施。

依职权作出的赔偿决定，是申请人在申请行政复议时没有提出行政赔偿损失请求，但是行政复议机关可以在法定情形下直接作出有赔偿效果的决定。申请人在申请行政复议时没有提出行政赔偿请求的，行政复议机关在依法决定撤销或者部分撤销、变更罚款，撤销或者部分撤销违法集资、没收财物、征收征用、摊派费用以及对财产的查封、扣押、冻结等行政行为时，应当同时责令被申请人返还财产，解除对财产的查封、扣押、冻结措施，或者赔偿相应的价款。

☞ 12－5－3　行政复议的执行☆

行政复议的执行，是有关国家机关依法采取措施强制实现行政复议决定书、调解书和意见书规定内容的行为。行政复议的执行分两类：一类是针对被申请人，另一类是针对申请人、第三人的。

1. 针对被申请人的执行。

被申请人应当履行行政复议决定书、调解书、意见书。被申请人不履行或者无正当理由拖延履行行政复议决定书、调解书、意见书的，行政复议机关或者有关上级行政机关应当责令其限期履行，并可以约谈被申请人的有关负责人或者予以通报批评。

2. 针对申请人、第三人的执行。

分两种情形：一种情形是申请人、第三人逾期不起诉又不履行行政复议决定书、调解书；另一种情形是申请人、第三人不履行最终裁决的行政复议决定。

行政复议决定和调解书的执行，按照下列情形分别处理：一是维持行政行为的行政复议决定书，由作出行政行为的行政机关依法强制执行，或者申请人民法院强制执行；二是变更行政行为的行政复议决定书，由行政复议机关依法强制执行，或者申请人民法院强制执行；三是行政复议调解书，由行政复议机关依法强制执行，或者申请人民法院强制执行。

☞ 12－5－4　行政复议指导和监督☆

加强对行政复议工作的指导监督，是提高行政复议质量的重要要求。《行政复议法》和《行政复议法实施条例》要求县级以上各级人民政府加强对所属工作部门和下级人民政府履行行政复议职责的监督，行政复议机关加强对其行政复议机构履行行政复议职责的监督，行政复议机构在本级行政复议机关的领导下按照职责权限对行政复议工作进行督促、指导。

对行政复议工作的指导监督的主要措施包括：第一，县级以上地方各级人民政府应当建立健全行政复议工作责任制，将行政复议工作纳入本级政府目标责任制。第二，县级以上地方各级人民政府应当按照职责权限，通过定期组织检查、抽查等方式，对所属工作部门和下级人民政府行政复议工作进行检查，并及时向有关方面反馈检查结果。第三，行政复议机关在办理行政复议案件过程中，发现被申请人或者其他下级行政机关的有关行政行为违法或者不当的，可以向其制发行政复议意见书。有关机关应当自收到行政复议意见书之日起60日内，将纠正相关违法或者不当行政行为的情况报送行政复议机关。行政复议期间行政复议机构发现法律、法规、规章实施中带有普遍性的问题，可以制作行政复议建议书，向有关机关提出完善制度和改进行政执法的建议。第四，县级以上各级人民政府行政复议机构应当定期向本级人民政府提交行政复议工作状况分析报告。第五，下级行政复议机关应当及时将重大行政复议决定报上级行政复议机关备案。第六，行政复议机关根据被申请行政复议的行政行为的公开情况，按照国家有关规定将行政复议决定书向社会公开。第七，县级以上地方各级人民政府办理以本级人民政府工作部门为被申请人的行政复议案件，应当将发生法律效力的行政复议决定书、意见书同时抄告被申请人的上一级主管部门。

☞ 17－1－1　行政诉讼程序起诉的程序条件☆

行政复议与行政诉讼均是解决行政争议的方式，是当事人不服行政行为寻求救济的两条重要途径。不过，当事人对这两种救济方式的使用，必须遵循法律对二者关系的规定。在我国，行政诉讼与行政复议的关系，基本是以当事人自由选择救济方式为原则，以行政复议前置为例外。具体情形如下：

1. 原则上，公民、法人或者其他组织对行政行为不服，有权自由选择救济途径，可以不经复议直接向法院提起行政诉讼，也可以选择申请行政复议；同时，在选择行政复议后，当事人对行政复议不服仍可以再向法院起诉。该原则是我国处理行政复议与行政诉讼的基本准则，说明我国行政诉讼法没有强制把行政复议程序作为当事人提起行政诉讼的前置条件，行政复议并非行政诉讼的必经程序。虽然如此，当事人并不能同时使用行政复议与行政诉讼这两种救济途径。法律、行政法规未规定行政复议为提起行政诉讼必经程序，如果当事人既提起诉讼又申请行政复议，由先立案的机关管辖；同时立案的，由公民、法人或者其他组织选择。公民、法人或者其他组织已经申请行政复议，在法定复议期间内又向人民法院提起诉讼的，人民法院裁定不予立案。不过，当事人向复议机关申请行政复议后，又经复议机关同意撤回复议申请，在法定起诉期限内对原行政行为提起诉讼的，人民法院应当依法立案。

2. 复议后选择终局。即当事人对行政行为申请复议，对复议决定不服，可以选择诉讼也可选择再次复议，但一旦选择复议，复议即为终局。这一做法目前见于《行政复议法》第26条规定："对省、自治区、直辖市人民政府依照本法第二十四条第二款的规定、国务院部门依照本法第二十五条第一项的规定作出的行政复议决定不服的，可以向人民法院提起行政诉讼；也可以向国务院申请裁决，国务院依照本法的规定作出最终裁决。"

3. 公民、法人或者其他组织对行政行为不服，必须先申请行政复议，对行政复议不服，才能向法院起诉。在此情况下，行政复议是行政诉讼的必经程序，复议程序是行政诉讼的前置程序。法律、行政法规规定应当先申请复议，公民、法人或者其他组织未申请复议直接提起诉讼的，人民法院裁定不予立案。不过，对必须先复议才能起诉的，复议机关不受理复议申请或者在法定期限内不作出复议决定，公民、法人或者其他组织不服依法向人民法院提起诉讼的，人民法院应当依法立案。在我国，复议前置属行政复议与行政诉讼关系的例外，必须由法律、行政法规作出规定，地方性法规、规章和其他规范性文件不得作此规定。

对于复议前置的事项，2023年修订的《行政复议法》第23条作出了明确规定，包括五种情形：一是对当场作出的行政处罚决定不服；二是对行政机关作出的侵犯其已经依法取得的自然资源的所有权或者使用权的决定不服；三是认为行政机关存在《行政复议法》第 11 条规定的未履行法定职责情形；四是申请政府信息公开，行政机关不予公开；五是法律、行政法规规定应当先向行政复议机关申请行政复议的其他情形。

【大纲配套练习题】

1.（单项选择题）下列有关法律规范的效力等级和适用的说法哪一项是正确的？（　　）①

A. 地方性法规与规章具有同等效力

B. 规章具有同等效力

C. 部门规章之间对同一事项的规定不一致时，应由部门规章制定机关协商解决

D. 根据授权制定的地方性法规与法律规定不一致、不能确定如何适用时，由全国人大常委会裁决

2.（单项选择题）甲村与乙村交界处 20 公顷土地的权属由于历史原因一直处于不明确状态，双方多次协商未果。为了早日解决问题，乡政府在双方代表参与的情况下，经过审查裁决土地所有权属于甲村。乡政府的行为属于：（　　）②

A. 行政处罚　　B. 行政裁决　　C. 行政调解　　D. 行政确认

3.（单项选择题）某区公安分局下设的派出所民警在巡逻时发现郭某正在路边毁损共享电动车，经询问查证后以派出所名义对其罚款 500 元。后派出所将处罚决定书予以公开，郭某不服，提起行政复议，下列哪个说法是正确的？（　　）③

A. 对郭某的处罚决定可以当场作出

B. 郭某对处罚决定书公开行为不服，不能提起行政诉讼

C. 郭某的询问笔录应有派出所民警签名并加盖派出所印章

D. 郭某应向区政府申请行政复议

4.（单项选择题）环宇生物制药有限责任公司与某市医院达成协议，共同开发 SP 制剂。试产期间，市卫生健康委员会、市市场监督管理局同时接到群众举报，即同时对该公司进行了调查。经查，该药在尚未获得批准的情况下，就在市医院投入临床使用。两机关遂对该公司作出处罚，责令停止生产，没收库存药品和非法所得，并处罚款 10 万元。环宇生物制药有限责任公司不服，提起诉讼。本案行政主体或被告应当是谁？（　　）④

---

① D。考查行政规则的适用。A、B、C 选项的说法与《立法法》规定不符，是错误的。

② B。考查具体行政行为的分类。乡政府对相对人之间发生的与土地行政管理活动密切相关的纠纷进行审查后所作的决定属于具体行政行为，即行政裁决。行政确认是对相对人法律地位、法律关系或有关的法律事实所作的确定与认可，并进行宣告的行为。乡政府的裁决虽然经过了调解程序，但其对于土地权属纠纷的处理是根据法律的授权规定作出的，并不是在双方当事人达成协议的基础上解决纠纷。

③ D。（1）要区别清楚 A 选项有两层含义，第一，派出所可否罚款 500 元。答案是可以的，因为《治安管理处罚法》对派出所的法定授权范围是 500 元以下罚款和警告；第二，派出所可否当场罚款 500 元。答案是不能，公安机关能够当场作出的处罚，也就是简易程序，限于 200 元以下的罚款和警告，故 A 选项错误。（2）公开行为会影响当事人的权利义务（隐私权），属于可诉的具体行政行为，对此，《关于审理政府信息公开行政案件若干问题的规定》第 1 条规定，行政机关主动公开或者依他人申请公开政府信息侵犯其商业秘密、个人隐私，当事人依法提起行政诉讼的，法院应当受理，所以，B 选项错误。（3）被询问人确认笔录无误后，应当签名或者盖章，询问的人民警察也应当在笔录上签名。因此，询问笔录无须派出所加盖印章，C 选项错误。（4）根据《行政复议法》第 24 条第 1 款第 4 项规定，对本级人民政府或者其工作部门管理的法律、法规、规章授权的组织作出的行政行为不服的，由本级人民政府管辖，所以，区公安局下属的派出机构派出所作出的行政行为应当由区政府管辖，D 选项正确。修改后的复议机关确立的规律是："谁家孩子谁抱走，地方事务归政府，全国事务归部委，还有两类是例外。"在一个县的范围内，不管复议被申请人是县公安局之类的所属部门，还是乡政府之类的下级政府，还是派出所这样的县政府或县公安局设立的派出机构，复议机关均适用"地方事务归政府"的逻辑，由县政府作为复议机关。综上，本题答案为 D。

④ C。考查行政诉讼的被告、共同诉讼人、第三人。参见《行政诉讼法》第 26 条第 4 款规定。

A. 应当是市场监督管理局，因为处罚涉及其行政职责

B. 应当是卫生健康委员会，以市场监督管理局为第三人

C. 应当是上述两机关，因为是共同行为

D. 应当是两机关共同的上级机关

5.（多项选择题）关于部门规章的权限，下列哪些说法是正确的？（　　）①

A. 部门规章规定的事项可以是执行国务院的决定的事项

B. 没有法律或者国务院的行政法规、决定、命令的依据，部门规章不得设定减损公民、法人和其他组织权利的规范

C. 没有法律或者国务院的行政法规、决定、命令的依据，部门规章不得增加本部门的权力

D. 没有法律或者国务院的行政法规、决定、命令的依据，部门规章可以减少本部门的法定职责

6.（多项选择题）下列关于行政诉讼法律冲突适用规则表述正确的是：（　　）②

A. 人民法院审理民族自治地方的行政案件，并以民族自治地方的自治条例和单行条例为依据是人际冲突规则的体现

B. 人民法院认为地方人民政府制定、发布的规章与国务院部委制定、发布的规章不一致的，由最高人民法院报请国务院作出解释或裁决是解决同级法律冲突的适用规则

C. 不同效力等级的行政法律规范发生冲突实际上是一种违法性冲突，应选择适用效力等级高的行政法律规范

D. 新的行政法律规范与旧的行政法律规范发生冲突时，并不一定适用新的法律规范

7.（多项选择题）某公司超标排污，甲向生态环境部门申请公开公司的环评文件，行政机关征求公司意见，公司以商业秘密为由拒绝，行政机关即以涉及商业秘密为由拒绝公开。下列哪些选项是正确的？（　　）③

A. 若某公司逾期未答复，则视为同意公开

B. 行政机关拒绝公开违法

C. 对于拒绝决定，甲应当先申请行政复议后才可以再提起行政诉讼

D. 甲申请信息公开时应当提供身份证明

8.（不定项选择题）方某因为与陈某发生冲突，用砖头扔向陈某儿子小陈（9周岁），致使其脚部受伤，

---

① ABC。参见《立法法》规定。

② ABCD。本题考查法律适用冲突的解决。A选项是人际冲突，不同民族、种族的人之间的法律适用不同，所以少数民族应该适用自治条例和单行条例。B选项是相同等级的规章之间的冲突，应报共同上级决定。C选项是层级冲突，所以适用效力等级高的法律。D选项是新法与旧法的冲突，法律不溯及既往，所以如果行政行为发生在新法生效前，则应适用旧法。

③ BCD。（1）对于涉及商业秘密、个人隐私的信息，行政机关应当书面征求第三方意见，第三方应当自收到征求意见书之日起15个工作日内提出意见，如果第三方逾期未提出意见的，由行政机关依照《政府信息公开条例》的规定权衡判断是否公开。此处，既不是视为拒绝，也不是视为同意，而是由行政机关权衡判断，因为此时行政机关需要平衡申请人和第三方两方利益，知情权和隐私权或商业秘密权之间没有公式般孰优孰劣的关系，行政机关只能结合具体的案情作出权衡判断，如果认为知情权更值得保护，则应予以公开，反之，则应不公开，故A项错误。（2）涉及商业秘密的信息并非绝对不能公开，只是原则上不得公开，但以下情形除外：第一，经权利人同意公开；第二，行政机关认为不公开可能对公共利益造成重大影响。本题中，行政机关在既未书面征求第三方意见，也未判断是否存在公共利益的情况下，直接以涉及商业秘密为由拒绝公开的做法在程序上和实体上都是违法的，故B项正确。（3）根据2023年《行政复议法》，政府信息公开中的行政机关的所有不作为行为，不管是积极不作为的不予公开，还是消极不作为的未依法履行公开义务或者不予答复，当事人均应当先申请行政复议才能够提起行政诉讼，故C项正确。背后的法理在于信息公开案件的案件量极大，通过复议前置的模式，引导在行政复议阶段化解纠纷，发挥行政复议化解行政争议的主渠道作用。（4）为了防止在申请资格放开后，一些"匿名"申请人滥用权利胡乱申请，进而浪费有限的行政资源，要求所有申请人均需要提供身份证明，故D项正确。

经过法医鉴定为轻微伤，县公安局决定对方某拘留10日，方某不服，申请复议。下列说法错误的是？(　　)①

A. 方某应当向县政府申请复议

B. 因失致使未成年人受到伤害，应当对方某从重处罚

C. 因方某申请复议，应暂停执行拘留决定

D. 陈某为复议第三人

---

① BCD。(1)根据2023年《行政复议法》，县公安局作出的处罚决定，复议被申请人是县公安局，而复议机关是县政府，故A项正确。(2)《治安管理处罚法》第20条规定："违反治安管理有下列情形之一的，从重处罚：(一)有较严重后果的；(二)教唆、胁迫、诱骗他人违反治安管理的；(三)对报案人、控告人、举报人、证人打击报复的；(四)六个月内曾受过治安管理处罚的。"该法条没有规定受害人为未成年人时需要从重处罚，故B项错误。(3)被处罚人不服拘留决定，可以向公安机关申请暂缓执行拘留，但要同时满足以下条件：第一，当事人已申请行政复议或提起行政诉讼；第二，当事人主动申请；第三，公安机关认为暂缓执行不致发生社会危险；第四，被处罚人或其近亲属提出符合条件的担保人，或按每日行政拘留200元的标准交纳保证金。申请暂缓执行拘留的后3个条件题干均未交代，所以方某不符合申请暂缓执行行政拘留的条件，故C项错误。(4)方某砸伤的是未成年人小陈，所以与行政处罚有法律上利害关系的相关人是小陈，小陈可以为复议案件的第三人，只不过由于小陈是未成年人，需要由其法定代理人(比如父亲陈某或者母亲等)代为诉讼。因此复议第三人为小陈，而非其父亲陈某，故D项错误。综上，本题答案为BCD。

民　法

【本学科复习重点、难点说明】

（一）总则编

1. 如何理解《民法典》在时间上的适用范围？

所谓民法在时间上的适用范围，是指民事法律规范在时间上所具有的法律效力。民法在时间上的适用范围包括两个方面的内容，即民法的生效与民法的失效。明确民法在时间上的适用范围，需要明确民事法律规范对其实施前发生的民事关系有无溯及既往的效力。对此，2020 年 12 月 29 日，最高人民法院发布了《关于适用〈中华人民共和国民法典〉时间效力的若干规定》，该规定明确了“法不溯及既往”的基本原则及其例外规则。依据该规定第 1 条，对于《民法典》施行前发生的法律事实引起的民事纠纷案件，《民法典》原则上不具有溯及力。当然，在例外情形下，也采用溯及适用规则，具体而言：

一是有利溯及适用规则。该规定从是否更有利于保护民事主体合法权益、是否更有利于维护社会和经济秩序、是否更有利于弘扬社会主义核心价值观等角度，作为判断有利溯及的标准，确立了特殊情形下可以溯及既往。

二是新增规定溯及适用规则。新增规定的溯及适用在学理上是法不溯及既往的重要例外情形，也是在长期审判实践和一系列司法解释基础上发展而来的溯及适用的类型。在理论上，新增规定的溯及适用也被称为“空白溯及”，即让新法溯及适用于旧法的空白之处。

此外，该规定还明确了“既判力”优于溯及力规则。如果是已经终审、产生既判力的裁判，即便是当事人对此提起了再审，亦应按照既判力优于溯及力的原则，《民法典》的规定不能溯及既往。这是因为已经审结的案件，就产生了既判力。这也有利于维护法的安定性和生效裁判的权威性、公信力。

2. 如何理解绿色原则的功能？

绿色原则对整个《民法典》的规则解释和适用均具有重要的指导意义，其主要具有如下几个方面的功能：

第一，确立价值导向的功能。绿色原则为法律规则的制定和适用确立了一种价值导向，也就是说，无论是立法还是司法都应当考虑生态环境的保护问题，考虑社会的可持续发展。传统民法以个人权利保护为中心，强调对个人权利的确认与保护，而没有对个人权利的行使设置过多的限制。但现代民法不仅要体现权利本位的理念，而且要规范权利行使行为，以更好地兼顾私人权利的保护与社会公共利益的保护。《民法典》对绿色原则作出规定，实际上也体现了这一价值理念的转变，也为立法适应将来社会发展预留了很大的空间。

第二，对财产权利作出必要限制的功能。绿色原则也对财产权利的行使设置了一定的限制，即权利人在行使财产权利时，应当考虑个人利益与社会利益的平衡。例如，就物权的行使与抛弃而言，就应当尽量做到物的有效利用,要尽量节约资源、保护生态环境。

第三,为民事主体设定法定义务的功能。我国《民法典》应当贯彻绿色原则,特别是在物权编、侵权责任编中,相关的规则设计应当切实贯彻绿色原则,为民事主体设定节约资源、保护生态环境的义务。

第四,解释合同的功能。绿色原则也可以指导合同的解释活动。例如,在当事人就标的物包装条款发生争议的情形下,应当按照有利于节约资源、保护生态环境的原则对其进行解释。法官在解释合同时,涉及合同是否违反公序良俗,其实就要考虑合同的履行是否会损害生态环境;如果合同的履行确实有可能损害生态环境,则可能被认定为违背公序良俗,依据《民法典》第153条第2款的规定可以宣告合同无效。

3. 侵害英雄烈士等人格利益的民事责任的成立需要具备哪些条件?

依据《民法典》第185条的规定,侵害英雄烈士等人格利益民事责任的成立需要具备如下条件:

第一,侵害了英雄烈士等的利益。依据《民法典》第185条的规定,行为人承担民事责任必须是侵害了英雄烈士等的人格利益。该条使用"英雄烈士等"这一表述,表明本条的保护范围不限于英雄烈士。但按照同类解释规则,保护的其他人也应当是与英雄、烈士类似的人,如为了人民利益英勇斗争牺牲、堪称楷模的人,以及在保卫国家和国家建设中作出巨大贡献、建立卓越功勋的已经故去的人。因此,本条并不包括一般的死者人格利益。

第二,侵害了姓名、肖像、名誉、荣誉四项人格利益。从《民法典》第185条规定来看,其所保护的英雄烈士等的人格利益范围限于姓名、肖像、名誉、荣誉。该条在规定英雄烈士等的人格利益保护范围时,采取了具体列举的模式,即仅限于姓名、肖像、名誉、荣誉这几种人格利益。其他人格利益并不受本条的保护。

第三,损害社会公共利益。依据《民法典》第185条的规定,行为人在依据本条规定承担民事责任时,要求其行为必须损害了社会公共利益。如果行为人侵害英雄烈士等人格利益并未损害社会公共利益,则不需要依据《民法典》第185条的规定承担民事责任。在行为人侵害英雄烈士等的人格利益并损害社会公共利益的情形下,该案件也可以作为公益诉讼案件,在受害人及其近亲属未提起诉讼的情形下,检察机关以及有关公益组织也应有权提起诉讼,请求行为人承担相应的民事责任。

4. 宣告失踪与宣告死亡之间的关系如何?

我国《民法典》同时规定了宣告失踪与宣告死亡,二者之间关联密切。宣告失踪与宣告死亡的区别主要体现为:

一方面,从我国《民法典》的规定来看,宣告失踪并不是宣告死亡的必要步骤和条件。也就是说,只要符合申请宣告死亡的条件,无论利害关系人是否曾经申请宣告失踪,都可以直接到人民法院申请宣告死亡。

另一方面,宣告失踪与宣告死亡的制度功能不同,宣告失踪制度主要解决的是被宣告失踪人的财产管理问题,而宣告死亡的制度目的则是彻底解决民事法律关系因某自然人长期失踪而产生的不确定状态,即通过宣告死亡制度,消除某些可能使法律关系悬而不决的因素,从而维持法律关系的稳定。

在同时符合宣告失踪与宣告死亡条件的情形下,相关主体可能同时申请宣告失踪与宣告死亡,对此,《民法典》第47条明确规定:"对同一自然人,有的利害关系人申请宣告死亡,有的利害关系人申请宣告失踪,符合本法规定的宣告死亡条件的,人民法院应当宣告死亡。"依据该条规定,在上述情形下,人民法院应当宣告死亡。法律作出此种规定的主要原因在于,宣告死亡不仅解决失踪人的财产关系,而且能够解决失踪人的人身关系,其效力范围更为广泛,能够终局地解决失踪人的权利义务关系。因此,在不同利害关系人同时申请宣告失踪与宣告死亡的情形下,如果符合宣告死亡的条件,人民法院作出死亡宣告有利于更好地解决当事人之间的纠纷。

5. 法人人格否认的条件和法律效果如何?

所谓法人人格否认,就是指司法审判人员在特殊情况下,对法人的出资人在管理法人的事务中从事各种不正当行为严重损害法人债权人的利益时,可以依法否定法人的独立人格,并可以要求法人的出资人与法人对债权人承担连带责任的制度。依据《民法典》第83条的规定,法人人格否认制度的条件如下:

第一，营利法人的出资人滥用了法人人格，包括滥用法人独立地位和出资人有限责任，在实践中表现为如下情形：一是人格混同，即某公司与某成员之间及该公司与其他公司之间没有严格的分别。二是财产混合，即公司的财产不能与该公司的成员及其他公司的财产作清楚地区分，公司的盈利与股东的收益之间没有区别，公司的盈利可以随意转化为公司成员的个人财产，或者转化为另一个公司的财产，而公司的负债则为公司的债务。三是不正当控制，即一个公司对另一个公司通过控制而实施了不正当的，甚至非法的影响，表现为母公司对子公司实施了过度控制，子公司完全成了母公司的工具。四是滥用出资人有限责任。

第二，滥用法人人格逃避债务。在出资人滥用法人人格的情况下，其目的必须是逃避债务。例如，有的股东利用公司的独立人格，以公司名义对外从事交易，但将利益归为自己个人享有，最后仅以公司的有限财产承担责任，股东仅以出资额为限承担责任，从而逃避了债务。

第三，严重损害法人债权人的利益。所谓严重损害法人债权人的利益，是指法人债权人的债权因法人人格的滥用而无法得到清偿，致使债权人遭受严重的损失。如果滥用法人人格仅造成对债权人一般的或轻微的损害，则不适用该规定。

如果出资人从事不正当的行为，严重危害法人债权人的利益，则法律上承认法人人格独立的目的不复存在，因此，有必要否认法人的人格。依据《民法典》第 83 条第 2 款的规定，滥用法人独立地位的出资人与法人应当对法人债务承担连带责任，即法人和出资人对法人债务负连带的清偿责任。因此，无论法人对债权人的债务是否超出出资人的出资额，出资人都要负责。

6. 显失公平的民事法律行为的成立要件包括哪些？

所谓显失公平的民事法律行为，是指一方在从事某种民事法律行为时因情况紧迫或缺乏经验而作出了明显对自己有重大不利的行为。依据《民法典》第 151 条的规定，显失公平的民事法律行为的构成要件应包括客观和主观两个方面：

构成要件	内容
客观要件	(1)双方当事人的利益明显失衡； (2)民事法律行为成立时显失公平
主观要件	(1)一方利用对方的危困状态； (2)一方利用对方缺乏判断能力

7. 效力未定的民事法律行为具有哪些特征？

效力未定的民事法律行为是指法律行为成立之后，是否能发生效力尚不能确定，有待于其他行为或事实使之确定的民事法律行为。从我国《民法典》的规定来看，效力未定的民事法律行为具有如下特征：

一是效力未定的民事法律行为已经成立，但行为人因缺乏相应的民事行为能力，或者欠缺代理权或者代表权而导致其效力出现瑕疵。对效力未定的民事法律行为而言，民事法律行为成立以后，并不当然发生拘束力。此类民事法律行为虽然已经成立，但因为主体缺乏缔约能力和相应的代理权或者代表权，所以不完全符合民事法律行为的有效条件，其效力是不齐备的。

二是效力未定的民事法律行为的效力既非完全无效，也非完全有效，而是处于一种效力不确定的中间状态。效力未定的民事法律行为即使在被追认之前，对当事人也并非当然无效，只是处于一种不确定的状态。同时，在被追认之前，它并非完全有效，也不同于可撤销的民事法律行为，因为可撤销的民事法律行为在未被撤销之前是完全有效的。

三是效力未定的民事法律行为是否已经发生效力尚不能确定，有待于其他行为或事件使之确定。效力未定的民事法律行为不同于无效民事法律行为，其效力取决于当事人和真正权利人，这既有利于鼓励交易，也体现了对当事人意思自治的尊重。

8. 无权代理要点总结表。

分类	构成要件	法律效果
狭义无权代理	(1)行为人没有代理权、超越代理权或者代理权终止； (2)行为人实施代理行为	(1)本人有追认权和拒绝权； (2)相对人有催告权和撤销权； (3)本人与无权代理人之间可形成无因管理之债或损害赔偿之债； (4)行为人实施的行为未被追认的，善意相对人可请求行为人履行债务或者就其受到的损害请求行为人赔偿
表见代理	(1)以本人名义为民事法律行为； (2)无代理权而实施代理行为； (3)有使相对人信其有代理权的表征； (4)相对人为善意	(1)发生有权代理的效果； (2)相对人有撤销权

9. 诉讼时效中止、中断、延长要点总结表。

项目	概念	事由	法律效果	适用时效期间
中止	在诉讼时效期间的最后6个月内，因法定事由而使权利人不能行使请求权的，诉讼时效期间的计算暂时停止	(1)不可抗力； (2)无民事行为能力人或者限制民事行为能力人没有法定代理人，或者法定代理人死亡、丧失民事行为能力、丧失代理权； (3)继承开始后未确定继承人或者遗产管理人； (4)权利人被义务人或者其他人控制； (5)其他导致权利人不能行使请求权的障碍	(1)法定事由经过的期间为时效中止期间，不发生时效期间的效力； (2)中止原因消除后，无论剩余时效期间剩多少，一概再予6个月	除法律有特别规定外，适用于最长诉讼时效期间以外的诉讼时效期间类型
中断	因有与权利人怠于行使权利相反的事实，使已经过的时效期间失去效力，而须重新起算时效期间的制度	(1)权利人向义务人提出履行之请求； (2)义务人同意履行义务； (3)权利人提起诉讼或申请仲裁； (4)与提起诉讼或者申请仲裁具有同等效力的其他情形	(1)诉讼时效中断的事由发生后，已经过的时效期间归于无效； (2)中断事由存续期间，时效不进行； (3)中断事由终止时，重新计算时效期间	适用于最长诉讼时效期间以外的诉讼时效期间类型
延长	因特殊情况，法院对已经完成的最长诉讼时效期间给予的延展			

现代物权法所呈现的基本趋势是，从静态归属转向动态流转，从尊崇对物的所有转向凸显对物的利用，即不再止步于定分止争，而是日益强调物尽其用。在我们国家，上述特征基于土地的公有制显得更加顺理成章。传统民法所推崇的“堡垒”式所有权，甚至“所有权拜物教”，正系统性地转变为“市场”中不断流动的所有权。传统民法上“上达天宇，下至地心”的绝对化所有权观念，逐渐受到抑制，分享式的用益物权、共享式的现代共有制度，不断冲刷绝对化所有权的“堤坝”，最低共识业已达成：所有权负有义务。

加之物权客体虽然局限于有体物，但是不断向无体物漫射，个人信息、虚拟财产、数字货币等新型财产形式不仅物权法无法全面覆盖，即便是已经是民事特别法的知识产权法一时之间也难以在制度层面上予以迅捷回应。这些新型财产形式不只停留为背景,更重要的是将持续构成物权法制度意义上的“试金石”。此外,担保物权几乎纯粹得益于市场的主动塑造,此一部分异常活跃,虽为从属性制度,却不断推陈出新。

从历年真题角度,考查“静态物权”,主要侧重于构造相对丰富的具体制度,比如动产交付、不动产登记、建筑物区分所有权、共有、占有等,而直接考查构造相对简单的物权概念的,占比较小,比如较少直接考查建设用地使用权、土地承包经营权等的概念内涵。考查“动态物权”是常态。一方面,物权变动等动态流转制度本身内涵丰富、与实践的结合程度极高,容易成为考查的重点;另一方面,担保物权等制度,通过与民法其他制度(尤其合同制度)的结合,往往成为考查的疑难点。具体分述如下。

(二)物权编

1. 物权编的重点:物权类型、物权变动与担保物权。

就篇章结构而言,民法物权编的重点在第七章和第十章。

(1)关于物权类型。第七章第二节为物权类型,涉及物权编几乎全部的静态物权概念及其内容,即第七章第二节是第八章“所有权”、第九章“用益物权”、第十章“担保物权”和第十一章“占有”及各章项下子类型的概览图。换言之,从权利内容角度,应当以第七章第二节为基础,系统地掌握整个物权编各章节涉及的静态概念及规则体系。依据物权法定原则,物权的类型和内容由法律规定,即物权的类型法定和内容法定。我国《民法典》物权编经由总则编,法定的物权类型为所有权、用益物权和担保物权三类;所有权又区分为国家所有权、集体所有权和私人所有权,或者单独所有权、建筑物区分所有权、相邻关系与共有;用益物权区分为土地承包经营权、建设用地使用权、宅基地使用权、居住权和地役权;担保物权区分为抵押权、质权和留置权;单独的占有制度。对于如数的具体物权子类型,应当从静态概念和内容角度,予以全面细致的掌握。

需要注意的是,现代法上物权法定主义呈现一定的缓和趋势。一方面,虽然《民法典》未允许法律之外(包括习惯)创设物权,但创设物权之法律并不限于民法典。另一方面,既有物权子类型内部,也体现了物权严格法定主义一定程度上的开放性,比如精准而言,地役权的内容并不容易法定;再如预告登记制度、《民法典》第388条对其他担保合同(乃至其他担保物权)的开放。

(2)关于物权变动。第七章第三节为物权变动,物权变动是物权编的重点,也是物权理论的重点。物权变动采公示公信原则,涉及动产与不动产的区分,涉及登记要件主义和登记对抗主义,涉及物权行为理论的争议,涉及所有权的特别取得方法,等等。我国《民法典》物权编区分动产与不动产的物权变动,采取不同的公示方法,即动产采交付、不动产采登记。一方面,动产除了现实交付之外,还有占有改定、简易交付等替代方法;不动产则除了采取登记要件主义(如建设用地使用权、居住权、不动产抵押权的设立流转)之外,兼采登记对抗主义(如土地承包经营权、地役权的设立流转)。另一方面,除了特殊动产之外,普通动产抵押或权利质押等情形,也开始一般性地采用登记制度。

(3)关于担保物权。第十章为担保物权。担保物权是传统民法和现代司法实践中最活跃的领域。我国《民法典》物权编更是博采众长,兼收大陆法系和英美法系的实践结晶。传统民法理论,主要聚焦于法定担保物权和意定担保物权两类。法定担保物权主要是留置权(建设工程价款优先权也在范围内),意定担保物权主要是抵押权和留置权。但是现代法上,让与担保、所有权保留、反向抵押等非典型担保以及新型交易形式融资租赁、保理等实质担保,对于担保物权制度的形塑,日渐呈现重要性。而动产质权领域,又包容了权利质权,权利质权本身具有极大的开放性,比如有价证券的质押、应收账款的质押、股权的质押乃至知识产权的质押等,底层质押客体的权利属性与质权属性交融,无疑使担保物权制度异常开放活跃的同时,日趋疑难化。

2. 物权编的难点:建筑物区分所有权、共有与占有。

就篇章结构而言,物权编的难点在第八章和第十一章,即物权编不易理解的制度有三:建筑物区分所有权、共有与占有。

(1)关于建筑物区分所有权。第八章第三节为业主的建筑物区分所有权。目前我国理论上较为主流的学说认为,建筑区分所有权系属三权合一:专有权、共有权与成员权。建筑物区分所有权之所以不易理解,原因在于其并不在传统物权的范围内。基于居住和可登记性,将空间从技术上人为区隔为独立的物权客体,是对传统物权理论的挑战。建筑物区分所有权就实然层面的规则体系而言,已经不局限于物权编层面,究其原因,一方面,其涉及共管协议,即债法层面上的共同法律行为;另一方面,业主大会及业主委员会等治理方式,已经进入民事主体法范畴。

(2)关于共有。第八章第五节为共有。共有,传统民法上是单独所有权的例外,然而,现代法上,共有很难说仍然是一种临时状态或仅仅是一种例外;相反,在强调分享、共享乃至物尽其用的现代社会,纯粹的单独所有权有时恰恰非属常态,举凡按份共有、建筑物区分所有权、夫妻共有、合伙共有、家庭共有、继承共有乃至公司股权、合伙份额等,无不体现共有的潜在性和普遍性。不只如此,共有本身也已经不局限于物权领域,而是向主体法漫射,上述共有类型无不涉及特定的主体法类型,比如合伙、夫妻、家庭、公司、业主团体,等等。共有对主体法、对商法、对婚姻家庭法等的辐射性,进一步要求物权编共有制度的强解释力,也增加了理解、掌握的难度。

(3)关于占有。第十一章为占有。占有在理论上的疑难,在于应当将其性质界定为事实还是权利;而就占有与本权关系而言,本权属性已定的情况下,究竟有无必要再规定单独的占有制度。一般观点认为,专门规定占有制度,或者说本权之外单独保护占有,其动机在于对于和平秩序的维持。对于占有的实体规则,我国《民法典》物权编基本上还是"仿照"物权予以构造,尤其占有请求权与物权请求权几无差异。

3. 物权编的疑点:"一物二卖"与无权处分。

就篇章结构而言,物权编的疑点散见于第七章、第八章和第十一章;同时,物权编除了形式上的疑点之外,还存在实质上的疑点,后者是对整个物权编制度的一种纵向测试。物权编形式上的疑点,主要是物上请求权、不动产善意取得与权利质权;物权编实质上的疑点,主要是"一物二卖"与无权处分。具体而言:

(1)关于物权编形式上的疑点。第七章第四节为物权的保护,其中,物上请求权(或称物权请求权)是物权编最典型的物权保护方法;理论上,对于物上请求权的属性存在争议,其属性也直接影响诉讼时效是否适用等问题。第八章第六节为所有权的特别取得方法,最为重要的是,阐述了系统的善意取得制度;其中,不动产善意取得制度,与不动产登记的公信力,存在规范上的重叠,值得慎思明辨。第十章第二节为质权,《民法典》在动产质权之后规定了权利质权,权利质权融合了多种其他权利类型,债权(应收账款)、股权(公司法)、有价证券(票据法、海商法、证券法等)、知识产权等,皆可为质,其公示方法及规范结构,易生疑义。

(2)关于物权编实质上的疑点。传统物权理论中的疑难问题,仍然可以用来测度物权编立法及理论的科学性。传统物权理论中最大的疑难是物权行为理论,原《物权法》出台乃至《物权法》整体编入《民法典》物权编,也未能一锤定音,物权行为独立性(或曰分离原则)与物权行为无因性(或曰抽象原则)在可见的未来仍然可能会不断被提起、反复被重述。与之相关,理论和实践中,用于测试各国物权制度公允性的疑难案型,尤其"一物二卖"与无权处分,也将以各种不同的潜在或变型,纵向上形塑物权编的各项具体制度,"牵一发"以"动全身"。

(三)合同编

1.《民法典》合同编的适用。

《民法典》合同编通过"一般规定"明确了该编的调整对象与适用范围,正确理解相关规定,有助于妥当解决债权合同与其他合同(协议)、合同之债与非合同之债的法律适用问题。

首先,《民法典》第464条第1款的规定:合同是民事主体之间设立、变更、终止民事关系的协议。依此规定,合同概念涵摄各类民事关系,既包括财产关系,也包括身份关系,而不仅指有关债权债务关系的协议。

其次,《民法典》第463条规定:本编调整因合同产生的民事关系。结合《民法典》第464条第1款的规定可知,《民法典》合同编对各类“协议”产生的民事关系(各类合同)均予以调整,成为合同关系的普通法。

最后,《民法典》第464条第2款规定:婚姻、收养、监护等有关身份关系的协议,适用有关该身份关系的法律规定;没有规定的,参照适用本编的规定。《民法典》第468条规定:非因合同产生的债权债务关系,适用有关该债权债务关系的法律规定;没有规定的,参照适用本编通则的规定,但是根据其性质不能适用的除外。上述规定中,前者进一步明确了《民法典》合同编作为合同法普通法的地位,后者确立了《民法典》合同编通则作为债法普通法的地位,仅于特别法未作规定时得以适用。

2. 合同的相对性。

合同的相对性,又称合同效力的相对性,是合同效力的基本特征,具体内容包括以下三个方面:

(1)主体的相对性。①只有合同当事人彼此之间才能提出请求或诉讼,合同之外的第三人不能依据合同向当事人提出请求或诉讼;②合同当事人只能向对方而非第三人提出请求或诉讼。

(2)内容的相对性。①合同当事人享有的权利原则上不及于第三人,合同当事人承担的义务一般不约束第三人;②合同当事人无权为他人设定合同上的义务。

(3)责任的相对性。①违约当事人应自己承担违约责任而不能将责任推卸给他人,债务人为履行辅助人的行为向债权人负责也是责任相对性的体现;②因第三人的行为造成债务不能履行,债务人仍应向债权人承担违约责任;③债务人只向债权人而非第三人承担违约责任。

某些特殊情形下,法律赋予合同对外效力,被称为“合同效力扩张”,构成合同相对性的例外,如第三人利益合同、合同的保全、“买卖不破租赁”等。

3. 格式条款的法律规制。

格式条款,是指当事人为了重复使用而预先拟定,并在订立合同时未与对方协商的条款。鉴于提供格式条款一方可能滥用己方的有利地位损害相对人的合法权益,《民法典》为格式条款设置了三重规制:

(1)订入规制。在签订格式条款时,对于与相对人具有重大利害关系的条款,提供方须尽到提示说明义务。若提供方违反此种提示说明义务的,则相对方有权主张该条款不成为合同的内容(未达成合意)。

(2)效力规制。格式条款在符合下列三种情形之一时,应当被认定为无效。①具有《民法典》第一编第六章第三节所规定的无效的法律行为的事由以及《民法典》第506条所规定的无效的免责条款的情形。②提供格式条款一方不合理地免除或者减轻其责任、加重对方责任、限制对方主要权利。③提供格式条款一方排除对方主要权利。其中,第②种情形以“不合理”为条件,第③种情形则无此要求。

(3)解释规制。当事人就格式条款之理解发生争议时,按照下列规则对该格式条款进行解释:①通常解释规则。按照通常理解对格式条款进行解释。②不利解释规则。对格式条款有两种以上解释时,采用不利于格式条款提供方的解释。③非格式条款优先规则。若格式条款与非格式条款不一致的,应当采用非格式条款。此处应注意,不利解释规则是通常解释规则的补充,而不是优先适用。

4. 缔约过失责任与违约责任的适用。

缔约过失责任,是指因当事人在订立合同过程中因违背诚实信用原则而给对方造成损失,依法应承担的赔偿责任。违约责任,是指因一方当事人不履行合同义务或者履行合同义务不符合约定所应承担的民事责任。尽管二者均为合同法领域的民事责任,但存在如下区别:

(1)发生时间不同。缔约过失责任发生在合同的缔结阶段,通常与合同不成立、无效、被撤销相关联;违约责任则发生在合同有效成立后的履行阶段,合同未成立、无效、被撤销情形下均不可能发生违约责任。

(2)违反义务不同。缔约过失责任基于当事人违反基于诚实信用原则负担的先合同义务而产生,而违约责任则基于当事人违反合同义务而产生。

(3)归责原则不同。缔约过失责任的产生要求当事人因过错而违反先合同义务,违约责任原则上不以当事人具有过错为要件。

(4)责任性质不同。缔约上过失责任是一种法定的损害赔偿责任,而违约责任则可以由当事人自行约定,如当事人可以约定违约金、损害赔偿金的计算方法和数额等。

(5)赔偿范围不同。缔约上过失责任赔偿当事人的信赖利益损失,违约责任则赔偿当事人的期待利益损失。在具体的责任形式上,缔约上过失责任表现为单一的损害赔偿责任,而违约责任则表现为支付违约金、赔偿损失和实际履行等多种责任形式。

5. 涉他合同的履行规划。

涉他合同又可分为由第三人履行的合同与向第三人履行的合同,在把握二者的履行规则时,须注意二者与合同相对性原则的关系。

由第三人履行的合同,在履行的主体上突破了合同的相对性,由合同以外的第三人向合同当事人履行合同义务。但其并未突破合同责任的相对性,当第三人不履行合同义务或履行合同义务不适当时,合同当事人只能向另一方当事人主张违约责任。

向第三人履行的合同可分为不真正利益第三人合同与真正利益第三人合同。对于前者,合同的履行主体及于第三人,但仍遵循违约责任的相对性。而对于后者,在当事人约定或法律规定赋予第三人直接请求权时,若第三人对此未明确拒绝,则第三人不仅可以请求合同当事人履行合同义务,并且在合同当事人不履行或履行不适当时,第三人有权向其主张违约责任。在区分二者时,关键在于第三人是否依据合同当事人的约定或法律的规定取得请求权,以及第三人是否接受此种请求权。

6. 不安抗辩权的成立与行使。

作为双务合同三大抗辩权之一的不安抗辩权,在其成立要件与权利的行使上,与同时履行抗辩权、顺序履行抗辩权均存在区别,应注意甄别。

不安抗辩权的成立应当具备以下要件:(1)当事人基于同一双务合同互负对待给付义务。(2)当事人的义务存在履行上的先后顺序。(3)应当后履行的一方存在不安事由,具体包括:经营状况严重恶化;转移财产、抽逃出资,以逃避债务;丧失商业信誉;有丧失或可能丧失履行债务能力的其他情形。

当事人行使不安抗辩权的,需要分为以下几个步骤:(1)当事人主张中止履行的,应当及时通知对方。(2)对方提供适当担保的,应当恢复履行。(3)对方在合理期限内未恢复履行能力且未提供适当担保的,中止方可以解除合同并请求对方承担违约责任。此处应关注不安抗辩权与预期违约存在一定区别,不安抗辩权未必一定造成预期违约,只有当对方既未恢复履行能力又不提供担保的场合,方可构成预期违约。此外,还需注意,当事人行使不安抗辩权须提供确切证据,否则应当承担违约责任。

7. 情势变更规则的适用。

情势变更是基于公平原则而设立的合同变更或解除规则,在适用这一规则时须严格把握其构成要件:

(1)需有情势变更的事实,即合同赖以存在的基础条件发生了重大变化,如自然灾害、物价飞涨、汇率大幅度变化及国家经济政策变化等。此处须注意不可抗力与情势变更并非排斥关系,不可抗力亦可成为引发情势变更的事由。

(2)情势变更的事实发生在合同成立之后,履行完毕之前,即合同的履行阶段。合同成立前发生的情势变化属当事人可以预见的客观情况,合同履行完毕后发生的情势变化,因合同关系已经消灭,亦不适用情势变更规则。

(3)情势变更为当事人所不能预见且不可归责于双方当事人。如当事人可以预见该客观情况的变化,则由当事人自担风险;如可归责于当事人,则应由其承担风险或违约责任。

(4)情势变更不包括商业风险。情势变更与商业风险的主要区别在于:①能否预见不同;②能否归责于当事人不同;③后果(是否动摇合同成立基础)不同。

(5)继续履行合同对一方当事人明显不公平,即坚守合同对当事人而言不具有期待可能性。

满足上述要件后,当事人可就合同内容重新进行协商;协商不成的,可请求人民法院或仲裁委员会对合同进行变更或解除。

8. 债务转移的类型及其有效要件。

债务转移是在保持债同一性的基础上,替换或增加债务人。依债务人是否脱离债之关系,债务转移可分为免责的债务承担与并存在的债务承担。

免责的债务承担，是指债务人全部或部分脱离债之关系，由第三人承担债务的法律事实。免责的债务承担的有效须具备几个要件：(1)原债务是有效存在的债务；(2)发生转移的债务具有可转移性；(3)债务人与第三人或债权人与第三人之间达成有效的债务转移协议；(4)债务转移已经债权人同意，债务人或第三人可以催告债权人在合理期限内予以同意，债权人未作表示的，视为不同意；(5)法律、行政法规规定移转债务应当办理批准、登记等手续的，应当办理相应的批准、登记手续。

并存的债务承担，又称债务加入，是指第三人全部或部分加入债之关系，与原债务人一起向债权人履行债务。并存的债务承担的有效须具备几个要件：(1)原债务合法有效；(2)第三人有债务加入的明确的意思表示，此种明确之意思表示既可以由债务人与第三人达成协议，亦可由第三人单方允诺；(3)原债务具有可转移性。须注意，区别于免责的债务承担，并存的债务承担的有效并不以债权人同意为要件。此外，应将并存的债务承担与保证担保予以区分。

9. 合同法定解除的条件、程序及后果。

合同法定解除，是指合同生效后，没有履行或者未履行完毕前，当事人在法律规定的解除条件出现时，行使解除权而使合同关系消灭。

在发生下列情形之一时，当事人方可行使法定解除权解除合同：(1)因不可抗力致使不能实现合同目的；(2)当事人一方预期违约；(3)当事人一方迟延履行主要债务，经催告后在合理期限内仍未履行；(4)当事人一方迟延履行主要债务或者有其他违约行为致使合同目的不能实现；(5)法律规定的其他情形。此外，在以持续履行债务为内容的不定期合同中，当事人可以随时解除合同，但应当提前合理期限通知对方。援用合同法定解除事由时，应准确把握“根本违约”“不能实现合同目的”的含义。

法定解除权系单纯形成权，当事人行使法定解除权的，须通知对方当事人，在通知到达对方时，发生解除的效力。通知中载明债务人于一定期限内不履行债务则合同自动解除，债务人在该期限内未履行债务的，合同自通知载明的期间届满时解除。当事人以诉讼或仲裁的方式解除合同的，在起诉状副本、仲裁申请书副本到达对方时，发生解除的效力。

合同解除后，尚未履行的，终止履行；已经履行的，根据履行情况和合同性质，当事人可以请求恢复原状或者采取其他补救措施，并有权请求赔偿损失。此外还需注意，合同解除后，不影响违约方违约责任的程度，亦不影响担保人对解除后的民事责任承担担保责任。

10. 合同继续履行责任的适用。

作为合同一方拒绝履行或部分履行的一种补救方式，继续履行属于违约责任的范畴，是法律规定的对违约方的一种行为强制。适用合同继续履行应满足以下条件：

(1)不存在法律上或事实上履行不能的情形。①法律上的履行不能：比如合同无效、合同不成立，继续履行将违反法律的强制性规定；②事实上的履行不能：比如合同标的在合同订立前就已经不存在，或者合同订立后毁损、灭失，导致事实上无法继续履行。

(2)继续履行存在经济合理性。继续履行是违约的一种补救措施，而非惩罚性措施，债权人是否要求违约方继续履行以及违约方应否继续履行都应考虑其经济合理性，若继续履行费用过高，不适用继续履行的责任形式。

(3)债务标的适于强制继续履行。对于基于人身信任关系成立的合同，强制履行有悖于合同的性质，不得适用继续履行。

(4)债权人在合理期限内请求继续履行。从利益衡量的立场出发，对债权人主张强制履行的权利应做一定限制，以稳定当事人之间的关系，保护违约方的正当利益。“合理期限”作为不确定概念，应根据合同种类、性质、目的、交易习惯判断。

应当注意的是，对于不能要求债务人继续履行的合同，债权人仍有权要求债务人承担采取补救措施、赔偿损失等其他违约责任。此外，对于因不能适用继续履行责任导致合同目的不能实现的情形，应注意合同解除规则与合同裁判终止规则的适用关系。

11. 违约损害赔偿的基本规则。

违约损害赔偿范围有约定赔偿和法定赔偿之分，约定赔偿指由当事人自行约定赔偿范围和赔偿额，法定赔偿指依据法律确定赔偿范围和赔偿额。其中，违约损害法定赔偿应当遵循以下规则：

(1)完全赔偿规则。违约方不仅应赔偿守约方遭受的现实损失，亦应赔偿合同履行后可得利益损失。值得注意的是，惩罚性赔偿是本规则的例外，包括欺诈消费者、生产不符合食品安全标准的食品或者经营明知不符合食品安全标准的食品、旅游经营者违约或欺诈。

(2)合理预见规则。违约损害赔偿范围以违约方在订立合同时预见或者应当预见的损失为限。

(3)过失相抵规则。守约方对于损害的发生或者损害结果的扩大具有过错时，依法减轻或者免除赔偿义务人的损害责任，从而公平合理地分配损害。

(4)损益相抵规则。守约方基于发生损害赔偿请求权的同一原因受有利益时，应当在计算损害赔偿的数额时扣除该收益或者节约的费用。守约方受有利益包括积极利益(财产的实际增加)和消极利益(本应减少的财产未减少)。

(5)减轻损失规则。守约方应当采取适当措施防止损失扩大，否则不得就扩大的损失部分请求赔偿。

应当注意的是，当约定赔偿和法定赔偿存在竞合时，一般应当优先适用约定赔偿，除非该约定存在无效事由。

12. 违约金的适用与调整。

违约金不仅具有担保债务履行的功效，还兼具惩罚违约人和补偿无过错一方当事人所受损失的效果，是违约责任的重要形式。

违约金的适用条件主要包括：(1)存在有效合同关系。合同未成立、无效或被撤销的，违约金条款的约定也相应无效。(2)存在合同约定或法律规定。若无合同约定或法律规定，违约行为可能产生违约责任，但不承担给付违约金责任。(3)违约行为的存在。一般而言，各种违约形态均可导致违约金的支付，但如果当事人在合同中仅就某种特定的违约行为约定了违约金，则应当以合同约定的具体情形发生作为支付违约金的条件。

违约金的适用中应注意违约金与赔偿金、定金的关系：(1)补偿性违约金是当事人双方预估的损害赔偿总额，原则上违约方支付违约金后可免负赔偿责任，守约方也不得另行主张损害赔偿；惩罚性违约金则旨在惩罚违约行为，如果守约方因违约而遭受财产损失，违约方除支付违约金外，尚需赔偿对方损失。(2)违约定金与违约金原则上不能并用；适用定金罚则不足以弥补一方违约造成的损失的，对方可以请求赔偿超过定金部分的损失。

违约金虽具有补偿性和惩罚性双重性质，但仍以填补守约方实际损失的补偿性为主，违约金畸高和畸低均会导致不公平结果。为此，法律确立了违约金调整规则，具体可以从以下几个方面来理解：

(1)以违约金的数额低于或者过分高于实际损失为前提。①对于违约金低于实际损失的情形，法律未作幅度要求，原则上只要实际损失超出违约金数额即可适用调整规则；②对于违约金高于实际损失的情形，法律确立了幅度要求，需违约金较大幅度超出实际损失，违约方才能请求调整。

(2)须由当事人请求，法院或仲裁机构不得主动调整。

(3)违约金的调整方法是根据损失情况"予以增加"或"予以减少"。

13. 买卖合同标的物的所有权转移与风险负担。

一般情况下，买卖合同标的物的所有权自标的物交付时起转移。但在具体适用所有权转移交付主义一般规则时，应注意以下特殊规则：(1)所有权保留。当事人可以在买卖合同中约定买受人未履行支付价款或者其他义务的，标的物的所有权属于出卖人。(2)知识产权归属特别规定。在买卖的标的物为知识产权的载体时，除法律另有规定或者当事人另有约定外，出卖人不负有转移知识产权的义务，买受人也不能取得标的物的知识产权。

买卖合同标的物风险负担按交付原则确定，即标的物毁损、灭失的风险，在标的物交付之前由出卖人承担，交付之后由买受人承担。但存在以下例外规则：(1)标的物尚未交付，风险已经转移给买受人，包括：

第一，在途货物买卖；第二，送至指定地点并交付给承运人；第三，货交第一承运人；第四，买受人迟延受领或迟延提货；第五，买受人的原因导致标的物未按约定期限交付。(2)标的物已交付买受人，但风险仍未转移。出卖人的交付行为构成根本违约(质量不符合要求，致使合同目的不能实现的)，即使已经交付买受人，风险也不发生转移。对上述特殊规则，应重点掌握。

14. 房屋承租人优先购买权的成立与行使。

房屋承租人优先购买权是法律赋予房屋承租人的法定权利，并非依当事人之间的合同而产生的，而是强制性的，即出卖人出卖租赁房屋的，应当在出卖之前的合理期限内通知承租人。

承租人优先购买权的成立应满足以下条件：(1)出租人出售房屋时，承租人仍在租赁该房屋，准备租房与租过该房的前承租人不享有优先购买权；(2)承租人在同等条件下才享有优先购买权，此处的“同等条件”是指付款时间、付款方式、付款价格等交易条件与其他竞买者相同；(3)承租人只有在出租人转让其房屋产权时，才能实际行使优先购买权。

但是，承租人优先购买权的行使并非毫无限制，《民法典》明确下列情形承租人无权主张行使优先购买权：(1)房屋按份共有人行使优先购买权的；(2)出租人将房屋出卖给近亲属的，包括配偶、父母、子女、兄弟姐妹、祖父母、外祖父母、孙子女、外孙子女；(3)出租人履行通知义务后，承租人在15日内未明确表示购买的；(4)出租人委托拍卖房屋并在拍卖5日前通知承租人，承租人未参加拍卖的；(5)第三人购买租赁房屋并已经办理登记手续的。

15. 建设工程合同的效力。

(1)根据建设工程合同的无效事由及无效后的价款结算

建设工程合同无效事由包括：①建设工程非法转包的。②建设工程违法分包的。但是合法分包应被允许，具体而言：第一，总合同明确约定允许分包；第二，分包工程是总工程的一部分非主体结构工程；第三，分包人具有相应资质；第四，禁止分包单位再次分包。③承包人未取得建筑施工企业资质或者超越资质等级的。④没有资质的实际施工人借用有资质的建筑施工企业名义的。⑤建设工程必须进行招标而未招标或者中标无效的。⑥发包人未取得建设工程规划许可证等规划审批手续的，但发包人在“起诉前”取得规划审批手续的，不按无效合同处理。

关于建设工程合同无效，但建设工程验收合格的，可以参照合同关于工程价款的约定补偿承包人。若建设工程合同无效且建设工程验收不合格，按如下情形处理：①修复后经验收合格的，承包人承担修复费用；②修复后仍验收不合格的，承包人无权请求补偿。此外，若发包人对因建设工程不合格造成的损失存在过错的，应当承担相应责任。

(2)建设工程价款优先受偿权

建设工程价款优先受偿权是建设工程承包人基于其工程价款债权对其承建的建筑物、构筑物享有的优先受偿权。对此，应重点把握以下几点：①建设工程优先受偿权以发包人逾期不支付建设工程价款为成立条件，是一种法定担保物权；②建设工程价款优先受偿权既适用于已竣工建设工程，也适用于未竣工建设工程；③承包人应当在合理期限内行使建设工程价款优先受偿权，但最长不得超过18个月，自发包人应当给付建设工程价款之日起算；④当事人可以约定放弃或者限制建设工程价款优先受偿权的行使，但如果该约定损害建筑工人利益，应认定无效。

16. 不当得利的成立条件与返还规则。

不当得利是债的发生根据之一，其产生于“无法律上的原因所受利益，致他人受损害”的事实，《民法典》将其纳入“准合同”范畴规定于合同编。不当得利的成立条件包括：(1)一方受益，包括财产的积极增加和消极增加；(2)他方受损，包括财产积极损失和消极损失；(3)一方受益与他方受损之间有因果关系，这种因果关系的存在不受受益与受损的财产范围、是否同时发生以及表现形式的影响；(4)没有合法根据，这是认定“不当”的核心内容。

不当得利之债的基本内容是受损人取得的不当得利返还请求权，受益一方的返还范围因其是否为善意而有所不同，具体分为以下三种：(1)受益人为善意的，返还利益的范围以利益存在的部分为限，如果现存利益已不存在,则不负返还义务。受益为取得利益或维持利益所支出的费用,可以在返还现存利益时要求权利人偿还有关费用或从现存利益中予以扣除。(2)受益人为恶意的,返还利益的范围应是受益人取得利益时的数额,即使该利益在返还之时已经减少甚至不复存在,返还义务也不免除。(3)受益人在取得利益时为善意、嗣后为恶意的,返还范围应以其恶意开始之时存在的利益为限。

(四)人格权编

1. 违约责任中精神损害赔偿责任的适用。

一般而言,精神损害赔偿责任仅适用于侵权责任,在违约责任中并无适用余地,而依据《民法典》第996条规定,在符合法律规定的情形下,在违约责任中也可以适用精神损害赔偿责任。违约精神损害赔偿责任主要解决因合同一方当事人违约而造成另一方当事人精神损害的救济问题,在具体适用违约精神损害赔偿责任时,需要注意如下几点:

第一,违约精神损害赔偿责任是指在违约责任中适用精神损害赔偿责任。我国民事立法历来强调,精神损害赔偿责任仅适用于侵权责任,而不适用于违约责任,《民法典》人格权编违约精神损害赔偿责任作出规定,在一定程度上突破了精神损害赔偿责任仅适用于侵权责任的立法传统。从《民法典》第996条的规定来看,在符合本条规定的情形下,受害人可以在违约责任中主张精神损害赔偿责任。

第二,违约精神损害赔偿责任仅适用于违约责任与侵权责任发生竞合的情形。也就是说,在合同关系中,一方当事人虽然构成违约,且造成对方当事人严重精神损害,但如果其行为不构成侵权,则非违约方也不得在违约责任中主张精神损害赔偿责任。这就严格限定了违约精神损害赔偿责任的适用范围。

第三,违约精神损害赔偿的适用要求受害人必须遭受严重精神损害。违约精神损害赔偿责任的目的虽然在于强化对受害人的救济,但这并不意味着,违约精神损害赔偿责任要对合同当事人的所有精神损害予以救济,只有受害人遭受了严重的精神损害,其才能在违约责任中主张精神损害赔偿责任。受害人应当对其所遭受的严重精神损害负担举证义务。

2. 侵害人格权禁令制度的适用。

我国《民法典》人格权编为适应人格权保护的现实需要,强化对人格权的救济,专门规定了侵害人格权的禁令制度,该制度是《民法典》人格权编新增的制度,其适用应当注意如下几点:

第一,侵害人格权禁令制度原则上仅适用于人格权的保护。《民法典》在人格权编中规定了侵害人格权的禁令制度,表明其仅适用于人格权的保护。在财产权遭受侵害的情形下,即便不及时制止将使权利人的合法权益遭受难以弥补的损害,权利人也无权请求人民法院颁行禁令。当然,依据《民法典》第1001条的规定,身份权利的保护可以参照适用人格权保护的有关规定,因此,在身份权遭受侵害的情形下,权利人也有权请求人民法院颁发禁令,制止侵害行为。

第二,侵害人格权禁令的适用要求如不及时制止将使权利人的合法权益受到难以弥补的损害。在现代社会,人格权侵权大多体现为网络侵权,网络环境对侵权损害后果具有一种无限放大效应,侵害人格权的侵害行为一旦发生,即可能使受害人的损害无限扩大,使其遭受难以弥补的损害。因此,考虑到人格权侵权的上述特殊性,在适用侵害人格权的禁令时,虽然需要权利人证明如不及时制止将使权利人的合法权益受到难以弥补的损害,但应当适当放宽对这一条件的要求。

第三,侵害人格权禁令的适用不要求行为人行为必须符合侵权责任的构成要件。侵害人格权禁令在性质上并不是侵权责任承担方式,因此,其适用并不要求行为人的行为符合侵权责任的构成要件,这也更有利于对权利人的救济。

3. 笔名、艺名、网名、译名、字号、姓名和名称的简称等受到法律保护的条件。

我国《民法典》人格权编在"姓名权和名称权"一章中对笔名、艺名、网名、译名、字号、姓名和名称的简称等的保护作出了规定,有效回应了实践需求。依据《民法典》第1017条的规定,笔名、艺名、网名、译名、字号、姓名和名称的简称等受到法律保护应当符合如下条件:一是此类称呼具有一定的社会知名度。只有笔名、艺名、网名、译名、字号、姓名和名称的简称等具有一定的知名度，其才可能受到法律保护，因为只有此类称呼具有一定的社会知名度，其才能与特定的主体身份之间产生一定的关联性，这也是其受到法律保护的基本前提。二是行为人使用此类称呼的行为必须足以造成社会公众的混淆。如果行为人的使用行为并不会足以造成公众的混淆，则表明此类称呼与特定主体的身份之间并没有稳定的关联性，此类称呼也难以受到法律保护。

4. 肖像合理使用的情形。

一般而言，使用他人肖像应当经权利人同意，否则将构成对他人肖像权的侵害，权利人有权依法请求行为人承担民事责任。但在特殊情形下，基于新闻报道等需要，使用他人肖像也无须取得权利人同意，行为人的行为也不构成侵权，此类情形即为肖像的合理使用。我国《民法典》人格权编对肖像合理使用的规则作出了规定，具体而言，肖像合理使用包括如下情形：一是为个人学习、艺术欣赏、课堂教学或者科学研究，在必要范围内使用肖像权人已经公开的肖像。当然，即便出于个人学习、艺术欣赏、课堂教学或者科学研究而使用他人肖像，也只能在必要的范围内使用他人已经公开的肖像，否则仍然构成对他人肖像权的侵害。二是为实施新闻报道，不可避免地制作、使用、公开肖像权人的肖像。即便是为了实施新闻报道，但如果可以避免制作、使用、公开肖像权人的肖像，则行为人仍不得以合理使用为由而使用他人肖像。三是为依法履行职责，国家机关在必要范围内制作、使用、公开肖像权人的肖像。国家机关为依法履行职责而使用他人肖像的，也仍应在必要范围内制作、使用、公开肖像权人的肖像，否则不属于肖像的合理使用。四是为展示特定公共环境，不可避免地制作、使用、公开肖像权人的肖像。五是为维护公共利益或者肖像权人合法权益，制作、使用、公开肖像权人的肖像。

5. 个人在个人信息处理活动中的权利。

依据《民法典》的规定，个人信息属于人格利益，个人对其个人信息享有广泛的权利，其既可以自己利用其个人信息，也可以许可他人利用其个人信息，《民法典》人格权编对个人对其个人信息所享有的查阅、复制、提出异议、更正、删除等权利作出了规定，为更好地保护个人对其个人信息所享有的权利，《个人信息保护法》以专章（第四章）的形式对个人在个人信息处理活动中的权利作出了规定。依据《民法典》与《个人信息保护法》的规定，个人在个人信息处理活动中主要享有知情权、决定权、查阅权、复制权、可携带权、提出异议权、更正权、补充权、删除权以及解释说明权。法律对个人在个人信息处理活动中的权利作出详细规定，既有利于规范个人信息处理者处理个人信息的活动，也有利于强化对个人信息自决权利的保护。

（五）婚姻家庭编

1. 婚姻无效的事由及确认。

婚姻无效的事由	内涵	有权向人民法院申请确认婚姻无效的主体
重婚	一方或者双方重婚，即已有婚姻关系后又与他人缔结婚姻关系	婚姻当事人、当事人的近亲属及基层组织
有禁止结婚的亲属关系	双方当事人之间存在直系血亲或者三代以内的旁系血亲关系	婚姻当事人、当事人的近亲属
未到法定婚龄	一方或者双方未到法定婚龄，如男方未到22周岁、女方未到20周岁	婚姻当事人、未到法定婚龄者的近亲属

婚姻无效的后果，是婚姻自始没有法律约束力。所谓自始没有法律约束力，是在人民法院确认婚姻无效时，该婚姻才自始没有法律拘束力，男女双方自始不具有夫妻的权利和义务。也就是说，婚姻无效，虽然是自始无效，但并非当然无效，而是经人民法院确认才无效。

无效婚姻的双方当事人在同居期间所得的财产，由当事人协议处理；协议不成的，按照共同共有处理，由人民法院根据照顾无过错方的原则判决分割,但一方能够证明特定财产为其个人财产的除外。对重婚导致的无效婚姻的财产处理,不得侵害重婚一方合法婚姻当事人(前婚配偶)的财产权益。无过错方可以请求损害赔偿。无过错方,是指不具有婚姻无效事由的一方。当事人所生的子女,适用《民法典》关于父母子女的规定。

2. 可撤销婚姻的事由及其除斥期间。

可撤销婚姻的事由	撤销权人	撤销权的除斥期间
因胁迫而结婚	受胁迫一方的婚姻关系当事人本人	自胁迫行为终止之日起1年内向人民法院请求撤销婚姻;被非法限制人身自由的受胁迫方当事人,应当自恢复人身自由之日起1年内向人民法院请求撤销婚姻。不受《民法典》第152条第2款的5年最长除斥期间的限制
一方患有重大疾病,在结婚登记前没有如实告知另一方	因一方在结婚登记前没有如实告知自己身患重大疾病而结婚的另一方当事人	自知道或者应当知道撤销事由之日起1年内向人民法院请求撤销婚姻

3. 准予离婚的法定条件与诉讼离婚中的两项特殊保护规则。

项目	内容
准予离婚的法定条件	(1)重婚或者与他人同居; (2)实施家庭暴力或者虐待、遗弃家庭成员; (3)有赌博、吸毒等恶习屡教不改; (4)因感情不和分居满2年; (5)其他导致夫妻感情破裂的情形,如女方怀孕后擅自终止妊娠导致夫妻双方因是否生育发生纠纷,致使感情确已破裂; (6)一方被宣告失踪,另一方提起离婚诉讼; (7)经人民法院判决不准离婚后,双方又分居满1年,一方再次提起离婚诉讼
诉讼离婚中的两项特殊保护规则	(1)现役军人的非军人配偶要求离婚,应当征得军人同意,但是军人一方有重大过错的除外; (2)女方在怀孕期间、分娩后1年内或者终止妊娠后6个月内,男方不得提出离婚;但是,女方提出离婚或者人民法院认为确有必要受理男方离婚请求的除外

4. 离婚损害赔偿的认定。

离婚损害赔偿以夫妻双方离婚为前提,包括协议离婚和诉讼离婚。人民法院判决不准离婚的,夫妻一方的离婚损害赔偿请求无法得到支持;在婚姻关系存续期间,当事人不起诉离婚而请求离婚损害赔偿的,人民法院不予受理。

因下列法定的重大过错之一,导致夫妻双方离婚的,无过错方有权请求离婚损害赔偿:(1)重婚;(2)与他人同居;(3)实施家庭暴力;(4)虐待、遗弃家庭成员;(5)有其他重大过错,如女方隐瞒子女与男方无亲子关系的事实,使男方实际履行了抚养义务,构成欺诈性抚养。享有离婚损害赔偿请求权的夫妻一方,是无过错方,即不具有上述重大过错的一方。承担离婚损害赔偿义务的夫妻一方,是过错方,即具有上述重大过错的一方。如果双方均具有上述情形之一,任何一方都不享有离婚损害赔偿请求权。这里的损害赔偿,包括物质损害赔偿和精神损害赔偿。

无过错方作为原告的离婚诉讼案件,无过错方向人民法院提出离婚损害赔偿请求的,必须在离婚诉讼的同时提出。无过错方作为被告的离婚诉讼案件,如果无过错方不同意离婚也不提起离婚损害赔偿请求的,可以就此单独提起诉讼。

5. 法定夫妻财产制中夫妻共同财产与夫妻一方个人财产的范围及认定。

夫妻双方采法定财产制的，夫妻任何一方、夫妻双方在婚姻关系存续期间所得的下列财产，属于夫妻共同财产：(1)工资、奖金、劳务报酬；(2)生产、经营、投资的收益，如以夫妻共同财产从事个体工商户生产、经营所得财产，将夫妻共有房屋出租获得的租金；(3)知识产权的收益，即婚姻关系存续期间，实际取得或者已经明确可以取得的财产性收益，如在婚姻关系存续期间发表小说取得的稿费、许可他人实施专利取得的专利许可费；(4)继承或者受赠的财产，但是遗嘱或者赠与合同中确定只归一方的财产除外；(5)其他应当归共同所有的财产。

其他应当归共同所有的财产包括：(1)一方以个人财产投资取得的收益，如炒股、购买基金取得的收益。除孳息和自然增值外，夫妻一方个人财产在婚后产生的收益，属于夫妻共同财产。因此，夫妻一方以个人存款用于炒股的，股票账户增值为夫妻共同财产。也就是说，如果夫妻一方在婚姻关系存续期间对股票账户进行了管理和操作，由此产生的收益就属于夫妻共同财产。夫妻一方婚后将个人存款用于购买基金、入伙参与合伙经营、设立个人独资企业等取得的收益、红利、收入，也属于夫妻共同财产。夫妻一方婚后将个人所有房屋出租，在婚姻关系存续期间取得的租金属于夫妻共同财产而非夫妻一方的个人财产。(2)男女双方实际取得或者应当取得的住房补贴、住房公积金。(3)男女双方实际取得或者应当取得的基本养老金、破产安置补偿费。(4)军人复员费、自主择业费等一次性费用中属于夫妻共同财产的部分。

下列财产属于夫妻一方的个人财产：(1)一方的婚前财产，以及婚前财产在婚后的变形，如夫妻一方婚前全款购买的房屋、夫妻一方以婚前存款在婚后全款购买的房屋、夫妻一方因婚前个人房屋拆迁获得的房屋价值补偿；(2)一方因受到人身损害获得的赔偿或者补偿，如夫妻一方在婚姻关系存续期间遭受他人侵权而蒙受人身损害获得的医疗费、营养费、残疾赔偿金、残疾辅助器具费；(3)遗嘱或者赠与合同中确定只归一方的财产，如夫妻一方的父母在遗嘱中明确指定夫妻一方继承特定财产且该特定财产属于其个人财产，赠与人和受赠人约定赠与财产属于受赠人一方的个人财产；(4)一方专用的生活用品，如夫妻双方各自的衣物、鞋帽；(5)其他应当归一方的财产。

其他应归一方的个人财产包括：(1)军人的伤亡保险金、伤残补助金、医药生活补助费，军人复员费、自主择业费等一次性费用中属于个人财产的部分。(2)夫妻一方个人财产在婚后产生的孳息和自然增值，如夫妻一方婚前个人存款在婚后产生的利息、婚前全款购买的房屋或古玩字画在婚后因市场行情波动而产生的升值。也就是说，在婚姻关系存续期间，夫妻一方以生产、经营之外的其他方式使用自己的婚前个人财产，该个人财产及其自然增值仍为个人财产；夫妻一方个人财产因夫妻一方投入劳动而产生的收益，就属于因生产、经营、投资取得的收益，为夫妻共同财产。

认定一项财产属于夫妻共同财产还是夫妻一方的个人财产，首先应当确定夫妻一方取得该项财产的时间。一般来说，婚前取得的财产，通常属于夫妻一方的个人财产；婚姻关系存续期间取得的财产，通常属于夫妻共同财产。但是，不能仅以一项财产的登记、占有状况来判断该财产属于夫妻共同财产还是夫妻一方的个人财产。

首先，对于夫妻一方在婚姻关系存续期间取得的财产，夫妻一方主张其为夫妻个人财产的，应当举证证明。具体来说，夫妻一方可以举证证明这一项财产是其个人财产的转化。根据司法解释的规定，除非双方当事人另有约定，无论夫妻双方结婚多久，夫妻一方的个人财产，不因婚姻关系的延续而转化为夫妻共同财产；由一方婚前承租、婚后用共同财产购买的房屋，登记在一方名下的，应当认定为夫妻共同财产。这意味着，除非双方当事人另有约定，由夫妻共同财产转化的财产仍然是夫妻共同财产，由夫妻一方个人财产转化的财产仍然是夫妻一方个人财产。因此，夫妻一方在婚姻关系存续期间以个人所有的婚前存款全款购买房屋，离婚时该房屋属于“个人财产的替代物”，只是原有财产价值形态发生了变化，应当被认定为个人财产，其自然增值也属于个人财产。此外，夫妻一方婚前订立房屋买卖合同，以个人财产支付首付款并办理银行抵押贷款，婚后用夫妻共同财产偿还贷款，房屋登记于夫妻一方名下的，离婚时该房屋由夫妻双方协议处理。夫妻双方没有约定也无法达成协议的，根据出资状况和房屋权属登记状况，应当将房屋认定为夫妻一方的个人财产。夫妻一方婚前办理银行抵押贷款的，银行贷款属于其个人债务。夫妻一方以夫妻共同财产偿还个人债务，不影响房屋所有权的归属，但应当向另一方予以补偿。

其次，夫妻一方可以举证证明该财产具有一定的专属性。专属性的判断，首先取决于当事人的意思。比如，夫妻一方的父母在遗嘱中载明，父母所有的房屋由夫妻一方继承且为夫妻一方的个人财产、不属于夫妻共同财产。又如，他人与夫妻一方订立赠与合同时，在赠与合同中明确约定，赠与财产为夫妻一方个人所有、不属于夫妻共同财产。此外，专属性的判断，还应当考虑财产是否具有人身性。夫妻一方在婚姻关系存续期间因身体权、健康权遭受侵害而蒙受人身损害的，获赔的医疗费、营养费、残疾赔偿金、残疾辅助器具费属于其个人财产。再如，运动员获得的奖牌，具有荣誉意义和高度人身性，属于运动员的个人财产。同时，专属性的判断，应当考虑财产的使用状况。夫妻一方专用的生活用品，即使由夫妻共同财产购置，也属于夫妻一方的个人财产。但是，夫妻一方专用的工具，如以夫妻共同财产购置的小轿车，即使平时由夫妻一方使用，仍然属于夫妻共同财产。

最后，如果夫妻一方举证证明，该财产的取得与夫妻一方或者双方的劳动有关，那么，该财产就属于夫妻共同财产。夫妻一方举证证明该财产的取得与劳动无关的，不足以证明该财产属于夫妻一方的个人财产。因为在婚姻关系存续期间，夫妻一方因继承或者接受赠与而获得的财产原则上属于夫妻共同财产。

6. 夫妻共同债务的类型及认定。

夫妻共同债务，是夫妻应当共同清偿的连带债务。

夫妻共同债务主要包括以下几点：

第一，夫妻双方共同签名或者夫妻一方事后追认等共同意思表示所负的债务，即合意型夫妻共同债务。如果夫妻双方在合同、借条上共同签名，或者一方以个人名义举债后另一方以明示或默示的方式予以追认，如一方事后向债权人明确承诺还款、补签借条、出具还款方案，该债务就属于夫妻共同债务。

第二，夫妻一方在婚姻关系存续期间以个人名义为家庭日常生活需要所负的债务，即日常家事型夫妻共同债务。“家庭日常生活需要”按照日常家事代理权的范围来确定，涉及通常情况下必要的家庭日常消费，如正常的衣食住行消费、日用品购买、交通通信、医疗保健、子女抚养教育、文化消费等。判断负债是否超出“家庭日常生活需要”，不能仅以债务金额是否适中来认定，需要结合债务用途、家庭收入状况、消费水平、夫妻感情状况、借贷双方的熟识程度、举债次数、借款名义、当地经济水平和一般社会生活习惯等因素综合认定。

夫妻一方因家庭日常生活需要而行使日常家事代理权，由此实施的民事法律行为，对夫妻双方发生效力，从而夫妻双方负担连带债务、享有连带债权。夫妻一方行使日常家事代理权，无须显示另一方的名义。一般来说，夫妻一方为家庭生活需要购买衣物、购买米面粮油等食品、购买日用品、为家庭成员订立医疗服务合同、为子女购买必要的图书玩具和学习工具、为子女支付学费、为家庭生活而购置日用家电和必要家具，均属于日常家事代理权的适用范围。为夫妻共有的房屋订立买卖合同或设立抵押、明显超出家庭生活需求且与家庭经济状况不符的大额消费，不属于日常家事代理权的适用范围。夫妻双方可以通过约定对一方行使日常家事代理权的范围加以限制，这一限制不得对抗善意相对人。

第三，夫妻一方在婚姻关系存续期间以个人名义超出家庭日常生活需要所负的债务，不属于夫妻共同债务；但是，债权人能够证明该债务用于夫妻共同生活、共同生产经营或者基于夫妻双方共同意思表示的，该债务属于夫妻共同债务。

债权人就一方婚前所负个人债务，如果能够证明所负债务用于婚后家庭共同生活，该债务也属于夫妻共同债务。此外，夫妻双方以书面形式采分别财产制的，夫妻双方共同签名负担的债务、夫妻一方行使日常家事代理权所负担的债务，当然属于夫妻共同债务。

夫妻一方的个人债务一般包括：(1)夫妻一方的婚前债务，且该债务没有用于婚后家庭共同生活；(2)夫妻一方以个人名义在婚后负担的债务，如果夫妻一方在实施法律行为时与第三人明确将该债务约定为个人债务，那么，该债务就属于夫妻一方的个人债务；(3)夫妻一方在婚姻关系存续期间以个人名义超出家庭日常生活需要所负的债务，且债权人无法证明该债务用于夫妻共同生活、共同生产经营或者基于夫妻双方共同意思表示的；(4)夫妻双方以书面形式采分别财产制的，夫妻一方在婚姻关系存续期间以个人名义负担的债务,相对人知道夫妻双方约定分别财产制的,该债务属于夫妻一方的个人债务。

7. 婚内财产分割请求权的成立。

依据《民法典》第1066条的规定,请求分割夫妻共同财产的法定理由限于下列两种情形:

(1)一方实施了严重损害夫妻共同财产利益行为,如隐藏、转移、变卖、毁损、挥霍夫妻共同财产或者伪造夫妻共同债务。夫妻一方实施上述行为的,应当具有主观的故意,以侵占夫妻共同财产或损害夫妻共同财产利益为目的。夫妻一方因过失毁损夫妻共同财产、保有数额不大的私房钱,均不属于上述行为。但是,夫妻双方不得利用婚内财产分割请求权逃避债务、损害债权人利益。

(2)一方负有法定扶养义务的人患重大疾病需要医治,另一方不同意支付相关医疗费用。夫妻一方负有法定扶养义务的人,包括需要赡养的父母、非婚生子女等。

夫妻一方向人民法院请求婚内分割夫妻共同财产的,对存在上述法定事由负举证责任。

婚内财产分割请求权不同于夫妻共同财产的少分或者不分和离婚后再次分割。

夫妻一方隐藏、转移、变卖、毁损、挥霍夫妻共同财产,或者伪造夫妻共同债务企图侵占另一方财产的,在离婚分割夫妻共同财产时,对该方可以少分或者不分。离婚后,另一方发现有上述行为的,可以向人民法院提起诉讼,请求再次分割夫妻共同财产。请求再次分割夫妻共同财产的诉讼时效期间为3年,从当事人发现之日起计算。

(六)继承编

1. 继承人的父亲在继承人结婚前去世,继承人结婚后共同继承人才分割遗产,继承人在婚后取得的遗产是否属于《民法典》第1062条的共同财产?如果被继承人是在继承人婚姻关系存续期间去世的,继承人离婚时遗产尚未分割,继承人的配偶在离婚时能否请求分割遗产中属于继承人的份额?如果继承人在离婚后放弃继承,其前配偶能否以侵害共有财产权为由予以阻止或要求损害赔偿?

【辨析】被继承人死亡的时间是继承开始的时间,根据《民法典》第230条规定,"因继承取得物权的,自继承开始时发生效力"。

(1)在第一问中,继承人虽然是结婚后实际得到遗产,但遗产的取得从结婚前被继承人死亡时就发生效力了。《民法典》第1062条第1款规定,夫妻在婚姻关系存续期间因继承所得财产为夫妻的共同财产。由于继承人取得遗产所有权的时间发生在结婚之前,所以虽然实际得到遗产是在婚姻关系存续期间,但该遗产应根据《民法典》第1063条的规定属于继承人的个人婚前财产。虽然继承人在遗产分割前可能并未实际占有使用遗产或并未完成不动产登记,但依然有权依据《民法典》第235—238条的规定请求保护其对遗产的权利[《最高人民法院关于适用〈中华人民共和国民法典〉物权编解释(一)》(以下简称《物权编解释(一)》)第8条]。

(2)在第二问中,被继承人在继承人结婚后死亡,继承人取得遗产即是在婚姻关系存续期内,如没有遗嘱或遗嘱未明确遗产只归继承人所有,继承人的配偶享有对遗产的共有权。但由于遗产并未实际分割,继承人实际取得的遗产份额或具体金额不能确定,无法确定可供分割的共同财产的范围。根据《最高人民法院关于适用〈中华人民共和国民法典〉婚姻家庭编的解释(一)》(以下简称《婚姻家庭编解释(一)》)第81条,"婚姻关系存续期间,夫妻一方作为继承人依法可以继承的遗产,在继承人之间尚未实际分割,起诉离婚时另一方请求分割的,人民法院应当告知当事人在继承人之间实际分割遗产后另行起诉"。

(3)在第三问中,继承人放弃继承的权利不应受到不当干涉,配偶或前配偶既无权阻止也不能请求损害赔偿。其一,继承权是继承人因特定身份关系取得的权利,虽然以取得遗产为目的,但具有人身的性质,继承人有权接受也有权自主决定放弃,不受他人干涉,除非其放弃继承致其不能履行法定义务[最高人民法院关于适用《中华人民共和国民法典》继承编的解释(一)(以下简称《继承编解释(一)》)第32条]。其二,继承人放弃继承的效力,追溯到继承开始的时间。从继承开始其就不是继承人,自始未在婚姻关系存续期间取得遗产权利;其前配偶不能因《民法典》第1062条取得共有权,自然也不存在基于侵害共有权的损害赔偿请求权。

2. 违反《民法典》第 1141 条的规定,没有为缺乏劳动能力又没有生活来源的继承人保留必要的遗产份额的遗嘱应如何处理?

【辨析】《民法典》第 1141 条规定,"遗嘱应当为缺乏劳动能力又没有生活来源的继承人保留必要的遗产份额"。但遗嘱并不会因没有为缺乏劳动能力又没有生活来源的继承人保留必要份额而无效。这是因为,是否存在"双缺继承人"不是以立遗嘱的时间来判断,而是以继承开始的时间来判断。被继承人立遗嘱时可能并不存在"双缺继承人",所以没有保留必要份额的遗嘱不一定具有违法性。因此,继承开始后发现遗嘱没有为"双缺继承人"保留必要份额,只需在遗产处理时为"双缺继承人"留下必要的遗产,剩余的部分参照遗嘱确定的分配原则处理即可[《继承编解释(一)》第 25 条第 1 款]。

3.《民法典》第 1127 条中"有扶养关系的继子女"与《民法典》第 1072 条中的受继父母抚养教育的继子女有何不同?

【辨析】《民法典》第 1127 条中"有扶养关系的继子女"与《民法典》第 1072 条中的受继父母抚养教育的继子女在范围以及与继父母的法律关系上确有不同。(1)范围不同,前者范围大且包含了后者:《民法典》第 1127 条中"有扶养关系的继子女"既包括了受到继父母抚养的继子女,还包括了赡养继父母的继子女。《民法典》第 1072 条中的受继父母抚养教育的继子女则仅指受继父母抚养教育的继子女,不包括未受继父母抚养教育但赡养了继父母的继子女。(2)与继父母的法律关系不同。《民法典》第 1072 条中的受继父母抚养教育的继子女与继父母之间的关系是一种法律拟制的亲子关系,适用《民法典》各编关于父母子女关系的规定,例如扶养、监护、继承等。《民法典》第 1127 条中"有扶养关系的继子女"中不属于第 1072 条第 2 款规定的继子女的,与继父母为直系姻亲关系,因实际扶养继父母而享有子女在《民法典》继承编中的权利。

4. 继承人乙的母亲甲在乙的婚姻关系存续期间去世,后乙与其配偶丙离婚。甲的遗产分割前乙因病死亡,未留遗嘱。现甲的其他子女分割甲的遗产,丙提起诉讼,主张自己应分得乙有权继承甲遗产的一半。法院是否应支持丙的诉讼请求?

【辨析】不应支持。理由如下:乙在甲的遗产分割前去世,没有表示放弃继承,此时发生转继承。转继承是遗产分割时的一种特殊情况,继承开始后遗产分割前,被转继承人尚未行使其继承权就死亡,其取得遗产的权利转给其合法继承人继承。《民法典》第 1152 条规定,"继承开始后,继承人于遗产分割前死亡,并没有放弃继承的,该继承人应当继承的遗产转给其继承人,但是遗嘱另有安排的除外"。《民法典》既然规定了转继承的处理方式,发生转继承时就应直接按照第 1152 条处理,而不应按照乙先接受继承,取得遗产,转为乙丙夫妻共同财产,再分出一半作为遗产,最后转给乙的继承人的思路处理。在本案中,由于发生转继承时乙与丙已经解除婚姻关系,所以丙不是乙的法定继承人,乙有权继承其母亲甲的遗产转给乙的法定继承人取得。

5. 继承人在为母亲办理丧事后给其他继承人留下书面声明称:"母亲生病时我远在异国未能尽孝,故母亲留下的遗产我放弃继承。该我继承的遗产全部归悉心照顾母亲的二姐所有,与大姐和小弟无关。"该声明是否产生放弃继承的效力?

【辨析】放弃继承的意思表示应在继承开始后遗产分割前,以书面形式向遗产管理人或者其他继承人表示。该声明形式没有问题,但声明的第一句话与第二句话所表达的意思是相反的。第一句话表明其放弃继承,放弃继承的效力将追溯到继承开始的时候,因此其母亲的遗产应由其他继承人依照法定继承规则取得,与其再无关系。但声明的第二句话表示,其应取得的遗产转由其二姐取得,这是赠与的意思,前提是该继承人先接受继承取得遗产,才能将遗产转赠给二姐。因此,该声明应按照《民法典》第 142 条第 1 款的规定,按照所使用的词句,结合相关条款、行为的性质和目的、习惯以及诚信原则,确定意思表示的含义。从该声明的目的来看,继承人的意思是母亲的遗产他自己不要,应该由他继承的遗产他要转赠给照顾母亲的二姐,因此该声明不是放弃继承,而是接受继承并另行处置。

6. 打印的离婚协议中包含如下条款,“男方百年后财产全部归儿子某某所有”,有男女双方的签名。行政登记离婚后,男方意外身故未留有其他遗嘱。其遗产是否应由其儿子某某取得?

【辨析】自然人对死亡后个人财产处分的意思表示为遗嘱处分,虽然该条款被记载于离婚协议书中,但该遗嘱处分能否形成有效的遗嘱应根据《民法典》继承编来确定,而不是看离婚协议是否合法有效。遗嘱的有效要件包括实质要件和形式要件,本案中被继承人所作的“百年后财产全部归儿子某某所有”的意思表示不具备遗嘱的形式,因此不是合法有效的遗嘱。《民法典》所规定的遗嘱形式只有自书遗嘱、代书遗嘱、打印遗嘱、录音录像遗嘱、口头遗嘱和公证遗嘱。记载“男方百年后财产全部归儿子某某所有”的离婚协议是打印件,只有男女双方的签名,没有见证人,不符合任何一种遗嘱的形式,所以该遗嘱处分的意思不能发生法律效力。如没有其他有效遗嘱,被继承人的遗产按法定继承办理。

(七)侵权责任编

1. 侵权责任编的适用范围。

侵权责任属于民事责任的一种,对于侵权责任编的适用范围,《民法典》第1164条规定:“本编调整因侵害民事权益产生的民事关系。”作为债的发生原因之一,侵权责任应当与违约责任、不当得利和无因管理的准合同责任有所区分。在理解侵权责任编的适用范围时,应注意以下几方面:

(1)侵害。侵害是指违反他人意愿、对他人的加害行为。没有法律依据或者他人的同意,任何人不得损害他人的民事权益,否则就要承担不利的法律后果。作为加害行为的侵害,包括作为和不作为两种情况。作为是指行为人主动实施了某种加害行为。在大多数情况下,行为人都是因为对他人的民事权益实施了积极的加害行为而构成对他人民事权益的侵害,进而需要承担侵权责任,例如伤害他人身体,诽谤他人名誉,窥探他人隐私,散布他人个人信息,侵占他人财产,制造销售有瑕疵的产品,等等。所以以作为形式出现的侵害,是侵权责任传统的、常见的形态。不作为,是指行为人应当从事某种行为但却未从事该行为,最终造成他人损害的情形。也就是说,行为人依据法律法规的规定,或者合同的约定,或者自己先前的某些行为等原因,而对他人负有了某种作为的义务,但却未尽到该作为义务,并致他人遭受损害的行为。

(2)民事权益。所谓民事权益是指私法上的权利或利益,即“民事权利+民事利益”。这就说明侵权责任编保护的范围,既包括权利也包括利益。民事权利包括民事主体的人身权利和财产权利,如生命权、身体权、健康权、姓名权、名称权、肖像权、名誉权、荣誉权、隐私权、婚姻自主权、物权、债权、知识产权、继承权等。民事利益是指虽然尚未形成为权利,但应当受到法律保护的特定利益。单纯的利益并不是民法保护的对象,必须是法律所承认的利益才能构成民法上的权利。但是由于成文法具有固化和僵化的缺陷,所以当时代前进、生活发展而出现了一些权利之外越发重要的利益时,法院如果认为确有保护的必要,也可以进行保护。这些利益就属于“民事权益”中权利之外的利益。民事利益同样包括人身利益和财产利益。这些民事利益受到司法的保护之后,经过发展,往往会被立法所吸收,成长为新兴的民事权利。目前,司法中常见的权利之外的利益的保护,主要是对于死者的人格利益如姓名、肖像、名誉隐私、遗体、遗骨等人身利益,某些尚未上升为民事权利的精神利益,某些纯经济损失的财产利益,某些财产性质的信赖利益、占有利益、虚拟财产利益等的保护,这些都是现代侵权责任法在发展过程中通过司法实践逐步予以承认并提供保护的民事利益。对于权利之外利益的保护,司法机关应当持谨慎态度,保护过度容易出现受保护的利益泛滥的现象,甚至导致“权利大爆炸”情形的出现,造成概念不严谨、法律适用不科学、司法理念混乱。一般来说,如果实践中出现了较多需要保护的新型法益,则应当由最高人民法院通过研究之后作出决定,通过个案答复或制定司法解释的方式加以认可,进而确定受保护的“法益”之效力。

(3)民事关系。民事关系界定了此种法律关系不属于其他法律部门形成的法律关系,而是民事法律关系,属于私法上的法律关系。因此,作为宪法上的权利或者其他公法上的权利就不在侵权责任编的保护之列。在我国,民事主体的宪法权利或者基本权利,存在两种保护途径:一种是经由民事基本法律,将宪法权利转化为民事权利,通过私法进行保护;另一种则是通过公法上的手段,主要是通过行政诉讼等手段寻求保护。这既是侵权责任法的性质所限,亦是公法与私法功能的合理区分。强调侵权责任编保护的是民事权益,是因为民法典属于私法,保护的是私法上的权利,宪法上的基本权利如果没有具体化为民事权利,则不应由侵权责任编保护。同样地,公权力也不纳入侵权责任编的保护范围之中,而是交由公法进行保护。

2. 无意思联络数人侵权的理解。

(1)无意思联络数人侵权的概念

无意思联络的数人侵权,是指数人并非基于共同故意,而是分别实施侵权行为,造成了他人同一损害后果的情形。

无意思联络数人侵权中的各行为人具有一些共同的特征:第一,各行为人无共同过错;第二,各行为人的行为偶然结合造成对受害人的同一损害;第三,在责任后果上,采用连带责任或按份责任。无意思联络的数人侵权与共同危险行为不同,因为在共同危险行为中,具体的行为人即致害人其实是不明确的,而无意思联络的数人侵权中,侵权人则是明确的,主体的明确与否也决定了行为与后果之间因果关系的存在与否。此外,根据《民法典》的规定,两者责任的形式也有所不同,无意思联络的数人侵权,行为人承担的责任形式可能是连带责任,也可能是按份责任,而共同危险行为中的行为人承担的责任形式只有连带责任。

无意思联络数人侵权可以分为聚合因果关系的无意思联络数人侵权和竞合因果关系的无意思联络数人侵权两类,对应的法律规定分别是《民法典》侵权责任编的第1171条和第1172条。

(2)聚合因果关系的无意思联络数人侵权

聚合因果关系的无意思联络数人侵权,是指二人以上分别实施侵权行为造成同一损害,每个人的侵权行为都足以造成全部损害的,行为人承担连带责任。这一类无意思联络数人侵权中,每个行为人独立的行为均足以造成全部的损害后果,即各侵权人的行为均为发生损害后果的直接原因,每一独立的侵权行为均具有造成全部损害后果的原因力。这就意味着各个行为人的行为可以相互替代,但损害结果的同一性并不会因此而发生改变。那么这种侵权行为中的行为与后果之间的因果关系,就被称为聚合因果关系或等价因果关系,其形式上是各等价因果关系的聚合,而非各原因力的累积或叠加。也就是说,每个人的侵权行为都足以造成全部的损害后果,而不是各个行为人的侵害行为加起来才能造成最终的损害后果。

聚合因果关系的无意思联络数人侵权的责任形式为连带责任,数个行为人应当对损害后果承担连带责任。聚合因果关系的无意思联络数人侵权责任的构成要件有以下几点:

第一,数个行为人之间无意思联络。首先,行为主体具有复数性,为二人以上。其次,数行为人之间没有意思联络,即不存在关于从事侵害行为的共同过错,这种过错形式主要是共同故意,特殊情况下也包括共同过失。或者说,每个行为人在实施侵权行为之前和实施侵权行为的过程之中,并没有与其他行为人进行意思联络,如共同商议谋划,也没有认识到还有其他人也在实施类似的侵权行为。

第二,数个行为人分别实施了侵权行为。分别实施侵权行为是没有意思联络的行为特征,因为彼此之间没有意思联络和整体方案,所以各自分别实施了侵权行为,每一行为人的行为都是独立的,不构成预谋的侵权行为的一部分,因此每个行为人都可以独立构成侵权行为。对于侵权行为的判断,则适用关于侵权行为成立要件的一般规则。

第三,造成了同一损害。也就是说,损害后果具有同一性,即数个侵权行为所造成的损害的性质是相同的,均是人身权益的损害或者均是财产权益的损害,而且损害的内容具有关联性。例如,甲购买了乙生产的电热水器,担心热水器漏电而影响自身安全,甲同时又购买了丙生产的漏电保护器。然而,电热水器存在设计缺陷而发生漏电,漏电保护器因质量不过关而没有发挥漏电保护作用,致甲在沐浴时触电身亡。此时乙和丙的行为均造成了甲人身伤亡的后果,两者的行为便属于造成了同一损害的侵权行为。

第四,每个行为人的侵权行为都足以造成全部损害。每个侵权行为是否足以造成全部损害,是区别本条和第1172条的关键。足以造成全部损害中的"足以",是指每个行为人的行为都具备造成全部损害后果的可能性,而并不要求每个侵权行为都实际上造成了全部损害。每个人的行为,即便没有其他侵权行为的共同作用,其分别独立的单个侵权行为也有可能造成全部的损害后果。事实上,从损害后果上也难以清晰判断并分清谁的行为造成了多大程度的损害,而只能从行为的性质和危险程度判断该行为是否可能造成这一损害后果。也就是说,各个侵权人的行为都是发生损害后果的直接原因,都具有造成全部损害后果的原因力,所以各个侵权人的行为可以相互替代,而损害结果的同一性并不因此发生改变。例如,前述电热水器漏电案例中,电热水器和漏电保护器都具有缺陷,并且都足以发生漏电致人死亡的情形,所以从甲的死亡后果无法推断乙的产品缺陷和丙的产品缺陷究竟是如何发生作用的,但无论如何,电热水器漏电或者漏电保护装置任何一者不能发挥防止漏电的作用,家用电流均足以导致使用人的死亡,或者说乙和丙这两种产品若有一个是合格产品,就能够起到安全保护作用,不至于造成甲的死亡后果,但乙和丙这两种缺陷产品均足以造成全部损害后果的发生,其行为与后果之间存在聚合因果关系、等价因果关系。经常列举的例子还有不同的人对同一栋房屋放火,造成房屋被烧毁的后果,任何一个人的放火行为在当时的现场环境下都足以造成房屋烧毁的结果,则也是属于不同人的行为均足以造成全部损害。

(3)竞合因果关系的无意思联络数人侵权

竞合因果关系的无意思联络数人侵权,就是指数个行为人之间无意思联络而分别实施了侵权行为,结果造成了被侵权人的同一损害。这就与聚合因果关系的数人无意思联络侵权不同,因为聚合因果关系的数人无意思联络侵权中,每一个行为人的行为都足以造成全部损害后果的发生。

竞合因果关系的无意思联络数人侵权责任的构成要件包括如下几方面:

第一,数个行为人之间无意思联络。即要求数个行为人之间没有意思联络,不形成通谋,所以不构成狭义上的共同侵权行为。

第二,数个行为人分别实施了侵权行为。这同样要求数个行为人的行为是独立的,即各个行为人是基于各自的、个别的故意或者过失的主观过错实施了侵害他人民事权益的行为。这也是各个行为人之间无意思联络下的必然结果,各自的行为不能作为整体行为的组成部分而存在。

第三,数个行为人的行为造成了同一损害。如果数个侵权行为造成的损害后果不同、可以明显区分,则不属于无意思联络数人侵权制度所需要解决的问题。

第四,数个侵权行为是损害结果发生的共同原因或者竞合原因。竞合因果关系也被称为部分因果关系,是说各个行为人的行为只是造成最终损害后果的部分原因,是各个行为人的行为结合起来才造成了最终的严重后果。数个行为人行为的结合,从损害后果上看,存在两种情况,即能够分清各个行为的原因力和无法分清各个行为的原因力。前者是指数个行为人的侵权行为相互结合、构成损害结果的共同原因,其原因力不可分。后者是指数个行为人的侵权行为偶然结合并互相发生作用,导致同一损害后果的发生,各个行为分别构成损害后果发生的直接原因或者间接原因,其原因力是可分的。前一种情形中的因果关系也被称为累积的因果关系,后一种情形中的因果关系也被称为竞合的因果关系。

在责任形式上,竞合因果关系的无意思联络数人侵权的责任形式为按份责任,而非连带责任。也正是基于此种无意思联络数人侵权中的原因力存在能够分清各个行为的原因力和无法分清各个行为的原因力两种情况,这一按份责任还可以细分为能够确定责任大小的情形和无法确定责任大小的情形两种。能够确定各个行为人的责任大小的,行为人各自承担相应的责任;难以确定各个行为人责任大小的,平均承担赔偿责任。

"能够确定责任大小",是指根据各行为人主观上的过错程度和比例,以及其行为与损害后果之间原因力大小而能够确定出各自责任的大小。"难以确定各个行为人责任大小",是指面对造成的损害结果,难以分清各个行为人的主观过错比例或者难以区分各个行为与损害后果之间原因力的大小,而无法按照比例划分责任,此时为公平起见,只能要求各个行为人平均承担赔偿责任。所以在处理竞合因果关系的无意思联络数人侵权案件时,只能由法官根据案件的具体情况,对各个行为人的过错程度、原因力的大小比例进行斟酌权衡,来确定各个行为人的责任份额。

3. 第三人过错的理解与适用要点。

《民法典》第1175条规定,损害是因第三人造成的,第三人应当承担侵权责任。在理解第三人过错作为免责事由的运用时,应注意以下几点:

(1)第三人过错作为免责事由的法律效果。损害是因第三人造成的,第三人应当承担侵权责任,没有明确规定此时行为人是否还需要承担侵权责任、如何承担侵权责任。但基于一次损害不能获得多次赔偿的原则,如果第三人承担了侵权责任对受害人进行了赔偿,那么必然会减轻或免除行为人的赔偿责任,因为责任的总额是固定的。从第三人过错作为免责事由适用后的法律效果来看,可以分为如下两类:

第一,第三人承担全部侵权责任,行为人的责任得以免除。当第三人基于其过错而实施的行为是损害发生的唯一原因,并且行为人和受害人对损害的发生都不成立侵权时,第三人是唯一应当对损害后果承担侵权责任的主体,其应当承担全部的侵权责任,而行为人的责任得以免除。

第二,第三人承担部分侵权责任,行为人的责任因此得以减轻,但仍需承担剩余部分的责任。第三人承担侵权责任,遵循的是过错责任原则,当第三人对于损害的发生或者扩大存在过错但又不是损害发生或扩大的唯一原因时,第三人应当承担部分侵权责任,同时可以减轻行为人的侵权责任。对此又可以分为两种情形:其一,行为人的行为适用过错责任的归责原则时,第三人的过错无疑减轻了行为人的过错,所以第三人和行为人的责任承担应当根据两者过错比例来确定。其二,行为人的行为适用无过错责任的归责原则时,如果法律对特殊侵权类型中,第三人过错可以减轻行为人责任作出了具体规定时,就可以据此减轻行为人的责任。

(2)第三人过错的适用要点。第一,受害人的过错能够影响第三人过错中的责任总额。受害人在侵权行为中也可能存在过错,其自身的过错将深刻影响侵权责任的分配。受害人对同一损害的发生或者扩大有过错的,可以减轻侵权人的责任;受害人故意造成损害的,行为人不承担责任。与有过失和受害人过错的制度是站在行为人视角而规定的,但是对于第三人而言,这两个制度同样有适用的余地。例如,甲和乙发生争吵,并伴有推搡行为,但程度并不激烈,此时丙开车慢速经过,乙乘甲推搡自己时,假装被推得大步倒退,直到撞上了丙的车身才躺倒在地。实际上,甲推搡力度很轻,根本不至于将乙推到路中间撞上丙的车。在这样一起案例中,表面上看,丙是道路交通事故的侵权行为人,乙是被侵权人、被害人,甲是第三人,根据第三人过错的免责事由,丙驾驶汽车并无过错,既然碰撞是甲推搡乙造成的,那么丙就可以主张甲承担责任进而免除自己的责任。但实际上甲的推搡并不是真正的原因,真正的原因是基于乙自身的故意而造成的碰撞损害。那么甲就可以主张基于受害人故意而免除自己的责任。在第三人过错责任减免的适用中,如果同时存在受害人自身过错的,则两种制度可以同时适用,行为人既可以因为受害人过错而得到减免,又可以通过第三人过错再次进行减免,此时需要仔细厘清并合理分配各方当事人所应当承担的责任。第二,排除共同侵权行为和教唆、帮助行为的适用。在共同侵权行为和教唆、帮助行为中,即便表面上存在“第三人”,但该“第三人”其实与行为人具有意义联络,两人是基于一个共同的过错而实施的侵害行为,所以两人的行为是一个整体,依照法律的规定,两人应当承担连带责任,行为人不能基于“第三人”的过错而要求对自己的责任进行减免。例如,村民甲与村民乙素来不和,一次,甲与村民丙聚餐饮酒,甲对丙说了乙的很多坏话,并怂恿身体强壮的丙去教训乙一顿,丙仗着酒劲果然去把乙殴打了一顿。这里表面上看甲是第三人,丙是基于甲的过错才造成了乙被侵害的后果,但由于甲和丙具有意思联络,甲是教唆人,丙是行为人,双方的过错是一个整体,依法应当对乙承担连带责任。所以当所谓的“第三人”实际上与行为人构成共同侵权行为或教唆、帮助行为时,就不存在以第三人过错作为行为人免责事由的适用余地了,而应当按照法律的规定由行为人与“第三人”承担连带责任。第三,在共同危险行为中不能适用第三人过错。在共同危险行为中,事后能够确定具体侵权行为人的,其实不是真正的共同危险,因为此时具体责任人已经查明,仅构成单独侵权。共同危险行为制度,主要解决的是无法查明具体行为人时的责任承担问题。如果数人在无意思联络的情形下,分别实施了危险行为并造成了受害人受损的后果,受害人选择了其中一人提起诉讼,此被告能否主张还存在其他实施了危险行为的人,并进而要求适用第三人过错的免责事由对自己的责任进行减免?答案是否定的。虽然在这种情形下,具体造成损害的行为确实可能是第三人而非被告实施的,但问题的关键在于无法查清和确定具体谁是真正的侵权人,如果被告可以要求其他实施了危险行为的人承担责任,那么其他人也同样可以持此主张,最后仍然无法确定责任的承担者。共同危险制度的价值,就在于解决这一困局,法律的方案是,凡是被确定为实施了危险行为的,全部行为人承担连带责任。因此,在共同危险行为中,不能适用第三人过错对其中某些行为人进行免责。第四,聚合因果关系的无意思联络数人侵权中不能适用第三人过错。在聚合因果关系的无意思联络数人侵权中,如果受害人对其中一个行为人提起诉讼,那么被告在得知还存在其他行为人时,能否将其他行为人作为第三人,进而主张第三人过错而减免自己的责任?对此,答案是否定的。因为一旦存在其他行为人,虽然他们之间无意思联络,但每个行为人都可能是受害人所受损害的真正行为人,而且每个人的侵权行为都足以造成此种损害后果,可见每个行为人的行为都具有较大的危险性,此时法律规定行为人都必须承担连带责任,某一个行为人就不能将其他行为人当作第三人而主张减免自己的责任。第五,竞合因果关系的无意思联络数人侵权可以适用第三人过错的免责事由。在竞合因果关系的无意思联络数人侵权中,行为人之间承担按份责任,在这种情形下,如果受害人对某个行为人提起诉讼,被告人得知其他行为人的存在后,就可以将其他行为人作为第三人,主张第三人的过错也是损害发生的原因,要求第三人承担责任并免除自己相应的责任。因为按份责任的前提是每个行为人的责任是固定的,每个人只需要对自己应当负责的部分承担责任,而无需对全部损害的整体承担责任,那么在责任总额是固定的情况下,如果能够要求其他行为人承担一部分责任,则无疑会减少自己需要承担的责任份额。因此,当行为人的侵权行为与第三人的侵权行为结合起来,造成受害人所遭受的同一损害时,行为人和第三人构成竞合因果关系的无意思联络数人侵权,此时行为人就可以主张第三人过错的免责事由来减少自己的责任份额。

4. 双方均无过错损失分担的理解。

《民法典》第 1186 条规定:“受害人和行为人对损害的发生都没有过错的,依照法律的规定由双方分担损失。”这一规定虽然与原《民法通则》第 132 条、原《侵权责任法》第 24 条有着前后承接的历史脉络,但该条在民法典中的地位、性质和功能均已发生了较大变化。

在性质上,《民法典》第 1186 条是损失分担规则而不是归责原则。归责原则是确立归责的基础,然后在此基础上分配举证责任,进行损失的分配。所以归责原则确立之后,能够引导人们的行为,起到预防损害的作用,但公平责任原则却无法实现归责原则的这些功能。《民法典》第 1186 条对原《侵权责任法》第 24 条作出了实质性修改,限制了该条的适用范围和适用情形,也进一步淡化了归责原则的性质,使之回归到损失分担规则的本来面目,作为处理双方均无过错时的损失分担规则,而非确定责任依据的归责原则。

在适用要件上,双方均无过错的损失分担包括如下几个方面:

(1)受害人遭受了损害。此处的损害也就是侵权责任构成要件中的损害后果,是受害人的人身权益或财产权益所受到的不利后果。受害人所遭受的损害,必须是现实的损害,而不能是未发生的损害,因为本条的责任方式是分担损失,而非排除妨害、消除危险等预防性措施。

(2)受害人和行为人都没有过错。没有过错是指受害人和行为人双方对于损害的发生,都没有过错。这就意味着无法适用过错责任来追究行为人的过错,也无法追究受害人的与有过失或受害人故意。

(3)按照法律的规定分担损失。首先,法官不再对确定损失分担的依据享有自由裁量权,而必须依照法律的规定来进行损失分担,法官不能再仅通过案件实际情况来决定。其次,要求必须是法律对于双方均无过错时损失分担事先进行了规定。这要求案件的裁判遵循法律的事先规定,当法律对双方均无过错时损失的分担进行了规则预设时,法官便可以适用相关法律的规定。最后,如何分担损失,必须适用相关法律的规定,而不能由法官决定。

【大纲变化法律法规提示】

最高人民法院关于适用《中华人民共和国民法典》合同编通则若干问题的解释★

(2023 年 5 月 23 日最高人民法院审判委员会第 1889 次会议通过　2023 年 12 月 4 日公布　自 2023 年 12 月 5 日起施行)　法释〔2023〕13 号

【大纲变化考点提示】

第四章　民事法律行为

基本要求

了解或理解：民事法律行为的概念和特征，民事法律行为的分类及法律意义，无效民事法律行为、可撤销民事法律行为以及效力未定民事法律行为的概念。

熟悉并能够运用：民事法律行为成立的共同要件、特别要件，民事法律行为成立的效力，民事法律行为的有效和生效条件，意思表示的类型和生效、解释规则，附条件与附期限的民事法律行为，无效民事法律行为的类型、效果，民事法律行为的部分无效规则，可撤销民事法律行为的类型、效果，效力未定民事法律行为的类型、效果。

第五节　无效民事法律行为

无效民事法律行为的概念　无效民事法律行为的类型（无民事行为能力人实施的行为　虚假的民事法律行为☆　恶意串通行为　违反强制性规范及违背公序良俗的行为）　民事法律行为的部分无效

第七节　效力未定的民事法律行为

效力未定民事法律行为的概念　效力未定民事法律行为的类型（职务代理人超越代理权限且相对人未尽到合理审查义务所成立的民事法律行为★　法定代表人越权代表且相对人未尽到合理审查义务所实施的民事法律行为★　法定代表人、负责人或者代理人与相对人恶意串通行为★）　效力未定民事法律行为的效果（追认权　催告权　撤销权）

第八节　未生效的民事法律行为★

未生效民事法律行为的概念★　违反未生效民事法律行为的责任★（判决一方履行报批义务前的责任　判决一方履行报批义务后的责任　不予批准应当承担迟延报批的责任）

第九节　民事法律行为被确认无效、被撤销或确定不发生效力的后果★

民事法律行为被确认无效、被撤销或者确定不发生效力的具体法律后果★（返还财产　折价补偿　赔偿损失）　民事法律行为被确认无效、被撤销或者确定不发生效力情形下的第三人责任★　民事法律行为被确认无效、被撤销或者确定不发生效力不影响争议解决条款的效力★

第十三章　合同的订立和效力

基本要求

了解或理解：合同的形式和内容，合同订立、合同成立、合同生效、格式条款、缔约过失责任的概念。

熟悉并能够运用：合同订立的基本规则及合同成立的标准，格式条款的订立、效力规则和解释规则，缔约过失责任的构成要件和赔偿范围，合同效力的一般与特殊规则。

第一节　合同的订立

合同的形式和内容　合同订立的一般方式（要约　承诺）　合同的特殊订立方式（确认书　电子商务合同　悬赏广告　招标投标　拍卖　强制缔约）　合同的成立　合同的解释★（合同解释的概念　合同解释的基本规则）　格式条款　缔约过失责任

第十四章　合同的履行

基本要求

了解或理解:合同履行的概念和原则。

熟悉并能够运用:合同履行的主要内容及其一般规则,合同履行的特殊规则,同时履行抗辩权、不安抗辩权、先履行抗辩权的成立条件和行使规则,情势变更的构成要件和法律效果。

第三节　双务合同履行抗辩权

同时履行抗辩权　不安抗辩权　先履行抗辩权☆(先履行抗辩权的概念　先履行抗辩权的成立要件　先履行抗辩权的效力)

第三十四章　侵权责任概述

基本要求

了解或理解:侵权责任的概念与分类,侵权责任的归责原则。

熟悉并能够运用:侵权责任的基本构成要件和责任减免事由,数人侵权的侵权责任,侵权责任的承担方式。

第六节　侵权责任的承担方式

侵权责任的主要承担方式　财产损害赔偿(人身伤亡的财产损害赔偿　侵害其他人身权益的财产损害赔偿　侵害财产权益的财产损害赔偿　侵权之债的抵销☆)　非财产损害赔偿　惩罚性赔偿

【教材新增要点详解】

☞ 4－3－1　民事法律行为的生效☆

所谓民事法律行为的生效,是指已经成立的民事法律行为因符合法定的生效要件,从而能产生法律上的约束力。《民法典》第136条第1款规定:"民事法律行为自成立时生效,但是法律另有规定或者当事人另有约定的除外。"该条对民事法律行为的生效规则作出了规定,此处所说的法律拘束力,首先,是指私法上的效力,而不应当包括民事法律行为生效以后所可能引起的公法上的效果。其次,是指民事法律行为发生了行为人所意欲发生的法律效果,这种效果因民事法律行为形态的不同而有异。就单方法律行为而言,在大多数情况下,主要是对表意人产生法律拘束力。当然,在某些情况下,单方行为也可能对其他人产生法律拘束力,例如,遗嘱行为可能会对继承人产生效力。就双方法律行为而言,一旦合意达成,就对双方当事人产生了拘束力,即双方必须依据合同的规定享有权利、履行义务、承担违约责任。

民事法律行为一旦依法成立,就具有法律拘束力,因而成立是生效的前提。如果民事法律行为尚未成立,则不存在有效或者无效的问题。但民事法律行为的成立与生效仍然存在区别:一方面,民事法律行为的成立是认定民事法律行为效力的前提条件,如果民事法律行为成立以后,存在效力瑕疵,也可能无法产生当事人追求的法律效果,因此,已经成立的民事法律行为并非当然能够生效。另一方面,民事法律行为成立主要是一个事实认定问题,即认定当事人之间是否存在民事法律行为,而民事法律行为的生效则是价值判断问题,即在法律上判断民事法律行为能否产生当事人意欲追求的法律效果。民事法律行为的成立主要体现的是当事人的意志,而民事法律行为的生效体现的则是国家意志,其反映的是国家对民事法律行为效力的干预。

民事法律行为的效力可以分为对内效力和对外效力。所谓对内效力,是指民事法律行为对当事人产生的法律拘束力。《民法典》第136条第2款规定："行为人非依法律规定或者未经对方同意，不得擅自变更或者解除民事法律行为。"例如，当事人在订立合同后，即应当受到合同的严格拘束，必须严格履行合同，否则应当承担违约责任。所谓对外效力，是指民事法律行为对当事人以外的人产生的法律拘束力。例如，合同一旦生效，也可能会对合同当事人以外的第三人产生效力，其主要表现在利益第三人合同、债权保全制度、租赁权物权化、债权不可侵害性等方面。

民事法律行为能够产生法律拘束力，从表面上看是当事人的意思自治的结果，或者说是当事人自愿选择的结果；但从实质上看，民事法律行为的法律约束力或民事法律行为的效力，不仅源于当事人的意志，而且源于法律的赋予。也就是说，由于当事人的意志符合国家的意志和社会利益，因而国家赋予当事人的意志以拘束力，并且使当事人实施的民事法律行为能够产生其预期的效果。

☞ 4-5-1 虚假的民事法律行为☆

《民法典》第146条第1款规定："行为人与相对人以虚假的意思表示实施的民事法律行为无效。"该条规定了虚假的民事法律行为的无效。所谓虚假的民事法律行为，是指行为人与相对人共同实施了虚假的民事法律行为，也称为通谋虚伪表示。例如，为逃避债务而虚假赠与财产、虚构建筑物施工合同中的债权以达到行使法定优先权的目的，等等。之所以在法律上要宣告此类行为无效，一方面，是因为此类行为并非当事人的真实意思表示，违反了诚信原则。另一方面，是因为此类行为可能规避了法律的规定，从而违反了某种法律秩序。例如，限购是政府为维护社会经济秩序而实施的一种调控措施，如果随意被虚假的民事法律行为规避，就会损害社会经济秩序，且此类规避行为如不及时宣告无效，将可能诱发连锁效应，极不利于交易安全和交易秩序的维护。

双方实施的虚假的民事法律行为应当依法被认定为无效。但被隐藏的民事法律行为则应当依据具体情形判断其效力。例如，当事人订立了多份合同，但登记备案的是一份合同，实际履行的是另一份合同，此时就要根据实际履行情况判断当事人的真意。如果当事人为规避法律、行政法规的强制性规定，以虚假的意思表示隐藏真实的意思表示，由于被隐藏的民事法律行为违反了法律、行政法规的强制性规定，此时应依据《民法典》第153条第1款的规定认定该民事法律行为无效；如果当事人实施隐藏行为旨在规避法律、行政法规规定的批准等手续，则应当依据未生效合同的规则认定该行为的效力。

☞ 4-7-1 效力未定民事法律行为的类型☆

(一)限制民事行为能力人实施的行为

限制民事行为能力人从事的依法不能独立实施的民事法律行为，在性质上属于效力未定的民事法律行为。《民法典》第145条第1款规定，限制民事行为能力人"实施的其他民事法律行为经法定代理人同意或者追认后有效"。据此可见，《民法典》将此类行为规定为效力未定的民事法律行为，必须要经限制民事行为能力人的法定代理人同意或者追认后才能生效。

(二)欠缺代理权的代理行为

无代理权人因无权代理而从事的民事法律行为，在效力上也属于效力未定的民事法律行为。《民法典》第171条第1款规定："行为人没有代理权、超越代理权或者代理权终止后，仍然实施代理行为，未经被代理人追认的，对被代理人不发生效力。"因此，无权代理行为也是效力未定的民事法律行为。只有经过被代理人的追认，该民事行为才能对被代理人生效。当然，无权代理行为如构成表见代理，则代理行为有效。

(三)职务代理人超越代理权限且相对人未尽到合理审查义务所成立的民事法律行为

在职务代理人越权代理的情形下，《合同编通则解释》第21条第1款规定，法人、非法人组织的工作人员就超越其职权范围的事项以法人、非法人组织的名义订立合同，相对人主张该合同对法人、非法人组织发生效力并由其承担违约责任的，人民法院不予支持。因此，职务代理人越权实施的民事法律行为对法人、非法人组织原则上不产生效力。但如果该行为构成表见代理,则应当对法人、非法人组织产生效力。在职务代理的情形下,法人或者非法人组织内部对执行一定职务的人员的职权范围限制,不得对抗善意第三人。而在判断善意的过程中,必须要求相对人对职务代理人是否超越其职权范围尽到合理审查义务,如果已经尽到合理审查义务,构成表见代理。如果相对人未尽到合理审查义务,则其不得否认合同的效力,此时,代理人所实施的民事法律行为即属于效力待定的行为,如果被代理人追认,则该民事法律行为有效,如果拒绝追认,则该民事法律行为无效。此外,由于职务代理人实施的越权代理行为可能给法人、非法人组织造成一定的损失,依据《合同编通则解释》第 21 条第 4 款规定,法人和非法人组织已经承担了民事责任后,其有权向有故意或者重大过失的职务代理人追偿。

(四)法定代表人越权代表且相对人未尽到合理审查义务所实施的民事法律行为

所谓越权代表,是指法定代表人超越代表权限实施的代表行为。在越权代表的情形下,如果相对人为善意,则依据《民法典》第 504 条规定,当事人之间的民事法律行为应当有效,而且应当由法人、非法人组织承担相应的法律效果。相对人善意的判断标准是相对人是否尽到合理审查义务。而在相对人未尽到合理审查义务的情形下,相对人构成恶意,该民事法律行为对被代表的法人不产生效力,相对人也无权对被代表的法人主张承担违约责任。当然,即便构成越权代表且相对人具有恶意,但如果被代表的法人愿意接受民事法律行为的拘束,按照私法自治原则,法律也不必干预,因此,法定代表人越权代表所实施的民事法律行为在性质上属于效力待定的民事法律行为,其效力取决于被代表的法人是否追认该民事法律行为。如果法人追认该民事法律行为,则该民事法律行为对法人发生效力,法人应当承担法定代表人行为的法律效果。如果拒绝追认,则民事法律行为对其不发生效力。

(五)法定代表人、负责人或者代理人与相对人恶意串通行为

法定代表人、负责人或者代理人与相对人恶意串通行为,是指法人、非法人组织的法定代表人、负责人或者代理人在以法人、非法人组织的名义实施民事法律行为时,与相对人恶意串通,损害法人、非法人组织的权益。法定代表人、负责人或者代理人与相对人恶意串通行为与《民法典》第 154 条所规定的行为人恶意串通损害他人的民事法律行为不同,《民法典》第 154 条规定的是恶意串通损害的是他人的合法权益,而法定代表人、负责人或者代理人与相对人恶意串通行为损害的是法人、非法人组织的利益。同时,《民法典》第 154 条规定的恶意串通是法律行为当事人的恶意串通,而法定代表人、负责人或者代理人与相对人恶意串通行为并非法人、非法人组织与相对人的恶意串通,而是法定代表人等与相对人恶意串通。

关于法定代表人、负责人或者代理人与相对人恶意串通行为的效力,《合同编通则解释》第 23 条第 1、2 款规定:“法定代表人、负责人或者代理人与相对人恶意串通,以法人、非法人组织的名义订立合同,损害法人、非法人组织的合法权益,法人、非法人组织主张不承担民事责任的,人民法院应予支持。法人、非法人组织请求法定代表人、负责人或者代理人与相对人对因此受到的损失承担连带赔偿责任的,人民法院应予支持。”从该规定来看,其实际上采纳了效力待定说,此种恶意串通行为的效力取决于法人、非法人组织是否追认,如果追认,则该行为有效;如果拒绝追认,则该行为对法人、非法人组织不产生效力。当然,依据《合同编通则解释》第 23 条第 1 款的规定,如果恶意串通行为给法人、非法人组织造成了损失,法人、非法人组织均有权请求法定代表人、负责人或者代理人与相对人承担连带责任。

☞ 4-9-1 民事法律行为被确认无效、被撤销或者确定不发生效力的具体法律后果★

(一)返还财产

返还财产,是指民事法律行为当事人在民事法律行为被确认无效或被撤销以后,对已交付给对方的财产享有返还请求权,而已经接受财产的当事人则有返还财产的义务。返还财产旨在使财产关系恢复到民事法律行为订立前的状况。所以,不论接受财产的一方是否具有过错,都应当负有返还财产的义务。根据《合同编通则解释》第 24 条第 1 款的规定,返还财产既包括标的物占有的返还,也包括不动产登记簿册的更正等。这就是说,对动产而言,返还财产指的是返还该动产的占有,而对不动产而言,返还财产除返还该不动产的占有外，还应当包括更正不动产登记簿，从而使当事人的利益状态恢复到订约前的状态。

相互返还财产实际上在当事人之间成立了债的关系，双方互负债务，各自的给付构成对待给付。一方面，因为双方形成了对待给付的义务，应当适用同时履行原则。《合同编通则司法解释》第25条第2款规定，双方互负返还义务，当事人主张同时履行的，人民法院应予支持。据此，在双方互负返还义务的情形下，一方未作出履行自己的返还义务而要求对方履行时，另一方有权提出抗辩。另一方面，如果符合法定抵销的规则，可以依法予以抵销。对此，《合同编通则司法解释》第25条第2款同时规定，占有标的物的一方对标的物存在使用或者依法可以使用的情形，对方请求将其应支付的资金占用费与应收取的标的物使用费相互抵销的，人民法院应予支持，但是法律另有规定的除外。

（二）折价补偿

所谓折价补偿，是指民事法律行为被宣告无效后，一方当事人基于民事法律行为而取得的对方的财产如果不能返还或者没有必要返还时，可以按照该财产的价值进行折算，以金钱的方式对对方当事人进行补偿的责任形式。《民法典》第157条中规定，“不能返还或者没有必要返还的，应当折价补偿”，这就确定了折价补偿的条件。依据该条规定，折价补偿主要适用于以下两种情形：一是财产不能返还。在财产不能返还或者没有必要返还时，可以按照该财产的价值进行折算，采取金钱补偿的方式使财产关系恢复原状。二是没有必要返还。所谓没有必要返还，是指返还财产在经济上不具有合理性。例如，返还标的物所需费用过高。

在民事法律行为被确认无效、被撤销或者确定不发生效力后，一方占有对方资金的情形下，除了返还资金外，还应当支付相应的资金占用费。对此，《合同编通则解释》第25条第1款规定：“合同不成立、无效、被撤销或者确定不发生效力，有权请求返还价款或者报酬的当事人一方请求对方支付资金占用费的，人民法院应当在当事人请求的范围内按照中国人民银行授权全国银行间同业拆借中心公布的一年期贷款市场报价利率（LPR）计算。但是，占用资金的当事人对于合同不成立、无效、被撤销或者确定不发生效力没有过错的，应当以中国人民银行公布的同期同类存款基准利率计算。”该条确认了当事人的资金占用费请求权，并区分了当事人对合同不成立、无效、被撤销或者确定不发生效力是否有过错，区分确定了相应的资金占用费计算标准。

（三）赔偿损失

民事法律行为被确认无效或被撤销以后，也将产生损害赔偿的责任。依据《合同编通则解释》第24条第2款，合同不成立、无效、被撤销或者确定不发生效力，当事人还请求赔偿损失的，要综合考量如下因素：一是财产增值收益和贬值损失。当事人一方要主张损害赔偿，必须要证明损害的实际存在。因合同被确认无效或被撤销所造成的损失主要是当事人在实施合同过程中所遭受的损失。二是交易成本的支出，即当事人在缔约过程中所支出的相关成本。三是双方当事人的过错程度及原因力大小。四是诚信原则和公平原则。这就是说，赔偿损失的结果应当符合诚信原则和公平原则。

☞ 13-1-1　合同解释的基本规则☆

1. 应当按照所使用的词句进行解释。所谓对用语应当按照通常的理解进行解释，是指在当事人就意思表示本身的用语发生争议以后，对于有关的用语本身，按照一个普通人的合理理解为标准来进行解释。《合同编通则解释》第1条第1款规定：“人民法院依据民法典第一百四十二条第一款、第四百六十六条第一款的规定解释合同条款时，应当以词句的通常含义为基础，结合相关条款、合同的性质和目的、习惯以及诚信原则，参考缔约背景、磋商过程、履行行为等因素确定争议条款的含义。”依据该规定，法官在解释合同内容时，首先应当按照合理的、理性的人对文义的通常理解来解释合同内容。

同时，在依据文义解释方法解释合同内容时，应当尊重当事人的共同意思。《合同编通则解释》第1条第2款规定：“有证据证明当事人之间对合同条款有不同于词句的通常含义的其他共同理解，一方主张按照词句的通常含义理解合同条款的，人民法院不予支持。”这就确立了共同真实意思优先规则，即如果有证据证明当事人之间对合同条款有不同于词句的通常含义的其他共同理解，共同真实意思优先于词句的通常含义，在此情形下，不能以词句的通常含义理解合同条款。

2. 结合相关条款、行为的性质和目的、习惯以及诚信原则，确定意思表示的含义。此种解释规则包含如下具体解释方法：

(1)体系解释。体系解释实际上是《合同编通则解释》第1条第1款依据《民法典》第142条第1款所要求的“结合相关条款”解释。它要求将合同的各项条款作为一个整体，根据争议条款与相关条款的关系，整体进行解释。如果合同中的数个条款相互冲突，应当将这些条款综合在一起，根据合同的性质、订约目的等来考虑当事人的意图，尤其是当事人在合同中所使用的语言文字必须联系起来考察。

(2)目的解释。目的解释是指通过探究合同的性质和目的，确定争议条款的含义。依据《民法典》第142条第1款的规定，应结合合同的目的确定当事人的真实意思。《合同编通则解释》第1条第1款要求解释合同条款时，应当以词句的通常含义为基础，结合相关条款、合同的性质和目的等因素确定争议条款的含义。这就确定了目的解释原则。在运用目的解释方法时，要考虑当事人双方而不是当事人一方的目的进行解释；同时，在当事人使用的多个文本的含义不一致时，应当根据当事人订立合同的目的解释合同。

(3)习惯解释。所谓习惯，是指当事人所知悉或实践的生活和交易习惯。合同乃是一种交易，所以在解释合同的时候通常根据交易习惯来解释当事人的意思。依照《民法典》第142条第1款的规定，解释合同应当依据交易习惯进行，这就确立了依据交易习惯解释的原则。依据《合同编通则解释》第2条第1款规定，交易习惯是指不违反法律和公序良俗的交易中的惯常做法以及地区习惯和行业习惯。交易习惯有利于澄清条款文义，明晰合同中不明确、不清晰的内容，从而准确界定当事人的权利义务关系。

(4)依诚信原则进行解释。解释合同应依据诚信原则。依据《民法典》第142条第1款的规定，“有相对人的意思表示的解释，应当按照所使用的词句，结合相关条款、行为的性质和目的、习惯以及诚信原则”进行。《合同编通则解释》第1条第1款也要求依据诚信原则解释，这实际上是将商业道德和公共道德运用到合同解释之中，以公平解释合同的内容，并填补合同的漏洞。

3. 尽量做有效解释。《合同编通则解释》第1条第3款规定，对合同条款有两种以上解释，可能影响该条款效力的，人民法院应当选择有利于该条款有效的解释。之所以要选择有利于合同条款有效的解释方案，是因为其符合合同法鼓励交易基本理念，同时，当事人订立合同的目的在于达成交易，尽量做有效解释，可以避免司法裁判对合同自由进行过度干预。

4. 无偿合同中做有利于债务人的解释。《合同编通则解释》第1条第3款规定，属于无偿合同的，应当选择对债务人负担较轻的解释。在无偿合同中，债务人的负担较轻，而在有偿合同中，债务人的负担相对较重，这既是市场交易中等价有偿原则的体现，也符合权利义务相一致原则。因此，对无偿合同而言，在解释合同内容时，如果对合同文义的解释存在两种以上的合理解释，则应当选择对债务人负担较轻的解释方案。

☞ 14-3-1　先履行抗辩权☆

(一)先履行抗辩权的概念

先履行抗辩权也称顺序履行抗辩权，是指当事人互负债务，有先后履行顺序的，先履行一方履行之前，后履行一方得拒绝其履行请求，先履行一方履行债务不符合约定的，后履行一方得拒绝其相应的履行请求的权利。在传统民法上，通常只有同时履行抗辩权和不安抗辩权的理论与立法，先履行抗辩权为同时履行抗辩权所吸收。我国《民法典》沿袭《合同法》，将先履行抗辩权从同时履行抗辩权中分离出来予以单独规定。先履行抗辩权发生于有先后履行顺序的双务合同中，这是它与同时履行抗辩权的不同之处，也是它与不安抗辩权的相同之处。

(二)先履行抗辩权的成立要件

根据《民法典》第526条的规定，先履行抗辩权的成立须符合以下要件：

1. 双方当事人基于同一双务合同互负对待给付义务。此点与同时履行抗辩权的适用条件相同，一方面必须是由同一双务合同产生债务，另一方面双方的债务必须形成对待给付关系。

2. 双方债务（主给付义务）有先后履行顺序。履行的先后顺序可以由当事人约定；法律另有规定的，从其规定。在不存在约定或者法律规定时，可以按照交易习惯确定。若仍无法确定，则不适用先履行抗辩权。

3. 双方债务均已到期。在双方债务履行期限均未届至的情形下，双方均可以履行期限未至为由拒绝对方的履行请求，而与履行顺序无关；在先给付义务人履行期限届至而后给付义务人履行期限未届至的情形下，后给付义务人可以履行期限未至为由拒绝对方的履行请求，故无适用先履行抗辩权的必要；只有在双方债务履行期限均已届至、双方均有权请求对方履行债务的前提下，适用先履行抗辩权才有意义。

4. 先履行一方未履行债务或其履行不符合约定。此项要件与同时履行抗辩权相同。

5. 对方的债务可能履行。此项要件也与同时履行抗辩权相同。

（三）先履行抗辩权的效力

先履行抗辩权属一时的抗辩权，其效力表现在：

1. 后给付义务人有权拒绝先给付义务人的履行请求。具体包括两种情况：（1）先给付义务人未履行债务的，后给付义务人有权拒绝履行全部债务；（2）先给付义务人履行债务不符合约定的，后给付义务人有权拒绝其相应的履行请求。后给付义务人行使先履行抗辩权拒绝履行的，不构成违约行为。

2. 先给付义务人履行债务后，后履行一方应恢复履行。在后给付义务人行使先履行抗辩权拒绝先给付义务人的履行请求后，若先给付义务人采取补救措施、变违约为适当履行，则先履行抗辩权的行使条件丧失，后给付义务人应履行其债务。

3. 先履行抗辩权的行使不影响后给付义务人向先给付义务人主张违约责任。一般而言，在后给付义务人行使先履行抗辩权情形下，先给付义务人均构成迟延履行、瑕疵给付等违约行为，后给付义务人一方面有权行使抗辩权以拒绝履行全部或部分债务，另一方面可要求先给付义务人承担违约责任。

《合同编通则解释》第31条第3款规定："当事人一方起诉请求对方履行债务，被告依据民法典第五百二十六条的规定主张原告应先履行的抗辩且抗辩成立的，人民法院应当驳回原告的诉讼请求，但是不影响原告履行债务后另行提起诉讼。"这就通过规定先履行判决，为先履行抗辩权的实现程序提供了保障。先履行判决实际上是针对先履行抗辩权的一种确认，即在一方提出抗辩时，法院应当驳回对方当事人的诉讼请求。

☞ 14－4－1　情势变更的法律效果☆

1. 再交涉义务。根据《民法典》第533条的规定，情势变更发生后，受不利影响的当事人可以与对方重新协商；在合理期限内协商不成的，经双方协商一致可变更或解除合同。一方依法享有与对方重新协商即再交涉的权利，对方也就负有相应的义务。再交涉义务是诚实信用原则和鼓励交易原则的要求，义务人经对方要求拒不进行重新协商给对方造成损失的，应当承担赔偿责任。

2. 合同变更或解除。情势变更发生后，双方在合理期限内协商不成的，受不利影响的一方当事人可请求人民法院或者仲裁机构变更或者解除合同。具体而言：（1）当事人依情势变更规则请求变更或解除合同的，必须通过诉讼或仲裁程序进行，即由人民法院或者仲裁机构作出裁判（也称司法变更或解除），此点不同于一方享有解除权的合同解除；（2）仅受不利影响的一方当事人可向人民法院或者仲裁机构请求变更或者解除合同，对方当事人无权请求；（3）受不利影响的一方当事人可于重新协商不成后提出诉讼或仲裁请求，也可未经与对方重新协商径行提出诉讼或仲裁请求；（4）请求变更合同还是请求解除合同，由受不利影响的一方当事人选择。依据《合同编通则解释》第32条第2款，当事人请求变更合同的，人民法院不得解除合同；当事人一方请求变更合同，对方请求解除合同的，或者当事人一方请求解除合同，对方请求变更合同的，人民法院应当结合案件的实际情况，根据公平原则判决变更或者解除合同。这就是说，从鼓励交易出发,能够通过合同变更实现合同订约目的的,就尽量采取变更合同的方式。如果通过变更合同无法消除不公平结果,或情势变更导致请求方合同目的不能实现,则应支持当事人的解除合同请求(如旅游目的地停航)。

☞ 15-1-1 债权人代位权的行使☆

根据《民法典》第535条和相关司法解释,债权人代位权的行使须遵从以下规则。

1. 债权人应以自己的名义行使代位权。多数人享有债权的,各债权人可独立行使代位权,也可共同行使代位权;如果其中一个债权人已就某项债权行使代位权而获得满足,则其他债权人不得再就该项债权行使代位权。

2. 债权人代位权必须通过诉讼方式行使。在我国,债权人代位权必须借助国家司法机关的公力救济手段即通过诉讼方式行使,即"向人民法院请求"行使代位权。如此规定,旨在防止债权人滥用代位权,避免行使代位权的债权人与其他债权人、债务人以及次债务人之间因代位权的行使发生纠纷。

债权人代位权诉讼中,债权人为原告,债务人的相对人为被告。依据《合同编通则解释》第37条,如果未将债务人列为第三人,人民法院应当追加债务人为第三人。两个以上债权人以债务人的同一相对人为被告提起代位权诉讼的,人民法院可以合并审理。债务人对相对人享有的债权不足以清偿其对两个以上债权人负担的债务的,人民法院应当按照债权人享有的债权比例确定相对人的履行份额,但是法律另有规定的除外。

依据《合同编通则解释》第35条,债权人对债务人的相对人提起代位权诉讼的,由被告住所地人民法院管辖,但是依法应当适用专属管辖规定的除外。债务人或者相对人以双方之间的债权债务关系订有管辖协议为由提出异议的,人民法院不予支持。依据《合同编通则解释》第38条、39条,债权人向人民法院起诉债务人后,又向同一人民法院对债务人的相对人提起代位权诉讼,属于该人民法院管辖的,可以合并审理。不属于该人民法院管辖的,应当告知其向有管辖权的人民法院另行起诉;在起诉债务人的诉讼终结前,代位权诉讼应当中止。在代位权诉讼中,债务人对超过债权人代位请求数额的债权部分起诉相对人,属于同一人民法院管辖的,可以合并审理。不属于同一人民法院管辖的,应当告知其向有管辖权的人民法院另行起诉;在代位权诉讼终结前,债务人对相对人的诉讼应当中止。

3. 债权人代位权的行使范围,以债权人的到期债权为限,并受次债务人对债务人所负债务数额限制。具体而言:(1)如果债权人的债权为金钱债权,其行使代位权的范围以其债权数额为限,且不得超过次债务人对债务人所负债务数额;(2)如果债权人的债权为非金钱债权,其行使代位权的范围以其转化的金钱数额或者债务人不履行债务所生的违约损害赔偿金、违约金数额为限,且不得超过次债务人对债务人所负债务数额;(3)在必要范围内,债权人可以同时或顺位代位行使债务人的权利,对一项权利行使代位权已足以保全债权的,债权人不得代位行使债务人的其他权利。

4. 行使代位权应协调好与仲裁协议的关系。依据《合同编通则解释》第36条,处理代位权行使与仲裁协议的关系,应遵循如下规则:第一,即使存在仲裁协议,债权人也可以通过诉讼程序行使代位权,人民法院也有权受理。第二,债务人的相对人在首次开庭前已申请仲裁的,可以依法中止代位权诉讼。这体现了对当事人私法自治的尊重,则应当尊重与保护当事人对纠纷解决方式的选择。同时,如果债务人的相对人已经提起仲裁,则表明债务人与其相对人之间的关系仍然处于不确定状态,此时,如果人民法院继续审理代位权诉讼,则可能使当事人之间的权利义务关系复杂化。

5. 债权人行使代位权,应履行善良管理人的义务,因违反该项义务而给债务人造成损害的,应承担民事责任。债权人原则上不得处分债务人的权利(如免除债务、延缓履行期),擅自处分的,其行为无效。但其处分的行为可以使债务人的责任财产得到保全的,不在此限,如将不易保存的货物予以变卖处理。

☞ 15-2-1 债权人撤销权的行使☆

依《民法典》第 538～541 条的规定及相关司法解释，债权人撤销权的行使须遵从以下规则。

1. 债权人撤销权由债权人以自己的名义通过诉讼方式行使。由于债权人撤销权关系到第三人的利益，因此，应由法院审查债权人撤销权的各项成立要件，以避免债权人撤销权的滥用。

2. 在债权为连带债权的情况下，各债权人可作为共同原告主张债权人撤销权，也可以由其中的一个债权人作为原告主张债权人撤销权。但在后一种情况下，其他共同债权人不得再就该撤销权的行使提起诉讼。

3. 债权人提起撤销权诉讼的，应当以债务人和债务人的相对人为共同被告，由债务人或者相对人的住所地人民法院管辖，但是依法应当适用专属管辖规定的除外。两个以上债权人就债务人的同一行为提起撤销权诉讼的，人民法院可以合并审理。

4. 债权人撤销权的行使，在行使范围上应以债权人的债权（价额）为限，其请求撤销的数额原则上不应当大于其债权数额。在债务人实施了多个不当处分财产的行为时，债权人应当在其债权数额范围内行使撤销权。撤销的范围原则上应仅及于债权保全的范围，对债务人不当处分财产的行为超出债权保全必要的部分，不应发生撤销的效力。依据《合同编通则解释》第 45 条第 1 款的规定，如果标的可分，债权人应当在受影响的债权范围内行使撤销权，对债务人的行为请求撤销。一般的种类物、金钱为债权标的的，其标的通常是可分的，依据上述规定，在标的可分的情形下，债权人只能在债权保全的范围内行使撤销权，而不得在该范围之外行使撤销权。如果标的不可分，债权人可以主张撤销债务人的全部处分行为。

5. 债权人撤销权应自债权人知道或者应当知道撤销事由之日起 1 年内行使；自债务人的行为发生之日起 5 年内没有行使撤销权的，该撤销权消灭。债权人撤销权的行使期间属于除斥期间，不适用诉讼时效的中止、中断和延长规则。

☞ 15-2-2 债权人撤销权行使的效力☆

1. 对债务人和相对人的效力。（1）被撤销行为自始无效。《民法典》第 542 条规定，债务人影响债权人的债权实现的行为被依法撤销后，自始不具有法律约束力。据此，债权人撤销权的行使具有溯及力，债务人的处分行为被依法撤销后，债务人尚未给付的，不得向相对人给付，相对人也不得请求给付；相对人已受领债务人财产的，负有返还的义务，原物不能返还的，应折价予以赔偿。相对人已向债务人支付对价的，对债务人享有不当得利返还请求权。债务人为他人提供担保行为被撤销后，债务人不再承担担保责任；债务人已承担担保责任的，担保权人应负返还义务。（2）债权人行使撤销权的必要费用，由债务人负担。依据《合同编通则解释》第 45 条第 2 款，债权人行使撤销权所支付的合理的律师代理费、差旅费等费用，可以认定为“必要费用”。

为强化对行使撤销权的债权人的保护，《合同编通则解释》第 46 条在《民法典》第 542 条规定的行使撤销权效果的基础上，增加了撤销权行使的三重效果：一是债权人可请求恢复原状和履行到期债务。债权人可以在撤销权诉讼中请求相对人向债务人返还财产、折价补偿。相应地，相对人有返还财产的义务，因此，法院在撤销权诉讼中，应当依据债权人的请求，在依法宣告撤销之后，进一步明确相对人负有此种义务。二是债权人可向相对人申请强制执行以获得债权的清偿。依据《合同编通则解释》第 46 条第 3 款规定，债权人依据其与债务人的诉讼、撤销权诉讼产生的生效法律文书申请强制执行的，人民法院可以就债务人对相对人享有的权利采取强制执行措施以实现债权人的债权。这就采取了“撤销权 + 强制执行说”的做法，从而以债权人与债务人诉讼和撤销权诉讼中的给付内容的强制执行，为债权人获得清偿提供保障。三是债权人可在撤销权诉讼中申请保全。依据《合同编通则解释》第 46 条第 3 款规定，债权人可以在撤销权诉讼中申请保全相对人的财产，这就可以起到进一步保护撤销权人的作用，有效防止行使撤销权的债权人获得清偿的目的落空。

2. 对债权人的效力。债权人提起撤销权诉讼的，对其债权发生诉讼时效中断的效力。撤销权诉讼对于债权人而言发生形成之诉的直接效果，即导致债务人与受益人之间的民事法律行为无效。关于债权人撤销权诉讼所产生的给付之诉的效果，即债权人能否直接受领相对人的给付（利益返还）以实现债权清偿，《民法典》未作规定。一般认为，对此原则上应适用“入库规则”，但为了限制债务人不当受领或者再作处分，可由行使撤销权的债权人代为受领，债权人虽不享有优先受偿权，但其相应债权可先行得到清偿。

☞ 16－2－1　债务加入的效力☆

债务加入在效力方面与债务转移有诸多共同之处，如第三人取得债务人的法律地位、抗辩权的转移、抵销权援用的禁止、从权利的转移等。其特殊之处在于：(1)债务加入生效后，原债务人仍承担债务，只是第三人加入债的关系，成为特定范围债务的连带债务人（加入全部或部分债务，依约定或第三人意愿确定），故债权人在此债务范围内既可向原债务人请求履行，也可向承担人请求履行。(2)债务加入生效后，保证、抵押、质押担保对原债务人所负债务继续有效，对债务承担人所负债务不提供担保，即债权人不得因债务承担人的不履行主张担保债权或行使抵押权、质权，但当事人另有约定的除外；留置权则对原债务人和债务承担人均可主张。(3)债务加入生效后，原债务人与债务承担人成为所加入全部或部分债务的连带债务人，对于其中一人发生诉讼时效中断效力的事由，对另一人也发生效力。

债务加入人在履行债务后，对债务人应享有追偿权。债务加入人行使追偿权有两种情形：一是约定追偿权。第三人加入债务并与债务人约定了追偿权，其履行债务后主张向债务人追偿的，人民法院应予支持。由于追偿权本质上是私权，按照私法自治原则，当事人有权对追偿权作出约定，即在债务加入发生时，如果当事人确实就追偿权以及追偿的时间、数额等作出了规定，则应当尊重当事人的约定。二是未约定追偿权。依据《合同编通则解释》第 51 条第 1 款规定，如果当事人没有约定追偿权，第三人有权依照《民法典》关于不当得利等的规定，在其已经向债权人履行债务的范围内向债务人追偿。也就是说，债务加入人加入债务后，其向债权人作出清偿，债务人构成不当得利，据此，债务加入人有权向债务人追偿。

☞ 26－2－1　禁止借婚姻索取财物☆

借婚姻索取财物，是指除买卖婚姻以外的其他借婚姻索取财物的行为。应当区分借婚姻索取财物和男女婚前出于自愿的赠与。

借婚姻索取财物和买卖婚姻的共同点在于，它们都以索取财物为结婚的前提条件。这里的前提条件不是决定民事法律行为效力的生效条件。借婚姻索取财物和买卖婚姻的不同之处在于以下三点。(1)索取财物的主体不同。在借婚姻索取财物中，索取财物的主体通常是婚姻当事人一方；在买卖婚姻中，索取财物的主体通常是第三人。(2)婚姻自主决定的不同。借婚姻索取财物，男女双方通常是自愿结婚，不存在强迫包办的情形，索取财物的婚姻当事人一方，实际上是滥用婚姻自主权；买卖婚姻则违背了婚姻当事人的意愿，存在强迫包办的情形，违反了婚姻自由原则。(3)法律后果不同。借婚姻索取财物，虽然给付方给付财物是违心的和被迫的，但是给付方对于结婚是自愿的，因此婚姻的效力不受索取财物的影响；买卖婚姻通常因胁迫而缔结，受胁迫的一方可以向人民法院请求撤销婚姻。

借婚姻索取财物也不同于婚前一方给付彩礼的行为。按民间婚俗，缔结婚姻关系的男女在婚前通常会有一些财物往来，即男方为缔结婚姻在婚前向女方给付一定的金钱、财物作为彩礼。一般来说，借婚姻索取财物的，财物价值明显高出当地婚前给付彩礼的一般水平。借婚姻索取财物是违法行为，但彩礼并不具有违法性。对于给付彩礼的行为，我国《民法典》并未禁止。根据司法解释的规定，人民法院在审理涉彩礼纠纷案件中，可以根据一方给付财物的目的，综合考虑双方当地习俗、给付的时间和方式、财物价值、给付人及接收人等事实，认定彩礼范围。原则上，这些情形给付的财物不属于彩礼：(1)一方在节日、生日等有特殊纪念意义时点给付的价值不大的礼物、礼金;(2)一方为表达或者增进感情的日常消费性支出;(3)其他价值不大的财物。

一方当事人请求返还按照习俗给付的彩礼的,如果查明属于以下情形,人民法院应当予以支持:(1)双方未办理结婚登记手续;(2)双方办理结婚登记手续但确未共同生活;(3)婚前给付并导致给付人生活困难。在上述第2项和第3项的情形下,彩礼的返还应当以夫妻双方离婚为条件。"双方未办理结婚登记手续",是指未婚男女双方既未办理结婚登记手续也没有共同生活的情形。如果双方办理结婚登记手续但确未共同生活,彩礼返还的具体数额,根据双方结婚时间长短、彩礼数额、未共同生活的原因、财产使用情况、双方经济状况、当地风俗习惯等因素确定。婚前给付并导致给付人生活困难的,请求返还彩礼的一方必须陷入生活绝对困难,即彩礼返还以因彩礼的给付导致给付人无法维持当地最基本生活水平为前提。此外,如果双方未办理结婚登记但已共同生活,一方请求返还按照习俗给付的彩礼的,人民法院应当根据彩礼实际使用及嫁妆情况,综合考虑共同生活及孕育情况、双方过错等事实,结合当地习俗,确定是否返还以及返还的具体比例。如果双方已办理结婚登记且共同生活,离婚时一方请求返还按照习俗给付的彩礼的,人民法院一般不予支持。但是,如果共同生活时间较短且彩礼数额过高的,人民法院可以根据彩礼实际使用及嫁妆情况,综合考虑彩礼数额、共同生活及孕育情况、双方过错等事实,结合当地习俗,确定是否返还以及返还的具体比例。彩礼数额是否过高,应当综合考虑彩礼给付方所在地居民人均可支配收入、给付方家庭经济情况以及当地习俗等因素。

☞ 34-6-1 侵权之债的抵销☆

对于行为人因侵权行为而产生的债务,多数国家立法例限制或禁止其抵销,理由是受害人的损失应得到及时填补。如果对侵权之债不加限制地允许抵销,还可能放任债权人任意侵犯债务人的人身权益和财产权利,违背公序良俗。《合同编通则解释》第57条规定,因侵害自然人人身权益,或者故意、重大过失侵害他人财产权益产生的损害赔偿债务,侵权人主张抵销的,人民法院不予支持。该条实际上是《民法典》第568条第1款但书规定的细化。按照人身权益损害和财产权益损害的分类思路,侵权之债的抵销被分为以下两种情形。

1. 侵害自然人人身权益所产生的债务,一律不允许侵权人主张抵销。这里的人身权益,包括生命权、健康权等物质性人格权,以及名誉权、隐私权等非物质性人格权。为贯彻《民法典》以人为本的立法理念和充分保护自然人人格权的要求,对侵害自然人人身权益所产生的侵权之债的抵销,应被严格限制。具体而言,侵权人实施侵权行为给被侵权人人身权益造成损害的,根据《民法典》第1179条的规定,应当赔偿医疗费、护理费、交通费、营养费、住院伙食补助费等为治疗和康复支出的合理费用,以及因误工减少的收入。造成残疾的,还应当赔偿辅助器具费和残疾赔偿金;造成死亡的,还应当赔偿丧葬费和死亡赔偿金。另外,根据《民法典》第1183条第1款的规定,自然人因人身权益被侵害受到严重精神损害的,还可以请求精神损害赔偿。上述损害赔偿性质上属于金钱债务,若被侵权人对侵权人负有其他金钱债务,可能在形式上符合《民法典》第568条法定抵销的相关规定。但根据《合同编通则解释》第57条的规定,侵权人不得主张抵销。此外,无论侵权人实施侵权行为时系故意还是过失,均不得主张侵权之债的抵销。这体现了法律和司法解释对生命权、健康权等人身权益的优先保护,意在使被侵权人受到的损害能够被迅速填补。

2. 在故意或者重大过失的情形下,侵权人不得就侵害财产权益产生的侵权之债主张抵销。首先,被侵害的财产权益包括法律规定的财产权利如物权、知识产权等,还包括数据、网络虚拟财产等财产性利益。侵权财产权益所产生的赔偿债务本质上是侵权债务,若被侵权人也对侵权人负有金钱之债,也有可能可以抵销。其次,在侵害财产权益中,侵权人不得主张抵销的情形限于故意或重大过失,限制范围与《民法典》第506条关于因故意或者重大过失造成对方财产损失的免责条款无效的规定一致。与侵害人身权益中侵权人一律不得主张抵销相比,对侵害财产权益之债的抵销作出适当限制,旨在防止侵权人滥用债务抵销制度逃避侵权责任,避免债权人为泄愤而故意毁坏债务人的财物,并在之后主张债务抵销。在侵权人因一般过失造成财产权益损害的情形下，允许抵销适度扩大了民事主体意思自治的范围，有效平衡了个人行为自由与被侵权人权益保护，合理分配风险社会所发生的各种损害。

3. 被侵权人可以主张抵销。值得注意的是，尽管侵权人不能主张抵销，但法律和司法解释并不禁止被侵权人主张抵销。这实质上赋予了被侵权人抵销权，使其可根据实际情况作出最符合自身利益的选择。

【大纲配套练习题】

1.（单项选择题）吕某和张某在1990年收养一女夏某，花费精力尽心培养。夏某成年后不履行赡养义务。吕某于2016年去世。夏某对张某拒不赡养并欲将其赶出家门。2017年张某要卖掉与吕某的5处私房，夏某不同意。张某无法忍受遂到法院想和夏某解除收养关系，下列正确的是？（　　）①

A. 张某有权让夏某补偿收养期间的生活费和教育费

B. 夏某无权继承吕某的遗产

C. 张某无权解除对夏某的收养关系

D. 对于5处私房张某和夏某各继承一半

2.（单项选择题）甲向乙采购一批机械设备，货款80万元，延期1年支付，乙要求提供担保，甲分别找到丙、丁、戊、己，下列何种情形构成保证？（　　）②

A. 丙口头答应为甲保证

B. 丁向乙出具“保证书”，乙接收并未表达异议

C. 戊向乙出具字据，称“若甲到期不能清偿货款，由本人以私家车抵债”

D. 己全程见证甲、乙的合同签订过程，虽未在买卖合同上签字，但未就甲要求自己为其提供保证表达异议

3.（单项选择题）甲在年幼时被乙收养并办理了登记手续，多年来乙一直同甲共同生活，抚养甲长大。甲成

---

① A。A、C选项考查收养关系的解除及其后果。《民法典》第1115条规定：“养父母与成年养子女关系恶化、无法共同生活的，可以协议解除收养关系。不能达成协议的，可以向人民法院提起诉讼。”《民法典》第1118条第1款规定：“收养关系解除后，经养父母抚养的成年养子女，对缺乏劳动能力又缺乏生活来源的养父母，应当给付生活费。因养子女成年后虐待、遗弃养父母而解除收养关系的，养父母可以要求养子女补偿收养期间支出的抚养费。”本题中，夏某成年后不履行对张某的赡养义务，欲遗弃其养母张某，双方关系恶化并无法共同生活，张某有权解除收养关系，张某请求解除收养关系的，有权要求养子女夏某补偿收养期间支出抚养费，该抚养费应该包括生活费和教育费。因此A选项正确，C选项错误。B、D选项考查收养关系中的继承问题。《民法典》第1127条规定：“遗产按照下列顺序继承：（一）第一顺序：配偶、子女、父母……本编所称子女，包括婚生子女、非婚生子女、养子女和有扶养关系的继子女……”可知，养子女作为法定的第一顺位继承人，有权继承养父母的遗产，下一步则应当考察养子女的继承权是否丧失。《民法典》第1125条第1款规定：“继承人有下列行为之一的，丧失继承权：（一）故意杀害被继承人；（二）为争夺遗产而杀害其他继承人；（三）遗弃被继承人，或者虐待被继承人情节严重；（四）伪造、篡改、隐匿或者销毁遗嘱，情节严重；（五）以欺诈、胁迫手段迫使或者妨碍被继承人设立、变更或者撤回遗嘱，情节严重。”本题中，夏某在吕某生前虽未履行赡养义务，但也不存在本条所列举的致使继承权消灭的严重情况，因此夏某并未丧失对吕某遗产的继承权。但是《民法典》第1130条规定：“同一顺序继承人继承遗产的份额，一般应当均等。对生活有特殊困难又缺乏劳动能力的继承人，分配遗产时，应当予以照顾。对被继承人尽了主要扶养义务或者与被继承人共同生活的继承人，分配遗产时，可以多分。有扶养能力和有扶养条件的继承人，不尽扶养义务的，分配遗产时，应当不分或者少分。继承人协商同意的，也可以不均等。”本题中，夏某虽然享有继承权，但是其在吕某生前并未尽到扶养义务，因此在分割该5套房屋时，夏某应当少分或者不分，而不能和张某各继承一半。因此，B、D选项均错误。

② B。本题涉及保证的概念、保证合同的成立。根据《民法典》第685条的规定，“保证合同可以是单独订立的书面合同，也可以是主债权债务合同中的保证条款。第三人单方以书面形式向债权人作出保证的，债权人接收且未提出异议的，保证合同成立”。保证合同必须为书面形式，A、D选项错误，B选项正确。《民法典》第681条：“保证合同是为保障债权的实现，保证人和债权人约定，当债务人不履行到期债务或者发生当事人约定的情形时，保证人履行债务或者承担责任的合同。”C选项是抵押不是保证，错误。

年后，将卧病在床的生父接到自己家中悉心照顾。10 年后，甲的生父去世。下列说法错误的是？（　　）①

A. 甲乙间的权利义务关系，适用法律关于父母子女关系的规定

B. 乙死亡后，甲有权作为第一顺序继承人，继承乙的遗产

C. 甲有权作为第一顺序继承人，继承生父的遗产

D. 甲有权作为除继承人以外的人，分得生父的遗产

4.（多项选择题）吴某是甲公司员工，持有甲公司授权委托书。吴某与温某签订了借款合同，该合同由温某签字、吴某用甲公司合同专用章盖章。后温某要求甲公司还款。下列哪些情形有助于甲公司否定吴某的行为构成表见代理？（　　）②

A. 温某明知借款合同上的盖章是甲公司合同专用章而非甲公司公章，未表示反对

B. 温某未与甲公司核实，即将借款交给吴某

C. 吴某出示的甲公司授权委托书载明甲公司仅授权吴某参加投标活动

D. 吴某出示的甲公司空白授权委托书已届期

5.（多项选择题）甲隐瞒了其所购别墅内曾发生恶性刑事案件的事实，以明显低于市场价的价格将其转卖给乙；乙在不知情的情况下，放弃他人以市场价出售的别墅，购买了甲的别墅。几个月后乙获悉实情，向法院申请撤销合同。关于本案，下列哪些说法是正确的？（　　）③

A. 乙须在得知实情后一年内申请法院撤销合同

B. 如合同被撤销，甲须赔偿乙在订立及履行合同过程当中支付的各种必要费用

---

① C。本题涉及对继承人以外的人酌情分配遗产的特殊规则问题。《民法典》第 1111 条规定，自收养关系成立之日起，养父母与养子女间的权利义务关系，适用本法关于父母子女关系的规定；养子女与养父母的近亲属间的权利义务关系，适用本法关于子女与父母的近亲属关系的规定。养子女与生父母以及其他近亲属间的权利义务关系，因收养关系的成立而消除。因此甲是乙的第一顺序继承人，而不是其生父母的第一顺序继承人。A、B 选项正确，C 选项错误。《民法典》第 1131 条规定，对继承人以外的依靠被继承人扶养的人，或者继承人以外的对被继承人扶养较多的人，可以分给适当的遗产。因此，D 选项正确。

② CD。《民法典》第 172 条规定，“行为人没有代理权、超越代理权或者代理权终止后，仍然实施代理行为，相对人有理由相信行为人有代理权的，代理行为有效”。盖合同专用章足以说明吴某有代理权，温某无须对此质疑反对。故 A 选项不能否定吴某行为构成表见代理，不选。既然吴某享有代理权，温某可以直接将借款交给吴某。故 B 选项不能否定吴某行为构成表见代理，不选。若吴某的授权委托书载明甲公司仅授权吴某参加投标活动，则吴某代理公司进行借款的行为已经超出了代理权限，有助于甲公司否定吴某的行为构成表见代理，C 选项当选。吴某出示的甲公司空白授权委托书已届期，则吴某没有代理权限再进行代理行为，有助于甲公司否定吴某的行为构成表见代理，D 选项当选。

③ ABCD。《民法典》第 500 条规定：“当事人在订立合同过程中有下列情形之一，造成对方损失的，应当承担赔偿责任：（一）假借订立合同，恶意进行磋商；（二）故意隐瞒与订立合同有关的重要事实或者提供虚假情况；（三）有其他违背诚信原则的行为。”《民法典》第 152 条第 1 款第 1 项规定，具有撤销权的当事人自知道或者应当知道撤销事由之日起 1 年内没有行使撤销权的，撤销权消灭。所以 B 选项、C 选项正确。根据《民法典》第 157 条规定，民事法律行为无效、被撤销或者确定不发生效力后，行为人因该行为取得的财产，应当予以返还；不能返还或者没有必要返还的，应当折价补偿。有过错的一方应当赔偿对方由此所受到的损失；各方都有过错的，应当各自承担相应的责任。法律另有规定的，依照其规定。同时，《民法典合同编通则解释》第 24 条第 1 款、第 2 款规定，“合同不成立、无效、被撤销或者确定不发生效力，当事人请求返还财产，经审查财产能够返还的，人民法院应当根据案件具体情况，单独或者合并适用返还占有的标的物、更正登记簿册记载等方式；经审查财产不能返还或者没有必要返还的，人民法院应当以认定合同不成立、无效、被撤销或者确定不发生效力之日该财产的市场价值或者以其他合理方式计算的价值为基准判决折价补偿。除前款规定的情形外，当事人还请求赔偿损失的，人民法院应当结合财产返还或者折价补偿的情况，综合考虑财产增值收益和贬值损失、交易成本的支出等事实，按照双方当事人的过错程度及原因力大小，根据诚信原则和公平原则，合理确定损失赔偿额。”加之，《民法典合同编通则解释》第 25 条第 1 款、第 2 款规定，“合同不成立、无效、被撤销或者确定不发生效力，有权请求返还价款或者报酬的当事人一方请求对方支付资金占用费的，人民法院应当在当事人请求的范围内按照中国人民银行授权全国银行间同业拆借中心公布的一年期贷款市场报价利率（LPR）计算。但是，占用资金的当事人对于合同不成立、无效、被撤销或者确定不发生效力没有过错的，应当以中国人民银行公布的同期同类存款基准利率计算。双方互负返还义务，当事人主张同时履行的，人民法院应予支持；占有标的物的一方对标的物存在使用或者依法可以使用的情形，对方请求将其应支付的资金占用费与应收取的标的物使用费相互抵销的，人民法院应予支持，但是法律另有规定的除外。”本题中甲有过错，缔约过失责任赔偿的是信赖利益，其法律效果是使双方当事人回到订约前的状态，所以乙应当向甲支付撤销前的别墅使用费，D 选项正确。

C. 如合同被撤销,乙有权要求甲赔偿主张撤销时别墅价格与此前订立合同时别墅价格的差价损失

D. 合同撤销后乙须向甲支付合同撤销前别墅的使用费

6.(多项选择题)李某与黄某未婚同居生子,取名黄小某。后李某和黄某分手,分别建立了家庭。黄小某长大后,进入演艺界,成为一名当红歌星。星星报社专职记者吴基(工作关系在报社)探知这一消息后,撰写文章将黄小某系私生子的事实公开报道,给黄小某造成极大痛苦。下列哪些选项是正确的?(　　)①

A. 该报道侵害了黄小某的隐私权　　B. 该报道侵害了黄小某的荣誉权

C. 吴某应对黄小某承担侵权责任　　D. 星星报社应对黄小某承担侵权责任

7.(多项选择题)下列哪些情形下,夫妻一方可以向法院请求分割共同财产?(　　)②

A. 甲男伪造夫妻共同债务,严重损害夫妻共同财产利益

B. 甲男的亲弟弟急需20万元结婚,甲男妻子乙女不同意甲男给其弟20万元

C. 甲男婚前投资10万元股票,婚后增值至40万元,甲男十分开心,肆意赌博挥霍这40万元

D. 甲男母亲病重,急需5万元手术费,但是其妻子乙女不同意支付这笔钱

8.(不定项选择题)甲公司生产的手机存在爆炸隐患。乙从丁公司购买该手机后,手机充电时发生爆炸,正在使用手机的乙因近距离发生爆炸而失明。下列说法正确的是?(　　)③

A. 乙有权向甲公司请求赔偿

B. 乙有权向丁公司请求赔偿

C. 若甲明知手机存在缺陷仍然生产,乙有权向甲请求惩罚性赔偿

D. 若手机运输到达丁公司仓库后,甲发现该批货物存在缺陷,但未采取召回等措施补救,乙有权向甲请求惩罚性赔偿

9.(不定项选择题)企业法人依法被解散、宣告破产或因其他法定原因而进行清算时,下列说法错误的是?(　　)④

A. 主体资格消灭,不能进行民事活动

B. 主体资格不消灭,但不能进行民事活动

C. 主体资格不消灭,仍然可以进行各种民事活动

D. 主体资格不消灭,但不能进行清算范围以外的民事活动

---

① AD。《民法典》第1032条规定,自然人享有隐私权。任何组织或者个人不得以刺探、侵扰、泄露、公开等方式侵害他人的隐私权。隐私是自然人的私人生活安宁和不愿为他人知晓的私密空间、私密活动、私密信息。吴某将黄小某的私人信息公开报道,侵犯了黄小某的隐私权。吴某的行为并未剥夺黄小某已经获得的荣誉称号,故不构成侵犯荣誉权,故B选项错误。《民法典》第1191条第1款规定,用人单位的工作人员因执行工作任务造成他人损害的,由用人单位承担侵权责任。吴某将黄小某的个人信息公开报道属于执行职务的行为,应当由报社承担责任。故C选项错误、D选项正确。本题正确选项为AD。

② AD。本题涉及离婚时的经济帮助义务。《民法典》第1090条规定:离婚时,如果一方生活困难,有负担能力的另一方应当给予适当帮助。具体办法由双方协议;协议不成的,由人民法院判决。任海的生活困难并非婚后产生,但是其在离婚时仍生活困难,因此甲男需负担经济帮助的义务,故A选项错误,B选项和C选项正确。一般认为,离婚之后,夫妻之间扶养义务终止,因此经济帮助为对弱势方的照顾而不是相互扶养义务在离婚后的延伸和表现,故D选项错误。因此本题答案为AD两项。

③ ABCD。本题涉及《民法典》第七编第四章产品责任问题。根据《民法典》第1203条第1款的规定,因产品存在缺陷造成他人损害的,被侵权人可以向产品的生产者请求赔偿,也可以向产品的销售者请求赔偿。因此A、B选项均正确。根据《民法典》第1207条的规定,明知产品存在缺陷仍然生产、销售,或者没有依据前条规定采取有效补救措施,造成他人死亡或者健康严重损害的,被侵权人有权请求相应的惩罚性赔偿。乙被炸失明,在甲明知存在缺陷仍然生产或不及时补救的情形下,符合"健康严重损害"的惩罚性赔偿要件,CD选项正确。

④ ABC。本题涉及清算法人的法律地位问题。《民法典》第72条第1款规定,清算期间法人存续,但是不得从事与清算无关的活动。该条还规定,法人的主体资格,应为办理了注销登记,方为消灭。因此,本题正确选项为D。

知识产权法

【本学科复习重点、难点说明】

知识产权法是民事特别法。考生在学习和掌握知识产权法时,既要注意运用传统民法和民事诉讼法的基本原理和相关制度理解知识产权法律制度,更要重点关注知识产权法不同于传统民法和民事诉讼法的一些特别规定。

(一)知识产权主体

知识产权主体包括自然人、法人和非法人组织,其中原始取得商标权主体的自然人原则上应当是从事商品生产经营活动或提供服务项目的经营者,如个体工商户、从事农副产品经销活动的农村村民等。民事主体权利能力和行为能力制度同样适用于知识产权主体,如在判断知识产权合同转让、许可、出资等合同效力时,完全适用我国《民法典》中有关无民事行为能力、限制民事行为能力对合同效力影响的规定。但需要注意的是,智力成果的创造是事实行为而非法律行为,知识产权的取得通常是基于智力成果的创造完成这种事实行为,不受民事行为能力的影响,如7岁儿童可以因为完成一篇作文成为著作权的主体,也可因作出一项小发明而成为专利申请权的主体。

知识产权主体制度主要有两项重点内容:一是专利申请权主体中有关职务发明创造和非职务发明创造的区分规定。完成本单位任务和主要利用本单位物质技术条件作出的发明创造是职务发明创造,本单位是专利申请权人。二是外国人(含自然人、法人和非法人组织)在我国成为知识产权主体的规定。外国人在我国成为著作权主体或申请取得专利权、商标权,通常按照其所属国或经常居所地国与我国共同参加的国际条约、签订的双边协议或互惠原则办理。

(二)知识产权客体

知识产权客体是本学科的重点内容,涉及的法律条文多,考生要熟记并能灵活应用。知识产权客体的重点知识点如下表所示:

比较项目	著作权	专利权		商标权
保护对象	作品	发明创造		注册商标
		发明、实用新型	外观设计	
核心要件	独创性	新颖性、创造性和实用性	新颖性并与现有设计明显区别	具备法定构成要素并具有显著性

续表

比较项目	著作权	专利权	商标权
不受保护对象	(1)具有立法、行政司法性质的官方文件和官方译文; (2)单纯事实消息; (3)历法、通用数表、通用表格和公式	(1)违法的发明创造(如违反法律或妨碍社会公共利益、违反法律和行政法规规定获取和利用遗传资源、侵犯在先民事权利); (2)科学发现; (3)智力活动的规则和方法; (4)疾病的诊断和治疗方法; (5)动物和植物品种; (6)原子核变换方法以及用原子核变换方法获得的物质; (7)对平面印刷品的图案、色彩或者二者的结合作出的主要起标识作用的设计	(1)法定禁用标志(《商标法》第10~12条); (2)侵犯他人在先民事权利或利益(《商标法》第9条、第13条、第15条、第16条)

(三)知识产权权利内容

知识产权权利主体对知识产权客体依法享有哪些权利是本学科的重点和难点。考生要熟记相关法律条文并能准确应用,应特别注意权利人对不同类型知识产权客体享有的权利内容的共同点和不同点。知识产权的权利内容中,各种知识产权通常都包含对权利人、对特定知识产权客体(如作品、发明创造、注册商标等)依法享有的使用(实施)权、许可他人使用(实施)权、知识产权的转让权、出质权、标记权(专利权和商标权中包含该权利)等。其中,知识产权中的使用(实施)权、许可他人使用(实施)权是本学科的重点和难点内容。此外,在学习知识产权权利内容时,还应注意以下问题:

第一,知识产权权利人依法享有权利的同时,还必须履行一定的义务。

第二,专利权和商标权转让合同需要履行法定的核准或登记公告程序,这些核准或登记公告程序是转移专利权和商标权的要件。依据民法原理,这些行政程序性行为通常不是有关知识产权转让合同的生效条件。但根据国务院颁发的《技术进出口管理条例》第16条和第35条的规定,专利权转让、专利申请权转让、专利实施许可、技术秘密转让、技术服务和其他方式的技术转移(如特定计算机软件的转让)的技术进口合同、技术出口合同自国务院外经贸主管部门颁发技术进口许可证、技术出口许可证之日起生效。

第三,出资权、出质权分别是指将有关著作财产权、专利权、商标权依法进行投资或设立质押担保债务履行的权利。由于著作人身权不得转让,著作权人不得将著作人身权进行转让,也不得用于投资或设立质押。

以下表格可以帮助考生掌握知识产权权利内容中的重点、难点和易混知识点:

1. 著作权和邻接权权利内容。

<table>
<tr><th rowspan="2">比较项目</th><th rowspan="2">著作权</th><th colspan="3">邻接权</th></tr>
<tr><th>表演者权</th><th>录制者权</th><th>播放者权</th></tr>
<tr><td rowspan="4">人身权</td><td>发表权</td><td rowspan="2">表明表演者身份权</td><td rowspan="2"></td><td rowspan="2"></td></tr>
<tr><td>署名权</td></tr>
<tr><td>修改权</td><td rowspan="2">保护表演形象不受歪曲权</td><td rowspan="2"></td><td rowspan="2"></td></tr>
<tr><td>保护作品完整权</td></tr>
</table>

续表

比较项目	著作权	邻接权		
		表演者权	录制者权	播放者权
财产权(使用权)	复制权	录音录像(首次固定)权	复制权	录制及复制权
		复制录有其表演的音像制品权		
	发行权	发行录有其表演的音像制品权	发行权	转播权
	出租权	出租录有其表演的音像制品权	出租权	
	表演权(现场表演权和机械表演权)	现场直播权		
	展览权			
	放映权			
	广播权			
	信息网络传播权	信息网络传播权	信息网络传播权	信息网络传播权
	摄制权			
	改编权			
	翻译权			
	汇编权			
权利对象	作品	表演	录音录像制品	播放的广播电视
备注	(1)著作财产权中有的权利仅适用于部分作品,如仅视听作品和计算机软件有出租权,仅适合表演的作品如文字、音乐、曲艺作品等有表演权,仅美术、摄影作品有展览权。 (2)应注意著作权中机械表演权和放映权、广播权和信息网络传播权的联系与区别。机械表演权和放映权都是控制通过一定技术设备或装置公开播送或再现作品的行为,不同之处在于两项权利分别保护或适用于不同的作品。机械表演权保护适合表演的作品,如可以朗诵的诗歌、散文,可以演唱的音乐作品,可以在舞台表演的戏剧作品等;放映权保护美术、摄影、视听作品等可以通过技术设备公开再现而非表演的作品。广播权和信息网络传播权都是控制有线或无线传播作品行为的权利。两者的区别在于:广播权控制的是受众(听众或观众)被动接受作品的单项传播行为。受众之所以是被动接受作品,是因为如果受众必须在广播者限定的时间和地点接受作品,否则就不能收听或收看节目。信息网络传播权控制的是受众可以在自己选定的时间和地点获得作品的交互式传播作品的行为。网站的传播行为并非都受信息网络传播权控制,如听众不能在自己选定时间和地点接受作品的网络广播行为就受广播权控制。 (3)应注意区分著作权和邻接权中的易混权利,如表演权与表演者权、广播权与播放者权			

2. 专利实施权的内容。

比较项目	制造权	使用权	许诺销售权	销售权	进口权
产品发明专利	有	有	有	有	有
实用新型专利	有	有	有	有	有
外观设计专利	有	无	有	有	有
方法发明专利	有权使用专利方法以及使用、许诺销售、销售、进口依照该专利方法直接获得的产品				
备注	(1)专利实施权所涉及的实施行为均以生产经营为目的。 (2)依据专利权穷竭原则,如果专利产品的制造行为是专利权人的实施行为或许可实施行为,后续使用、许诺销售、销售、进口该专利产品的行为不再受专利实施权控制,不视为侵犯专利权。 (3)专利产品的平行进口行为是否属于侵犯专利实施权中的进口权存在争议,主流观点认为不属于侵权行为				

(四)知识产权的取得和丧失

1. 知识产权的取得。

知识产权有原始取得和传来取得两种方式。原始取得是不以他人知识产权为依据,因智力成果创作行为完成或行政授权确权审批行为通过而直接取得知识产权。根据《保护文学和艺术作品伯尔尼公约》和《与贸易有关的知识产权协定》的规定,著作权实行自动取得原则。作者或其他著作权人因创作完成作品而自动取得著作权。这里的“完成”是一个相对概念,只要具备作品的条件,就具有著作权法意义上的“完成”之意,与现实生活中的完成作品可能不是一回事。例如,写完了论文的初稿就可能已经具备了作品特征,就可以获得著作权法保护,他人将该初稿作为自己的作品发表就构成剽窃行为,就应当承担赔礼道歉、停止侵害和赔偿损失等民事责任。著作权登记具有证明著作权人主体的证据价值,但不是产生或获得著作权的前提或条件。专利权和商标权的原始取得实行申请审核原则,权利必须经过法定的审查程序产生。在专利申请和商标注册申请中,有关优先权的规定是重点内容,应注意国际优先权和国内优先权的不同规定。发明专利实行延迟审查制,实用新型和外观设计专利实行形式审查制,商标注册申请实行实质审查制。

知识产权的传来取得是指以他人知识产权为依据的间接取得方式,如通过继承、合同转让等方式获得知识产权。

2. 知识产权的丧失。

知识产权可能会因保护期届满、权利人放弃、无效宣告等事由不再受法律保护。导致知识产权丧失的主要情形如下表所示:

比较项目	著作权	专利权	商标权
保护期届满	自然人的作品,其发表权和著作财产权的保护期为作者终生及其死亡后50年,截止于作者死亡后第50年的12月31日。 单位作品、特殊职务作品和视听作品,其发表权的保护期为50年,截止于作品创作完成后第50年的12月31日;其著作财产权保护期为50年,截止于作品首次发表后第50年的12月31日;但作品自创作完成后50年内未发表的,著作权法不再保护	发明专利权的期限为20年,实用新型专利权的期限为10年,外观设计专利权的期限为15年,均自申请日起计算。但非因申请人原因导致的授权过程中的不合理迟延,可以给予一定的专利保护期限补偿	注册商标的有效期为10年,自核准注册之日起计算。但注册商标保护期届满前1年或届满后6个月内可以依法办理续展手续。每次续展注册的有效期为10年,自该商标上一届有效期满次日起计算
期限届满前终止		没有按照规定缴纳年费的或者专利权人以书面声明放弃其专利权的,专利权终止	因商标权人擅自改变注册商标的注册事项、注册商标成为其核定使用商品的通用名称或无正当理由连续3年不使用的,商标局可依法撤销该注册商标
不符合授权条件被无效宣告		(1)不符合专利权客体要件;(2)专利说明书未对发明创造作出清楚、完整的说明;(3)权利要求书的书写严重不符合法律要求;(4)专利申请的修改超出法定范围;(5)同样的发明创造被分别授权(重复授权)	(1)注册商标不以使用为目的;(2)不具备显著特征;(3)使用法定禁用标志;(4)侵犯他人的在先合法权利或利益

知识产权丧失后,会产生如何处理有关合同纠纷和其他财产关系问题。对于授权合法,但在期限届满前因权利人的处分行为(如放弃权利)或因违法使用注册商标被依法撤销的,专利权或商标权均自国务院知识产权行政主管部门公告之日终止或丧失专利权、商标权,有关合同纠纷和其他财产关系以此为基础进行处理。

不符合授权条件被依法宣告无效的专利权或商标权的法律后果及有关合同纠纷、其他财产关系的处理规则较为复杂,具体法律规则如下表所示:

项目	专利权无效	商标权无效
一般原则	该专利权或商标权视为自始不存在	
不溯及既往规则	宣告无效的决定,对在宣告该权利无效前人民法院作出并已执行侵权的判决、裁定、调解书,已经履行或者强制执行的有关行政侵权纠纷处理决定,以及已经履行的权利许可合同或转让合同,不具有追溯力。但是因知识产权权利人的恶意给他人造成的损失,应当给予赔偿	
不溯及既往规则的例外	依据不溯及既往规则,不返还侵权赔偿金、使用费、转让费;明显违反公平原则的,应当全部或者部分返还	
备注	在专利权、商标权被宣告无效后的法律后果中,视为该权利自始不存在是容易理解的;因为被宣告无效的权利本来就不具备合法授权条件,宣告无效是一种纠错程序。由于知识产权被宣告无效的事由较多,其中有的是申请人付出了创造性劳动后作出了较高技术水平的发明创造因专利申请文件的书写或修改失误而被宣告专利无效,该技术转让或许可他人实施后,他人可能已因利用该先进技术获得了重大收益,如果简单地要求原来的权利人因自始不享有专有权就全部返还转让费或许可费,既不公平,也不利于维护社会经济关系的稳定,因而就产生了不溯及既往规则。但如果不全部返还或部分返还有关费用明显违反公平原则,有关权利人就失去了获得这些费用的法理和道德基础,属于不当得利,应当全部或部分返还	

(五)侵犯知识产权的判定

侵犯知识产权的判定是本学科的重点和难点内容,是历年国家统一法律职业资格考试的必考内容。学习和掌握该部分重点知识时,应当注意以下问题:

第一,熟记作品或邻接权客体要件、各知识产权的权利内容、侵犯知识产权的法定表现形式以及不侵犯知识产权合法抗辩事由的具体法律规定。

第二,掌握如何判定侵犯知识产权的基本方法、基本步骤。首先,判断是否存在受保护的知识产权,如判断是否属于受保护的作品、该知识产权是否仍在保护期内等。其次,判断涉嫌侵权人所实施的行为是否是知识产权权利人所控制的行为,或是否侵犯了知识产权权利人的权利以及可能侵犯了何种具体权利。在该环节中,有三个基本原则适用于侵犯著作权、专利权和商标权的判断:一是对比原则(如剽窃的认定中,被告作品与原告作品的对比);二是中性标准原则(如以相关行业普通消费者的一般认识能力判断商标是否相同或相似,以本专业普通技术人员的一般认识能力判断技术是否相同或等同);三是“相同+相似”原则(如剽窃既包括完全照抄,也包括改头换面的抄袭;专利侵权行为既包括与专利技术相同的行为,也包括与专利技术是等同技术的行为;商标侵权行为既包括假冒行为,也包括仿冒行为)。最后,判断是否具有合法抗辩事由,如涉嫌侵权人所实施的行为是否属于合理使用、法定许可、强制许可、开放许可、行使先用权、法律规定不视为侵权行为的情形等。

第三,重点区分相近易混的侵权行为,如应注意区分侵犯机械表演权和侵犯放映权、侵犯广播权与侵犯信息网络传播权、假冒行为与反向假冒行为、侵犯许诺销售权与侵犯销售权、平行进口行为与侵犯进口权行为等。

第四,掌握一些特殊侵权行为。侵犯知识产权行为一般没有主观要件的规定,行为人主观上故意、过失有时甚至无过失均可能被认定侵权行为。但在知识产权法律中,有的特殊侵权行为则规定了主观要件。如《著作权法》第53条第6项和第7项分别规定,规避版权技术保护措施、破坏版权电子管理信息这两类侵权行为的主观要件均是“故意”;《商标法》第57条第6项规定,故意为侵犯他人商标专用权行为提供便利条件,帮助他人实施侵犯商标专用权行为的,属于帮助侵权行为。

(六)侵犯知识产权的民事责任

侵犯知识产权的民事责任主要有停止侵害、消除影响、赔礼道歉和赔偿损失,其中最常适用的是停止侵害和赔偿损失。赔礼道歉只适用于侵犯著作人身权案件。无论行为人是否存在主观过错(法律规定以特定过错要件才构成侵权的除外),是否实际造成损害后果,权利人均可请求法院裁判行为人停止侵权行为。但有两种情形不能适用停止侵害责任,而应当以支付合理费用的替代责任方式保护知识产权权利人的利益:一是停止侵害会损害社会公共利益;二是停止侵害的后果会给软件持有人造成重大损失。

侵犯知识产权损害赔偿数额的确定主要有以下计算方法:(1)按权利人因侵权遭受的实际损失确定;(2)按侵权人因侵权获得的利益确定;(3)根据情节参照许可使用费的倍数合理确定;(4)由法院根据当事人的请求或依职权在500万元以下酌情判决确定赔偿金额,其中对专利权权利人的赔偿金额不得低于3万元、对著作权权利人的赔偿金额不得低于500元。在适用前述计算方法时,应注意以下问题:

第一,对故意侵犯知识产权情节严重的,可以在按照上述前3种方法确定数额的1倍以上5倍以下确定赔偿数额,但不能以第4种方法的确定数额为基数。

第二,对第2种计算方法中的利益应做广义理解:既包括行为人因侵权行为获得的利润(财产的积极增加),也包括行为人因侵权行为所获得的应当支付的研发费用减少、债务被免除等利益(财产的消极增加)。

第三,按照上述四种方法确定数额赔偿时,还应当包括权利人为制止侵权行为所支付的合理开支如律师费、公证费等。

【大纲变化法律法规提示】

中华人民共和国专利法实施细则☆

(2001年6月15日中华人民共和国国务院令第306号公布　根据2002年12月28日《国务院关于修改〈中华人民共和国专利法实施细则〉的决定》第一次修订　根据2010年1月9日《国务院关于修改〈中华人民共和国专利法实施细则〉的决定》第二次修订　根据2023年12月11日《国务院关于修改〈中华人民共和国专利法实施细则〉的决定》第三次修订)

【大纲变化考点提示】

2024年,本学科大纲考点无变化。

【教材新增要点详解】

☞ 3-4-1　专利申请的原则☆

1. 形式法定原则。申请专利的各种手续，都应当以书面形式或者国家知识产权局专利局规定的其他形式办理。以电子数据交换等方式能够有形地表现所载内容，并可以随时调取查用的数据电文，视为书面形式。

2. 单一性原则。一件发明或者实用新型专利申请应当限于一项发明或者实用新型。属于一个总的发明构思的两项以上的发明或者实用新型，可以作为一件申请提出。

一件外观设计专利申请应当限于一项外观设计。同一产品两项以上的相似外观设计，或者用于同一类别并且成套出售或者使用的产品的两项以上外观设计，可以作为一件申请提出。

3. 先申请原则。同样的发明创造只能授予一项专利权。但是，同一申请人同日对同样的发明创造既申请实用新型专利又申请发明专利，先获得的实用新型专利权尚未终止，且申请人声明放弃该实用新型专利权的，可以授予发明专利权。两个以上的申请人分别就同样的发明创造申请专利的，专利权授予最先申请的人。

4. 诚实信用原则。申请专利应当遵循诚实信用原则。提出各类专利申请应当以真实发明创造活动为基础，不得弄虚作假。

5. 保密审查原则。任何单位或者个人将在中国完成的发明或者实用新型向外国申请专利的，应当事先报经国务院专利行政部门进行保密审查。保密审查的程序、期限等按照国务院的规定执行。中国单位或者个人可以根据中华人民共和国参加的有关国际条约提出专利国际申请。申请人提出专利国际申请的，应当遵守前述规定。对违反前述规定向外国申请专利的发明或者实用新型，在中国申请专利的，不授予专利权。

☞ 3-5-1　专利权的期限☆

发明专利权的期限为20年，实用新型专利权的期限为10年，外观设计专利权的期限为15年，均自申请日起计算。自发明专利申请日起满4年，且自实质审查请求之日起满3年后授予发明专利权的，国务院专利行政部门应专利权人的请求，就发明专利在授权过程中的不合理延迟给予专利权期限补偿，但由申请人引起的不合理延迟除外。

为补偿新药上市审评审批占用的时间，对在中国获得上市许可的新药相关发明专利，国务院专利行政部门应专利权人的请求给予专利权期限补偿。请求给予专利权期限补偿的，专利权人应当自公告授予专利权之日起3个月内向国务院专利行政部门提出。补偿期限不超过5年，新药批准上市后总有效专利权期限不超过14年。申请人享有优先权的，优先权日不得成为专利保护期的起算日。专利权期限届满后，专利权终止。专利权期限届满前，专利权人可以书面声明放弃专利权。

☞ 3-5-2　专利权的特别许可☆

（一）强制许可

强制许可又称为非自愿许可，是指国务院专利行政部门依照法律规定，不经专利权人的同意，直接许可具备实施条件的申请者实施发明或实用新型专利的一种行政措施。其目的是促进获得专利的发明创造

得以实施,防止专利权人滥用专利权,维护国家利益和社会公共利益。我国专利法将强制许可分为三类:

1. 滥用专利权的强制许可。有下列情形之一的,国务院专利行政部门根据具备实施条件的单位或者个人的申请,可以给予实施发明专利或者实用新型专利的强制许可:(1)专利权人自专利权被授予之日起满3年,且自提出专利申请之日起满4年,无正当理由未实施或者未充分实施其专利的。申请强制许可的单位或者个人应当提供证据,证明其以合理的条件请求专利权人许可其实施专利,但未能在合理的时间内获得许可。(2)专利权人行使专利权的行为被依法认定为垄断行为,为消除或者减少该行为对竞争产生的不利影响的。

2. 根据公共利益需要的强制许可。在国家出现紧急状态或者非常情况时,或者为了公共利益的目的,国务院专利行政部门可以给予实施发明专利或者实用新型专利的强制许可。为了公共健康目的,对取得专利权的药品,国务院专利行政部门可以给予制造并将其出口到符合中华人民共和国参加的有关国际条约规定的国家或者地区的强制许可。

3. 从属专利的强制许可。一项取得专利权的发明或者实用新型比前已经取得专利权的发明或者实用新型具有显著经济意义的重大技术进步,其实施又有赖于前一发明或者实用新型的实施的,国务院专利行政部门根据后一专利权人的申请,可以给予实施前一发明或者实用新型的强制许可。在依照前述规定给予实施强制许可的情形下,国务院专利行政部门根据前一专利权人的申请,也可以给予实施后一发明或者实用新型的强制许可。

强制许可涉及的发明创造为半导体技术的,其实施限于公共利益的目的和专利权人行使专利权的行为被依法认定为垄断行为后为消除或者减少该行为对竞争产生的不利影响的情形。

除专利权人行使专利权的行为被依法认定为垄断行为后为消除或者减少该行为对竞争产生的不利影响,以及为了公共健康目的的强制许可外,强制许可的实施应当主要为了供应国内市场。

取得实施强制许可的单位或者个人应当付给专利权人合理的使用费,或者依照中华人民共和国参加的有关国际条约的规定处理使用费问题。付给使用费的,其数额由双方协商;双方不能达成协议的,由国务院专利行政部门裁决。

(二)开放许可

为了促进发明创造的推广应用,我国专利法新规定了开放许可制度。专利权人自愿以书面方式向国务院专利行政部门声明愿意许可任何单位或者个人实施其专利,并明确许可使用费支付方式、标准的,由国务院专利行政部门予以公告,实行开放许可。专利权人自愿声明对其专利实行开放许可的,应当在公告授予专利权后提出。就实用新型、外观设计专利提出开放许可声明的,应当提供专利权评价报告。专利权人撤回开放许可声明的,应当以书面方式提出,并由国务院专利行政部门予以公告。开放许可声明被公告撤回的,不影响在先给予的开放许可的效力。

任何单位或者个人有意愿实施开放许可的专利的,以书面方式通知专利权人,并依照公告的许可使用费支付方式、标准支付许可使用费后,即获得专利实施许可。开放许可实施期间,对专利权人缴纳专利年费相应给予减免。实行开放许可的专利权人可以与被许可人就许可使用费进行协商后给予普通许可,但不得就该专利给予独占或者排他许可。通过开放许可达成专利实施许可的,专利权人或者被许可人应当凭能够证明达成许可的书面文件向国务院专利行政部门备案。

(三)指定许可

国有企业事业单位的发明专利,对国家利益或者公共利益具有重大意义的,国务院有关主管部门和省、自治区、直辖市人民政府报经国务院批准,可以决定在批准的范围内推广应用,允许指定的单位实施,由实施单位按照国家规定向专利权人支付使用费。

【大纲配套练习题】

1.(单项选择题)刘某在公众号“案例观止”上署名“法的囚徒”发表题为《法院如何做出强制利润分配·最高人民法院案例》一文。某出版社的《最高人民法院公司法案例集》收录该文,某教材编写单位将该文反映的案例作为典型案例编入《公司法案例教程》,“法治纵横”公众号转载了该文。下列哪一说法是正确的?(　　)①

A. 刘某署名方式不合法

B.《法院如何做出强制利润分配·最高人民法院案例》在某出版社的《最高人民法院公司法案例集》中被正式发表

C. 某教材编写单位可以使用该案例且无须支付费用

D.“法治纵横”公众号转载该文构成侵权,因为未经刘某和“案例观止”同意

2.(单项选择题)甲五金公司发明了一种抗压轴承,在我国和《巴黎公约》成员国L均获得了专利权,甲公司将该项专利分别给予了乙公司在我国、丙公司在L国的独占实施许可。下列哪一行为在我国构成对该专利的侵权?(　　)②

A. 在L国购买由丙公司制造销售的该抗压轴承,进口至我国销售

B. 在我国购买由乙公司制造销售的该抗压轴承,改进后销售

C. 在我国未经乙公司许可制造该抗压轴承,用于某五金公司的抗压性能实验

D. 在L国未经丙公司许可制造该抗压轴承,安装该抗压轴承的L国货船临时通过我国境内

3.(单项选择题)商品使用未经核准注册商标的,根据我国《商标法》的规定应当如何处理?(　　)③

A. 一律不得在市场上销售,违者应受行政处罚

B. 原则上不允许在市场上销售,但《商标法》另有规定的除外

C. 一律可以在市场上销售,但其商标不受法律保护

D. 原则上可以在市场上销售,但《商标法》另有规定的除外

---

① C。本题考查著作权。在A选项中,著作权人有署名权,其可以自由署名,所以A选项错误。在B选项中,该文在著作权人通过网络发表之际已被正式发表,所以B选项错误。在C选项中,最高人民法院的判决不属于著作权法意义上的作品,某教材编写单位可以直接使用相应案例,所以C选项正确。在D选项中,“法治纵横”未经著作权人同意而转载,侵害了其信息网络传播权,构成侵权行为。但是,仅刘某是著作权人,“案例观止”不享有相应权利,“法治纵横”转载并不需要“案例观止”的同意,所以D选项错误。

② C。本题涉及专利侵权行为问题。根据《专利法》第75条的规定,有下列情形之一的,不视为侵犯专利权:(1)专利产品或者依照专利方法直接获得的产品,由专利权人或者经其许可的单位、个人售出后,使用、许诺销售、销售、进口该产品的;(2)在专利申请日前已经制造相同产品、使用相同方法或者已经作好制造、使用的必要准备,并且仅在原有范围内继续制造、使用的;(3)临时通过中国领陆、领水、领空的外国运输工具,依照其所属国同中国签订的协议或者共同参加的国际条约,或者依照互惠原则,为运输工具自身需要而在其装置和设备中使用有关专利的;(4)专为科学研究和实验而使用有关专利的;(5)为提供行政审批所需要的信息,制造、使用、进口专利药品或者专利医疗器械的,以及专门为其制造、进口专利药品或者专利医疗器械的。选项A、B对应第1项的“专利权耗尽原则”,选项C不符合第4项的“非商业使用原则”,该原则仅限“使用”,不包括“制造”,选项D对应第3项的“临时过境原则”。故本题答案为选项C。

③ D。本题涉及商标的自愿注册原则。自愿注册原则是指商标使用人是否申请商标注册取决于自己的意愿。在自愿注册原则下,商标注册人对其注册商标享有专用权,受法律保护。未经注册的商标,可以在生产服务中使用,但其使用人不享有专用权,无权禁止他人在同种或类似商品上使用与其商标相同或近似的商标,但驰名商标除外。同时我国规定了在极少数商品上使用的商标实行强制注册原则,作为对自愿注册原则的补充。《商标法》第6条规定,法律、行政法规规定必须使用注册商标的商品,必须申请商标注册,未经核准注册的,不得在市场销售。因此本题答案为选项D。

4.(多项选择题)以下选项中,受《中华人民共和国著作权法》保护的是:(　　)①

A.中国公民张某,未满16周岁,其尚未发表的作品

B.在上海设立的外资企业甲的尚未发表的作品

C.无国籍人的作品首次在中国参加的国际条约的成员国和非成员国同时出版的

D.未与中国签订协议或者共同参加国际条约的国家的作者的作品首次在中国参加的国际条约的成员国出版的

5.(不定项选择题)2015年7月1日,甲公司与乙公司签订商标许可合同,将其注册商标许可给乙公司使用,有效期为3年。2017年9月10日,甲公司将该项商标权转让给丙公司。下列说法错误的是:(　　)②

A.甲公司可以单独向商标局备案该商标许可合同,也可单独向商标局提出转让商标权的申请

B.丙公司自变更登记时享有商标专用权

C.商标权转让后丙公司可以禁止乙公司继续使用该商标

D.甲公司对其在类似商品上注册的近似商标,可以另行转让给丁公司

---

① ABCD。本题涉及我国著作权法的保护对象问题。根据《著作权法》第2条的规定:中国公民、法人或者非法人组织的作品,不论是否发表,依照本法享有著作权。外国人、无国籍人的作品根据其作者所属国或者经常居住地国同中国签订的协议或者共同参加的国际条约享有的著作权,受本法保护。外国人、无国籍人的作品首先在中国境内出版的,依照本法享有著作权。未与中国签订协议或者共同参加国际条约的国家的作者以及无国籍人的作品首次在中国参加的国际条约的成员国出版的,或者在成员国和非成员国同时出版的,受本法保护。选项ABCD均正确。

② ABCD。本题考查商标的许可及商标权的转让。《商标法》第43条第3款规定,许可他人使用其注册商标的,许可人应当将其商标使用许可报商标局备案,由商标局公告。商标使用许可未经备案不得对抗善意第三人,因此甲公司可以单独向商标局备案商标使用许可合同。不过根据《商标法》第42条第1款的规定,转让注册商标的,转让人和受让人应当签订转让协议,并共同向商标局提出申请,因此甲公司应与丙公司共同向商标局申请商标权的转让,故A选项错误。《商标法》第42条第4款规定,转让注册商标经核准后,予以公告,受让人自公告之日起享有商标专用权,故B选项错误。《商标法》第42条第2款规定,转让注册商标的,商标注册人对其在同一种商品上注册的近似的商标,或者在类似商品上注册的相同或者近似的商标,应当一并转让,故D选项错误。注册商标的转让不影响转让前已经生效的商标使用许可合同的效力,因此商标权转让给丙公司后,乙公司仍享有在商标使用许可合同剩余期限内的商标使用权,故C选项错误。本题答案为选项ABCD。

商　法

【本学科复习重点、难点说明】

(一)公司法

由于对公司相关法律关系的调整,呈现行政监管和司法救济并重的特点,本章的内容众多。在公司的设立、公司的财务与会计制度、公司的解散与清算、外国公司的分支机构、上市公司董事、监事、高级管理人员的任职资格和股权转让限制中,有大量行政监管的相关规定,如公司登记、行政审批、信息披露等。相关行政监管性质的规定虽然数量多,但是易于理解,不属于本章的重点或者疑难点。

在学习公司法时,应以股东权利的行使以及交易安全和债权人合法权益保护为基础,以司法救济为中心,重点掌握以下内容:第一,公司设立中的发起人责任与公司责任的区分;第二,公司的资本制度,股东出资义务及违反该义务时对公司、其他股东和公司债权人的法律责任;第三,股东资格的认定标准,如名义股东与实际股东问题;第四,股东权利的内容、分类及司法救济手段,如股利分配之诉、公司决议之诉、股东代表诉讼等;第五,有限责任公司股权转让的特殊规则及其法律效果,如优先购买权、异议股东的股权收购请求权;第六,股份有限公司对股份回购的原则禁止与例外的允许事由;第七,公司合并与分立的程序及对公司债权人的保护;第八,有限责任公司和股份有限公司的清算义务人的区别及清算人责任。

对于公司法的疑难点,以下各点特别值得提及:

1. 股东权利的性质与内容。股东权利既不是债权也不是物权,而是一种综合性权利。股东权利的特殊之处在于其作为社员权具有的双重属性。在股东与公司的关系上,股东权利具有相对性,主要表现为管理参与权;在股东与其他人的关系上,股东权利表现为财产权。在股东与公司之间关系的意义上,有些股东权利是比例性的权利,其内容与持股比例直接相关,比如表决权、抽象的股息红利分配请求权、剩余财产分配请求权和优先认购新股权,这些权利原则上都根据股东的持股比例享有;有些股东权利的内容与持股比例无关,每个股东都享有,如发给股票或其他股权证明请求权、对公司财务等信息的知情权、权利损害救济权;有些股东权利的存在以持有一定比例的股权为条件,即少数股东权,如股东会临时召集请求权或自行召集权、股东提案权、公司重整申请权和股东代表诉讼权,这种对持股比例的要求是基于平衡股东权利和公司经营效率的考虑。在股东与其他人之间关系的意义上,股东权利与其他的财产权基本没有差异,可以进行转让或者质押等处分,但是有限责任公司股权的对外转让受到其他股东的优先购买权的限制。

2. 公司资本的概念与意义。公司资本也称股本,是指由公司章程确定并载明的、全体股东的出资总额,即注册资本。除募集设立的股份有限公司和法律、行政法规以及国务院决定规定采取实缴制的公司外,在我国设立公司实行认缴资本制,因此,注册资本是股东承诺投入公司的资产总和,即公司的初始净资产。不同于公司负债需要偿本付息,公司资本是公司的自有资本,不需要偿本付息,分红也不能损及公司资本。传统上公司资本被视为公司信用的一项重要指标,表明公司承受亏损能力的强弱。公司资本三原则旨在维持公司资本的真实确定并限制公司资产向股东净流出以保护公司债权人。但是,公司真实的信用状况是由其资产状况和营利能力决定的。法定资本制,是基于公司资本三原则理念设计复杂的公司法规则和会计规则,如出资形式要求、分红条件、减资程序、原则上禁止回购等,以使公司净资产不因股东转移公司财产而低于公司资本,然后由债权人根据公司资本判断公司的偿债能力。2023 年《公司法》规定了股份有限公司采取有限的授权资本制度。

3. 股东违反出资义务的责任。资本认缴制下,在约定的出资义务的履行期限界至前,股东享有期限利益,不履行出资义务也不违反出资义务。我国《公司法》及其司法解释将违反出资义务的形态分为未履行出资义务、未全面履行出资义务和抽逃出资。未履行出资义务,指出资义务的履行期限届满后仍未履行出资义务。未全面履行出资义务,指出资义务的履行期限届满后未足额缴纳出资,仅履行了部分出资义务,如作为出资的非货币财产具有权利瑕疵或者真实价额显著低于公司章程所定价额。抽逃出资,指履行出资义务之后未经法定程序将出资抽回。对于违反出资义务,《公司法》及其司法解释为公司、其他股东和公司债权人规定了多种救济途径。对于违反出资义务的股东,公司或者其他股东都可以请求其向公司依法全面履行出资义务或者向公司返还抽逃出资的本息。公司债权人可以请求未履行出资义务、未全面履行出资义务和抽逃出资的股东在未出资或者抽逃出资的本息范围内对公司债务不能清偿的部分承担补充赔偿责任。股东未履行或者未全面履行出资义务或者抽逃出资的,公司根据公司章程或者通过股东会决议,可以对其利润分配请求权、新股优先认购权、剩余财产分配请求权等股东权利作出相应的合理限制,使其不能实际享有或者行使上述权利。有限责任公司的股东完全未履行出资义务或者抽逃全部出资,经公司催告缴纳或者返还,其在合理期间内仍未缴纳或者返还出资,公司可以股东会决议解除该股东的股东资格。

(二)合伙企业法

尽管相较于公司法人,合伙企业在制度构成上的疑难点并不见少,《合伙企业法》规范本身又较为简约,诸此等等均导致在学习与掌握合伙企业制度时存在不小的难度。

在学习合伙企业法时,须时时与公司法人制度进行比较,并重点掌握以下内容:第一,合伙企业的设立要件与程序;第二,合伙人之合伙财产份额与合伙企业财产关系;第三,合伙企业内部事务执行之权限分工与程序;第四,合伙企业债务的清偿规则;第五,入伙与退伙的要件、程序与法律效果;第六,合伙企业之解散事由、程序与效果;第七,特殊的普通合伙企业与有限合伙企业的特殊规则。

就合伙企业制度的疑难点,以下各点特别值得提及:

1. 合伙企业不具有法人资格,无法成为财产权利之归属主体,成员或合伙人对合伙企业债务承担无限连带责任。这是合伙企业的法教义学特征,是其区别于公司法人的根本所在,也成为理解合伙企业制度的难点。在把握这些特征时,不仅要掌握各点的内容,更要关注各点间的逻辑关联,注意现代私法主体制度的发展趋势,避免对其进行机械地理解。

2. 合伙人在合伙企业中的财产份额制度。对合伙企业财产享有财产份额,是投资人投资合伙企业成为其合伙人,进而在合伙企业中享有权利、承担义务的集中体现。财产份额的取得或丧失,也就意味着合伙人身份的得丧变动。而合伙企业之人合性典型特征,也决定着对财产份额的处分,无论是转让还是设定质权负担,均有着相较于有限责任公司股权转让更为严格的规则。

3. 合伙企业的内部治理机制。相较于公司有股东(大)会、董事会、经理、监事会等一套较为成熟与典型的内部分权与治理机制,《合伙企业法》就合伙企业的内部治理,较少提供一套法定性的治理模式,而是更多让诸合伙企业的内部自治。如何在其中总结出自治的边界,如何判断合伙企业内部分权,进而判断相应的外部性法律行为的有效性,无疑是其难点所在。

4. 合伙企业债务的承担与清偿制度。这是合伙企业制度构造上的重点,无论怎么强调也不为过。对此,一方面须与合伙企业的财产制度予以关联理解,另一方面又要重点把握所谓"双重优先原则"的基本原理。此外,还须关注对合伙企业主张债权时,民事诉讼法与强制执行法上的若干特殊规定。

5. 合伙企业的解散与清算。就此,不仅要注意合伙企业在解散事由上与公司解散规则的不同之处,还须把握合伙企业清算结束后的法律效果规定,并对其予以原理上的理解。

6. 关于特殊的普通合伙企业。其特殊之处在于所适用的范围,即仅适用于某些特殊的行业活动形式。进而,特殊的普通合伙企业之特殊的债务承担规则,也就必须在这些行业运营的特点中,找到其理解根据。

7. 关于有限合伙企业。有限合伙企业是以普通合伙企业为底本,融进有限责任公司元素的构造,故如何融进"有限合伙人"这一异质性元素,又不完全破坏"合伙企业"这一底本,就成为其制度设计上的难点。

(三)个人独资企业法

本章的难点是个人独资企业与个体工商户、一人公司等类似商事主体在设立条件、运行机制、责任承担方式等方面的区别:(1)个人独资企业的投资人只能是一个自然人,不能是法人;(2)个人独资企业是一种企业组织形态,性质上属于非法人组织,具有团体人格的组织体属性;(3)个人独资企业不具有独立的法人人格,投资人以其个人财产对企业债务承担无限责任。

此外有两点需要特别注意:(1)个人独资企业的投资人以其个人财产对企业债务承担无限责任,但是根据《个人独资企业法》第18条的规定,个人独资企业在申请企业设立登记时明确以其家庭共有财产作为个人出资的,应当依法以家庭共有财产对企业债务承担无限责任;(2)个人独资企业解散后,原投资人对个人独资企业存续期间的债务仍应承担偿还责任,但债权人在5年内未向债务人提出偿债请求的,该责任消灭。

(四)企业破产法

学习本章时,可以重点把握以下三条线索。

1. 再建与清算。

从立法宗旨看,本法属于再建主义的立法。所谓再建主义,就是以企业拯救的方式处理债务,即"救治病马",将债权人的清偿利益寄托于"活马价值"(营运价值)。与此相对的是清算主义,就是以变卖企业财产的方式处理债务,即"杀马分肉",将债权人的清偿利益寄托于"马肉价值"(清算价值)。这就是重整、和解等再建程序与清算程序的差别。当然,"救治病马"有成本和风险,而"病入膏肓"的"病马"通常不值得救治,此外还要防止"死马当活马医"的滥用现象。所以,清算程序不可或缺。而且,在重整谈判中,清算价值是当事人确定让步边界的重要依据。学习本章时把握重整、和解与清算之间的程序转换规则,其意义正在于此。

理解这套流程,首先要注意两个程序节点。

第一个程序节点是破产案件受理,即法院裁定受理破产申请。自此时起,债务人财产和行为、债权人的权利行使以及相关的法律程序都受到破产程序的约束。债务人财产被接管,并禁止对债权人个别清偿;债权人禁止个别行使权利,只能通过债权申报加入集体清偿;对债务人的诉讼和执行程序被中止,财产保全被解除。同时,法院任命管理人接管债务人的财产和事务,履行各项法定职责。对于受理前成立的待履行合同,管理人有解除或继续履行的选择权。

第二个程序节点是破产宣告。在案件受理后至破产宣告前,被申请破产清算的债务人有机会通过申请重整或和解来寻求拯救。破产宣告后,案件无可逆转地进入破产清算。债务人被冠以破产人之名,其信用丧失殆尽;债务人财产成为破产财产,变现后用于清偿破产债权;清算程序终结,破产人的法律人格归于消灭。不过,将破产财产作为一个营业实体整体变现的做法,可以被理解为"投资者出局"式的企业重整。

其次要注意的是,三种程序中,重整是本章的学习重点。重整程序是典型的再建型破产程序。重整制度由营业保护和重整计划两部分组成。营业保护的目的是维持企业的生存状态和营运价值。继续营业可以由债务人在管理人监督下自行管理,也可以由管理人管理(可以聘任债务人的经营人员负责具体事务)。谁主持营业,谁负责在法定期限内提交重整计划。重整计划的制度目的是通过多方协商(包括引进投资者)形成企业拯救与债务清理相结合的综合性方案。其程序包括计划制备和表决批准两个环节。重整计划批准后的执行阶段仍属于破产程序。

和解程序可以被理解为一种简易的重整程序,其设计采用要约与承诺的合同法原理。债务人提出和解协议草案作为要约,债权人会议决议通过作为承诺。协议达成后经法院批准,程序即告终结。程序终结后债务人不能履行和解协议的,将面临直接破产清算。

破产清偿的顺序清偿和比例清偿两大原则,为所有破产程序所遵循。破产清算程序包括破产变价和破产分配两个环节,其方案由债权人会议决定,管理人负责实施。

2. 实体和程序。

破产程序中的实体权利是指债权、物权、知识产权等民法上的财产权。破产程序不创造实体权利,也不消灭实体权利。破产法上的实体权利,实际上是民法财产权在程序中的待遇。所谓待遇,就是这些权利在程序中的行使方法。例如,债权分为担保债权和无担保债权。在破产程序中,前者享有别除权地位,在破产清算时有权就担保财产个别优先受偿,后者只能参加集体受偿。无担保债权中又有一些优先债权,如共益债权、职工债权、税收债权,它们都享有先于普通债权受偿的地位。这些特殊待遇属于集体清偿原则的例外,是立法者基于政策考量而慎重决定的。又如,债务人占有的他人财产的权利人的返还请求权在破产程序中体现为取回权。关于这些权利的界定和行使规则,是企业破产法学习者需要掌握的。

企业破产法也不改变实体权利的性质和内容。所以,不同债权的申报,有不同的特殊规定。这些是需要细加留意的。例如,连带债权特别是保证债权涉及案外的连带债务人,债务人与第三人有连带责任关系时存在追偿权问题,理解起来比较困难。读者在学习法律和司法解释的相关规定时,需要运用民法知识,方能化难为易。

债权人申报债权后享有的程序权利主要包括表决权、知情权、异议权和异议诉权。以平等对待和透明度为评价尺度的程序制度,是权利实现的保障。

3. 个体与集体。

债权集体清偿是破产法的一项基本原则。集体清偿是实现公平清偿的前提。为了实现集体清偿,破产法规定了债权行使方法的一系列规则。其中也包括对债权清偿条件的必要调整。例如,程序开始后,附利息债权一律停止计息,未到期债权视为已到期,抵销的限制性规定等。债权人行使权利的最主要场合是债权人会议。当然,个别债权人可以为自己或者债权人集体的利益向债权人会议、管理人或者法院表达意见或诉求。债权人自治是债权人会议制度的根本原则;关系债权人利益的一系列重大问题要由债权人通过多数决方式集体决定。债权人会议及其债权人委员会对管理人实施监督,享有对管理人的更换申请权和损害赔偿请求权。但是,破产法也承认债权人在集体程序下的个体保护需求。除了债权申报、抵销、特定情况下提前实现担保权等自益行为外,个别债权人对债权人会议决议提出异议的权利也受到尊重。

为了维护集体清偿和公平清偿的秩序,必须遏制债务人和个别债权人的各种欺诈性、偏颇性交易行为。破产法赋予管理人撤销权和追回权,并且规定了破产违法行为的法律责任。企业破产法也是有“牙齿”的。

有序和有效的破产程序是制度理性和实践智慧的结晶。唯有在理解上融会贯通,方能在运用中游刃有余。

(五)票据法

本章的重点也是难点在于对票据行为原理、票据抗辩原理的掌握和运用。用民法的思维和原理学习票据法,会对票据法的许多制度感到一头雾水。学习时应注意以下几点:

第一,票据作为一种支付工具和流通手段,总是有基础原因关系的。但是,在思考票据行为的效力时,必须将其与原因关系的效力相分离,根据《票据法》的规定而非原因关系的效力考察票据行为的效力。

第二,既然原因关系的效力不能决定票据行为的效力,票据行为效力则有其自身的考察标准——票据的文义。

第三,既然票据行为的效力是由票据记载的文义决定的,则各个票据行为人的行为各自独立,相互之间不发生影响。每个票据行为人行为的效力是由其签章和记载决定的。

第四,既然票据行为无因,且各自独立,则票据关系的当事人不发生援引抗辩的问题,即抗辩切断。每个票据行为人只能对自己的直接后手(原因关系的当事人)行使基于原因关系的抗辩,该抗辩不及于票据法律关系中的其他当事人。

在进行本章学习时,最好多关注票据的信用功能和融资功能,多思考票据是如何将未来的金钱变成现实的金钱的,以及在发挥票据该种功能时如何防范金融风险。

(六)证券法

本章的重点在于证券法的核心制度和2019年《证券法》的新制度,这些重点制度如下:证券法的基本原则,股票和债券发行的基本条件、发行公告、发行方式以及证券承销制度,证券交易的条件和方式,退市制度,限制和禁止的证券交易行为,证券信息披露制度,投资者保护制度,上市公司收购的程序、规则以及上市公司收购的法律后果,证券交易场所、证券公司、证券登记结算机构、证券业协会、证券监管机构等各自的职能或职责,证券投资基金法律制度,证券法律责任等。

本章的难点和疑点主要在于2019年《证券法》若干新制度,重点内容如下:

1. 新列举的证券种类。《证券法》第2条新列举的证券种类:①存托凭证;②资产支持证券;③资产管理产品。上述新证券种类的疑难之处在于,存托凭证本来属于股票跨国的衍生金融产品,但是现行《证券法》将其与股票和债券放在同一序列,容易造成理解上的误差;资产支持证券和资产管理产品,其发行与交易的管理办法则由国务院依照《证券法》的原则另行规定。

2. 证券发行注册制。这是2019年《证券法》修改的核心制度,是贯彻党的十八届三中全会确立的"市场在配置资源中起决定性作用"理念的集中体现,注册制改革贯穿于《证券法》制度变革的始终,须系统化学习和体会注册制。

3. 证券交易制度的优化。主要包括:①优化有关上市条件和退市情形的规定;②完善有关内幕交易、操纵市场、利用未公开信息的法律禁止性规定;③强化证券交易实名制要求,任何单位和个人不得违反规定,出借证券账户或者借用他人证券账户从事证券交易;④完善上市公司股东减持制度;⑤规定证券交易停复牌制度和程序化交易制度;⑥完善证券交易所防控市场风险、维护交易秩序的手段。

4. 信息披露制度的完善。《证券法》设专章规定信息披露制度,系统完善了信息披露制度,主要包括:①扩大信息披露义务人的范围;②完善信息披露的内容;③强调应当充分披露投资者作出价值判断和投资决策所必需的信息;④规范信息披露义务人的自愿披露行为;⑤明确上市公司收购人应当披露增持股份的资金来源;⑥确立发行人及其控股股东、实际控制人、董事、监事、高级管理人员公开承诺的信息披露制度。

5. 投资者保护若干新制度。主要包括:①区分普通投资者和专业投资者,倾斜保护普通投资者;②上市公司股东权利代为行使征集制度;③债券持有人会议和债券受托管理人制度;④普通投资者与证券公司纠纷的强制调解制度;⑤上市公司现金分红制度;⑥为适应证券发行注册制改革的需要,新设代表人诉讼制度,按照"明示退出""默示加入"的诉讼原则,进行证券民事损害赔偿诉讼。

6. 证券监管新制度。重点理解其中的行政和解制度。

7. 证券违法民事和行政责任制度的完善。重点关注和理解:①发行人等不履行公开承诺的民事赔偿责任;②发行人的控股股东、实际控制人在欺诈发行、信息披露违法中的过错推定、连带赔偿责任;③大幅提高对证券违法行为的处罚力度，显著提高证券违法违规成本。

（七）保险法

本章的重点是保险合同法律制度。保险合同是现代社会中非常重要的一类典型合同，应用广泛、种类众多。保险的要素和特征，决定了保险法的基本原则和针对保险合同规定的特殊法律规范。保险法的基本原则包括公序良俗原则、自愿原则、最大诚信原则、保险利益原则和近因原则。其中，公序良俗原则和自愿原则，普遍适用于整个民商法部门，而最大诚信原则、保险利益原则和近因原则是保险法特有的原则，是理解保险法的关键，尤其是保险利益原则。通过与其他典型合同的对比，有助于把握保险合同的特征：射幸合同、最大诚信合同、附和合同、双务有偿合同、不要式合同和诺成性合同。

针对保险合同法律制度的疑难点，以下各点特别值得提及：

1. 保险合同属于利益第三人合同，需要区分合同当事人和关系人。保险合同当事人是投保人和保险人，而关系人则包括被保险人和受益人。保险合同的关系人是指在保险事故或者保险合同约定的条件满足时，对保险人享有保险金给付请求权的人，包括被保险人和受益人。保险法中的许多法律规范都是针对保险合同关系人而设置。

2. 在保险合同法总论部分，掌握保险利益原则，注意人身保险的投保人在保险合同订立时，对被保险人应当具有保险利益，而财产保险的被保险人在保险事故发生时，对保险标的应当具有保险利益。

3. 掌握最大诚信原则的表现形式，如如实告知义务、危险增加通知义务等。

4. 掌握投保人和保险人的各种义务，以及保险合同特有的法定解除权的发生事由。

5. 在财产保险中，掌握代位求偿权的行使条件、法律后果等问题。

6. 在人身保险中，掌握人身保险合同除外责任的各种情形等特殊规则。

（八）海商法

本章各节需重点了解和辨析的主要知识点如下：

第一节中，应注意海商法调整的对象是“船舶关系和海上运输关系”，其中的船舶是指区别于“内河船”的“海船”。同时，注意《海商法》第四章调整的是“国际海上货物运输”，不适用于“沿海货物运输”。

第二节中，第一要注意船舶物权变动采用的是登记对抗主义而非登记生效主义。第二要注意船舶优先权虽然是一种法定担保物权，但是具有“秘密性”，其产生和变动无须进行公示。第三要注意何为“在建船”，以及为什么可以被抵押。第四要注意船舶优先权、船舶抵押权和船舶留置权的优先顺序。

第三节中，第一要注意承运人承担的是不完全过失责任。第二要注意承运人承担的是限额赔偿责任，其中限额包括对货损货差的限额和对迟延交付的纯经济损失的限额两种。第三要注意承运人对集装箱货的责任期间和非集装箱货的责任期间不同。第四要注意实际承运人的概念和责任。第五要注意理解提单的三种功能和提单转让的三种情形。

第四节中，需要注意承运人对旅客、旅客自带行李、旅客交运行李分别有不同的责任期间。承运人承担的是部分的过失推定责任。承运人对旅客人身伤亡和行李损失分别有不同的赔偿限额。

第五节中，需要理解定期租船合同的性质，注意定期租船合同中的“最后合法航次”并非指航次是否合法，而是指航次是否合理预计在租期内完成。应了解承租人指挥船长的权利只限于合法以及在合同约定范围内。注意光船租赁需要登记，不登记不得对抗第三人。

第六节中，需要注意碰撞必须发生在船舶间，而且一方必须是海商法上的船舶。注意区分船舶直接碰撞和间接碰撞。船舶碰撞分为三种过失情况。船舶碰撞有特别的时效和法律适用规则。

第七节中，需要注意救助发生的前提是有真实危险和自愿采取施救行为。救助对象仅限于财产，但人命救助者有权从财产救助者获得的救助报酬中分得合理份额。海难救助遵守“无效果，无报酬”原则，但特别补偿是个例外。

第八节中，需要仔细辨析共同海损的构成要件，其中危险必须是共同的、真实的，措施必须是合理的、有效的，损失必须是直接的、特殊的。需要区分共同海损牺牲和共同海损费用。需要理解约克－安特卫普规则的性质。注意区分共同海损损失金额、共同海损分摊价值和共同海损分摊金额三个不同的概念。

第九节中，应注意海事赔偿责任限制制度与承运人责任限制制度的区别与联系。理解四类责任限制主体。理解四种限制性债权和五种非限制性债权。区分人身伤亡、非人身伤亡和旅客人身伤亡的赔偿责任限额。理解责任限制基金设立的条件和后果。

第十节中，需要了解《海事诉讼特别程序法》与《民事诉讼法》的关系。区分海事诉讼的地域管辖、专属管辖和协议管辖。区分海事请求保全、海事强制令（海事行为保全）和海事证据保全。了解审理船舶碰撞、共同海损和海上保险代位求偿案件海事审判程序的特殊之处。

（九）信托法

在学习信托法时，最好按照法律关系构成要素的基本理论，来理解现行法的规定，以做到纲举目张。重点须掌握的内容有：第一，信托的设立；第二，信托财产的范围；第三，委托人的权利；第四，受托人的义务；第五，信托受益权内容；第六，信托变更与终止的事由与法律后果。

关于信托制度的疑难点，以下各点特别值得注意：

1. 信托财产的独立性，是信托财产关系最重要的特征。

2. 受托人所负的信义义务，是信托关系的核心内容，且在现代法上信义义务已扩展适用于诸多领域，如公司内董事、监事、高级管理人员同样负有信义义务。信义义务的内容极其复杂，因此如何使其类型化，如何区分不同义务内容的边界及其后果，构成信义义务制度的难点。

3. 信托受益权是信托设立的目的指向。信托受益权的法律属性，受益权如何转让与继承，对受益权可转让性之限制又会产生什么样的法律效力，这些问题均是受益权制度上的难点。

4. 在信托终止制度上，如何与受托人职责终止相区别，信托终止的法律后果是什么，信托终止与信托财产制度间的逻辑关系等，均存在一定的理解难度。

【大纲变化法律法规提示】

中华人民共和国公司法☆

（1993 年 12 月 29 日第八届全国人民代表大会常务委员会第五次会议通过　根据 1999 年 12 月 25 日第九届全国人民代表大会常务委员会第十三次会议《关于修改〈中华人民共和国公司法〉的决定》第一次修正　根据 2004 年 8 月 28 日第十届全国人民代表大会常务委员会第十一次会议《关于修改〈中华人民共和国公司法〉的决定》第二次修正　2005 年 10 月 27 日第十届全国人民代表大会常务委员会第十八次会议第一次修订　根据 2013 年 12 月 28 日第十二届全国人民代表大会常务委员会第六次会议《关于修改〈中华人民共和国海洋环境保护法〉等七部法律的决定》第三次修正　根据 2018 年 10 月 26 日第十三届全国人民代表大会常务委员会第六次会议《关于修改〈中华人民共和国公司法〉的决定》第四次修正　2023 年 12 月 29 日第十四届全国人民代表大会常务委员会第七次会议第二次修订）

【大纲变化考点提示】

第一节　公司法总则

基本要求

了解与理解：公司的概念，公司法的性质，公司人格否认制度的立法规定与意义，公司决议的效力与公司决议之诉。

熟悉并能够运用：公司的特征、分类、独立财产与独立责任等基本原理在分析和解决公司实务问题中的适用；公司股东各种权利的内容与行使方式；股东违反义务的后果分析；公司对外担保行为的效力分析；公司决议效力的类型分析。

公司的概念与特征（公司的概念　公司的营利性　公司的独立财产　公司的独立责任）　公司的分类（公司的不同分类标准及其意义　有限责任公司与股份有限公司　封闭式公司与开放式公司　人合公司与资合公司　总公司与分公司　母公司与子公司）　公司法定代表人（可以担任公司法定代表人的范围　法定代表人越权行为的后果）　公司股东的权利和义务　公司对外担保的效力　公司法人人格否认制度（纵向法人人格否认　横向法人人格否认　一人公司法人人格否认）　公司决议（公司决议效力的类型　公司决议的无效　公司决议的撤销事由　公司决议的撤销程序　公司决议轻微瑕疵的效力　公司决议不成立　公司决议无效、被撤销、不成立的法律后果）

第二节　公 司 登 记

基本要求

了解与理解：公司登记行为的性质，公司登记制度的意义，公司登记的类型，公司章程的性质和效力。

熟悉并能够运用：公司不同类型登记的效力。

公司设立登记的概念　公司登记的类型　公司登记事项的公示

第三节　有限责任公司的设立与组织机构

基本要求

了解：有限责任公司的特征，股东的概念，股东权利的类型，特别股东的特别义务，实际控制人的义务。

理解：有限责任公司的设立条件和设立程序、股权转让等原理和法律规定，并能分析和解决实务中的各种问题。

有限责任公司的特征（股东人数的要求　设立程序的简便　股权对外转让的限制性要求　封闭性）　公司设立的方式（发起设立　募集设立）　有限责任公司的设立条件（注册资本　5年限期实缴制　出资方式　出资程序　有限责任公司章程的记载事项　公司章程的效力）　有限责任公司的设立程序　有限责任公司的组织机构（股东会及其职权　股东会的召集与决议规则　董事会及其职权　董事会的组成　监事会及其职责）

第四节　有限责任公司的股权转让

基本要求

了解：股东的概念，股东的类型，股东的权利，股东的义务。

理解:股东主要权利的内容与行使方式,有限责任公司股权对外转让的规则。

控股股东的特别义务　股权对外转让的规则(通知义务　其他股东的优先购买权)　异议股东的股权收购请求权

第五节　股份有限公司的设立和组织机构

基本要求

了解:股份有限公司的概念,股份有限公司的特征

理解:股份有限公司的设立条件和设立程序、组织机构的具体规则,并能分析和解决实务中与股份有限公司的设立条件和方式、与股东会与董事会的职权行使有关的各种纠纷。

股份有限公司的特征(资本的股份化　开放性)股份有限公司的设立和方式　股份有限公司的组织机构(股东会及其职权　股东会的召集与召开　累积投票权　董事会及其职权　董事会的召集与召开　审计委员会及其职责　监事会及其职责)　上市公司组织机构的特别规定(审计委员会的职责　独立董事　董事会秘书)

第六节　股份有限公司的股份发行和转让

基本要求

了解:股份有限公司的股份发行制度。

理解:股份转让限制的原理和法律规定,并能分析和解决实务中的各种问题,特别是股份有限公司的股份转让规则及其适用以及违反转让规则行为的效力认定。

股份的概念与特征　股票的概念和特征　股份与股票的联系与区别　股东名册及其意义　股票的类型(记名股票与无记名股票　面额股与无面额股　普通股与优先股)　类别股制度　股份的发行(发行的原则　发行的程序)　股份的转让规则(股份转让的限制)　股份回购规则(股份有限公司回购本公司股份的法定情形)　异议股东的股份回购请求权(产生回购请求权的法定情形)

第七节　国家出资公司组织机构的特别规定

基本要求

了解:国家出资公司的概念与类型。

理解:国家出资公司组织机构的特别要求及其适用条件。

国家出资公司的概念　国家出资公司的类型　国有独资公司

第八节　公司的董事、监事、高级管理人员

基本要求

了解:公司董事、监事、高级管理人员的概念。

理解:公司董事、监事、高级管理人员任职资格的限制,公司董事、监事、高级管理人员的义务以及违反义务的后果。

董事、监事、高级管理人员的消极任职资格及违反董事、监事、高级管理人员消极任职资格的法律后果　董事、监事、高级管理人员的义务　董事、监事、高级管理人员的责任追究制度(股东直接诉讼　股东代表诉讼)

第九节　公 司 债 券

(参见本书第七章证券法的相关内容)

第十节 公司的财务与会计制度

基本要求

了解:公司财务会计制度的基本要求。

理解:公司收益分配制度的原理和规定,并能够对公司的分配行为的合法性作出分析判断。

公司的财务会计报告制度 公司的收益分配制度(公司收益分配顺序 股东利润的分配 公积金)

第十一节 公司的合并、分立、增资、减资

了解与理解:公司变更的概念,公司合并和分立的种类,不同形式的公司合并、分立的相互区别。

熟悉并能够运用:公司合并、分立的程序要求和法律后果,并对实践中公司合并、分立的法律效力等问题作出分析认定。

公司合并的种类(吸收合并 新设合并) 公司合并的程序(合并协议 对债权人的通知 合并公告 对债权人的救济) 简易合并的条件与程序 公司合并的法律效果(对公司主体资格的影响 合并后公司债权债务的承担) 公司分立的种类(派生分立 新设分立) 公司分立的程序(分立协议 对债权人的通知 分立公告) 公司分立的法律效果 公司的增资(公司增资的方式 公司增资的程序 公司增资时原股东的优先认股权) 公司的减资(同比例减资原则 公司减资的程序 公司简易减资) 简易减资的适用条件与程序

第十二节 公司的解散与清算

基本要求

了解与理解:公司解散的概念和原因,公司清算的法律意义,公司解散和清算之间的相互关系。

熟悉并能够运用:公司司法判决解散、清算组织、清算职责、清算顺序等原理和规定,并能对公司解散和清算中的实务问题作出分析和处理。

公司的解散(公司解散的事由 一般解散的原因 强制解散的原因 股东请求解散司法判决解散) 公司的清算(清算组的成立 清算义务人 清算组的职责 清偿顺序 剩余财产的分割) 公司的注销(普通注销 简易注销 强制注销)

第十三节 外国公司的分支机构

基本要求

了解与理解本节内容。

外国公司分支机构的设立条件 外国公司分支机构的设立程序 外国公司分支机构的解散和清算

【教材新增要点详解】

☞ 1－1－1　公司股东的类型★

（一）股东的概念

股东是指向公司出资、持有公司股份、享有股东权利和承担股东义务的人。股东亦称为出资人、投资人，但出资人、投资人的概念更为宽泛，如向合伙企业出资也可称为出资人，但《合伙企业法》中称为合伙人而不称为股东，股东是对公司法上的出资人的特别称谓。

股东可以是自然人，可以是法人，可以是非法人组织，还可以是国家。当国家作为股东时需明确代表国家行使股东权的具体组织，如国有资产监督管理机构。

法律对股东并无行为能力的要求，所以理论上股东可以是限制行为能力人或无行为能力人。当限制行为能力人或无行为能力人作为股东时，由其法定代理人代理其行使股东权利。

（二）股东的类型

股东身份或者资格的法定证明文件是公司的股东名册。公司登记机关置备的相关文件并非股东资格的法定证明文件，更非唯一文件。但是，若未经公司登记机关的登记，股东资格不具有对抗第三人的效力。

公司可能由下列三种类型的股东构成：

1. 参与公司设立或者认购公司首次发行股份或出资的发起人，即公司的原始股东。凡是符合《公司法》规定的条件，参与公司的最初设立活动，在公司章程上签名、盖章且实际认购出资的发起人，或者认购公司首次发行股份的其他人，均可成为公司的原始股东。公司的原始股东对公司的重要意义在于其制定了公司章程，决定了公司的基本构架，也承担了保证公司资本真实的责任。

2. 公司成立后的继受股东。继受股东是指在公司存续期间依法继受出资或股份而取得股东地位的人，继受出资或股份的方式包括转让、继承、赠与或法院强制执行等。继受股东也受公司初始章程的约束，并且其取得的股东权利亦受其前手权利状态的影响，继受股东不仅取得股东权利，而且也应承担前手股东的义务。

3. 公司成立后因公司增资而加入的新股东。增资是公司为扩大生产经营规模经常使用的一种资本运作方式。公司增资可以通过向原始股东筹集的方式进行，也可以向原始股东以外的投资人筹集，公司增资时通常涉及股东新股优先认购权的“选出或选入”的配置模式问题。如果公司向原始股东以外的投资人发行新股，公司就会有新的股东加入。

（三）名义股东与实际股东

所谓名义股东，是指登记于股东名册及公司登记机关的登记文件，但事实上并没有真实向公司出资，并且也不会向公司出资的人。从形式上而言，名义股东是公司的股东，需承担一定的股东义务，但这种义务主要是从保护善意的交易第三人出发的，至于名义股东与实际股东之间的法律关系，则主要从合同法律规定的角度予以规制。所谓实际出资人或者实际股东，就是向公司履行了出资义务，并且实际享有股东权利但其姓名或者名称并未记载于公司股东名册及公司登记机关的登记文件的人。实际股东也被称为隐名股东，名义股东也被称为显名股东。

实践中，名义股东与实际股东往往签订协议，一般称为持股协议或者代持协议，对双方当事人的权利义务包括如何参加公司股东会会议、行使股东权等有明确约定。这种协议并不违反《公司法》的强制性规定，是有效的合同。最高人民法院《关于适用〈中华人民共和国公司法〉若干问题的规定（三）》（以下简称《公司法规定（三）》）第24条第1款规定，有限责任公司的实际出资人与名义出资人订立合同，约定由实际出资人出资并享有投资权益，以名义出资人为名义股东，实际出资人与名义股东对该合同效力发生争议的,如无法律规定的无效情形,人民法院应当认定该合同有效。

如果实际出资人与名义股东因投资权益的归属发生争议,实际出资人以其实际履行了出资义务为由向名义股东主张权利的,人民法院应予支持。名义股东以公司股东名册记载、公司登记机关登记为由否认实际出资人权利的,人民法院不予支持。这就是对于名义股东与实际股东事项采取的实际出资原则。

但是,就其法律上或者名义上而言,名义股东仍然是合法的股东。实际股东如果想要“浮出水面”,取代名义股东的法律地位,必须履行相关的股权转让手续。实际出资人能够提供证据证明有限责任公司过半数的其他股东知道其实际出资的事实,且对其实际行使股东权利未曾提出异议的,对实际出资人提出的登记为公司股东的请求,人民法院依法予以支持。实际出资人未经公司其他股东半数以上同意,请求公司变更股东、签发出资证明书、记载于股东名册、记载于公司章程并办理公司登记机关登记的,人民法院不予支持。换言之,必须履行相关的股权转让手续后,实际股东才能成为法律意义上的股东,做到“名实相符”。若涉及对善意第三人利益保护问题,则名义股东和实际股东均须承担相应的责任;若涉及名义股东与实际股东之间的利益问题,则以合同约定为准并兼顾实际出资为原则;若涉及股东资格的认定,则需符合《公司法》的相关规定。

如果名义股东将登记于其名下的股权转让、质押或者以其他方式处分,实际出资人以其对于股权享有实际权利为由,请求认定处分股权行为无效的,人民法院可以参照民事法律关于善意取得的规定处理。也就是说,股权的受让人不知名义股东为名义股东、背后尚有实际股东的,其为善意,股权转让行为有效;股权的受让人明知名义股东为名义股东、背后尚有实际股东,仍然与名义股东签订股权转让协议受让股权的,其为恶意,不能取得股权。在受让人善意取得的情况下,如果名义股东处分股权造成实际出资人损失,实际出资人可以请求名义股东承担赔偿责任。

就对外责任而言,如果公司债权人以登记于公司登记机关的名义股东未履行出资义务为由,请求其对公司债务不能清偿的部分在未出资本息范围内承担补充赔偿责任,股东以其仅为名义股东而非实际出资人为由进行抗辩的,该抗辩不能成立,名义股东应当承担出资不足或者出资不实的赔偿责任。名义股东承担上述赔偿责任后,有权向实际出资人追偿。

但是,冒用他人名义出资并将该他人作为股东在公司登记机关登记的,冒名登记行为人应当承担相应责任;公司、其他股东或者公司债权人以未履行出资义务为由,请求被冒名登记为股东的承担补足出资责任或者对公司债务不能清偿部分的赔偿责任的,人民法院不予支持。

☞ 1-1-2 公司股东资格的确认与催缴失权制度★

(一)股东资格的确认

有限责任公司股东依其出资对公司享有权利、承担责任。为了表明股东的身份和地位,有限责任公司应当向股东出具出资证明书,《公司法》第55条规定:“有限责任公司成立后,应当向股东签发出资证明书,记载下列事项:(一)公司名称;(二)公司成立日期;(三)公司注册资本;(四)股东的姓名或者名称、认缴和实缴的出资额、出资方式和出资日期;(五)出资证明书的编号和核发日期。出资证明书由法定代表人签名,并由公司盖章。”

有限责任公司还应当置备股东名册。记载于股东名册的股东,可以依股东名册主张行使股东权利。《公司法》第56条规定:“有限责任公司应当置备股东名册,记载下列事项:(一)股东的姓名或者名称及住所;(二)股东认缴和实缴的出资额、出资方式和出资日期;(三)出资证明书编号;(四)取得和丧失股东资格的日期。记载于股东名册的股东,可以依股东名册主张行使股东权利。”《公司法》将股东资格取得和丧失的日期规定为股东名册必须记载的事项。公司置备股东名册的目的在于确定股东身份和股权归属、便于查询股东信息、向股东发放股利、记录股权变动情况、与股东进行联络及接受有关部门的审查监督。

须注意的是,股东名册具有确认股东身份的效力,被记入股东名册的主体享有股东资格,股东名册记载的股东信息具有推定效力和免责效力。推定效力,是指公司仅把股东名册上记载的股东推定为本公司的股东,给予股东待遇。免责效力,是指公司依法对股东名册上记载的股东履行了通知、公告等必须履行的义务后,即推定公司无须承担未通知、公告的相关责任。当股东转让股权时,股东名册的变更是股东权利移转的生效要件。

(二)出资义务的催缴与股东失权制度

《公司法》特别规定了有限责任公司催缴失权制度,分为催缴和失权两个环节。

1. 催缴出资。《公司法》第 51 条规定,有限责任公司成立后,董事会应当对股东的出资情况进行核查,发现股东未按期足额缴纳公司章程规定的出资的,应当由公司向该股东发出书面催缴书,催缴出资。未及时履行前款规定的义务,给公司造成损失的,负有责任的董事应当承担赔偿责任。该“股东未按期足额缴纳公司章程规定的出资”的情形,应当包含了非货币出资的实际价额显著低于所认缴的出资额、未按期足额缴纳、股东抽逃部分或者全部出资的情形。

2. 股东失权。《公司法》第 52 条第 1 款规定,股东未按照公司章程规定的出资日期缴纳出资,公司发出书面催缴书催缴出资的,可以载明缴纳出资的宽限期。宽限期自公司发出催缴书之日起,不得少于 60 日。宽限期届满,股东仍未履行出资义务的,公司经董事会决议可以向该股东发出失权通知,通知应当以书面形式发出。自通知发出之日起,该股东丧失其未缴纳出资的股权。

《公司法》第 52 条规定的催缴失权制度包括:(1)股东未按照公司章程规定的出资日期缴纳出资,公司可以发出载明不少于 60 日宽限期的催缴书,也可以发出载明少于 60 日宽限期或者不载明宽限期的催缴书。(2)在公司发出载明不少于 60 日宽限期的催缴书的前提下,宽限期满后,对于是否要发出失权通知,由公司董事会决议决定。(3)若公司发出失权通知,则被通知的股东自通知发出之日起失权,即失权通知的生效采发出主义。需要注意的是,部分出资的催缴失权并不使股东丧失全部的股权,从而不会失去股东资格;只有全部出资的催缴失权,才会使股东丧失股东资格。(4)失权股东丧失的股权,将作为公司库存股进行管理,由公司依法转让或者减资,6 个月内未实现转让或者减资的,为维护公司资本充实,由公司其他股东按出资比例缴足相应出资。(5)失权股东有提出异议之诉的权利。失权股东对失权有异议的,应当自接到失权通知之日起 30 日内起诉。

☞ 1-1-3 公司股东的权利★

(一)公司股东权的特征

公司股东权简称股权,是指公司股东依据法律和公司章程享有的自益权和共益权的总称。公司股东权利具有以下特征:

1. 公司股东权内容具有综合性。公司法理论将股东权分为自益权和共益权。自益权一般属于财产性的权利,如股息或红利分配请求权、新股优先认购权、剩余财产分配权、股份转让权等。共益权则是公司事务参与权,一般为非财产性权利,如表决权、公司文件查阅权、召开临时股东会请求权、对董事及高级职员的监督权等。从公司的本质上讲,公司只不过是为股东谋取利益的工具,因而自益权是目的性权利,而共益权不过是实现自益权的手段性权利。

2. 公司股东权是股东通过出资所形成的权利。出资者通过向公司出资,以丧失其出资财产的所有权为代价,换取股权,成为公司股东。

3. 公司股东权是一种社员权。股东出资创办作为社团法人的公司,成为该法人成员,因而取得社员权。社员权是一种独立类型的权利,包括财产权和管理参与权。社员权既不同于传统私法中纯粹的物权或债权,又不同于传统私法中纯粹的人格权或身份权。社员权其实更像一种资格或权限,其实质是团体中的成员依其在团体中的地位而产生的具有利益内容的权限。换言之,社员权有法律资格的外观而具有法律权利的实质,其本质属性为新型的私法权利,而这种权利是与法律主体的财产权、人身权、知识产权相并列的权利类型。

(二)股东权的原则

由于绝大部分公司都是由两个以上股东组成的,而每一股东的出资又往往是不一样的,公司以其全部财产对公司的债务承担责任,决定了股东权的两项基本原则,即股东的有限责任原则和股东权平等原则。

股东的有限责任原则,是指股东除按认缴的股份缴足出资款外,对于公司的债务或公司债权人不负任何其他责任,即股东仅以出资额为限对公司承担责任。股东的有限责任是股东权利保护的关键,任何对该原则的突破或者限缩适用都必须要有充分正当的基础。

股东权平等原则是指公司每个股东所享有的权利与应当承担的义务是平等的。持有相同内容和相同数量的股份的股东在基于股东地位而产生的法律关系中享受相同待遇。在现代各国或者地区的公司法中,股东权平等原则是维系公司内部关系的重要原则。股东权平等原则贯彻公司运行全过程,有利于发挥公司筹集资金、分散经营风险的功能。但是,一方面,股东权平等原则一方面要求只要有固定身份,在公司中均享有平等的权利,如出席股东会、行使股东知情权等;另一方面,股东权平等原则并不排除股权具体内容的差异。按照《公司法》规定,股权有普通股和优先股等类型划分,每一股东的出资额在绝大多数情况下都是不一致的,股东只能根据其对公司的出资额的比例来具体享有权利和负担义务,所以每一股东实际享有的权利和负担的义务取决于其出资比例。因此,股东权平等原则仅具有相对性。实践中,近几年我国出现了类别股的现象,即双重股权结构,突破了传统的同股同权原则,主要表现在股东通过约定对不同的股权赋予不同的表决权,此一现象符合公司治理的多元化改革方向以及公司自治的理念。

(三)股东权的分类

股东权可依不同标准进行分类:

1. 以权利行使的目的为标准,股东权可分为自益权与共益权。自益权是指股东专为自己利益行使的权利,如发给股票或其他股权证明请求权、股份转让权、股息和红利分配请求权、公司剩余财产分配请求权等;共益权是指股东为自己利益同时也为公司利益而行使的权利,如出席股东会并表决权、请求法院宣告股东会决议无效权、请求召集股东临时会或自行召集权。

2. 以权利主体的不同为标准,股东权可分为普通股股东权和特别股股东权。前者是指一般股东享有的权利;后者则是指专属于特别股股东享有的权利。特别股股东权在我国《公司法》中表现为股份有限公司的类别股股东权。股份有限公司的类别股股东权区别于普通股股东权,在某些权利、义务方面有更多的限制或优待。在实践中,主要体现在财产性权利、管理性权利、处分性权利三个方面的差异化权利配置,或是多元化权利组合的差异配置。

依据《公司法》第 144 条第 1 款的规定,股份有限公司可以按照公司章程的规定发行下列与普通股权利不同的类别股:(1)优先或者劣后分配利润或者剩余财产的股份;(2)每一股的表决权数多于或者少于普通股的股份;(3)转让须经公司同意等转让受限的股份;(4)国务院规定的其他类别股。各类别股股东按照公司章程的约定和法律规定行使表决权,但同类别的每一股份应当具有同等权利。

发行类别股的公司,当股东会作出修改公司章程、增加或者减少注册资本的决议,公司合并、分立、解散或者变更公司形式的决议以及其他可能影响类别股股东权利的决议时,除应当经出席会议的普通股的股东所持表决权的 2/3 以上通过外,还应当经出席类别股股东会议的股东所持表决权的 2/3 以上通过。

3. 以权利的性质为标准,股东权可分为固有权和非固有权。前者指根据《公司法》规定不得以章程或股东会议予以剥夺的权利,如特别权与共益权;后者指可以公司章程或股东会议予以剥夺的权利,自益权多属此类权利。

4. 以权利的行使方式为标准,股东权可分为单独股东权和少数股东权。前者指股东一人可单独行使的权利,如表决权、股息红利分配请求权、股东代表诉讼权等;后者指达不到一定股份数额便不能行使的权利,如股东会临时召集请求权、公司重整申请权等。

(四)股东权的内容

我国《公司法》第 4 条第 2 款规定,公司股东对公司依法享有资产收益、参与重大决策和选择管理者等权利。除该条之外,《公司法》在其他条文中规定了股东的具体权利。

股东权利归纳起来可分为以下12类：(1)发给股票或其他股权证明请求权；(2)股份转让权；(3)股息红利分配请求权，即资产收益权；(4)股东会临时召集请求权或自行召集权；(5)出席股东会并行使表决权，即参与重大决策权和选择管理者的权利；(6)对公司财务的监督检查权和会计账簿的查阅权；(7)公司章程、股东会会议记录、董事会会议决议、监事会会议决议的查阅权和复制权，但股份有限公司的股东没有复制权；(8)优先认购新股权；(9)公司剩余财产分配权；(10)权利损害救济权和股东代表诉讼权；(11)公司重整申请权；(12)对公司经营的建议与质询权。其中，第1、2、3、8、9项为股东权中的财产权，第4、5、6、7、10、11、12项为股东权中的管理参与权。

(五)股东知情权的行使

1. 一般知情权。根据《公司法》第57条第1款规定，公司股东有权查阅、复制公司的六种文件资料：公司章程、股东名册、股东会会议记录、董事会会议决议、监事会会议决议和财务会计报告。参照最高人民法院《关于适用〈中华人民共和国公司法〉若干问题的规定(四)》(以下简称《公司法规定(四)》)第7条规定，股东起诉请求查阅或者复制公司特定文件材料的，人民法院应当依法予以受理。公司有证据证明前款规定的原告在起诉时不具有公司股东资格的，人民法院应当驳回起诉，但原告有初步证据证明在持股期间其合法权益受到损害，请求依法查阅或者复制其持股期间的公司特定文件材料的除外。

2. 股东对公司会计账簿、会计凭证的知情权。股东也可以要求查阅公司会计账簿和会计凭证，但是，需要符合较为严格的条件。

(1)提出书面请求并说明目的。《公司法》第57条第2款规定，股东可以要求查阅公司会计账簿、会计凭证。股东要求查阅公司会计账簿、会计凭证的，应当向公司提出书面请求，说明目的。

(2)不正当目的的认定。《公司法》第57条第2款规定，公司有合理根据认为股东查阅会计账簿、会计凭证有不正当目的，可能损害公司合法利益的，可以拒绝提供查阅，并应当自股东提出书面请求之日起15日内书面答复股东并说明理由。公司拒绝提供查阅的，股东可以向人民法院提起诉讼。此处所称"不正当目的"，应当有相关证据予以证明。《公司法规定(四)》第8条规定，有证据证明股东存在下列情形之一的，人民法院应当认定股东有上述规定的"不正当目的"：①股东自营或者为他人经营与公司主营业务有实质性竞争关系业务的，但公司章程另有规定或者全体股东另有约定的除外；②股东为了向他人通报有关信息查阅公司会计账簿，可能损害公司合法利益的；③股东在向公司提出查阅请求之日前的3年内，曾通过查阅公司会计账簿，向他人通报有关信息损害公司合法利益的；④股东有不正当目的的其他情形。

(3)查阅权被实质性剥夺时的司法救济。如果公司章程、股东之间的协议等实质性剥夺股东对于公司会计账簿和会计凭证的查阅权利，此种规定或约定不具有约束力，股东仍然可以行使查阅权；若股东以此提起诉讼，而公司以存在上述公司章程、股东协议等为由拒绝股东查阅或者复制的，人民法院不予支持。

(4)会计账簿查阅权判决的执行。人民法院审理股东请求查阅或者复制公司特定文件材料的案件，如果作出对原告诉讼请求予以支持的判决，应当在判决中明确查阅或者复制公司特定文件材料的时间、地点和特定文件材料的名录。股东依据人民法院生效判决查阅公司文件材料的，可以委托会计师事务所、律师事务所等中介机构进行。股东及其委托的会计师事务所、律师事务所等中介机构查阅、复制有关材料，应当遵守有关保护国家秘密、商业秘密、个人隐私、个人信息等法律、行政法规的规定。

同时，《公司法》第57条第5款确认了有限责任公司的股东有权依据公司知情权的行使规则，要求查阅、复制公司全资子公司相关材料，从而确认了股东知情权可以穿越行使至公司全资子公司的制度。

(六)股东红利分配请求权的行使

1. 红利分配请求权的司法救济与诉讼当事人。公司股东如果认为公司没有按照公司章程或者《公司法》的规定进行股息或者利润分配，可以通过诉讼途径行使自己的红利分配请求权。股东请求公司分配利润案件，应当列公司为被告，即使是股东(特别是小股东)认为公司拒绝进行利润分配是大股东控制的结果，也仍然只能以公司为被告提起此等诉讼。

法院受理关于股息与红利分配纠纷案件后，在一审法庭辩论终结前，其他股东基于同一分配方案请求分配利润并申请参加诉讼的，应当将其他股东列为共同原告。

2. 红利分配请求权纠纷的实体处理。在红利分配请求权纠纷案件中，如果公司作出了进行利润分配的决议，却又拒绝按照该决议进行实际的利润分配，股东向法院提交了载明具体分配方案的股东会的有效决议，请求公司分配利润，而公司拒绝分配利润且其关于无法执行决议的抗辩理由不成立的，人民法院应当判决公司按照决议载明的具体分配方案向股东分配利润。

相反，如果股东未提交载明具体分配方案的股东会有效决议，请求公司分配利润，人民法院应当驳回其诉讼请求。例外的情形是，如果股东能够证明公司违反法律规定滥用股东权利导致公司不分配利润，给其他股东造成损失，则法院应当支持股东的诉讼请求。

至于利润分配的完成时限，分配方案中有规定的，以分配方案为准；分配方案中没有规定的，以公司章程为准；分配方案和公司章程中均没有规定，或者有规定但时限超过 1 年的，则应当在 1 年内分配完毕。

☞ 1－1－4　公司股东的义务★

（一）全体股东的共同义务

作为公司股东，应当根据出资协议、公司章程和法律、行政法规的规定，履行相应的义务。这些义务主要包括：

1. 出资义务。这是股东最主要的义务。股东应当根据出资协议和公司章程的规定，履行向公司出资的义务。出资协议或公司章程约定为出资需一次缴纳的，股东应当一次足额缴纳；约定为公司成立后分期缴纳的，股东应当按照约定的期限按时缴纳出资。对以实物特别是不动产、设备等和知识产权出资的，股东应当依相关规定办理财产的权利转移手续，使公司取得出资物的合法权利并能有效行使该权利。股东逾期缴纳出资的，应当向已履行出资义务的股东承担违约责任。对于已缴纳给公司的出资财产，股东不能抽回。

出资人以房屋、土地使用权或者需要办理权属登记的知识产权等财产出资，已经交付公司使用但未办理权属变更手续，公司、其他股东或者公司债权人主张认定出资人未履行出资义务的，可以责令出资人在指定的合理期间内办理权属变更手续；在前述期间内办理了权属变更手续的，应当认定其已经履行了出资义务，自其实际交付财产给公司使用时享有相应股东权利。相反，若出资人以上述财产出资，已经办理权属变更手续但未实际交付给公司使用，其在实际交付之前不享有相应的股东权利。

公司成立后，股东不得抽逃出资。所谓抽逃出资，是指向公司出资后又以各种名义或者手段将出资从公司转移。包括下列情形：(1)制作虚假财务会计报表虚增利润进行分配；(2)通过虚构债权债务关系将其出资转出；(3)利用关联交易将出资转出；(4)其他未经法定程序将出资抽回的行为。股东抽逃出资的，股东应当返还抽逃的出资；给公司造成损失的，负有责任的董事、监事、高级管理人员应当与该股东承担连带赔偿责任。

股东未履行或者未全面履行出资义务或者抽逃出资的，公司根据公司章程或者通过股东会决议，可以对其利润分配请求权、新股优先认购权、剩余财产分配请求权等股东权利作出相应的合理限制，使其不能实际享有或者行使上述权利。

有限责任公司的股东未履行出资义务或者抽逃全部出资，经公司催告缴纳或者返还，其在合理期间内仍未缴纳或者返还出资，公司可以股东会决议解除该股东的股东资格。此称为股东资格之革除。但此种情形仅适用于有限责任公司，不适用于股份有限公司。

此外，股东未按章程规定缴纳出资的，还可以适用《公司法》第 51 条、第 52 条规定的股东催缴失权制度。

2. 参加股东会会议的义务。参加股东会会议既是股东的权利，也是股东的一项义务。股东应当按照公司机构通知的时间、地点参加股东会会议，不能亲自参加时可以委托其他股东出席股东会会议并行使表决权。

3. 不干涉公司正常经营的义务。股东依据公司章程规定的关于股东会的权限以及《公司法》规定的股东权利行使权利，应当尊重公司董事会和监事会依据《公司法》和公司章程各自履行自己的职责，不得干涉董事会、经理的正常经营管理活动，不得干涉监事会的正常工作。

4. 特定情形下的表决权禁行义务。《公司法》第 15 条第 2、3 款规定，公司为公司股东或者实际控制人提供担保的，必须经股东会决议。被提供担保的股东或者受被提供担保的实际控制人支配的股东，不得参加关于该事项的股东会的表决。该项表决由出席会议的其他股东所持表决权的过半数通过。这称为利害关系股东表决权的排除。

5. 不得滥用股东权利的义务。

（二）控股股东的特别义务

控股股东，根据《公司法》第 265 条的规定，是指其出资额占有限责任公司资本总额超过 50% 或者其持有的股份占股份有限公司股本总额超过 50% 的股东；出资额或者持有股份的比例虽然低于 50%，但依其出资额或者持有的股份所享有的表决权已足以对股东会的决议产生重大影响的股东。所以，控股股东有两种：一是持股比例超过 50% 的股东；二是虽然持股比例低于 50%，但其享有的在股东会的表决权足以实际影响股东会会议的决议的股东。

我国《公司法》对控股股东的特别义务主要体现在以下方面：

1. 不得滥用控股股东的地位，损害公司和其他股东的利益。实践中，滥用股东权利的行为主要是控股股东实施的。除控股股东外，还有公司的实际控制人。实际控制人是指虽不是公司的股东，但通过投资关系、协议或者其他安排，能够实际支配公司行为的人。

2. 不得利用其关联关系损害公司利益。所谓关联关系，是指公司控股股东、实际控制人、董事、监事、高级管理人员与其直接或者间接控制的企业之间的关系，以及可能导致公司利益转移的其他关系。但是，国家控股的企业之间不仅因为同受国家控股而具有关联关系。

3. 滥用股东权利的赔偿义务。控股股东或实际控制人滥用股东权利或者利用关联关系损害公司或其他股东利益的，应当承担赔偿责任（《公司法》第 22、23 条）。

（三）股东的出资责任

1. 股东出资义务的违反。出资是股东最基本、最重要的义务，这种义务既是一种约定义务，也是一种法定义务。如果股东不按要求履行，就可能违反了股东的出资义务。股东违反出资义务的行为一般表现为完全不履行、未完全履行和不适当履行。

（1）完全不履行，是指股东完全未履行出资义务。具体包括以下四种形态：

①拒绝出资，是指股东明确拒绝履行出资义务，或以自己的行为表明其拒绝履行出资义务。

②不能出资，是指因客观条件发生了变化，导致股东出资义务履行不能，如股东用作出资的房地产在变更财产登记前发生了毁损灭失等。

③虚假出资，是指股东通过虚假手段表明其已经出资，但事实上并未出资。虚假出资本质上是一种欺诈行为，具体的表现形式有以虚假凭证骗取验资报告等。

④抽逃出资，是指在公司成立或资本验资之后，将缴纳的出资抽回。

（2）未完全履行，又称未足额履行，是指股东只履行了部分出资义务，包括货币出资的不足、非货币出资的价值显著低于章程所确定的价额等。

（3）不适当履行，是指股东的出资存在时间、形式或手续上的不当。主要包括：迟延出资、瑕疵出资。迟延出资是指股东未及时按认缴期限交付出资，如未及时交付货币或办理非货币财产的转移手续；瑕疵出资是指股东用作出资的非货币财产存在权利或质量上的瑕疵，如该财产是第三人所有、股东无权处分该财产，又或者该财产并不符合事先约定的质量等，依据《公司法规定（三）》第 7 条第 1 款规定，出资人以不享有处分权的财产出资，当事人之间对于出资行为效力产生争议的，可参照善意取得的规定予以认定。

2. 股东出资违约责任。

（1）股东向公司足额缴纳的出资责任。《公司法》第 49 条第 3 款规定："股东未按期足额缴纳出资的，除应当向公司足额缴纳外，还应当对给公司造成的损失承担赔偿责任。"股东未按期足额缴纳出资，应向公司承担继续履行、补足补缴的违约责任。

(2)股东向公司的赔偿责任。损害赔偿责任是违约责任的一种责任类型,因股东未如期如约出资,可能给公司带来损害,股东需向公司承担损害赔偿责任。

(3)股东对其他股东的违约责任。股东不仅需要向公司承担违约责任,还需要依据设立协议或者发起人协议向其他股东承担违约责任。

3. 发起人股东的资本充实责任

发起人股东存在未完全履行出资义务的情形,其他发起人股东均需对此承担连带责任。《公司法》第50条规定:“有限责任公司设立时,股东未按照公司章程规定实际缴纳出资,或者实际出资的非货币财产的实际价额显著低于所认缴的出资额的,设立时的其他股东与该股东在出资不足的范围内承担连带责任。”

4. 抽逃出资的责任

抽逃出资是指股东未经法定程序,从公司抽回相当于已缴纳出资数额的财产的行为,属于股东对公司财产的侵权行为。根据《公司法规定(三)》第12条的规定,抽逃出资的具体表现包括:制作虚假财务会计报表虚增利润进行分配;通过虚构债权债务关系将其出资转出;利用关联交易将出资转出以及其他未经法定程序将出资抽回的行为。依据《公司法》第53条规定,股东抽逃出资后产生的法律责任可概括如下:

(1)返还出资的责任。《公司法》第53条规定:“公司成立后,股东不得抽逃出资。违反前款规定的,股东应当返还抽逃的出资;给公司造成损失的,负有责任的董事、监事、高级管理人员应当与该股东承担连带赔偿责任。”

(2)向公司进行损害赔偿的责任。《公司法》第53条第2款规定,“给公司造成损失的,负有责任的董事、监事、高级管理人员应当与该股东承担连带赔偿责任”。

(3)因抽逃出资而产生的行政责任。《公司法》第253条规定,“公司的发起人、股东在公司成立后,抽逃其出资的,由公司登记机关责令改正,处以所抽逃出资金额百分之五以上百分之十五以下的罚款;对直接负责的主管人员和其他直接责任人员处以三万元以上三十万元以下的罚款。”

☞ 1-1-5 公司决议的效力与公司决议之诉★

公司作为营利法人,其意思形成和表示的机制须依赖于其组织机构。公司组织机构依法形成决议表达公司意思。《公司法》第24条规定,公司股东会、董事会、监事会召开会议和表决可以采用电子通信方式,公司章程另有规定的除外。依据《民法典》第134条规定,公司决议为民事法律行为之一种,因此,如民法中民事行为的效力体系一样,公司法同样规定了公司决议的效力体系。一般而言,在决议的程序和内容均无任何瑕疵的情况下,应当推定决议有效;但如果决议内容或程序上有瑕疵,其效力就会受到影响。《公司法》确立了股东会、董事会决议无效、决议可撤销、决议不成立以及决议有效的公司决议效力体系。

(一)公司决议的无效

1. 公司决议无效的原因

《公司法》第25条规定,公司股东会、董事会的决议内容违反法律、行政法规的无效。股东会决议无效的原因如下:

(1)违反法律和行政法规的决议无效

股东会是公司的权力机构、董事会是公司的执行机构,股东会和董事会依法做出的决议,体现的是公司的意志,其内容对股东相互之间、股东与公司之间、董事、监事、高级管理人员与公司之间的法律关系乃至公司与债权人之间的法律关系影响重大,公司的经营管理运行和重大事项的决策必须依法进行。因此,公司法规定了股东会、董事会决议内容违反法律、行政法规的无效。

《民法典》第153条第1款规定,违反法律、行政法规的强制性规定的民事法律行为无效。但是,该强制性规定不导致该民事法律行为无效的除外。至于何为“违反强制性规定不导致该民事法律行为无效”的例外情形,《民法典合同编通则解释》第 16 条第 1 款规定,合同违反法律、行政法规的强制性规定,有下列情形之一,由行为人承担行政责任或者刑事责任能够实现强制性规定的立法目的的,人民法院可以依据民法典第一百五十三条第一款关于“该强制性规定不导致该民事法律行为无效的除外”的规定认定该合同不因违反强制性规定无效:(一)强制性规定虽然旨在维护社会公共秩序,但是合同的实际履行对社会公共秩序造成的影响显著轻微,认定合同无效将导致案件处理结果有失公平公正;(二)强制性规定旨在维护政府的税收、土地出让金等国家利益或者其他民事主体的合法利益而非合同当事人的民事权益,认定合同有效不会影响该规范目的的实现;(三)强制性规定旨在要求当事人一方加强风险控制、内部管理等,对方无能力或者无义务审查合同是否违反强制性规定,认定合同无效将使其承担不利后果;(四)当事人一方虽然在订立合同时违反强制性规定,但是在合同订立后其已经具备补正违反强制性规定的条件却违背诚信原则不予补正;(五)法律、司法解释规定的其他情形。股东会、董事会决议若出现符合《民法典》第 153 条第 1 款规定,且不具有《民法典合同编通则解释》第 16 条第 1 款规定情形的,则属于无效决议。

(2)违反公序良俗的决议无效

如前所述,依据民法典规定,公司决议属于民事法律行为。《民法典》第 153 条第 2 款规定,违背公序良俗的民事法律行为无效。《民法典合同编通则解释》第 17 条第 1 款规定,合同虽然不违反法律、行政法规的强制性规定,但是有下列情形之一,人民法院应当依据民法典第一百五十三条第二款的规定认定合同无效:(一)合同影响政治安全、经济安全、军事安全等国家安全的;(二)合同影响社会稳定、公平竞争秩序或者损害社会公共利益等违背社会公共秩序的;(三)合同背离社会公德、家庭伦理或者有损人格尊严等违背善良风俗的。故公司决议所出现上述法律和司法解释规定的情形的,则会被人民法院依法判定为决议无效。

2. 公司决议无效的确认程序

我国公司法目前仅规定了决议可撤销的诉讼行使程序,未规定决议无效以及决议不成立的诉讼程序,但依据相关公司法理以及法律行为的基础理论,决议无效与未成立也应当通过诉讼程序加以行使。

《公司法》第 25 条并未规定提起股东会、董事会决议无效之诉的主体,按照法律行为无效的基础法理,在决议无效的类型下,任何人均应当有权提起无效之诉。但监事会是法定的公司监督机构,若发现股东会和董事会决议存在无效情形,监事会依法应当提起诉讼维护股东利益和公司利益。同样,与决议存在利益相关的第三人应当同样可以提起股东会、董事会决议的无效之诉。

(二)公司决议的撤销

1. 公司决议撤销的事由

依据《公司法》第 26 条的规定,公司决议可撤销的事由主要包括:

(1)会议召集程序违反法律、行政法规或公司章程,例如由没有召集权的人召集会议;未向部分股东召集,或通知时间、通知方法不合法,通知内容不齐全;等等。

(2)会议的表决方式违反法律、行政法规或公司章程。《公司法》第 24 条规定,公司股东会、董事会、监事会召开会议和表决可以采用电子通信方式,公司章程另有规定的除外。这是对公司决议方式的规定。如出现特别决议事项以普通决议来表决、决议通过的股份数不满足法定要求、或表决权计算违法以及表决过程中存在以商业利益交换拉票行为的等等情形,或者违反公司章程对于会议决议方式约定的情形的,都属于可以撤销的情形。

(3)会议决议内容违反公司章程,如公司大股东通过 2/3 多数决方式通过了以侵害小股东利益为内容的决议,侵害了公司章程赋予公司和小股东的利益,即属于可撤销的情形。当然,若决议各项内容具有可分性,也会出现则部分决议事项被撤销的情形。

2. 公司决议撤销的程序与除斥期间

依公司法规定,我国有权提起决议撤销之诉的主体只能是股东。至于提起撤销之诉的股东是否参与表决、是否投赞成票,《公司法》对此并未明确规定。我们认为,应当允许其提起撤销之诉,这可以保护那些虽然在表决中同意议案但并不知道召集程序或表决方法有瑕疵的股东的利益,并且也能起到督促公司股东会在召集和表决中严格按照规定进行。当然,就公司法理论而言,公司的监事会同样有权提起股东会决议的撤销之诉。因为撤销之诉的被告是公司。

至于提起撤销权之诉的期限,因为引起决议撤销之诉的事由并非很严重,所以在法律规定的期间内,没有提起决议撤销之诉的,不得再提起决议撤销之诉。《公司法》第 26 条规定行使撤销权的期限为 60 日,对于参加会议的股东而言,提起撤销之诉的 60 日期限自决议作出之日起计算;对于未被通知参加股东会的股东,自知道或者应当知道股东会决议作出之日起算 60 日的期间。为了维护决议的稳定性,公司法同时规定了撤销权行使的最长期间为 1 年,股东自决议作出之日起 1 年内没有行使撤销权的,撤销权消灭。依据撤销权的法理,此处规定的 60 日和 1 年均为除斥期间,不存在中止、中断和延长的情形,如果在此期间无人提起股东会、董事会决议撤销之诉,则该决议成为具有确定法律效力的决议。

3. 公司决议轻微瑕疵的效力

对于股东会、董事会会议的召集程序或者表决方式仅有轻微瑕疵,对决议未产生实质影响,公司法第 26 条通过但书条款确定该轻微瑕疵情形不属于可撤销的范畴。这是因为,若股东会、董事会的会议召集程序或者表决方式上存在轻微瑕疵,不对决议内容和结果产生实质性影响的,在实体上就没有必要撤销该决议,重新召开会议。节约了公司会议成本和时间成本,也提高了公司的运营效率。

(三)公司决议不成立

公司的决议是法律行为,类推于法律行为成立的理论,在公司股东会、董事会决议缺少了必要的形式要件的情况下,应认定股东会、董事会未作出决议,即公司决议的不成立。公司决议的无效和可撤销的前提均是已经作出决议,只不过因为决议内容或相关程序违反法律法规或存在瑕疵,但决议的不成立相当于认定公司股东会或董事会自始并未作出过决议。

1. 公司决议不成立的事由

依据《公司法》第 27 条规定,以下四类情形应当认定为公司股东会或董事会的决议不成立;

(1)未召开股东会或董事会会议作出决议。该规定强调股东会和董事会会议的形式作用,要求股东会和董事会必须以开会的形式作出决议。如果会议没有召开,那么股东会或董事会不能进行任何决议表决,未经开会而形成的单纯的书面决议不能作为决议成立的要件。例外情形是《公司法》第 59 条第二款规定,对于该条第 1 款所列股东会的九项职权事项,有限责任公司股东以书面形式一致表示同意的,可以不召开股东会会议,直接作出决定,并由全体股东在决定文件上签名或者盖章。

(2)股东会或董事会会议未对决议事项进行表决。如果会议召开了,但在会议上没有对决议事项进行表决,那么这些事项也不会成为正式的决议。未经表决说明被讨论的事项没有经过充分的意见表达,最终是由特定的主体依个人意志促成决议的通过,不符合决议的形式和实质要求。

(3)出席会议的人数或者所持表决权数未达到《公司法》或者公司章程规定的人数或者所持表决权数。我国《公司法》并未对于股东法定出席比例做出规定,股东会出席会议的人数或者所持表决权数主要是通过章程加以规定。《公司法》第 124 条规定了股份公司的董事会会议应当有过半数的董事出席方可举行。我国《公司法》没有规定有限责任董事会的出席人数。若出席股东会会议的股东人数或者所持表决权没有达到公司章程规定的最低比例的,或者出席董事会的人数没有达到法定或者章定人数的,则不符合公司章程规定的议事方式和表决程序,该股东会、董事会决议不成立。

(4)同意决议事项的人数或者所持表决权数未达到《公司法》或者公司章程规定的人数或者所持表决权数。根据《公司法》或公司章程的规定,对于相应的决议事项需要一定数量的股东或董事同意决议,或者需要他们持有的表决权达到一定的比例才能使决议生效。如果上述要求没有达到,将无法形成有效的决议,已经形成的决议应当被确认为不成立。如《公司法》第 66 条、第 116 条规定,股东会作出一般决议,有限责任公司应当经代表过半数表决权的股东通过,股份有限公司应当经出席会议的股东所持表决权过半数通过;股东会作出修改公司章程、增加或者减少注册资本的决议,以及公司合并、分立、解散或者变更公司形式的特别决议的,应当经代表三分之二以上表决权的股东通过。《公司法》第 73 条、第 124 条规定,公司董事会作出决议,应当经全体董事的过半数通过。由此,若股东会决议、董事会决议没有获得公司法或者章程规定的人数或者表决权数，则该决议不能成立。

2. 公司决议不成立的确认程序

目前公司法并未规定决议不成立之诉的具体程序，参照《公司法解释（四）》的规定，以及民事法律行为的不成立的认定程序，公司的股东、董事、监事或与决议事项存在利害关系的主体均可提起该诉讼。该诉讼应当属于确认之诉的类型，即请求法官确认股东会或董事会决议在法律上未成立，从而无法对任何主体产生约束力。提起诉讼的时间也应当限定在决议作出后的合理时间内，以避免决议长期处于不确定的效力状态下。

（四）公司决议无效、被撤销、不成立的法律后果

1. 已办理登记事项的后果

股东会、董事会决议被法院裁判确认无效的，对公司产生法律效力；决议被撤销的，决议撤销判决的效力应当溯及于决议之时无效，而且，依据被裁判确认无效或者撤销的决议形成的公司登记应依法申请撤销。《公司法》第28条规定，公司股东会、董事会决议被人民法院宣告无效、撤销或者确认不成立的，公司应当向公司登记机关申请撤销根据该决议已办理的登记。

2. 对外民事法律关系的后果

公司决议虽然是公司的内部行为，但在有法律规定的情形下，一定场合下也会产生对外效力。为了保护善意相对人和合法权益，保护交易安全，《公司法》第28条第2款规定，股东会、董事会决议被人民法院宣告无效、撤销或者确认不成立的，公司根据该决议与善意相对人形成的民事法律关系不受影响。该规定也与《民法典》第85条的规定完全相符，体现了民商事法律关系中法律对于交易安全秩序的保障。

☞ 1－3－1　有限责任公司的组织机构★

公司作为法人组织，具有法人的权利能力和行为能力，不同于自然人，公司的意思形成和实现是通过公司组织机构来完成的。公司的组织机构是公司依法设立的实现其民事权利能力和民事行为能力的有机的组织系统。依据公司法人人格独立和股东有限责任的基本原则，公司股东不可能全体都参与公司的生产经营和管理活动，因此公司形成了所有权与经营权分离的法人治理结构，须依法组成公司的组织机构来运行公司的各种权力。

一般来说，现代公司的组织机构由以下四个机关构成：

1. 权力机关，即公司的股东会议。公司由股东投资形成，由股东组成的股东会议自然成为公司的权力机关。

2. 决策机关，公司的决策机关为董事会。董事会由股东会选举产生，由若干名董事组成，负责行使公司经营决策权和管理权。

3. 监督机关。监督机关的设置在不同国家有所不同。英美法系国家的传统是单轨制，即只设董事会而不设监事会，公司的监督机关是董事会中的外部董事或独立董事。日本则设立监察人作为公司监督机构。在德国，公司股东和工会选举产生监事会，监事会负责监督，还负责产生董事会，因此其权力较大。监督机关的主要职责是监督董事、董事会和经理的经营行为，对其违法和不当的经营行为，以及其他侵犯公司利益、股东利益的行为进行监督和纠正。

4. 业务执行机关。业务执行机关是决策机关下负责具体事务执行和日常经营管理的机关，主要的代表为经理。

《公司法》第三章专章规定了有限责任公司的设立和组织机构。

（一）股东会

1. 股东会的性质和组成。有限责任公司股东会由全体股东组成。股东会是有限责任公司的权力机关，依照公司法的规定行使职权。除《公司法》规定的某些特殊类型的公司，如国有独资公司，不设立股东会，其职权由国有资产监督管理机构行使或者授权给董事会行使部分股东会职权外，股东会是有限责任公司依法必须设立的机构。但股东会是非常设机关,即它不是常设的公司机构,而仅以会议形式存在,只有在召开股东会会议时,股东会才作为公司机关存在。股东会由全体股东组成;股东是按其所认缴的出资额向有限责任公司缴纳出资的人。

2. 股东会的职权。根据《公司法》第 59 条的规定,有限责任公司的股东会行使下列职权:

(1)选举和更换董事、监事,决定有关董事、监事的报酬事项;

(2)审议批准董事会的报告;

(3)审议批准监事会的报告;

(4)审议批准公司的利润分配方案和弥补亏损方案;

(5)对公司增加或者减少注册资本作出决议;

(6)对发行公司债券作出决议,股东会可以授权董事会对发行公司债券作出决议;

(7)对公司合并、分立、解散、清算或者变更公司形式作出决议;

(8)修改公司章程;

(9)公司章程规定的其他职权。

3. 股东会的召开。股东会分为定期会议和临时会议两种。定期会议的召开时间按照公司章程规定按时召开。临时会议可经代表 1/10 以上表决权的股东、1/3 以上的董事或者监事会提议而召开。

股东会的首次会议由出资最多的股东召集和主持;以后的股东会会议由董事会召集,董事长主持。

董事长不能履行职务或者不履行职务的,由副董事长主持;副董事长不能履行职务或者不履行职务的,由过半数的董事共同推举一名董事主持。董事会不能履行或者不履行召集股东会会议职责的,由监事会召集和主持;监事会不召集和主持的,代表 1/10 以上表决权的股东可以自行召集和主持。

召开股东会会议,应当于会议召开 15 日前通知全体股东。该通知应写明股东会会议召开的日期、时间、地点和目的,以使股东对拟召开的股东会有最基本的了解。

对《公司法》第 59 条第 1 款所列事项,有限责任公司股东以书面形式一致表示同意的,可以不召开股东会会议,直接作出决定,并由全体股东在决定文件上签名或者盖章。

只有一个股东的有限责任公司不设股东会。股东作出《公司法》第 59 条第 1 款所列事项的决定时,应当采用书面形式,并由股东签名或者盖章后置备于公司。

4. 股东会决议。有限责任公司股东会可依职权对所议事项作出决议。一般情况下,股东会会议作出决议时,采取"资本多数决"原则,即股东按照出资比例行使表决权,应当经代表过半数表决权的股东通过。但公司章程可以对股东会决议的作出方式另行予以规定,而不按出资比例行使表决权。

股东会的议事方式和表决程序,除《公司法》有规定的外,由公司章程规定。但下列事项必须经代表 2/3 以上表决权的股东通过:

(1)修改公司章程;

(2)公司增加或者减少注册资本;

(3)公司合并、分立、解散或者变更公司形式。

全体股东对股东会决议事项以书面形式一致表示同意的,可以不召开股东会会议,而可以直接作出决定,并由全体股东在决定文件上签名或者盖章。

(二)董事会

1. 董事会的性质及其组成。董事会是有限责任公司的业务执行机关,享有业务执行权和日常经营的决策权。它是一般有限责任公司的必设机关和常设机关,但股东人数较少或公司规模较小的有限责任公司除外,董事会对股东会负责。

有限责任公司董事会成员为 3 人以上,其成员中可以有公司职工代表。职工人数 300 人以上的有限责任公司,除依法设监事会并有公司职工代表的外,其董事会成员中应当有公司职工代表。董事会中的职工代表由公司职工通过职工代表大会、职工大会或者其他形式民主选举产生。董事的任期由公司章程规定,各个公司可有所不同,但每届任期不得超过 3 年。换言之,公司章程可以规定董事的任期少于 3 年,但不得超过3年。董事任期届满时，连选可以连任，并无任职届数的限制。

股东会可以决议解任董事，决议作出之日解任生效。公司无正当理由，在任期届满前解任董事的，该董事可以要求公司予以赔偿。董事任期内辞任的，应当以书面形式通知公司，公司收到通知之日辞任生效；但若存在董事任期届满未及时改选，或者董事在任期内辞任导致董事会成员低于法定人数的，在改选出的董事就任前，原董事仍应当依照法律、行政法规和公司章程的规定，履行董事职务。

2. 董事会的职权。根据《公司法》第67条的规定，有限责任公司的董事会行使下列职权：

(1)召集股东会会议，并向股东会报告工作；

(2)执行股东会的决议；

(3)决定公司的经营计划和投资方案；

(4)制订公司的利润分配方案和弥补亏损方案；

(5)制订公司增加或者减少注册资本以及发行公司债券的方案；

(6)制订公司合并、分立、解散或者变更公司形式的方案；

(7)决定公司内部管理机构的设置；

(8)决定聘任或者解聘公司经理及其报酬事项，并根据经理的提名决定聘任或者解聘公司副经理、财务负责人及其报酬事项；

(9)制定公司的基本管理制度；

(10)公司章程规定或者股东会授予的其他职权。

3. 董事会的召开。董事会会议由董事长召集和主持。董事长不能履行职务或者不履行职务的，由副董事长召集和主持；副董事长不能履行职务或者不履行职务的，由过半数的董事共同推举一名董事召集和主持。

董事会会议应当有过半数的董事出席方可举行。董事会作出决议，应当经全体董事的过半数通过。董事会决议的表决，实行一人一票制。董事会应当对所议事项的决定作成会议记录，出席会议的董事应当在会议记录上签名。

4. 董事长和副董事长。有限责任公司董事会设董事长一人，可以设副董事长。董事长、副董事长的产生办法由公司章程规定。《公司法》未规定董事长的职责，一般而言，董事长的职权有：(1)主持股东会会议，召集和主持董事会会议；(2)检查董事会决议的实施情况；(3)对外代表公司；(4)设立分公司时，向公司登记机关申请登记，领取营业执照；(5)公司章程规定的其他职权。董事长可以是公司的法定代表人。

根据我国《公司法》第75条的规定，规模较小或者股东人数较少的有限责任公司，可以设一名董事，不设董事会。该董事可以兼任公司经理，可以是公司的法定代表人。至于"股东人数较少"或"规模较小"的判断标准，《公司法》并未规定，故实践中有较大的意思自治的余地，由股东协商决定是否设立董事会，并记载于公司章程中。

(三)经理

有限责任公司的经理是负责公司日常经营管理工作的高级管理人员。根据我国《公司法》第74条的规定，有限责任公司可以设经理，由董事会决定聘任或者解聘，经理对董事会负责。经理根据公司章程的规定或者董事会的授权行使职权。经理列席董事会会议；经理可以担任公司的法定代表人。

(四)监事会

1. 监事会的性质及其组成。监事会为经营规模较大的有限责任公司的常设监督机关，专司监督职能。监事会对股东会负责，并向其报告工作。监事会由监事组成，其成员3人以上。监事会应当包括股东代表和适当比例的公司职工代表，其中职工代表的比例不得低于1/3，具体比例由公司章程规定。监事会中的股东代表，由股东会选举产生；监事会中的职工代表由职工民主选举产生。公司董事、高级管理人员不得兼任监事。

监事的任期是法定的，每届为3年。监事任期届满，连选可以连任。监事会设主席一人，由全体监事过半数选举产生。监事会主席召集和主持监事会会议；监事会主席不能履行职务或者不履行职务的，由过半数的监事共同推举一名监事召集和主持监事会会议。

规模较小或者股东人数较少的有限责任公司,可以不设监事会,设一名监事,行使本法规定的监事会的职权;经全体股东一致同意,也可以不设监事。

《公司法》第69条规定:"有限责任公司可以按照公司章程的规定在董事会中设置由董事组成的审计委员会,行使本法规定的监事会的职权,不设监事会或者监事。公司董事会成员中的职工代表可以成为审计委员会成员。"

2. 监事会的职权。依照我国《公司法》第78条的规定,监事会行使下列职权:

(1)检查公司财务;

(2)对董事、高级管理人员执行职务的行为进行监督,对违反法律、行政法规、公司章程或者股东会决议的董事、高级管理人员提出解任的建议;

(3)当董事、高级管理人员的行为损害公司的利益时,要求董事、高级管理人员予以纠正;

(4)提议召开临时股东会会议,在董事会不履行《公司法》规定的召集和主持股东会会议职责时召集和主持股东会会议;

(5)向股东会会议提出提案;

(6)依照《公司法》第189条的规定,对董事、高级管理人员提起诉讼;

(7)公司章程规定的其他职权。

监事会行使职权所必需的费用,由公司承担。

此外,为便于对董事的监督,我国《公司法》还规定:

(1)监事有权列席董事会会议,并对董事会决议事项质询或者提出建议。

(2)监事会发现公司经营情况异常,可以进行调查,必要时可以聘请会计师事务所等协助其工作,费用由公司承担。

(3)监事会还有权要求董事、高级管理人员提交执行职务的报告。董事、高级管理人员应当如实向监事会提供有关情况和资料,不得妨碍监事会或者监事行使职权。

3. 监事会的召开。

监事会每年度至少召开一次会议,监事可以提议召开临时监事会会议。监事会的议事方式和表决程序,由公司章程规定。监事会决议应当经全体监事的过半数通过。监事会决议的表决,应当一人一票。监事会应当对所议事项的决定作成会议记录,出席会议的监事应当在会议记录上签名。

☞ 1-4-1 股权对内转让的规则★

有限责任公司的股权转让有两种方式:一种是在公司内部发生的股权转让,即股东将股权转让给现有的股东;另一种是向公司外部进行的股权转让,即股东将股权转让给现有股东以外的其他投资者。

(一)股权对内转让的规则

有限责任公司的股东相互之间可以自由转让股权,没有任何限制。《公司法》第84条第1款规定,有限责任公司的股东之间可以相互转让其全部或者部分股权。在转让部分股权的情况下,转让方仍保留股东身份,只是转让方与受让方各自的股权比例发生变化而已。在全部转让的情况下,转让方退出公司。

(二)股权对外转让的规则

有限责任公司的股东可以将其持有的公司股权转让给现有股东以外的第三人,但须符合《公司法》规定的相关条件,包括以下三个条件。

1. 转让通知。转让股东要尽到通知义务。股东向股东以外的第三人转让股权,应当将股权转让的数量、价格、支付方式和期限等事项书面通知其他股东。

2. 其他股东的优先购买权。对于股东对外转让的股权,其他股东在同等条件下有优先购买权。股东自接到书面通知之日起30日内未答复的,视为放弃优先购买权。对"同等条件"的理解,可以参考转让股权的数量、价格、支付方式及期限等因素。两个以上股东行使优先购买权的，协商确定各自的购买比例；协商不成的，按照转让时各自的出资比例行使优先购买权。公司章程对股权转让另有规定的，从其规定。

3. 强制执行程序中的股东优先购买权。在股权质押担保等情形导致人民法院依法采取强制执行措施转让有限责任公司的股东在公司中的股权的情形下，人民法院应当将此强制执行措施的有关情况通知股东所在的公司和全体股东，包括被强制执行股权的股东和其他股东。其他股东在同等条件下享有优先购买权，但该优先购买权应当自接到人民法院的通知之日起 20 日内行使，逾期不行使的，视为放弃优先购买权，第三人可以通过强制执行措施受让该股权。对于该非通过协商而是通过强制执行程序购买股权的新股东，公司和其他股东不得否认其效力。公司应当注销原股东的出资证明书，并向新股东签发出资证明书，修改公司章程和股东名册中有关股东及其出资额的记载。此项对于公司章程的修改无须股东会表决而直接发生效力。

（三）股权转让的程序性规定

根据《公司法》第 86 条第 1 款的规定，有限责任公司股东转让股权的，应当书面通知公司，请求变更股东名册；需要办理变更登记的，请求公司向公司登记机关办理变更登记。公司拒绝或者在合理期限内不予答复的，转让人、受让人可以依法向人民法院提起诉讼。

股权转让的，受让人自记载于股东名册时起可以向公司主张行使股东权利，即受让人的股东身份自记载于公司股东名册时开始。

股东依法转让股权后，公司应当及时注销原股东的出资证明书，向新股东签发出资证明书，并相应修改公司章程和股东名册中有关股东及其出资额的记载。对公司章程的该项修改不需再由股东会表决。

有限责任公司股权转让涉及公司登记事项发生变动。《公司法》第 34 条规定："公司登记事项发生变更的，应当依法办理变更登记。公司登记事项未经登记或者未经变更登记，不得对抗善意相对人。"

（四）瑕疵股权转让的法律后果

股东转让已认缴出资但未届出资期限的股权的，由受让人承担缴纳该出资的义务；受让人未按期足额缴纳出资的，转让人对受让人未按期缴纳的出资承担补充责任。

未按照公司章程规定的出资日期缴纳出资或者作为出资的非货币财产的实际价额显著低于所认缴的出资额的股东转让股权的，转让人与受让人在出资不足的范围内承担连带责任；受让人不知道且不应当知道存在上述情形的，由转让人承担责任。

（五）异议股东的股权收购请求权

有限责任公司有较强的人合性质，股东相互之间的信任与合作对于公司的经营管理和发展非常重要。如果某一或某些股东对继续作为公司股东失去信心或不愿意与其他股东继续合作，又无第三人愿意受让其股权，或者其不愿意对外转让股权，在此情形下，法律应当为这些股东提供合理的救济渠道，保障股东退出公司的自由，保护人们的投资积极性与安全感。我国《公司法》对此作出了相应的规定。根据《公司法》第 89 条的规定，有下列情形之一的，对股东会该项决议投反对票的股东可以请求公司按照合理的价格收购其股权：

（1）公司连续 5 年不向股东分配利润，而公司该 5 年连续盈利，并且符合《公司法》规定的分配利润条件。

（2）公司合并、分立、转让主要财产。

（3）公司章程规定的营业期限届满或者章程规定的其他解散事由出现，股东会通过决议修改章程使公司存续。

（4）公司的控股股东滥用股东权利，严重损害公司或者其他股东利益的，其他股东有权请求公司按照合理的价格收购其股权。

在上述任何一种情形下，对公司股东会会议通过上述决议不赞成，并且投的是反对票的股东，有权自股东会决议作出之日起 60 日内提出请求，请求公司收购其持有的公司股权。收购股权的价格由该股东与公司协商确定，如果该股东与公司不能就股权收购事宜达成一致，该股东可以自股东会决议作出之日起 90

日内向人民法院提起诉讼,通过诉讼途径解决该争议。公司因上述情形收购的本公司股权,应当在6个月内依法转让或者注销。

(六)自然人股东资格的继承

有限责任公司的自然人股东如果死亡或者被宣告死亡,该股东有符合法律规定的合法继承人的,该合法继承人可以继承股东资格。但是,如果公司章程对此种情形另有规定,则从其规定。例如,公司章程规定,股东死亡时,死亡股东的继承人不能自动取得股东资格而须有其他股东一定比例的同意,或者规定继承人在符合何种条件时方能继承股东资格等。

根据《公司法规定(四)》第16条的规定,有限责任公司的自然人股东因继承发生变化时,其他股东主张依据公司法股权对外转让规定行使优先购买权的,人民法院不予支持,但公司章程另有规定或者全体股东另有约定的除外。如果公司章程没有相反的规定,当自然人股东死亡时,其合法继承人愿意取得股东资格的,其他股东应当允许。如果继承人不愿意取得股东资格,则应协商或者评估确定该股东的股权价格,由其他股东受让该股权或由公司收购该股权,由继承人取得股权转让款。如果该股东有数个合法继承人,且都愿意继承股东资格,则由该数个继承人通过协商确定各自继承股权的份额。

☞ 1-5-1 股份有限公司的设立★

(一)设立条件

按照《公司法》的规定,设立股份有限公司应当具备下列条件:

1. 发起人符合法定人数。《公司法》第92条规定,设立股份有限公司,应当有1人以上200人以下为发起人,其中须有半数以上的发起人在中国境内有住所。股份有限公司也可以是一人公司。公司设立时的发起人不能超过200人。发起人可以是自然人,也可以是法人或其他经济组织。一个自然人也可以设立股份有限公司。

2. 有符合公司章程规定的全体发起人认购的股本总额或者募集的实收股本总额。由于股份有限公司实行有限的授权资本制度,股份有限公司的注册资本是在公司登记机关登记的已发行股份的股本总额。

3. 股份发行、筹办事项符合法律规定。

4. 发起人制订公司章程。设立股份有限公司,应当由发起人共同制订公司章程。股份有限公司章程应当载明下列事项:(1)公司名称和住所;(2)公司经营范围;(3)公司设立方式;(4)公司注册资本、已发行的股份数和设立时发行的股份数,面额股的每股金额;(5)发行类别股的,每一类别股的股份数及其权利和义务;(6)发起人的姓名或者名称、认购的股份数、出资方式;(7)董事会的组成、职权和议事规则;(8)公司法定代表人的产生、变更办法;(9)监事会的组成、职权和议事规则;(10)公司利润分配办法;(11)公司的解散事由与清算办法;(12)公司的通知和公告办法;(13)股东会认为需要规定的其他事项。

5. 有公司名称,建立符合股份有限公司要求的组织机构。

6. 有公司住所。

(二)设立方式

股份有限公司的设立方式有两种:一是发起设立;二是募集设立。

1. 发起设立。发起设立,是指由发起人认购公司应发行的全部股份,不向发起人之外的任何人募集股份而设立公司。发起设立的程序包括以下几个方面:

(1)发起人认购股份。发起人应当认足公司章程规定的公司设立时应发行的股份。认购采用书面形式,载明认股人的姓名或名称、住所、认股数、应交股款金额、出资方式,由认股人填写、签章。认购书一经填妥并签署,即具有法律上的约束力。

(2)发起人缴清股款。发起人在认购股份后,应当在公司成立前按照其认购的股份全额缴纳股款。发起人的出资,适用《公司法》第48条、第49条第2款关于有限责任公司股东出资的规定。发起人以实物、知识产权、非专利技术或者土地使用权出资的,应当依法估价,并办理财产权转移手续。

《公司法》第 152 条规定,股份有限公司章程或者股东会可以授权董事会在 3 年内决定发行不超过已发行股份 50% 的股份。但以非货币财产作价出资的应当经股东会决议。董事会依照公司法规定决定发行股份导致公司注册资本、已发行股份数发生变化的,对公司章程该项记载事项的修改不需再由股东会表决。《公司法》第 153 条规定,股份有限公司章程或者股东会授权董事会决定发行新股的,董事会决议应当经全体董事 2/3 以上通过。

(3)选举董事会和监事会。发起人缴纳首期出资后,应当选举董事会和监事会。

(4)申请设立登记。董事会应向公司登记机关申请设立登记,对符合法律规定条件的,登记机关发给公司营业执照。公司以营业执照签发日期为成立日期。

2. 募集设立。募集设立,是指由发起人认购公司应发行股份的一部分,其余部分向社会公开募集而设立公司。募集设立的程序如下:

(1)发起人认购股份。以募集方式设立股份有限公司的,发起人认购的股份不得少于公司章程规定的公司设立时应发行股份总数的 35%。法律、行政法规对此另有规定的,从其规定。发起人均应当在公司成立前按照其认购的股份全额缴纳股款。

(2)公告招股说明书,制作认股书。招股说明书应当附有发起人制定的公司章程,并载明下列事项:发行的股份总数;面额股的票面金额和发行价格或者无面额股的发行价格;募集资金的用途;认股人的权利和义务;股份种类及其权利和义务;本次募股的起止日期及逾期未募足时认股人可以撤回所认股份的说明。公司设立时发行股份的,还应当载明发起人认购的股份数。股份有限公司发起人向社会公开募集股份,应当公告招股说明书,并制作认股书。认股书应当载明《公司法》第 154 条第 2 款、第 3 款所列事项,由认股人填写认购的股份数、金额、住所,并签名或者盖章。认股人应当按照所认购股份足额缴纳股款。向社会公开募集股份的股款缴足后,应当经依法设立的验资机构验资并出具证明。

(3)签订承销协议和代收股款协议。发起人就股份承销的方式、数量、起止日期、承销费用的计算与支付等具体事项,与证券公司签订承销协议;发起人就代收和保存股款的具体事宜,与银行签订代收股款协议。代收股款的银行应当按照协议代收和保存股款,向缴纳股款的认股人出具收款单据,并负有向有关部门出具收款证明的义务。

(4)召开成立大会。成立大会通常被认为是股份有限公司募集设立过程中的决议机构。发起人应当自公司设立时应发行股份的股款缴足之日起 30 日内主持召开成立大会,发起人应当在成立大会召开 15 日前将会议日期通知各认股人或者予以公告。成立大会应当有持有表决权过半数的认股人出席,方可举行。成立大会的职权包括:①审议发起人关于公司筹办情况的报告;②通过公司章程;③选举董事、监事;④对公司的设立费用进行审核;⑤对发起人非货币财产出资的作价进行审核;⑥发生不可抗力或者经营条件发生重大变化直接影响公司设立的,可以作出不设立公司的决议。成立大会对上述事项作出决议,必须经出席会议的认股人所持表决权过半数通过。

(5)设立登记并公告。董事会应当授权代表,于公司成立大会结束后 30 日内向公司登记机关申请设立登记。

(6)公司设立时应发行的股份未募足,或者发行股份的股款缴足后,发起人在 30 日内未召开成立大会的,认股人可以按照所缴股款并加算银行同期存款利息,要求发起人返还。

发起人、认股人缴纳股款或者交付非货币财产出资后,除未按期募足股份、发起人未按期召开成立大会或者成立大会决议不设立公司的情形外,不得抽回其股本。

☞ 1-5-2 股份有限公司的组织机构★

股份有限公司的组织机构包括股东会、董事会、经理和监事会。

(一)股东会

1. 股东会的性质及其组成。股东会为股份有限公司必须设立的机关,是股份有限公司的最高权力机关。股东会由全体股东组成。

2. 股东会的职权。股份有限公司股东会的职权与有限责任公司股东会完全一致,主要有两类:其一,审议批准事项。例如,审议批准董事会的报告;审议批准监事会的报告;审议批准公司的利润分配方案和弥补亏损方案等。其二,决定、决议事项。例如,对公司增加或者减少注册资本作出决议;对发行公司债券作出决议;对公司合并、分立、解散、清算或者变更公司形式作出决议;选举和更换董事,决定有关董事的报酬事项;选举和更换由股东代表出任的监事,决定有关监事的报酬事项;对公司增加或减少注册资本作出决议;对发行公司债券作出决议;对公司合并、分立、解散和清算等事项作出决议;修改公司章程;等等。

3. 股东会的召开。股东会分为年会和临时会议两种。年会应当每年召开一次,通常在每个会计年度终了后 6 个月内召开。临时股东会则应在出现下列情况之一的 2 个月内召开:

(1)董事人数不足《公司法》规定的人数或者公司章程规定的人数的 2/3 时;

(2)公司未弥补的亏损达到股本总额的 1/3 时;

(3)单独或合计持有公司股份 10% 以上的股东请求时;

(4)董事会认为必要时;

(5)监事会提议召开时;

(6)公司章程规定的其他情形。

股东会会议由董事会召集,董事长主持;董事长不能履行职务或者不履行职务时,由副董事长主持;副董事长不能履行职务或者不履行职务时,由半数以上董事共同推举一名董事主持。

董事会不能履行或者不履行召集股东会会议职责的,监事会应当及时召集和主持;监事会不召集和主持的,连续 90 日以上单独或者合计持有公司 10% 以上股份的股东可以自行召集和主持。单独或者合计持有公司 10% 以上股份的股东请求召开临时股东会会议的,董事会、监事会应当在收到请求之日起 10 日内作出是否召开临时股东会会议的决定,并书面答复股东。

召开股东会会议,应在会议召开的 20 日前通知各股东。通知中应写明股东会会议将审议的事项、股东会会议召开的日期和地点等。临时股东会不得对通知中未列明的事项作出决议。

单独或者合计持有公司 1% 以上股份的股东,可以在股东会会议召开 10 日前提出临时提案并书面提交董事会。临时提案应当有明确议题和具体决议事项。董事会应当在收到提案后 2 日内通知其他股东,并将该临时提案提交股东会审议;但临时提案违反法律、行政法规或者公司章程的规定,或者不属于股东会职权范围的除外。公司不得提高提出临时提案股东的持股比例。公开发行股份的公司,应当以公告方式作出会议通知。

4. 股东会的决议。股东出席股东会会议,所持每一股份有一表决权,类别股股东除外。公司持有的本公司股份没有表决权。

股东会的决议实行股份多数决定原则。所谓股份多数决定原则,是指股东会依持有多数股份的股东的意志作出决议。股东会决议实行股份多数决定原则,必须具备两个条件:一是要有代表股份多数的股东出席;二是要有出席会议的股东所持表决权的多数通过。股东会作出决议,必须经出席会议的股东所持表决权过半数通过,但是股东会作出修改公司章程、增加或者减少注册资本的决议,以及公司合并、分立、解散或者变更公司形式的决议,必须经出席会议的股东所持表决权的 2/3 以上通过。股东委托代理人出席股东会会议的,应当明确代理人代理的事项、权限和期限;代理人应当向公司提交股东授权委托书,并在授权范围内行使表决权。

股东会对所议事项的决定应当作成会议记录,主持人、出席会议的董事应当在会议记录上签名。会议记录应当与出席股东的签名册及代理出席的委托书一并保存,供股东查阅。

股东会必须按照法定的召集方法召集,并依照法定的决议方法通过内容不违法的决议。具备该条件的决议,才具有法律效力。如果股东会的决议违法,股东有权通过诉讼途径请求法院宣告决议无效或撤销决议。

5. 累积投票权。股东会选举董事、监事,可以依照公司章程的规定或者股东会的决议,实行累积投票制，即股东会选举董事、监事时，每一股份拥有与应选董事、监事人数相同的表决权，股东拥有的表决权可以集中使用。

所谓累积投票权，是指股东会选举两名以上的董事或监事时，股东所持的每一股份拥有与当选董事或监事总人数相等的投票权，股东既可以用所有的投票权集中投票选举某一人，也可以分散投票选举数人，按得票多少依次决定董事或监事人选。由此可见，累积投票权是股份有限公司的股东会在投票表决一些重要事项时，如选举董事或监事时，给予全体股东的一种与表决公司的其他一般事项不同的特别表决权。这种表决权的特别之处主要表现在两点：第一，表决权的数额。在实行累积投票制时，股东的表决权票数是按照股东所持有的股票数与所选举的董事或监事人数的乘积计算，而不是直接按照股东所持有的股票数计算。简单地说，股东的表决权票数等于股东所持有的股票数乘以所选举的董事或监事人数。例如，某公司要选 5 名董事，公司股份共 1000 股，股东共 10 名，其中 1 名大股东持有 510 股，即拥有公司 51% 的股份，其余 9 名股东共计持有 490 股，合计拥有公司 49% 的股份。若按直接投票制度，每一股有一个表决权，则控股 51% 的大股东就能够使自己推选的 5 名董事全部当选，其他股东无法表达自己的意志。但若采取累积投票制，表决权的总数就有 1000 × 5 = 5000 票，控股股东总计拥有的票数为 2550 票，其他 9 名股东合计拥有 2450 票。第二，根据累积投票制，股东拥有的表决权可以集中使用，即可以集中投票给一个或几个董事候选人，并按所得同意票数多少的排序确定当选董事，因此从理论上来说，其他股东至少可以使自己推选的 2 名董事当选，而控股比例超过半数的股东最多只能选上 3 名自己推选的董事。累积投票权制度的意义在于限制大股东或控股股东对董事、监事选举过程的控制与操纵，有利于保护中小股东的利益。需要注意的是，《公司法》规定的累积投票权制度是任意性的，而非强制性的，即公司可以采用累积投票权制度，也可以不采用该制度，是否采用由公司章程作出规定或由股东会作出决议。

（二）董事会

1. 董事会的性质及其组成。董事会是股份有限公司必设的业务执行和经营意思决定机构，对股东会负责。

董事会由全体董事组成。董事会成员同样为 3 人以上。董事的产生有两种情况：第一，在公司设立时，采取发起方式设立的公司，董事由发起人选举产生；采取募集方式设立的公司，董事由成立大会选举产生。第二，在公司成立后，董事由股东会选举产生。

董事会设董事长 1 人，可以设副董事长。董事长和副董事长由董事会以全体董事的过半数选举产生。董事长主持股份有限公司股东会会议和董事会会议，为会议主席。董事的任期由公司章程规定，但每届任期不得超过 3 年。董事任期届满，连选可以连任。董事在任期届满前，股东会不得无故解除其职务。

公司可以按照公司章程的规定在董事会中设置审计委员会或者其他委员会。

2. 董事会的职权。股份有限公司董事会的职权适用《公司法》第 67 条关于有限责任公司董事会的职权的规定。

3. 董事会会议的召开。股份有限公司的董事会会议分为定期会议和临时会议两种。董事会定期会议，每年度至少召开两次，每次应于会议召开 10 日以前通知全体董事和监事；董事会召开临时会议，其会议通知方式和通知时限，可由公司章程作出规定。董事会会议由董事长负责召集。董事长检查董事会决议的实施情况。副董事长协助董事长工作，董事长不能履行职务或者不履行职务的，由副董事长履行职务；副董事长不能履行职务或者不履行职务的，由过半数的董事共同推举一名董事履行职务。

董事会会议，应当由董事本人出席；董事因故不能出席，可以书面委托其他董事代为出席，委托书应当载明授权范围。股份有限公司董事会会议应有过半数的董事出席方可举行。董事会作出决议，必须经全体董事的过半数通过。董事会决议的表决，应当一人一票。董事会会议的结果表现于董事会决议之中。董事会应当对所议事项的决定作成会议记录，由出席会议的董事在会议记录上签名。董事应当对董事会的决议承担责任。董事会的决议违反法律、行政法规或者公司章程、股东会决议，给公司造成严重损失的，参与决议的董事对公司负赔偿责任。经证明在表决时曾表明异议并记载于会议记录的，该董事可以免除责任。

4. 董事会审计委员会。审计委员会的设立是董事会监督职能体系的重要制度建构。在 2023 年修订前的《公司法》的制度框架下，监事会是公司的监督机构且为必设机构。近年来，各种公司治理模式之间开始出现相互借鉴的趋势。在我国市场经济体制逐步建立、完善的过程中，公司（尤其是上市公司）治理频频出现混乱，监事会未能有效发挥监督作用正是其原因之一。相较而言，董事会是公司的业务执行机关，对公司的业务应当有充分的了解。在决策的事前、事中以及事后都有充分的可能性去主动了解公司的业务，并且业务范围并不限于公司的财务状况，公司可以在董事会设置审计委员会承担监督职能。

股份有限公司可以按照公司章程的规定在董事会中设置由董事组成的审计委员会，行使《公司法》规定的监事会的职权，从而不设监事会或者监事。

审计委员会成员为 3 名以上，过半数成员不得在公司担任除董事以外的其他职务，且不得与公司存在任何可能影响其独立客观判断的关系。公司董事会成员中的职工代表可以成为审计委员会成员。审计委员会作出决议，应当经审计委员会成员的过半数通过。审计委员会决议的表决，应当一人一票。审计委员会的议事方式和表决程序，除《公司法》有规定的外，由公司章程规定。

（三）经理

经理是对股份有限公司日常经营管理负有全责的高级管理人员，由董事会聘任或解聘，对董事会负责。经理根据公司章程的规定或者董事会的授权行使职权。经理列席董事会会议。

规模较小或者股东人数较少的股份有限公司，可以不设董事会，设一名董事，行使《公司法》规定的董事会的职权。该董事可以兼任公司经理。

（四）监事会

1. 监事会的性质及其组成。监事会是股份有限公司的监督机构，对公司的财务及业务执行情况进行监督。

监事会由监事组成，其人数不得少于 3 人。监事由股东代表和公司职工代表构成，其中职工代表的比例不得低于 1/3。股东代表由股东会选举产生；职工代表由公司职工通过职工代表大会、职工大会或者其他形式民主选举产生。监事会设主席 1 人，可以设副主席。监事会主席、副主席由全体监事过半数选举产生。监事的任期每届为 3 年，监事任期届满，连选可以连任。

2. 监事会的职权。《公司法》第 78 条至第 80 条关于有限责任公司监事会职权的规定，适用于股份有限公司监事会。

规模较小或者股东人数较少的股份有限公司，可以不设监事会，设一名监事，行使《公司法》规定的监事会的职权。

3. 监事会的召开和表决。监事会每 6 个月至少召开一次会议。监事可以提议召开临时监事会会议。

监事会的议事方式和表决程序，除《公司法》有规定的外，由公司章程规定。

监事会决议应当经全体监事的过半数通过。监事会决议的表决，应当一人一票。监事会应当对所议事项的决定作成会议记录，出席会议的监事应当在会议记录上签名。

☞ 1－5－3　上市公司组织机构的特别规定★

上市公司是指所发行的股票经国务院或者国务院授权的证券管理部门批准在证券交易所上市交易的股份有限公司。上市公司的股票依照法律、行政法规及证券交易所的交易规则上市交易。

1. 上市公司在一年内购买、出售重大资产或者向他人提供担保的金额超过公司资产总额 30% 的，应当由股东会作出决议，并经出席会议的股东所持表决权的 2/3 以上通过。

2. 上市公司在董事会中设置审计委员会的，董事会对下列事项作出决议前应当经审计委员会全体成员过半数通过：（1）聘用、解聘承办公司审计业务的会计师事务所；（2）聘任、解聘财务负责人；（3）披露财务会计报告；（4）国务院证券监督管理机构规定的其他事项。

3. 上市公司设立独立董事制度。中国证券监督管理委员会于 2022 年 1 月 5 日公布了修订之后的《上

市公司独立董事规则》,其主要制度内容为:

(1)独立董事的概念与独立性的要求。

独立董事是指不在上市公司担任除董事外的其他职务,并与其所受聘的上市公司及其主要股东不存在可能妨碍其进行独立客观判断关系的董事。

为保证独立董事的独立性,下列人员不得担任独立董事:①在上市公司或者其附属企业任职的人员及其直系亲属、主要社会关系;②直接或间接持有上市公司已发行股份1%以上或者是上市公司前十名股东中的自然人股东及其直系亲属;③在直接或间接持有上市公司已发行股份百分之五以上的股东单位或者在上市公司前五名股东单位任职的人员及其直系亲属;④最近一年内曾经具有前三项所列举情形的人员;⑤为上市公司或者其附属企业提供财务、法律、咨询等服务的人员;⑥法律、行政法规、部门规章等规定的其他人员;⑦公司章程规定的其他人员;⑧中国证监会认定的其他人员。

(2)独立董事的组成。上市公司董事会成员中应当至少包括1/3独立董事。上市公司董事会下设薪酬与考核、审计、提名等专门委员会的,独立董事应当在审计委员会、提名委员会、薪酬与考核委员会成员中占多数,并担任召集人。上市公司应当在公司章程中明确,聘任适当人员担任独立董事,其中至少包括一名会计专业人士。

(3)独立董事的职权。独立董事除应当具有《公司法》和其他相关法律、法规赋予董事的职权外,还包括以下特别职权:①重大关联交易(指上市公司拟与关联人达成的总额高于300万元或高于上市公司最近经审计净资产值的5%的关联交易)应由独立董事事前认可;独立董事作出判断前,可以聘请中介机构出具独立财务顾问报告,作为其判断的依据。②向董事会提议聘用或解聘会计师事务所。③向董事会提请召开临时股东大会。④提议召开董事会。⑤在股东大会召开前公开向股东征集投票权。⑥独立聘请外部审计机构和咨询机构,对公司的具体事项进行审计和咨询。

独立董事行使上述第①项至第⑤项职权,应当取得全体独立董事的1/2以上同意;行使前款第⑥项职权,应当经全体独立董事同意。

(4)独立董事应当发表独立意见的事项。独立董事应当对以下事项向董事会或股东大会发表独立意见:①提名、任免董事;②聘任或解聘高级管理人员;③公司董事、高级管理人员的薪酬;④上市公司的股东、实际控制人及其关联企业对上市公司现有或新发生的总额高于300万元或高于上市公司最近经审计净资产值的5%的借款或其他资金往来,以及公司是否采取有效措施回收欠款;⑤独立董事认为可能损害中小股东权益的事项;⑥法律、行政法规、中国证监会和公司章程规定的其他事项。独立董事应当就前款事项发表以下几类意见之一:同意;保留意见及其理由;反对意见及其理由;无法发表意见及其障碍。

(5)独立董事的履职保障。为了保证独立董事有效行使职权,上市公司应当为独立董事履行职责提供所必需的工作条件,包括:①上市公司董事会秘书应积极为独立董事履行职责提供协助,如介绍情况、提供材料等,定期通报公司运营情况,必要时可组织独立董事实地考察。②独立董事发表的独立意见、提案及书面说明应当公告的,上市公司应及时协助办理公告事宜。③上市公司应当保证独立董事享有与其他董事同等的知情权。凡须经董事会决策的事项,上市公司必须按法定的时间提前通知独立董事并同时提供足够的资料,独立董事认为资料不充分的,可以要求补充。④独立董事行使职权时,上市公司有关人员应当积极配合,不得拒绝、阻碍或隐瞒,不得干预其独立行使职权。⑤独立董事聘请中介机构的费用及其他行使职权时所需的费用由上市公司承担。⑥上市公司应当给予独立董事适当的津贴。津贴的标准应当由董事会制订预案,股东大会审议通过,并在公司年报中进行披露。除上述津贴外,独立董事不应从该上市公司及其主要股东或有利害关系的机构和人员取得额外的、未予披露的其他利益。⑦上市公司可以建立必要的独立董事责任保险制度,以降低独立董事正常履行职责可能引致的风险。

4. 上市公司设董事会秘书,负责公司股东会和董事会会议的筹备、文件保管以及公司股东资料的管理,办理信息披露事务等事宜。

5. 上市公司董事与董事会会议决议事项所涉及的企业或者个人有关联关系的,该董事应当及时向董事会书面报告。有关联关系的董事不得对该项决议行使表决权,也不得代理其他董事行使表决权。该董事会会议由过半数的无关联关系董事出席即可举行，董事会会议所作决议须经无关联关系董事过半数通过。出席董事会会议的无关联关系董事人数不足3人的，应当将该事项提交上市公司股东会审议。

6. 上市公司应当依法披露股东、实际控制人的信息，相关信息应当真实、准确、完整。禁止违反法律、行政法规的规定代持上市公司股票。

7. 上市公司控股子公司不得取得该上市公司的股份。上市公司控股子公司因公司合并、质权行使等原因持有上市公司股份的，不得行使所持股份对应的表决权，并应当及时处分相关上市公司股份。

☞ 1－6－1 股份有限公司的股份转让★

(一)股份转让的限制

为了保护公司、股东及债权人的利益，《公司法》对股份转让作了必要的限制。主要有：

1. 公司章程对股份转让的限制。《公司法》第157条规定，股份有限公司的股东持有的股份可以向其他股东转让，也可以向股东以外的人转让；公司章程对股份转让有限制的，其转让按照公司章程的规定进行。

2. 对股份转让场所的限制。《公司法》第158条规定，股东转让其股份，应当在依法设立的证券交易场所进行或者按照国务院规定的其他方式进行。

3. 对公司公开发行股份前已发行的股份转让的限制。公司公开发行股份前已发行的股份，自公司股票在证券交易所上市交易之日起1年内不得转让。法律、行政法规或者国务院证券监督管理机构对上市公司的股东、实际控制人转让其所持有的本公司股份另有规定的，从其规定。

4. 对董事、监事、高级管理人员持有的本公司股份转让的限制。公司董事、监事、高级管理人员应当向公司申报所持有的本公司的股份及其变动情况，在就任时确定的任职期间每年转让的股份不得超过其所持有本公司股份总数的25%；所持本公司股份自公司股票上市交易之日起1年内不得转让。上述人员离职后半年内，不得转让其所持有的本公司股份。此外，具有下列情形之一的，上市公司董事、监事、高级管理人员不得减持股份：(1)董事、监事、高级管理人员因涉嫌证券期货违法犯罪，在被中国证监会立案调查或者被司法机关立案侦查期间，以及在行政处罚决定、刑事判决作出之后未满6个月的；(2)董事、监事、高级管理人员因违反证券交易所规则，被证券交易所公开谴责未满3个月的；(3)证监会规定的其他情形。并且，其若计划通过证券交易所集中竞价交易减持股份，应当在首次卖出的15个交易日前向证券交易所报告并预先披露减持计划，由证券交易所予以备案。

5. 对上市公司控股股东和持股5%以上股东(大股东)减持其非通过证券交易所集中竞价交易买入的上市公司股份的限制。具有下列情形之一的，上市公司大股东不得减持股份：(1)上市公司或者大股东因涉嫌证券期货违法犯罪，在被中国证监会立案调查或者被司法机关立案侦查期间，以及在行政处罚决定、刑事判决作出之后未满6个月的；(2)大股东因违反证券交易所规则，被证券交易所公开谴责未满3个月的；(3)证监会规定的其他情形。此外，其若计划通过证券交易所集中竞价交易减持股份，应当在首次卖出的15个交易日前向证券交易所报告并预先披露减持计划，由证券交易所予以备案，且在3个月内通过证券交易所集中竞价交易减持股份的总数，不得超过公司股份总数的1%。通过协议转让方式减持股份并导致股份出让方不再具有上市公司大股东身份的，股份出让方、受让方应当在减持后6个月内继续遵守上述规定。

6. 对股东减持其持有的公司首次公开发行前发行的股份、上市公司非公开发行的股份的限制。股东通过证券交易所集中竞价交易减持其持有的公司首次公开发行前发行的股份、上市公司非公开发行的股份，不得超过公司股份总数的1%；股东通过协议转让方式减持其持有的公司首次公开发行前发行的股份、上市公司非公开发行的股份，股份出让方、受让方应当在减持后6个月内继续遵守上述规定。此外，股东持有上市公司非公开发行的股份，在股份限售期届满后12个月内通过集中竞价交易减持的数量，还应当符合证券交易所规定的比例限制。

7. 股份在法律、行政法规规定的限制转让期内出质的，质权人不得在限制转让期内行使质权。

（二）股份有限公司的股份回购

股份回购，是指公司收购本公司已发行的股份。股份回购是国际通行的公司实施并购重组、优化治理结构、稳定股价的重要手段，是资本市场的一项基础性制度安排。我国公司法原则上不允许公司回购自己的股份。1993 年《公司法》规定了两种允许股份回购的例外情形，即公司为减少资本而注销股份或者与持有本公司股票的其他公司合并。2005 年《公司法》修订时，增加了将股份奖励给本公司职工，以及股东因对股东大会作出的公司合并、分立决议持异议，要求公司收购其股份两种例外情形，并对股份回购的决策程序、数额限制等作了规定。2018 年 10 月，立法机关专门针对公司股份回购而对《公司法》进行了修正。2019 年修订后的《证券法》新设了股份回购制度，要求欺诈发行人或其控股股东、实际控制人回购其发行的证券。2023 年《公司法》新增加了股份有限公司与有限责任公司完全一样的法定情形下的股东异议回购请求权。

1. 不公开发行股份的股份有限公司的股东异议回购请求权。

公司收购股权本质上仍属于股东撤回投资退出公司的行为，须遵守严格的条件限制，《公司法》第 161 条规定，有下列三种情形之一，并且股东会在该股东投反对票的情况下依然作出了有效的决议，该投反对票的股份有限公司的股东才可以请求公司按照合理价格的收购其股份：

（1）公司连续 5 年不向股东分配利润，而公司该 5 年连续盈利，并且符合《公司法》规定的分配利润条件。当公司满足利润分配要件时，股东即享有获得投资收益的权利，而依据资本多数决规则形成的股东会决议现实阻碍了股东分配利润的合理利益实现，应允许其退出公司。

（2）公司转让主要财产。在该情形下，公司现有赖以开展生产经营活动的主要财产出现变化，未来的发展充满不确定性甚至可能产生风险；尽管股东会按照资本多数决规则形成了合法的决议，但与少数表决权股东的意愿相反，改变了其在设立公司时的合理利益期待，应允许其退出公司。

（3）公司章程规定的营业期限届满或者章程规定的其他解散事由出现，股东会通过决议修改章程使公司存续。章程规定的营业期限届满或章程规定的其他解散事由出现时，公司应当解散，股东可以退出经营。然而，经股东会决议后公司得以因修改章程而存续，让异议股东继续待在存续公司中，与公司章程订立时其意愿存在重大差异。法律不能强迫其继续成为公司股东面对公司存续经营的风险，使其退出公司更具正当性。

异议股东享有请求公司以合理价格收购其股份的权利，公司也负有法定的缔约义务。如果股东与公司不能达成股份收购协议，既包括股东与公司不能就收购协议内容尤其是股价协商一致的情形，也包括公司拒绝与股东协商的情形，但只要在法定期间内，即前述股东会决议作出之日起 60 日内，双方未达成股份收购协议，异议股东即可向法院寻求救济。这是因为在股份有限公司中，如果股东与公司长时间不能就股份收购达成协议，那么也可能影响请求收购股东的合法权益，也会对公司正常生产经营造成困扰，因而需要设置权利行使期间予以限制，以平衡异议股东与公司间的利益。异议股东诉权的行使期间为自股东会决议作出之日起 90 日内，超过该法定期限的，法院不予受理。

此外，为防止公司长时间持有自己的股份，避免公司的实际财产能力与其明示的资本数额和信用脱节，《公司法》第 161 条第 3 款亦明确规定：股份有限公司收购异议股东股份后，应在 6 个月内完成转让或注销程序。

2. 股份有限公司对本公司股份的回购。

通常情形下，公司自身不应通过持有本公司股份而成为本公司的成员。若允许公司自由决定回购本公司股份，则可能产生损害资本维持原则、损害股票交易的公平性等诸多弊端。然而，特定情形下的股份回购具有一定的合理性，如能够减少资本冗余，有利于保持股本结构、维持公司控制权等。世界上主要国家和地区普遍对股份回购实行“原则禁止，例外允许”。《公司法》第 162 条规定了我国股份有限公司可以回购本公司股份的法定情形。

（1）减少公司注册资本。公司减少注册资本的，应当经股东会决议，由公司对股东发出收购要约。一般而言，收购条件应使每一股东均有机会按照持股比例出让一定数额的股份。在公司完成收购后，应当自收购之日起 10 日内注销该部分股份，完成减资程序。

(2)与持有本公司股份的其他公司合并。公司股份可以为其他公司持有，当公司与持有本公司股份的其他公司合并时，被合并的其他公司的资产都归属于本公司，也包括其他公司所持有的本公司的股份，形成股份回购。该事项亦应经股东会决议，公司回购股份后，应当在回购之日起 6 个月内转让或者注销股份。

(3)将股份用于员工持股计划或者股权激励。员工持股计划是指公司根据员工意愿，通过合法方式使员工获得本公司股票并长期持有，股份权益按约定分配给员工的制度安排；员工持股计划的参加对象为公司员工，包括管理层人员。股权激励是指上市公司以本公司股票为标的，对其董事、高级管理人员及其他员工进行的长期性激励，激励对象可以包括上市公司的董事、高级管理人员、核心技术人员或者核心业务人员等。公司推行员工持股计划或者股权激励，也可以通过发行新股进行，但可能稀释未来股权收益；而通过股份回购进行，有利于提升股价，也不会稀释未来股权收益，既维护了既有股东利益，也有利于对员工的激励。为提高效率以利于公司及时把握市场机会，《公司法》对这一情形下的股份回购决策程序进行了简化，即可以依照公司章程的规定或者股东会的授权，经 2/3 以上董事出席的董事会会议决议。回购股份后，公司可根据具体实际情况适时推行员工持股计划或者股权激励计划，但公司持股最长不得超过 3 年。

(4)股东因对股东会作出的公司合并、分立决议持异议，要求公司收购其股份。为维护异议股东权利，当股东对股东会作出的合并、分立决议持异议时，可以要求公司回购其股份，公司应当回购，无须经股东会或者董事会决议。公司回购股份后，应当在回购之日起 6 个月内转让或者注销股份。

(5)将股份用于转换公司发行的可转换为股票的公司债券。可转换为股票的公司债券是以债券形式发行的，在一定时期内依据约定的条件可以转换为股票的债券。《公司法》第 202 条第 1 款规定："股份有限公司经股东会决议，或者经公司章程、股东会授权由董事会决议，可以发行可转换为股票的公司债券，并规定具体的转换办法。上市公司发行可转换为股票的公司债券，应当经国务院证券监督管理机构注册。"公司为转换可转债的需要回购股份，避免发行新股稀释未来股权收益，有利于股东和可转债持有人的利益。同时，为提高效率简化决策程序，此类回购可以依照公司章程的规定或者股东会的授权，经 2/3 以上董事出席的董事会会议决议。所回购的股份，应当在 3 年内按照可转债募集办法的规定转换给可转债持有人。

(6)上市公司为维护公司价值及股东权益所必需。为提高效率简化决策程序，此类回购可以依照公司章程的规定或者股东会的授权，经 2/3 以上董事出席的董事会会议决议。所回购的股份，应当在 3 年内转让或者注销。

3. 股份回购后的程序与处理。

公司因《公司法》第 161 条规定的股东主张股份回购请求权的情形收购本公司股份的，无须经过股东会决议，应当在 6 个月内依法转让或者注销。

公司因《公司法》第 162 条第 1 款第 1、2 项规定的情形收购本公司股份的，应当经股东会决议；公司因第 3、5、6 项规定的情形收购本公司股份的，可以依照公司章程或股东会的授权，经 2/3 以上董事出席的董事会会议决议。

公司依照上述规定收购本公司股份后，属于第 1 项情形的，应当自收购之日起 10 日内注销公司股份；属于第 2、4 项情形的，应当在 6 个月内转让或者注销公司股份；属于第 3、5、6 项情形的，公司合计持有的本公司股份数不得超过本公司已发行股份总数的 10%，并应当在 3 年内转让或者注销。

4. 上市公司的股份回购。

上市公司收购本公司股份的，除需要符合《公司法》的上述规定外，还应当依照《证券法》的规定履行信息披露义务。上市公司因《公司法》第 162 条第 1 款第 3、5、6 项规定的情形收购本公司股份的，应当通过公开的集中交易方式进行，而不能通过协议收购的方式进行。

5. 公司接受本公司股票质押的禁止规定。

《公司法》规定，除了法定特殊情况外，公司不得拥有本公司股份。因此，本公司的股份不能作为质押权标的用来对公司债权进行担保；即使设立了以本公司股份为质押权标的的担保，最后也无法实现。因此，公司不得接受本公司的股票作为质押权的标的。

6. 公司不得为他人取得本公司或者其母公司的股份提供赠与、借款、担保以及其他财务资助，公司实施员工持股计划的除外。

为公司利益，经股东会决议，或者董事会按照公司章程或者股东会的授权作出决议，公司可以为他人取得本公司或者其母公司的股份提供财务资助，但财务资助的累计总额不得超过已发行股本总额的10%。董事会作出决议应当经全体董事的2/3以上通过。

违反上述规定，给公司造成损失的，负有责任的董事、监事、高级管理人员应当承担赔偿责任。

☞ 1－7－1　国有独资公司★

(一)国有独资公司的概念和特征

国有独资公司是指国家单独出资、由国务院或者地方人民政府授权本级人民政府国有资产监督管理机构履行出资人职责的公司。国有独资公司的主要特征有：

1. 国有独资公司的形式，依据《公司法》的规定，可以是有限责任公司也可以是股份有限公司。

2. 国有独资公司股东的唯一性。国有独资公司与一般的公司不同，国有独资公司仅有一个股东。所以，国有独资公司在性质上属于一人公司。

3. 国有独资公司股东的法定性。国有独资公司的股东只能是国家，只能由国家单独出资设立，具体则由国务院或者地方人民政府分别代表国家依法履行出资人职责，享有出资人权益。国务院或者地方人民政府可以授权国有资产监督管理机构或者其他部门、机构代表本级人民政府对国家出资公司履行出资人职责。

(二)国有独资公司的组织机构

1. 国有独资公司的权力机关。《公司法》第172条规定，国有独资公司不设股东会。但不设股东会并不意味着国有独资公司没有权力机关，其唯一股东就是公司的权力机关，即履行出资人职责的机构以唯一股东的身份行使股东会的职权。其职权主要有：(1)委派或更换董事会成员，从董事会成员中指定董事长、副董事长；(2)授权董事会行使股东会部分职权；(3)依照法律、行政法规的规定，对公司的国有资产实施监督管理；(4)对公司资产的转让，依照法律、行政法规的规定，办理审批和财产权转移手续；(5)决定公司的合并、分立、解散、增减资本和发行公司债券。

2. 国有独资公司的董事会与经理。国有独资公司设董事会，为公司的执行机关。国有独资公司的董事会成员中，应当过半数为外部董事，董事会成员的人选来自两个方面：一是由履行出资人职责的机构委派；二是由公司职工代表担任，董事会成员中应当有公司职工代表。董事会成员中的职工代表由公司职工代表大会选举产生。董事会成员的任期每届不得超过3年，连选可以连任。

董事会设董事长一人，可以设副董事长。董事长、副董事长由履行出资人职责的机构从董事会成员中指定。

国有独资公司董事会的职权比一般有限责任公司董事会的职权要多。国有独资公司董事会的职权包括两部分：一部分是法定职权，即依照《公司法》的规定，行使一般有限责任公司董事会的职权；另一部分是因授权而行使的职权，即依照《公司法》第172条的规定，由国有资产监督管理机构授权行使一般有限责任公司股东会的部分职权。根据法律的规定，国有独资公司的董事会有权决定公司的重大事项，但下列事项必须由履行出资人职责的机构决定：(1)公司章程的制定和修改；(2)公司的合并、分立、解散、申请破产；(3)增加或者减少注册资本；(4)分配利润。

国有独资公司设经理，经理根据公司章程的规定或者董事会的授权行使职权。经理由董事会决定聘任或者解聘。经履行出资人职责的机构同意，董事会成员可以兼任经理。

国有独资公司的董事、高级管理人员，未经履行出资人职责的机构同意，不得在其他有限责任公司、股份有限公司或者其他经济组织兼职。

3. 国有独资公司的监事会。国有独资公司设监事会,作为公司的监督机构。监事会主要由国务院或者国务院授权的机构、部门委派的人员组成,并有公司职工代表参加。监事会的成员不得少于5人,其中职工代表的比例不得少于1/3。监事列席董事会会议。董事、高级管理人员及财务负责人不得兼任监事。

☞ 1-8-1 公司董事、监事、高级管理人员的任职资格★

由于董事、监事和高级管理人员对于公司的经营管理和业绩效益负有重要的责任,公司法对他们的任职资格有较为严格的限制条件。限制条件一般包括积极条件和消极条件。积极条件是指满足某些条件才能担任职务。消极条件是指在何种条件下不得担任职务。我国公司法规定了董事、监事和高级管理人员的消极条件。

(一)董事、监事和高级管理人员的消极任职条件

《公司法》第178条第1款规定,有下列情形之一的,不得担任公司的董事、监事、高级管理人员:

1. 无民事行为能力或者限制民事行为能力。董事、监事、高级管理人员应当具备完全民事行为能力,这是执行公司职务,独立行使权利、履行义务、承担责任的基本要求,行为能力不完全者不能担任。

2. 因贪污、贿赂、侵占财产、挪用财产或者破坏社会主义市场经济秩序,被判处刑罚,或者因犯罪被剥夺政治权利,执行期满未逾5年,被宣告缓刑的,自缓刑考验期满之日起未逾2年。董事、监事、高级管理人员管理、监督公司的财产经营,因此对于前述涉及财产性犯罪的人员,因其存在使用非法手段牟取财产方面私利的前科,在一定期限内不宜担任公司的董事、监事、高级管理人员。

3. 担任破产清算的公司、企业的董事或者厂长、经理,对该公司、企业的破产负有个人责任的,自该公司、企业破产清算完结之日起未逾3年。此类人员往往缺乏经营管理方面的专业知识、行业经验及公司经营能力,因此有必要设置一定时限内禁止从事经营管理工作的限制。

4. 担任因违法被吊销营业执照、责令关闭的公司、企业的法定代表人,并负有个人责任的,自该公司、企业被吊销营业执照、责令关闭之日起未逾3年。此类对于公司的重大违法行为负有领导责任的人员,往往缺乏法律观念,应先增强其法律观念与合规意识,以保障公司的合法合规经营。

5. 个人因所负数额较大债务到期未清偿被人民法院列为失信被执行人。公司及股东可通过失信被执行人信息公开系统查询其拟选举、委派的董事、监事及高级管理人员的征信情况。若其存在因到期不清偿债务,或经营不善无力偿还债务而被列入失信被执行人的情形,由其担任管理人员不仅增加了公司经营管理上的风险,还会影响公司信誉。

(二)违反董事、监事、高级管理人员消极任职资格的法律后果

《公司法》对于董事、监事和高级管理人员消极任职资格的规定是强制性规范,公司必须遵守。违反法定任职资格而选举、委派董事之行为,属于无效委任行为;此处的无效,指的是相应法律行为自始不发生法律效力,即自始无效。

相应地,公司董事、监事、高级管理人员在任职期间出现上述情形的,公司应当解除其职务重新进行选任。

☞ 1-11-1 公司的合并★

公司合并,是指两个或两个以上的公司订立合并协议,依照公司法的规定,不经过清算程序,直接结合为一个公司的法律行为。

(一)公司合并的形式

公司合并有两种形式:一是吸收合并,是指一个公司吸收其他公司后存续,被吸收的公司解散;二是新设合并,是指两个或两个以上的公司合并设立一个新的公司,合并各方解散。《公司法》第218条规定:"公司合并可以采取吸收合并或者新设合并。一个公司吸收其他公司为吸收合并,被吸收的公司解散。两个以上公司合并设立一个新的公司为新设合并,合并各方解散。”

(二)公司合并的程序

依照《公司法》的有关规定,公司合并的程序为:

1. 作出合并决定或决议。有限责任公司由股东会就公司合并作出决议,《公司法》第 66 条第 3 款、第 116 条第 3 款分别规定,有限责任公司股东会对公司合并作出决议,应当经代表 2/3 以上表决权的股东通过;股份有限公司股东会对公司合并作出决议,应当经出席会议的股东所持表决权的 2/3 以上通过。《公司法》第 172 条规定,国有独资公司的合并应由履行出资人职责的机构决定。依据《公司法》第 89 条和第 162 条规定的异议股东股份回购请求权,对股东会作出的公司合并决议持异议的股东,可以依法请求公司按照合理的价格收购其股权或股份。

2. 签订合并协议。合并协议由合并各方共同签订。合并协议应当包括下列主要内容:合并各方的名称、住所;合并后存续公司或新设公司的名称、住所;合并各方的资产状况及其处理办法;合并各方的债权债务处理办法。

3. 编制资产负债表和财产清单。

4. 通知债权人。公司应当自作出合并决议之日起 10 日内通知债权人,并于 30 日内在报纸上或者国家企业信用信息公示系统公告。债权人自接到通知之日起 30 日内,未接到通知的自公告之日起 45 日内,可以要求公司清偿债务或者提供相应的担保。

(三)简易合并

简易合并是指无须经过股东会决议,仅需董事会决议即可进行的公司合并。简易合并简化了合并程序,使合并不再需要经过股东会决议而只需要董事会决议,从而降低了合并的交易成本,提高了合并效率。《公司法》第 219 条规定了两种情形下的简易合并。

1. 母子公司之间的简易合并。常见的合并交易样态为合并公司是母公司,被合并的公司是子公司。母子公司之间的简易合并,指的是母公司对其子公司持有 90% 以上股权或者股份时,不需要经过子公司的股东会表决,二者就能合并的制度。由于母公司对子公司持有绝对多数比例股权或者股份,母公司作为控股股东可以单方面决定实施合并,这就构成控股股东的自我交易。在此情况下,利益冲突可能导致子公司少数股东不能获得公平的交易对价;而简易合并又省略了子公司的股东会决议,子公司少数股东无法行使其表决权。因此,《公司法》规定,子公司的少数股东享有知情权,且有权请求公司按照合理的价格收购其股权或者股份。

2. 小规模合并。小规模合并,指的是当合并双方规模有很大差异时,由规模较大的公司对规模较小的公司进行收购、合并。《公司法》规定的简易合并适用于公司合并支付的价款不超过收购公司净资产 10% 的情形。当然,公司章程可以对小规模合并作出另外的规定,如排除小规模合并适用简易合并程序,或者对认定构成小规模合并设置其他条件。

(四)公司合并的法律效果

1. 参与合并的公司的变更、消灭或设立。吸收合并中被吸收的公司消灭,而新设合并中参与合并的各方公司均消灭。被解散的公司无须清算,其办理公司注销登记后丧失法人资格。吸收合并后存续的公司承继了合并各方的债权债务,其登记事项发生变更,应当办理变更登记。新设合并后设立新的公司,该新设公司应办理设立登记。

2. 权利和义务的概括承受。根据民商法的原理和我国民事法律有关规定,公司合并是合同权利义务即债权债务概括移转的法定原因,合并后的公司必须承受原公司的全部债权和债务,除非公司与债权人达成了另外的协议。如果公司在合并时未清偿债务,债权人有权请求合并后的公司清偿合并前的公司所负的债务。《公司法》第 221 条规定:“公司合并时,合并各方的债权、债务,应当由合并后存续的公司或者新设的公司承继。”

☞ 1－11－2　公司的分立★

公司分立,是指一个公司依法签订分立协议,不经过清算程序,分为两个或两个以上公司的法律行为。公司分立有两种形式:一是派生分立,又称应续分立,是指公司以其部分资产另设一个或数个新的公司,原公司存续;二是新设分立,是指公司全部资产分别划归两个或两个以上的新公司,原公司解散。

(一)公司分立的程序

1. 作出分立决定和决议。

公司分立属于影响公司利益的重大事项,需要经过股东会特别多数决通过。根据《公司法》第 66 条第 3 款、第 116 条第 3 款的规定,有限责任公司分立需经代表 2/3 以上表决权的股东通过,股份有限公司分立需经出席会议的股东所持表决权的 2/3 以上通过。根据《公司法》第 172 条的规定,国有独资公司的分立应由履行出资人职责的机构决定。

2. 签订分立协议。

公司分立协议一般包括下列主要内容:分立协议各方拟定的名称、住所、法定代表人;分立后公司的投资总额和注册资本;分立形式;分立协议各方对拟分立公司财产的分割方案;分立协议各方对拟分立公司债权、债务的承继方案;职工安置办法;违约责任;解决争议的方式;签约日期、地点;分立协议各方认为需要规定的其他事项。

3. 编制资产负债表和财产清单。

公司的分立会导致公司财产被相应分割。根据《公司法》第 222 条第 2 款的规定,公司分立,应当编制资产负债表及财产清单。编制相关报表的目的在于厘清分立前的公司资产、负债、所有者权益等情况,便于股东就公司资产分离及后续在新旧公司的持股进行协商和安排,并保护公司债权人的知情权。

4. 通知债权人与公告。

《公司法》第 222 条第 2 款规定,公司应当自作出分立决议之日起 10 日内通知债权人,并于 30 日内在报纸上或者国家企业信用信息公示系统公告。此处与公司合并的重要不同之处在于,公司分立并未赋予债权人要求公司清偿债务或者提供相应担保的权利。

5. 办理公司登记。

与公司合并一样,公司分立也涉及公司的设立、消灭和登记事项的变更。无论是派生分立还是解散分立,所分立出来的新公司都应办理设立登记。派生分立的,原公司应办理变更登记。解散分立的,原公司应办理注销登记。

(二)公司分立的法律效果

1. 债权、债务的承受。《公司法》第 223 条规定,原则上公司分立前的债务由分立后的公司承担连带责任。但是,公司在分立前与债权人就债务清偿达成的书面协议另有约定的除外。正因为法律明确了公司分立前的债务由分立后的公司承担连带责任,所以公司分立情形下,《公司法》不再为债权人配置要求公司清偿债务或者提供相应担保的权利。

2. 股东和股权的变动。公司的分立直接关系到原公司股东与股东所持有的股权。新设分立中的股东一般将会获得新公司的股权,原公司的股权随原公司的解散而消灭。派生分立中的股东既有可能在持有原公司股权的同时,获得新公司的股权,也有可能减少在原公司的持股比例,甚至退出原公司。

☞ 1－11－3　公司的增资★

公司增资,是指公司成立后,基于筹集资金、扩大经营等目的,依照法定的条件和程序增加公司资本总额的法律行为。

(一)公司增资的方式

有限责任公司与股份有限公司皆存在增资需求,但二者因公司资本和股东出资形式不同而增资方式上存在差异。一般而言,公司增资的方式可以分为以下几种:

1. 内部增资与外部增资。内部增资,是指公司仅向现有股东发行新股,由现有股东认购新增的公司资本。外部增资,是指公司向现有股东以外的投资者发行新股,由其认购新增的公司资本。公司可以在一次增资中同时采用内部增资与外部增资两种方式。

2. 追加性增资与分配性增资。追加性增资,是指通过现有股东或者其他投资者对公司新的投资而增资,其结果是不仅增加了公司资本,也增加了公司的资产或运营资金。分配性增资仅适用于内部增资情形,是指在现有股东不作新的投入的情况下,直接将未分配利润用于股东出资缴纳或者把公积金转为公司资本。该种方式仅改变公司资产的性质和结构,但不会改变公司总的价值金额。换言之,该种方式仅增加公司资本总额,并不会导致公司资产与运营资金增加。

3. 同比增资与不等比增资。这是内部增资的再分类。同比增资,是指内部增资时现有股东按其原本的出资比例或持股比例同步认缴或实缴新增股权或股份,增资后各股东的股权比例或持股比例保持不变。不同比增资,是指内部增资时现有股东不按照其原本的出资比例或持股比例认缴或实缴新增股权或股份,有的股东可能不增加出资,增资后各股东的股权比例或持股比例将会改变。

4. 公司债转换增资与债转股增资。这两种增资方式都具有特殊性。其中,公司债转换增资是上市公司特有的增资方式,具体是指公司发行的可转换为股票的公司债券到期后,债券持有人对转换股票或者不转换股票享有选择权,如果债权人要求转换,相应的债券金额即转换为公司资本,使得公司资本增加。债转股增资则是我国商业银行改革和资产重组的过程中所实行的特殊增资方式,目前尚未形成系统规定,而仅是实践中出现的情况。债转股增资,是指银行依照约定方法,将对债务人公司享有的债权折抵为公司一定金额的股权,银行即从公司债权人转变为公司股东,这亦可导致公司资本增加。

5. 配股增资与送股增资。这两种增资方式我国上市公司广泛采用的内部增资方式。配股增资,是指上市公司根据现有股东的持股数量按照一定的比例向其发售股份,配股对象仅限于现有股东,配股条件通常要优于公司对外发行的条件。送股增资,又称送红股,是指上市公司根据现有股东的持股数量按照一定比例向其无偿分配股份。该行为本质上属于公司向股东进行收益分配,但其分配的是公司股份而非货币,实质上是一种分配性增资。

(二)公司增资的程序

增资提高了公司的信用,增强了公司的实力。对公司现有股东而言,增资不仅会导致股权结构调整,还可能稀释股权,系对现有股东利益产生重大影响,甚至可能引发严重利益冲突的事项。而且,不同股东对公司增资的需求也存在差异。为此,《公司法》明确增资必须经过股东会决议并变更公司章程,其后完成公司相应变更登记的手续。公司增资的主要程序如下:

1. 公司决议。根据《公司法》第59条第1款和第112条第1款、第67条第2款和第120条第2款的规定,公司增资方案由公司董事会制订,提交股东会决议。《公司法》第66条第3款规定,有限责任公司增资应当经代表2/3以上表决权的股东通过。第116条第3款规定,股份有限公司增资应当经出席会议的股东所持表决权的2/3以上通过。

2. 认缴出资或认购股份。依照《公司法》第228条的规定,有限责任公司增加注册资本或股份有限公司为增加注册资本发行新股时,股东认缴新增资本的出资或认购新股,分别依照该法设立有限责任公司缴纳出资或股份有限公司缴纳股款的有关规定执行。

3. 变更登记。根据《公司法》第35条的规定,公司增资应当变更公司章程,并办理相应的变更登记手续。

4. 特别程序。特别程序,是指在证券交易所上市交易的股份有限公司增资时的特别程序。根据《公司法》第151条和《证券法》第12条、第13条的规定,按照股份有限公司公开发行新股的程序,且须在证券交易所和证券监管机构完成注册程序。

违反上述公司增资的程序的，理论上应该导致增资行为的无效或被撤销。

（三）公司增资时原股东的优先认购权

《公司法》第227条规定，有限责任公司增加注册资本时，股东在同等条件下有权优先按照实缴的出资比例认缴出资。但是，全体股东约定不按照出资比例优先认缴出资的除外。股份有限公司为增加注册资本发行新股时，股东不享有优先认购权，公司章程另有规定或者股东会决议决定股东享有优先认购权的除外。

有限责任公司的股东有权优先按实缴的出资比例认缴公司新增的注册资本，即有限责任公司的股东享有新股优先认购权。因为新股认购本身就是股东获得利益的一种方式，其优先认购也是股东当然的权利。公司成立后因业务发展的需要而增加公司注册资本，认购新股往往意味着股东可以获取更多的公司发展利益，所以才有此规定。但若全体股东一致同意，新股优先认购权可以被排除适用。

股份有限公司的股东一般情况下不享有优先认购权，但若经过公司章程或者股东会决议允许，股份有限公司的股东也可以享有优先认购权。当然，此处的“股东会决议”应理解为股东会特别决议，须经出席会议的股东所持表决权的2/3以上通过。

☞ 1－11－4　公司的减资★

公司减资，是指公司基于某种情况或者需要，按照法定条件和程序，减少公司资本总额的法律行为。按照公司法确立的资本不变和资本维持原则，通常情况下公司资本不得随意减少，如减少必须符合法定的条件并经过法定的程序。

（一）同比例减资原则

《公司法》第224条第3款规定，公司减少注册资本，应当按照股东出资或者持有股份的比例相应减少出资额或者股份，法律另有规定、有限责任公司全体股东另有约定或者股份有限公司章程另有规定的除外。《公司法》增加了同比例减资的原则性规定，要求公司按照股东出资或者持有股份的比例进行减资，但同时作出了例外规定，即法律另有规定、有限责任公司全体股东另有约定、股份有限公司章程另有规定的除外。

公司减资可以根据减资的比例分为同比例减资和不同比减资。前者指公司减资后各个股东的出资比例保持不变；后者又称定向减资，指公司减资后各个股东的出资比例发生了变化。依据上述规定，公司原则上应当进行同比例减资。如果进行不同比减资，则必须体现减资股东的意思，这是对股东意思自治的尊重，也能实现对中小股东的完整保护。

（二）公司减资的程序

公司减资属于股东会特别决议事项，有限责任公司应当经代表2/3以上表决权的股东通过，股份有限公司应当经出席会议的股东所持表决权的2/3以上通过。《公司法》对公司注册资本减少程序作了强行性的规定。

1. 公司作出减资决议。

2. 编制资产负债表及财产清单。资产负债表可以反映公司的资产和负债情况，财产清单记载公司的现存财产状况。编制资产负债表及财产清单的目的是让公司债权人清楚地了解公司的生产经营状况和负债情况，有利于他们依法采取措施，保护自己的合法债权。

3. 通知债权人并公告。公司资本一经注册就具有公示效力，这实际上构成了对债权人的承诺和担保，因此公司减资时必须对债权人作出相应的救济和保障。为了防止公司减资成为股东逃避债务的途径和方式，《公司法》规定公司应当在股东会作出减少注册资本决议之日起10日内通知债权人，并于30日内在报纸上或者国家企业信用信息公示系统公告。

4. 债权人自接到通知之日起30日内，未接到通知的自公告之日起45日内，有权要求公司清偿债务或者提供相应的担保。减资可能影响债权的实现，是对债权人利益的直接影响，需要为其提供救济途径以保障债权人的合法权益。

（三）公司简易减资

简易减资是2023年《公司法》新增的一项制度，即公司以任意公积金、法定公积金、资本公积金弥补亏损后，仍有亏损的，可以亏损数额为限，相应地减少公司的注册资本数额。该制度简化了一般减资情形下的债权人保护程序，仅需公司依法进行公告即可。公司通过简易减资弥补亏损是公司通过财务处理减少亏损的方式，实质上并没有增加或减少公司的资产，但是在注册资本减少的情况下，净资产与注册资本之间的差值减少，公司的账面亏损也有所降低。若能使亏损公司使用减资程序减少注册资本，就可以消除注册资本和公司实质资产之间的亏空，从而消除公司的亏损状态，使得以后年度的盈利可以分配给股东，帮助实现股东获取收益的投资目的。

1. 简易减资的适用条件和程序。

（1）公司确实存在亏损，并且已经用尽其他补亏手段。公司确定是否存在亏损的方式一般是进行资产评估，若进行资产评估后，公司的净资产低于注册资本，则认定其存在亏损。此时，根据《公司法》第214条第2款的规定，在使用任意公积金、法定公积金、资本公积金弥补亏损后，仍存在亏损时，公司可以进行简易减资。换言之，注册资本是公司补亏的最后一个财源。

（2）公司通过简易减资弥补亏损应依法依规进行。简易减资虽然减免了对债权人的通知及公告、提前清偿或担保程序，但其他程序并未简化，仍应依法进行。需要注意的是，在简易减资过程中，公司不得向股东分配，也不得免除股东缴纳出资或者股款的义务。

（3）简易减资无须通知债权人，但应当自股东会作出减少注册资本决议之日起30日内在报纸上或者国家企业信用信息公示系统公告。在简易减资的过程中，公司的偿债能力没有任何降低，不会对债权人的债权实现产生不利影响，因而不需要经过债权人同意，亦不需要赋予债权人异议权。但公司仍应于法定期限内在报纸上或者国家企业信用信息公示系统公告，在最低限度上保障债权人的知情权。

2. 简易减资对股东分红权产生一定期限内的限制效力。公司简易减资可以实现账目上的不亏损，也能使注册资本更精确地反映公司的经营情况和偿债能力，但这并不意味着允许减少公司的责任财产。因此，简易减资后的利润分配应受到限制。公司在获得收入时，首先需要偿还债务、提取公积金，在达到法律规定的额度前，即在法定公积金和任意公积金累计额达到公司注册资本50%前，不得分配利润。

（四）违法减资的法律责任

公司违法减资时，股东及负有责任的董事、监事、高级管理人员应当承担侵权法律责任。《公司法》第226条规定，违反该法规定减少注册资本的，股东应当退还其收到的资金，减免股东出资的应当恢复原状；给公司造成损失的，股东及负有责任的董事、监事、高级管理人员应当承担赔偿责任。

☞ 1-12-1　公司的解散★

公司的解散是指已成立的公司基于一定的合法事由而使公司消灭的法律行为。公司解散的原因有三大类：第一类是一般解散的原因；第二类是强制解散的原因；第三类是股东请求解散的原因。

（一）一般解散

一般解散的原因是指只要出现了解散公司的事由，公司即可解散。我国《公司法》规定的一般解散的原因有：

1. 公司章程规定的营业期限届满或者公司章程规定的其他解散事由出现。但在此种情形下，可以通过修改公司章程而使公司继续存在，并不意味着公司必须解散。

2. 股东会决议解散。对于上述两种情形，如果有限责任公司经代表股东大会2/3以上表决权的股东通过或者股份有限公司经出席股东会会议的股东所持表决权的2/3以上通过修改公司章程的决议，公司可以继续存在。

3. 因公司合并或者分立需要解散。

(二)强制解散

强制解散的原因是指由于某种情况的出现,主管机关或人民法院要求公司解散。我国《公司法》规定的强制解散公司的原因主要有:

1. 被吊销营业执照。如《公司法》第 260 条规定,公司成立后无正当理由超过 6 个月未开业的,或者开业后自行停业连续 6 个月以上的,公司登记机关可以吊销营业执照,但公司依法办理歇业的除外。

2. 责令关闭。公司违反法律、行政法规被主管机关依法责令关闭的,应当解散。

3. 被撤销。如《公司法》第 39 条规定,虚报注册资本、提交虚假材料或者采取其他欺诈手段隐瞒重要事实取得公司设立登记的,公司登记机关应当依照法律、行政法规的规定予以撤销。

(三)股东请求解散

《公司法》规定,公司经营管理发生严重困难,继续存续会使股东利益受到重大损失,通过其他途径不能解决的,持有公司 10% 以上表决权的股东,可以请求人民法院解散公司。

具体而言,可以申请解散公司的理由有:(1)公司持续 2 年以上无法召开股东会,公司经营管理发生严重困难的;(2)股东表决时无法达到法定或者公司章程规定的比例,持续 2 年以上不能作出有效的股东会决议,公司经营管理发生严重困难的;(3)公司董事长期冲突,且无法通过股东会解决,公司经营管理发生严重困难的;(4)经营管理发生其他严重困难,公司继续存续会使股东利益受到重大损失的情形。但是要特别注意的是,股东的知情权、利润分配请求权等权益受到损害,或者公司亏损、财产不足以偿还全部债务,以及公司被吊销企业法人营业执照未进行清算等,均不构成请求法院解散公司的理由。

(四)公司解散事由的公示

公司出现上述解散事由,应当在 10 日内将解散事由通过国家企业信用信息公示系统予以公示。

【大纲配套练习题】

1.(单项选择题)下列关于证券投资基金的说法正确的是:(　　)①

A. 公开募集方式设立的基金和非公开募集方式设立的基金的投资风险均由基金份额持有人按照其所持基金份额承担

B. 基金管理人和基金托管人可以是同一人

C. 基金托管人只能由商业银行担任

D. 公开募集基金的基金管理人的董事、监事、高级管理人员和其他从业人员,其本人、配偶、利害关系人可以进行证券投资

2.(单项选择题)华星公司成立于 2018 年,其初始章程规定,持有本公司股权的职工与本公司解除劳动关系后,大股东兴华公司可按当时公司净资产请求收购其全部股权。此后,该公司技术总监李某认购 10 万元职工股,并被登记为公司股东。2021 年 7 月 3 日,李某向华星公司提出辞职并于 7 月 20 日完成离职手续。2024 年 7 月 10 日,兴华公司才通知李某,请求以 30 万元价格收购其持有的华星公司股权。对此,

---

① D。本题主要考查证券投资基金。法律依据为《证券投资基金法》第 3 条第 3 款、第 12 条第 3 款、第 17 条第 3 款、第 32 条第 3 款、第 35 条的规定。A 选项说法错误,《证券投资基金法》第 3 条第 3 款规定,通过公开募集方式设立的基金份额持有人按其所持基金份额享受收益和承担风险,通过非公开募集方式设立的基金的收益分配和风险承担由基金合同约定。BC 选项错误,法律依据为《证券投资基金法》第 12 条第 1 款、第 32 条第 1 款、第 35 条的规定。基金管理人由依法设立的公司或者合伙企业担任。基金托管人由依法设立的商业银行或者其他金融机构担任。基金管理人和基金托管人之间存在制约关系。因此,不得为同一人。基金托管人不限于商业银行,也可以是其他金融机构。D 选项说法正确,法律依据为《证券投资基金法》第 17 条第 1 款规定:公开募集基金的基金管理人的董事、监事、高级管理人员和其他从业人员,其本人、配偶、利害关系人进行证券投资,应当事先向基金管理人申报,并不得与基金份额持有人发生利益冲突。

下列哪一说法是正确的：(　　)①

A. 因李某未明确同意华星公司的章程条款，故兴华公司不得对其主张股权收购请求权

B. 因李某不是华星公司的发起股东，故其不得拒绝兴华公司对其行使股权收购请求权

C. 因兴华公司的股权收购请求权不受诉讼时效限制，故李某应当向其转让所持股权

D. 因兴华公司行使股权收购请求权未超过3年，故李某不得以诉讼时效经过为由抗辩

3.（多项选择题）2020年1月，张某与李某共同设立了千帆有限公司（以下简称千帆公司），章程规定该公司的注册资本是1000万元，张某占股75%，李某占股25%，均应在2023年12月31日前实缴出资。因受疫情影响，千帆公司未能开展营业，仅张某向公司实缴了20万元出资，李某未实缴。经催告无果后，2024年8月，张某提议并由千帆公司召开股东会作出两项决议，一项是以李某未按期缴纳出资为由解除李某的股东资格，另一项是由赵某受让李某对千帆公司25%的股权，李某配合办理相关股权变更手续。关于本案，下列哪些说法是正确的：(　　)②

A. 张某有权提议召开该次股东会

B. 张某未缴足出资故无权要求李某实缴出资

C. 李某可以向法院诉请确认该解除行为无效

D. 赵某可以按该股东会决议受让李某对千帆公司25%的股权

4.（多项选择题）2020年1月1日，法院受理了甲公司破产申请，股东张三认缴出资额期限届满，仍未向公司缴纳出资100万元。根据公司章程规定，股东李四的出资期限为2020年10月1日。对此，下列正

---

① D。A选项考查的是有限责任公司章程中“人走股留”条款的效力。《公司法》第84条第1款规定：“有限责任公司的股东之间可以相互转让其全部或者部分股权。”但该条第3款又规定：“公司章程对股权转让另有规定的，从其规定。”可见，有限责任公司股东之间不仅可以自由转让股权，同时公司章程作为股东意思自治的体现，也可限制股东对股权的处分。但需要考生注意的是，在有限责任公司章程中设置此类“人走股留”条款，一方面需要遵循章程设置的基本程序规范，另一方面则需实质上不存在大股东利用章程压迫中小股东的情形。本题中，华星公司初始章程有关职工股股东在离职之后应将其股权转让给兴华公司的规定，系全体发起股东一致同意的产物，且其后一直沿用。本题中，李某在认购公司职工股时，已明知该章程条款的存在，且未明确请求修改公司章程。故该章程条款应是有效规定。因此，A选项错误。B选项考查的是有限责任公司章程，对非发起股东的效力。本题中，李某虽然不是公司的发起股东，但李某自愿认购华星公司的职工股，并成为其股东，无疑表明其自愿受该公司章程条款之约束。因此，B选项错误。C选项考查公司章程约定的股权收购请求权是否适用诉讼时效制度。D选项考查的是诉讼时效的起算时点。兴华公司的股权收购请求权虽然适用诉讼时效，但应如何确定其诉讼时效起止点？我国《民法典》第188条第2款规定：“诉讼时效期间自权利人知道或者应当知道权利受到损害以及义务人之日起计算。”在本题中，华星公司章程虽然赋予了兴华公司股权收购请求权，但在没有职工股股东离职时，其没有特定的请求对象。因此，兴华公司应从知道或应当知道股权转让义务人之日起算股权收购请求权的诉讼时效，即李某完成离职手续的2021年7月20日，故兴华公司对李某的股权收购请求权的诉讼时效为3年，直至2024年7月20日。

② AC。A选项考查有限公司的提案权。提议召开股东的权利即指股东的提案权。虽然《公司法》目前并没有明确规定有限公司股东的提案权，但是对有限公司的股东提案，可以类推适用《公司法》第115条股份公司股东的提案权，并且有限公司的股东提案权不受持股比例的限制。提案权属于股东参与公司管理的权利，与其他事实无关，A选项正确。B选项考查的是瑕疵出资者对未出资股东的请求权。即使张某自身仅部分出资，属于瑕疵出资者，但是股东的出资义务是向公司履行的义务，股东出资后资产将属于公司的财产，形成法人财产权。并且《公司法解释（三）》第13条第1款也规定“其他股东”有权要求未履行出资义务的股东有权主张该股东出资，并未规定瑕疵股东的此项权利受限，因此张某作为千帆公司的股东是有权要求李某出资的，B选项错误。C选项考查的是股东除名。依据《公司法解释（三）》第17条第1款规定，在股东未缴纳出资时，经催告股东会可以决议解除该股东的资格，该股东可以诉请确认该解除行为无效，即该股东可以提出该项请求权，C选项正确。D选项考查的是股东会决议的效力以及除名权的后果。依据《公司法解释（三）》第17条第2款规定，除名的后果是办理法定减资或第三人缴纳出资。第三人缴纳出资是指第三人将出资缴纳给公司。而本案该项决议是要求被除名股东将自己的出资额转让给第三人，实质是强制缔约，根据《公司法》第52条第2款的规定，强制缔约在催缴失权规则中方能适用，本题中考察的是催缴除名规则，故D选项错误。

确的是:(　　)①

A. 管理人有权要求张三向公司缴纳出资

B. 管理人有权要求李四向公司缴纳出资

C. 公司欠张三 100 万元货款,张三可主张以其出资债务与公司对其负债抵销

D. 公司欠李四 100 万元货款,李四可主张以其出资债务与公司对其负债抵销

5.(多项选择题)A 公司给 B 公司出票,银行已承兑。B 公司到银行提示付款时,银行工作人员查询后发现,A 公司余额不足,故口头告知拒付。这时 B 公司的债权人 C 公司致电 B 公司要求还钱。B 公司说我用汇票支付,故将汇票从银行处要回。C 公司又提示银行付款,也被银行拒绝。下列选项错误的是:(　　)②

A. B 公司对 C 公司的债务因交付票据而消灭

B. 银行口头告知,承兑银行应对 C 公司承担票据责任

C. B 公司对 C 公司所为的背书无效

D. A 公司 C 公司承担票据责任

6.(不定项选择题)甲给妻子乙投保意外险(若乙意外身亡,保险公司赔付 100 万元),受益人是甲本人。2018 年,两人感情恶化,未经乙同意,甲将受益人变更为甲母。2019 年 1 月,甲在乙的水杯中下毒,导致乙重病,后经常精神恍惚,某日在水边不慎落水身亡。2019 年 10 月,甲因过马路时精神不集中,被车辆撞死。下列说法正确的是:(　　)③

A. 甲母请求保险公司赔付,保险公司可以拒绝赔偿

B. 变更甲母为受益人应当征得乙同意

C. 投保时,不能由甲作为受益人

D. 保险金额和受益人应当由乙确认

7.(不定项选择题)若由于船在装货港口的延迟,使该船到达目的地时赶上了化肥价格下跌,甲公司在

---

① AB。本题主要考查《企业破产法》追回权和抵销权的相关规定。根据《企业破产法》第 35 条规定:“人民法院受理破产申请后,债务人的出资人尚未完全履行出资义务的,管理人应当要求该出资人缴纳所认缴的出资,而不受出资期限的限制。”据此,尽管股东李四出资期限尚未届至,管理人仍应要求李四缴足其所认缴的出资;股东李四也未缴足出资,管理人亦应向其追回未缴足的出资,故 A 选项、B 选项正确。根据《最高人民法院关于适用〈中华人民共和国企业破产法〉若干问题的规定(二)》第 46 条规定:“债务人的股东主张以下列债务与债务人对其负有的债务抵销,债务人管理人提出异议的,人民法院应予支持:(一)债务人股东因欠缴债务人的出资或者抽逃出资对债务人所负的债务;(二)债务人股东滥用股东权利或者关联关系损害公司利益对债务人所负的债务。”据此,股东欠付的出资与公司欠股东的债务不能抵销,故 C 选项、D 选项错误。综上所述,本题正确答案为 AB 选项。

② ABCD。本题主要考查《票据法》的相关规定。根据《票据法》第 60 条关于票据付款的效力:“付款人依法足额付款后,全体汇票债务人的责任解除。”根据题干银行为付款人,当银行依法足额付款后,全体债务人包括 B 的责任才得以解除,债务人责任而非因转让票据行为而消灭,故 A 选项错误。根据《票据法》第 4 条第 5 款规定“本法所称票据责任,是指票据债务人向持票人支付票据金额的义务”,第 62 条规定“持票人提示承兑或者提示付款被拒绝的,承兑人或者付款人必须出具拒绝证明,或者出具退票理由书。未出具拒绝证明或者退票理由书的,应当承担由此产生的民事责任”,银行口头拒绝承兑未出具证明应当承担未出具证明产生的民事责任,而非承担票据责任,故 B 选项错误。根据《票据法》第 36 条规定“汇票被拒绝承兑、被拒绝付款或者超过付款提示期限的,不得背书转让;背书转让的,背书人应当承担汇票责任”,题干中由于票据已被银行拒绝承兑,因此不得背书转让,B 就被拒绝承兑的汇票进行背书转让,但该行为并非无效,而产生 B 承担汇票责任的结果,即 B 应向 C 支付票据金额,故 C 选项、D 选项错误。综上所述,本题应选 ABCD 选项。

③ AB。本题主要考查《保险法》人身保险的相关规定。根据《保险法》第 41 条规定“被保险人或者投保人可以变更受益人并书面通知保险人。保险人收到变更受益人的书面通知后,应当在保险单或者其他保险凭证上批注或者附贴批单。投保人变更受益人时须经被保险人同意”,《最高人民法院关于适用〈中华人民共和国保险法〉若干问题的解释(三)》第 9 条第 1 款规定“投保人指定受益人未经被保险人同意的,人民法院应认定指定行为无效”,甲未经乙同意变更受益人为甲母,该行为无效。因此,甲母请求保险公司赔付,保险公司可以拒绝赔偿,A 选项、B 选项正确。根据《保险法》第 39 条规定“人身保险的受益人由被保险人或者投保人指定。投保人指定受益人时须经被保险人同意”,故甲指定受益人的必须经乙同意,经乙同意后,甲指定的人可以成为受益人,但未规定保险金额也须经被保险人确认,因此,C 选项、D 选项错误。综上所述,本题应选 AB 选项。

出售余下的化肥时价格不得不大幅下降,给甲公司造成很大损失。则下列说法中正确的是:(　　)①

A. 甲公司可以向承运人追偿由于化肥价格下跌造成的损失

B. 甲公司应自行承担化肥价格下跌造成的损失,不可向承运人追偿

C. 若甲公司向承运人追偿,则承运人可向托运人乙公司追偿责任

D. 即使甲公司向承运人追偿,承运人也无权向托运人乙公司追偿责任

8.(不定项选择题)《信托法》规定,以下关于信托受益权的转让,说法错误的是:(　　)②

A. 受益人的信托受益权随时可以依法转让和继承

B. 信托计划存续期间,受益人可以向合格投资者转让其持有的信托单位

C. 信托公司应为受益人办理受益权转让的有关手续

D. 信托受益权进行拆分转让的,受让人不得为自然人

---

① AC。倒签提单,是指在货物装船后签发的日期早于货物实际装船日期的提单。提单签发日期是货物装船日期的证明。签发此种提单,尤其是当倒签时间过长时,有可能推断承运人没有使船舶尽快到达,因而承担货物运输延误的责任。实际承运人,是指接受承运人委托,从事货物运输或者部分运输的人,包括接受转委托从事此项运输的其他人。承运人应对实际承运人,以及在受雇或者受委托范围内行事的实际承运人的受雇人和代理人的行为负责。

② A。根据《信托法》第48条规定,受益人的信托受益权可以依法转让和继承,但信托文件有限制性规定的除外。

经 济 法

【本学科复习重点、难点说明】

(一)竞争法

1.行为认定。

(1)反垄断法。

反垄断法的行为认定依据三个方面的事实:行为主体、行为方式、行为后果。四种垄断行为各有差别,需要分别把握重点。此外,对不适用反垄断法的特殊领域也需要了解。

类别	行为主体	行为方式	行为后果	重点难点
垄断协议	多个经营者	协议或其他一致行动	通过排斥其他竞争者限制竞争	构成要件、横向纵向区分、除外条款
滥用市场支配地位	具有市场支配地位的经营者	滥用支配地位垄断价格、亏本销售、拒绝交易、强制交易、搭售、差别待遇等	违反公平竞争获取不正当利益	认定标准和推定制度、相关市场标准、滥用行为的样态
经营者集中	多个经营者	企业收购兼并、股权控制等	相关市场实质性减少竞争	申报审查程序、认定处置的方法
滥用行政权力排除、限制竞争	拥有一定行政权力的政府机关及其他组织	强制交易、地区封锁、迫使经营者垄断、以抽象行政行为限制竞争等	产生了排除或限制竞争的严重后果	地方保护型行政垄断行为、政企联手垄断与迫使经营者垄断的区别
适用例外	法律承认的非竞争行业、行使知识产权、农业生产者联合			

(2)反不正当竞争法。

《反不正当竞争法》以列举方式规定了七种不正当竞争行为,即商业混淆行为、商业贿赂行为、虚假宣传行为、侵犯商业秘密行为、不正当有奖销售行为、诋毁商誉行为和互联网不正当竞争行为,其行为主体一般为经营者,其行为判断依据是法律分别规定的行为要件,需要准确掌握。除此之外,还需要重点把握下表内容:

类别	重点内容
商业混淆行为	互联网商业标记混淆行为的特点
商业贿赂行为	商业贿赂的对象范围,商业贿赂与正常商业折扣、佣金的区别
虚假宣传行为	商业宣传的定义、虚假宣传的手段、对行为后果的要求
侵犯商业秘密行为	商业秘密的界定、行为主体的范围、侵犯商业秘密的行为方式、举证责任规定
不正当有奖销售行为	三种被禁止的有奖销售行为
诋毁商誉行为	商誉的价值、诋毁行为的特征
互联网不正当竞争行为	互联网不正当竞争行为的特点和种类

2. 监管执法。

竞争法的实施主要依靠政府的行政监管执法机制。这个机制由监管机构、调查程序、约谈制度和法律责任四个部分组成。

(1)反垄断法。

类别	基本内容	重点难点
监管机构	国务院反垄断委员会总体组织协调指导,国务院反垄断执法机构及其授权的省级人民政府相应机构负责执法工作	国务院反垄断委员会的职能及其与执法机构的关系
调查程序	调查启动,调查措施,相关各方义务,调查的中止、终止和恢复	调查措施的范围和规则
约谈制度	约谈的法律性质、约谈对象	约谈的方法
法律责任	经营者的法律责任,行政主体的法律责任,妨碍反垄断执法的法律责任,刑事责任	经营者违反反垄断法的法律责任

(2)反不正当竞争法。

类别	基本内容	重点难点
监管体系	国务院建立反不正当竞争工作协调机制,以县级以上人民政府市场监管部门为主的多职能部门负责行政执法工作体制	市场监管部门与其他职能部门的分工
调查措施	现场调查,询问有关人员,查阅文件资料,查封、扣押有关财物,查询银行账户	采取调查措施的批准程序
法律责任	不正当竞争行为、妨碍监督检查行为和监督检查人员违法行为的民事责任、行政责任和刑事责任	行政制裁措施、可受刑事追究的不正当竞争行为

(二)消费者法

法律名称	重点提示	难点提示
《消费者权益保护法》	十种消费者权利和十一种经营者义务、行政部门的职责、消费者组织的性质和作用、争议解决途径、经营者欺诈的惩罚性赔偿规则、违反消费者权益保护法的行政责任	消费者权利与经营者义务的对应关系、争议解决特殊规则的实际应用、经营者欺诈行为的识别与判断、网络交易平台提供者的责任

续表

法律名称	重点提示	难点提示
《产品质量法》	产品、产品标准和产品质量的概念,产品质量责任的概念,产品质量行政监督制度,产品质量检验、认证制度,生产者、销售者的产品质量义务和行政责任,社会团体、社会中介机构的法律责任	默示担保义务、产品缺陷的认定、产品责任的归责原则和人身损害赔偿规则(结合《民法典》理解应用)
《食品安全法》	食品安全风险监测和评估、食品安全标准的效力和分类、食品生产经营安全基准及负面清单制度、政府监管机构及其职权、食品安全违法的行政处罚制度、食品安全的进出口管理措施	食品召回制度的应用、食品安全事故处置规则的应用、食品生产经营过程中的四类违法行为、网络交易第三方平台的责任

(三)银行业法

1. 商业银行法。

我国的银行主要包括中央银行、商业银行和政策性银行三大类。其中商业银行是信贷市场金融服务的主要提供者。1995 年颁布的《商业银行法》是我国金融市场化改革的重要历史节点。该法主要由组织法和行为法两大制度板块构成,其要点如下表所示:

类别	主要内容	重点提示	难点提示
组织法	基本制度	商业银行的经营原则、商业银行的职能	信用中介职能、信用创造职能
	设立和变更	设立条件、设立程序	商业银行投资限制、分支机构设立条件
	管理机制	资产负债管理的原理、资产负债比例管理内容、风险管理框架	资产负债比例管理的监控指标、全面风险管理的风险分类和风险管理策略、风险管理政策和程序
	接管、清算和终止	分立、合并及解散的清算、被撤销、破产	解散程序、破产前的行政拯救、破产程序启动、破产清偿顺序
行为法	业务规范	存贷款业务、中间业务	贷款审查制度、资产负债比例管理制度、禁止性规定、中间业务的范围
	法律责任	逃避监管的法律责任、侵犯商业银行权利的法律责任	逃避监管的违法行为样态

2. 银行业监督管理法。

2003 年颁布的《银行业监督管理法》奠定了我国银行业监督制度的基础。该法也主要由组织法和行为法两大制度板块构成,其要点如下表所示:

类别	主要内容	重点提示	难点提示
组织法	基本制度	监管对象、监管目标和原则	其他金融机构的范围、协同原则
	监管机构	机构运行基本要求、监管职责范围	监管职责的履行规则
行为法	监管措施	强制信息披露、强制整改制度	接管、重组与撤销
	法律责任	银行业金融机构的法律责任	违反经营管制规定的行政处罚、违反审慎经营义务的法律责任

(四)财税法

税法主要包括实体税法和程序税法两部分。本书收入各税收法律的要点如下：

类别	法律名称	重点提示	难点提示
实体税法	《税收征收管理法》	纳税人权利	信息权、秘密权、减免退税申请权、请求回避权
	《企业所得税法》	纳税人范围、征税对象和税率、应纳税所得额计算方法、税收优惠	应纳税所得额的扣除、源泉扣缴、特别纳税调整
	《个人所得税法》	纳税人范围、征税对象和税率、税收减免、纳税申报	累进税率与比例税率、应纳税额计算、预扣预缴与汇算清缴
	《车船税法》	免征对象、计税方法	
程序税法	《税收征收管理法》	税务登记制度、纳税申报制度、征缴期限、税收强制执行、税务检查权限、税收违法的经济责任和行政责任	账簿凭证管理制度、退税制度、应纳税额确定方法、税收保全制度、纳税人税收违法的行为类型
	《企业所得税法》	征收管理特别规定	非居民企业的纳税地、纳税年度、预缴制度

审计法主要包括组织法和程序法两部分,其要点如下：

类别	主要内容	重点提示	难点提示
审计组织法	审计机关	机构设置和领导体制	地方审计机关的本地行政首长和上级审计机关双重领导体制
	审计人员	行为准则	独立性维护制度、回避制度、保密制度
	审计职责	职责范围	中央和地方预算执行和财政收支的审计分工、财务收支审计的对象、对建设项目的审计监督
		职责履行	全面审计与专项审计的区分、审计管辖的确定
审计程序法	审计权限	资料获取、审计检查、调查取证、账户查询、保全措施、纠正措施	被审计单位的配合义务、账户查询的批准权限、适用保全措施的条件和方式、纠正措施的对象
	审计流程	启动、调查、报告、决定	审计调查的方式、审计报告的报送程序、审计决定的作出和生效、审计决定的变更和撤销
	法律责任	被审计单位的违法责任	转移隐匿行为的认定、违法收支行为的处理措施

(五)土地法和房地产法

1. 土地管理法。

《土地管理法》是中华人民共和国最早的土地立法,是一部土地民事关系和土地行政关系并存的法律。2007 年《物权法》的颁布推动了《土地管理法》的修改。《土地管理法》的要点如下所示:

类别	主要内容	重点提示	难点提示
总则	基本原则	土地公有制;土地合理利用;土地用途管制	土地公有制的法律体现;土地用途的分类
土地民事关系	土地所有权	土地所有权的效力范围;国家土地所有权的范围;集体所有权的性质	国家所有权与集体所有权的差别
	土地使用权	土地使用权的分类;农地承包经营的方式;国有建设用地的取得方式;国有建设用地流转制度;集体建设用地流转方式	农用地使用权的开发取得;国有建设用地划拨取得的限制;国有建设用地收回制度;农村宅基地流转限制
土地行政关系	土地规划	土地利用总体规划编制原则;规划管理配套制度;违反土地管理秩序的行为分类	土地规划的约束力;国土空间规划的意义
	耕地保护	耕地保护的基本政策;耕地保护的政府责任制	永久基本农田的范围;违反耕地保护的法律责任
	建设用地管理	农用地转用审批;土地征收的条件和程序;建设用地管理审批;集体建设用地的分类管理	实施土地征收的公共利益认定;征地补偿制度;临时用地管理
	监督检查	监督检查措施;违法查处	行政处罚权的行使要求
法律责任和争议处理	法律责任	违反《土地管理法》的行为样态及相应行政处置手段	土地流转中的违法行为;非法占用土地的制裁措施
	争议处理	土地权属争议的处理方法	土地争议适用的多种法律

2. 城乡规划法。

《城乡规划法》是一部城乡统一的规划立法,尽管在一定程度上反映了城乡差别的现实,但其立法目标是朝着城乡一体化方向的。该法的实施对于规范土地利用和土地流转的秩序,具有"源头治理"的意义。《城乡规划法》的要点如下所示:

内容	重点提示	难点提示
基本概念	城乡规划的分类;规划区的意义	对规划修改行为的规范
城乡规划的制定	体系规划编制程序;总体规划的强制性内容;修建性详细规划的编制	规划编制程序中审批与备案的区别;规划编制的透明度要求
城乡规划的实施	建设规划与总体规划的关系;建设规划许可制度;建设规划变更的限制;监督检查措施	用地规划许可与工程规划许可的区别与联系;临时建设规划的控制措施
城乡规划的修改	允许修改的事由;修改的程序	防止城乡规划修改的滥用
监督检查和法律责任	监督检查的措施;违反城乡规划法的行为样态	采取限期拆除措施的法律依据和适用条件

3. 城市房地产管理法。

《城市房地产管理法》是在城乡二元背景下根据城市地区(含城市规划区和建成区)房地产市场需求制定的法律,具有一定的历史局限性。未来的发展方向是通过土地制度改革和乡村振兴战略的实施,吸取城市房地产法的实施经验,逐步实现城乡建设市场从接轨到并轨,最终实现城乡房地产市场统一立法。该法涵盖城市房地产市场从规划、土地、投资、企业、建筑到房地产交易、房地产金融和物业服务等多方面行政管理,体现了经济法"多部门综合"的特点。《城市房地产管理法》的要点如下所示:

分类	内容	重点提示	难点提示
开发用地	土地使用权出让	出让方式;出让使用权的年限	土地使用出让中的强制性规定;土地使用权期满续期规定
	土地使用权划拨	划拨方式的特点	《民法典》对划拨方式的限制
	集体土地流转	城市规划区集体土地流转制度改革情况	与《土地管理法》的衔接
房地产开发	开发项目管理	开发项目管理要求	项目超过开发期限的处理
	开发企业管理	开发企业的分类;设立条件;设立程序	资质等级与注册资本要求
房地产交易	一般规则	房地一同交易;权利义务概括承接;价格评估;成交价申报;依法登记	价格评估基准;不如实申报成交价在税法上的后果
	房地产转让	转让程序;土地使用权转让条件;划拨土地转让规定	禁止转让的情形
	房地产抵押	可抵押的房地产;划拨土地上房地产抵押	新增地上物的处理
	房地产租赁	住宅房屋租赁	划拨土地上房屋租金上缴
	商品房预售与按揭	商品房预售条件;商品房按揭流程	商品房预售备案按揭前期的阶段性担保
物业服务	物业管理的内容	物业服务管理模式;常规性管理服务的内容	物业管理与社区管理的协调融合
	业主和业主组织	业主的法律地位;业主的权利义务;业主组织的职责	业主委员会的组织规范
	物业管理企业	物管企业的法律地位	物管企业的行业自律
	物业服务合同	物业服务合同的必要内容;物业服务收费的规范	业主组织的物业服务选择权
	前期物业服务	前期物业服务的主体;临时管理规约	业主对共有物产的权利

4. 不动产登记。

不动产登记制度的基本法律依据是《民法典》第 209 ~ 223 条的规定。现行《不动产登记暂行条例》是政府确定的登记机构实施不动产登记的行为规范。从行政法律关系的性质上讲,该条例属于服务性规范,即政府通过登记服务为不动产权利人和利害关系人提供产权保护和交易安全的便利。这体现了建设服务型政府的要求。该条例具体规定了不动产登记的财产范围、登记种类、登记机构,不动产登记簿的统一制作要求,不动产登记的申请和受理程序,登记信息的共享与保护规则,以及违反条例的法律责任。读者对有关规定的理解,需要对照《民法典》的规定,按照当事人权利和登记机构义务两条主线进行梳理贯通。

【大纲变化法律法规提示】

中华人民共和国消费者权益保护法实施条例★

(2024 年 2 月 23 日国务院第 26 次常务会议通过　2004 年 3 月 15 日国务院令第 778 号公布　自 2024 年 7 月 1 日起施行)

【大纲变化考点提示】

2024 年,本学科大纲考点无变化。

【大纲配套练习题】

1. (单项选择题) 甲制药厂在组织参观乙制药厂实验室时,甲厂一名技术人员暗中提取了实验室中的一种溶液样品。回到甲厂后,该技术人员与他人一起分析了溶液的成分,得出了乙厂新开发的一种药品的配方,甲厂迅速根据此配方推出了一种新药。乙厂在市场上见到这种新药十分震惊,经调查查清了其中原委,遂向人民法院提起诉讼,要求甲厂赔偿损失,并停止生产这种药品。以下说法正确的是哪项?(　　)①

A. 甲厂不构成不正当竞争,因提取溶液样品的技术人员并不能代表甲厂

B. 甲厂构成不正当竞争,但只能停止生产这种药品,而不能赔偿损失

C. 人民法院无权管辖此案

D. 乙厂的诉讼请求应予支持

2. (单项选择题) 甲厂生产一种易拉罐碳酸饮料。消费者丙从乙商场购买这种饮料后,在开启时被罐内强气流炸伤眼部,下列哪项是正确的?(　　)②

A. 丙只能向乙索赔

B. 丙只能向甲索赔

C. 丙只能向消费者协会投诉,请其确定向谁索赔

D. 丙可向甲、乙中的一个索赔

3. (单项选择题) 王某是甲商业银行的信贷人员,王某的丈夫李某在乙公司任总经理,乙公司向甲银行

---

① D。配方当属于商业秘密,甲厂技术人员采用不正当手段窃取乙厂的商业秘密,且甲厂明知该种情形。故该情形属于侵犯商业秘密行为。《反不正当竞争法》第 9 条规定,经营者不得实施下列侵犯商业秘密的行为:(1)以盗窃、贿赂、欺诈、胁迫、电子侵入或者其他不正当手段获取权利人的商业秘密;(2)披露、使用或者允许他人使用以前项手段获取的权利人的商业秘密;(3)违反保密义务或者违反权利人有关保守商业秘密的要求,披露、使用或者允许他人使用其所掌握的商业秘密。……第三人明知或者应知商业秘密权利人的员工、前员工或者其他单位、个人实施前款所列违法行为,仍获取、披露、使用或者允许他人使用该商业秘密的,视为侵犯商业秘密。本法所称的商业秘密,是指不为公众所知悉、具有商业价值并经权利人采取相应保密措施的技术信息、经营信息等商业信息。

② D。考查产品质量责任的承担主体范围。《消费者权益保护法》第 40 条第 2 款规定:消费者或者其他受害人因商品缺陷造成人身、财产损害的,可以向销售者要求赔偿,也可以向生产者要求赔偿。属于生产者责任的,销售者赔偿后,有权向生产者追偿。属于销售者责任的,生产者赔偿后,有权向销售者追偿。所以选择 D 选项。

申请贷款,下列说法正确的是:(　　)①

A. 甲银行不得向乙公司发放贷款

B. 甲银行不得向乙公司发放信用贷款

C. 甲银行不得向乙公司发放担保贷款

D. 甲银行可以自由向乙公司发放贷款

4. (多项选择题) 下列行为构成滥用市场支配地位行为的有:(　　)②

A. 甲公司生产的某种小家电市场占有率达60%,甲公司引进新技术对产品进行了改进,并将销售价格提高了30%

B. 乙公司生产的牛奶在该地的市场占有率达55%,乙公司要求当地某超市在购物车上为其免费做广告,超市拒绝,乙公司停止向超市供货

C. 某市自来水公司称由于很多用户的自来水龙头滴漏,造成严重浪费,要求用户必须购买该公司指定的几种品牌的水龙头,经查,自来水公司与指定品牌的生产厂家并无利益关系

D. 某市生产打火机的厂家众多,由于有的小厂家生产的打火机质量不合格,给该行业声誉造成影响;该市最大的打火机生产厂丙厂和丁厂的市场占有率达70%,两厂资金雄厚,决定以低于成本的价格销售打火机,以期将小厂家挤出市场

5. (多项选择题) 下列收入为企业的征税收入的有:(　　)③

A. 财政拨款

B. 依法收取并纳入财政管理的行政事业性收费

C. 股息、红利等权益性投资收益

D. 接受捐赠收入

6. (不定项选择题) 某村办工厂因生产的拖拉机产能过剩,资金周转不灵,将其所有的一块集体经营性建设用地使用权出让给新兴公司。新兴公司拟在该土地上开办养殖场,须申请变更城乡规划。对此,下列选项正确的是?(　　)④

---

① B。考查商业银行关系人的贷款规则。法律依据为《商业银行法》第40条。题中乙公司和甲银行构成关系人,故甲银行不得向乙公司发放信用贷款。

② BCD。考查滥用市场支配地位行为的判断。法律依据为《反垄断法》第27条规定。A选项中甲公司有正当理由提高价格,所以不属于滥用市场支配地位行为。B选项中乙公司没有正当理由拒绝与交易相对人进行交易。C选项中自来水公司虽然与指定品牌厂家没有利益关系,但是其指定品牌的理由并不正当。D选项中丙厂和丁厂的行为属于没有正当理由以低于成本的价格销售,因此均构成滥用市场支配地位行为。

③ CD。考查企业的应纳税所得额的范围。依据为《企业所得税法》第6条、第7条的规定。

④ AC。本题主要考查《土地管理法》集体经营性建设用地的相关规定。根据《土地管理法》第63条第1款、第2款的规定:"土地利用总体规划、城乡规划确定为工业、商业等经营性用途,并经依法登记的集体经营性建设用地,土地所有权人可以通过出让、出租等方式交由单位或者个人使用,并应当签订书面合同,载明土地界址、面积、动工期限、使用期限、土地用途、规划条件和双方其他权利义务。前款规定的集体经营性建设用地出让、出租等,应当经本集体经济组织成员的村民会议三分之二以上成员或者三分之二以上村民代表的同意。"据此,某村办工厂拟转让其集体性建设用地使用权应当经过该集体经济组织成员村民会议三分之二以上成员或三分之二以上村民代表的同意,故A选项正确。根据《土地管理法》第66条规定:"有下列情形之一的,农村集体经济组织报经原批准用地的人民政府批准,可以收回土地使用权:(一)为乡(镇)村公共设施和公益事业建设,需要使用土地的;(二)不按照批准的用途使用土地的;(三)因撤销、迁移等原因而停止使用土地的……"若新兴公司未经批准改变该地用途,农村经济组织报经原批准用地的人民政府批准后可以收回土地使用权,而不能仅依据村委会决议,故B选项错误。根据《土地管理法》第63条规定:"……集体经营性建设用地的出租,集体建设用地使用权的出让及其最高年限、转让、互换、出资、赠与、抵押等,参照同类用途的国有建设用地执行。具体办法由国务院制定。"据此,该建设用地可用于抵押,需根据国务院制定的具体办法参照同类国有建设用地执行,故C选项正确。根据《城乡规划法》第47条规定:"有下列情形之一的,组织编制机关方可按照规定的权限和程序修改省域城镇体系规划、城市总体规划、镇总体规划:(一)上级人民政府制定的城乡规划发生变更,提出修改规划要求的;(二)行政区划调整确需修改规划的;(三)因国务院批准重大建设工程确需修改规划的;(四)经评估确需修改规划的;(五)城乡规划的审批机关认为应当修改规划的其他情形……"据此,城乡规划修订的主体为组织编制机关,并非村民委员会来决定,故D选项错误。综上,本题应选AC选项。

A. 村办工厂应经三分之二以上村民代表的同意方能出让该地

B. 如新兴公司未经批准改变该地用途，经村委会决议可收回

C. 新兴公司可将该建设用地用于抵押

D. 新兴公司可向村民委员会提出变更城乡规划的申请

7.（不定项选择题）大地公司欲扩展公司规模，建设一栋办公楼或者厂房，希望通过国有土地出让取得一块国有土地使用权。现在大地公司就有关事宜咨询了关律师，关律师的下列说法错误的有：（　　）①

A. 如果大地公司需要改变土地用途，只需自然资源主管部门同意

B. 土地使用权出让金是国家作为城市土地所有者的收益，应当纳入国库，纳入财政预算，用于国家大型建设项目投资、国防支出、教育拨款、转移支付等决算支出项目

C. 土地使用权出让合同约定的使用年限届满，使用者要求续期的，应当批准，确认原出让合同继续有效，顺延原出让合同中规定的使用年限

D. 取得国有土地使用权后，如果大地公司不想建设办公楼了，可以直接把土地使用权再转让给其他单位

---

① ABCD。考查以出让方式取得国有土地使用权的基本规则。A选项错误，法律依据为《土地管理法》第56条的规定。以出让方式取得土地使用权的，如果要改变土地用途，必须经有关自然资源主管部门同意，报原批准用地的人民政府批准。涉及在城市规划区内改变土地用途的，在报批前应当先经有关城市规划行政主管部门同意。B选项错误，法律依据为《城市房地产管理法》第19条的规定：土地使用权出让金应当全部上缴财政，列入预算，用于城市基础设施建设和土地开发。土地使用权出让金上缴和使用的具体办法由国务院规定。C选项错误，法律依据为《城市房地产管理法》第22条第1款的规定。土地使用权出让合同使用年限届满，需要续期的，不是原合同继续生效，而是要重新签订土地使用权出让合同。D选项也错误，法律依据为《城市房地产管理法》第39条的规定。出让方式取得的国有土地使用权不可以直接转让，必须符合法律规定的条件。

环境资源法

【本学科复习重点、难点说明】

(一)环境保护法

学习环境保护法,要在全面了解的基础上,着重掌握以下要点:

节次	重点提示		难点提示
概述	基本概念;环境保护法的体系;基本原则		第二环境问题的类别;污染者担责原则的内容
环境保护法的基本制度	环境规划制度	规划的分类和内容;编制程序	三大类规划的相互关系
	清洁生产制度	清洁生产义务;推行措施;审核认证制度	防止污染义务的具体要求
	环境影响评价制度	适用范围;评价程序	建设项目环境影响评价文件的审批规定
	“三同时”制度	适用范围;实施程序	建设项目的主体工程完工后的“三同时”要求
	环境保护税制度	征收对象;计税依据;征收管理	暂予免征环境保护税的情形
	总量控制制度	控制对象;实施程序	对污染严重地区的控制措施
	许可管理制度	适用范围;实施程序	排污许可证制度与环境影响评价制度的衔接要求
	环境标准制度	环境标准的体系	环境质量标准与排污标准的区别
	环境监测制度	监测规范;环境突发事件应对机制	环境突发事件应对中的单位义务
	信息公开和公众参与制度	政府信息公开的要求;环境公益诉讼	环境公益诉讼的受理条件
	跨行政区污染防治制度	跨区协防机制的“四统一”要求	
	农村环境综合治理制度	农业、农村环境保护的政府职责	农村环境保护的特别规定
	生态保护制度	生态保护红线制度;生态保护补偿制度	生态功能红线规定
	政府监管责任制度	考核评价制度;限期达标制度	行政强制措施的权限范围

续表

节次	重点提示		难点提示
环境法律责任	环境行政责任	违法排放、超标排放、擅自开工建设的行政责任	对直接责任人员的责任追究规定
	行政问责制	问责职权	直接责任人员的问责事由
	环境民事责任	无过错责任原则;举证责任倒置规则	第三人的连带责任
	环境刑事责任	涉环境犯罪的 14 项罪名	

(二)自然资源法

学习自然资源法,要在全面了解的基础上,着重掌握以下要点:

节次	重点提示		难点提示
概述	基本概念;我国自然资源立法的主要门类		土地资源法与土地法的关系
森林法	森林法概述	调整对象	森林的分类
	森林资源权属制度	森林资源使用权;权利人的义务;林木、林地权属争议解决	林地使用权与林木所有权的区别和联系
	森林资源保护制度	重点林区保护;护林制度;森林防火制度	
	森林资源培育制度	生态修复	荒地造林绿化
	森林资源管理制度	公益林管理制度;林地占用审批制度;采伐许可证制度;监督检查制度	国家鼓励发展的商品林;对采伐行为的强制性规定
	涉林违法行为的法律责任	毁坏林木;污染林地;盗伐、滥伐林木;伪造、买卖采伐许可证	对林业管理部门和国有林业单位的违法责任追究
矿产资源法	矿产资源权属制度	矿业权的取得、转让;矿业权人的义务	探矿权与采矿权的区别
	矿产资源勘查开发管理	开采审批管理;开采规划管理;禁止开矿的地区	设立矿山企业的条件;个人开采的限制规定
	违反矿产资源管理秩序的法律责任	行为样态;行政处罚规定;涉及刑事责任的行为	属于违法采矿的行为及其法律责任

【大纲变化法律法规提示】

2024 年,本学科大纲法律法规无变化。

【大纲变化考点提示】

2024 年,本学科大纲考点无变化。

【教材新增要点详解】

☞ 1－3－1　环境民事责任☆

环境民事责任,即生态环境侵权责任。根据《环境保护法》的规定,因污染环境和破坏生态造成损害的,应当依照民事法律中侵权法律的有关规定承担侵权责任。《最高人民法院关于审理生态环境侵权责任纠纷案件若干问题的解释》(法释〔2023〕5号)对污染环境、破坏生态行为的侵权责任做了具体规定。关于环境生态侵权责任的规定有如下要点。

1. 无过错责任原则。污染环境、破坏生态造成他人损害,行为人不论有无过错,都应当承担侵权责任。实践中,具备三个要件即可成立生态环境侵权责任:(1)行为人有环境污染、破坏生态的行为,包括①排放废气、废水、废渣、医疗废物、粉尘、恶臭气体、放射性物质等污染环境的,②排放噪声、振动、光辐射、电磁辐射等污染环境的,③不合理开发利用自然资源的,④违反国家规定,未经批准,擅自引进、释放、丢弃外来物种的,⑤其他污染环境、破坏生态的行为;(2)被侵权人受到损害;(3)该行为和该损害之间有因果关系。

根据司法解释,下列污染环境、破坏生态的情形,不作为生态环境侵权行为,应依照相关法律规定确定民事责任:(1)未经由大气、水、土壤等生态环境介质,直接造成损害的;(2)在室内、车内等封闭空间内造成损害的;(3)不动产权利人在日常生活中造成相邻不动产权利人损害的,但是,不动产权利人因经营活动污染环境、破坏生态造成相邻不动产权利人损害的应承担生态环境侵权责任;(4)劳动者在职业活动中受到损害的。

2. 举证责任倒置规则。被要求承担生态环境侵权责任的行为人,应当就法律规定的不承担责任或者减轻责任的情形及其行为与损害之间不存在因果关系承担举证责任。

3. 多因一果的处理规则。两个以上侵权人分别污染环境、破坏生态,每一个侵权人的行为都不足以造成全部损害的,侵权人应根据民法典第1172条的规定承担按份责任。两个以上侵权人分别排放的物质相互作用产生污染物造成他人损害,侵权人应承担连带责任。多个侵权人之间的责任分配,应当根据行为有无许可,污染物的种类、浓度、排放量、危害性,破坏生态的方式、范围、程度,以及行为对损害后果所起的作用等因素确定。

4. 第三人过错的处理规则。(1)因第三人的过错污染环境、破坏生态造成损害的,被侵权人可以向侵权人请求赔偿,也可以向第三人请求赔偿。侵权人对损害的发生没有过错的,在承担责任后有权向第三人追偿。(2)排污单位将所属的环保设施委托第三方治理机构运营,或者将污染物交由第三方治理机构集中处置,第三方治理机构在合同履行过程中污染环境造成他人损害的,第三方治理机构应承担侵权责任。(3)侵权人污染环境、破坏生态造成他人损害,未尽到安全保障义务的经营场所、公共场所的经营者、管理者或者群众生活活动的组织者应承担相应补充责任。(4)依照法律规定应当履行生态环境风险管控和修复义务的民事主体,未履行法定义务造成他人损害的,承担相应的责任。

5. 环境服务机构的连带责任。环境影响评价机构、环境监测机构以及从事环境监测设备和防治污染设施维护、运营的机构存在下列情形之一的,除依照有关法律法规规定予以处罚外,还应当与造成环境污染、生态破坏的其他责任人承担连带责任:(1)故意出具失实评价文件的;(2)隐瞒委托人超过污染物排放标准或者超过重点污染物排放总量控制指标的事实的;(3)故意不运行或者不正常运行环境监测设备或者防治污染设施的;(4)其他根据法律规定应当承担连带责任的情形。

6. 诉讼时效。《环境保护法》规定,提起环境损害赔偿诉讼的时效期间为3年,从当事人知道或者应当知道其受到损害时起计算。

☞ 2-2-1　涉林违法行为的样态及责任☆

违反森林法的规定，实施下列行为的，构成涉林违法行为，承担相应的行政责任和民事责任。构成违反治安管理行为的，依法给予治安管理处罚；构成犯罪的，依法追究刑事责任。

1. 行政渎职。县以上林管部门或者其他有关国家机关未依照《森林法》的规定履行职责的，对直接负责的主管人员和其他直接责任人员依法给予处分。依照《森林法》的规定应当作出行政处罚决定而未作出的，上级主管部门有权责令下级主管部门作出行政处罚决定或者直接给予行政处罚。

2. 民事侵权。侵害森林、林木、林地的所有者或者使用者的合法权益的，依法承担侵权责任。相关侵权责任的确定，适用民法的规定。

3. 国有单位失责。国有林业企业事业单位未履行保护培育森林资源义务、未编制森林经营方案或者未按照批准的森林经营方案开展森林经营活动的，由县以上林管部门责令限期改正，对直接负责的主管人员和其他直接责任人员依法给予处分。

4. 违法用地。未经县以上林管部门审核同意擅自改变林地用途的，由县以上林管部门责令限期恢复植被和林业生产条件，可以处恢复植被和林业生产条件所需费用 3 倍以下的罚款。

在临时使用的林地上修建永久性建筑物，或者临时使用林地期满后 1 年内未恢复植被或者林业生产条件的，依照上述规定处罚。

虽经县以上林管部门审核同意，但未办理建设用地审批手续擅自占用林地的，依照《土地管理法》的有关规定处罚。

根据《最高人民法院关于审理破坏森林资源刑事案件适用法律若干问题的解释》的规定，违反土地管理法规，非法占用林地，改变被占用林地用途，具有下列情形之一的，应当认定为《刑法》第 342 条规定的造成林地"毁坏"：(1) 在林地上实施建窑、建坟、建房、修路、硬化等工程建设的；(2) 在林地上实施采石、采砂、采土、采矿等活动的；(3) 在林地上排放污染物、堆放废弃物或者进行非林业生产、建设，造成林地被严重污染或者原有植被、林业生产条件被严重破坏的。

5. 毁坏林木。进行开垦、采石、采砂、采土或者其他活动，造成林木毁坏的，由县以上林管部门责令停止违法行为，限期在原地或者异地补种毁坏株数 1 倍以上 3 倍以下的树木，可以处毁坏林木价值 5 倍以下的罚款；造成林地毁坏的，由县以上林管部门责令停止违法行为，限期恢复植被和林业生产条件，可以处恢复植被和林业生产条件所需费用 3 倍以下的罚款。对此种行为，公安机关可以行使行政处罚权。

在幼林地砍柴、毁苗、放牧造成林木毁坏的，由县以上林管部门责令停止违法行为，限期在原地或者异地补种毁坏株数 1 倍以上 3 倍以下的树木。

毁坏林木被责令恢复植被和林业生产条件或者补种树木而拒不履行，或者其履行不符合国家有关规定的，由县以上林管部门依法组织代为履行，所需费用由违法者承担。

6. 污染林地。向林地排放重金属或者其他有毒有害物质含量超标的污水、污泥，以及可能造成林地污染的清淤底泥、尾矿、矿渣等的，依照《土壤污染防治法》的有关规定处罚。

7. 破坏森林保护标志。擅自移动或者毁坏森林保护标志的，由县以上林管部门恢复森林保护标志，所需费用由违法者承担。

8. 盗伐、滥伐林木。以非法占有为目的，擅自砍伐国家、集体、企业事业单位或者个人所有、经营或者营造的林木的，构成盗伐林木行为，由县以上林管部门责令限期在原地或者异地补种盗伐株数 1 倍以上 5 倍以下的树木，并处盗伐林木价值 5 倍以上 10 倍以下的罚款。

盗伐森林或者其他林木，涉案林木具有下列情形之一的，应当认定为刑法第 345 条第 1 款规定的"数量较大"：(1) 立木蓄积 5 立方米以上的；(2) 幼树 200 株以上的；(3) 数量虽未分别达前两项规定标准，但按相应比例折算合计达到有关标准的；(4) 价值 2 万元以上的。实施盗伐行为达到上述标准 10 倍、50 倍以上的，应当分别认定为《刑法》第 345 条第 1 款规定的"数量巨大""数量特别巨大"。

无采伐许可证或者虽然持有采伐许可证但违背采伐证所规定的地点、数量、树种、方式而任意采伐属于自己或者他人的林木的,构成滥伐林木行为,由县以上林管部门责令限期在原地或者异地补种滥伐株数1倍以上3倍以下的树木,可以处滥伐林木价值3倍以上5倍以下的罚款。具有下列情形之一的,应当认定为《刑法》第345条第2款规定的"滥伐森林或者其他林木":(1)未取得采伐许可证,或者违反采伐许可证规定的时间、地点、数量、树种、方式,任意采伐本单位或者本人所有的林木的;(2)违反《森林法》第56条第3款的规定,任意采伐本单位或者本人所有的林木的;(3)在采伐许可证规定的地点,超过规定的数量采伐国家、集体或者他人所有的林木的。林木权属存在争议,一方未取得采伐许可证擅自砍伐的,以滥伐林木论处。滥伐行为涉案林木达到以下标准的,构成该款规定的"数量较大":(1)立木蓄积20立方米以上的;(2)幼树1000株以上的;(3)数量虽未分别达到前两项规定标准,但按相应比例折算合计达到有关标准的;(4)价值5万元以上的。达到以上标准5倍以上第(1)~(4)项规定的,构成"数量巨大"。盗伐、滥伐林木被责令补种树木而拒不履行,或者其履行不符合国家有关规定的,由县以上林管部门依法组织代为履行,所需费用由违法者承担。

对盗伐、滥伐行为,公安机关可以行使行政处罚权。

9. 毁坏野生植物。违反国家规定,非法采伐、毁坏列入《国家重点保护野生植物名录》的野生植物,或者非法收购、运输、加工、出售明知是非法采伐、毁坏的上述植物及其制品,具有下列情形之一的,应当依照《刑法》第344条的规定,以危害国家重点保护植物罪定罪处罚:(1)危害国家一级保护野生植物1株以上或者立木蓄积1立方米以上的;(2)危害国家二级保护野生植物2株以上或者立木蓄积2立方米以上的;(3)危害国家重点保护野生植物,数量虽未分别达到前两项标准,但按相应比例折算合计达到有关标准的。(4)涉案国家重点保护野生植物及其制品价值2万元以上的。

10. 伪造、买卖采伐许可证。伪造、变造、买卖、租借采伐许可证的,无论是否实施采伐,由县以上林管部门没收证件和违法所得,并处违法所得1倍以上3倍以下的罚款;没有违法所得的,可以处2万元以下的罚款。对本项行为,公安机关可以行使行政处罚权。有上述行为实施采伐的,其采伐行为另按盗伐、滥伐林木予以处罚。

11. 交易被盗伐、滥伐林木。收购、加工、运输明知是盗伐、滥伐等非法来源的林木的,由县以上林管部门责令停止违法行为,没收违法收购、加工、运输的林木或者变卖所得,可以处违法收购、加工、运输林木价款3倍以下的罚款。对本项行为,公安机关可以行使行政处罚权。

非法收购、运输明知是盗伐、滥伐的林木,具有下列情形之一的,应当认定为《刑法》第345条第3款规定的"情节严重":(1)涉案林木立木蓄积20立方米以上的;(2)涉案幼树1000株以上的;(3)涉案林木数量虽未分别达到前两项规定标准,但按相应比例折算合计达到有关标准的;(4)涉案林木价值5万元以上的;(5)其他情节严重的情形。

12. 未完成更新造林。采伐林木的单位或者个人未完成更新造林任务的,由县以上林管部门责令限期完成;逾期未完成的,可以处未完成造林任务所需费用2倍以下的罚款;对直接负责的主管人员和其他直接责任人员,依法给予处分。

13. 妨碍林业执法。拒绝、阻碍县以上林管部门依法实施监督检查的,可以处5万元以下的罚款,情节严重的,可以责令停产停业整顿。

【大纲配套练习题】

1.(单项选择题)我国《环境保护法》规定,企业事业单位和其他生产经营者违反法律法规规定排放污染物,造成或者可能造成严重污染的,县级以上人民政府环境保护主管部门和其他负有环境保护监督管理

职责的部门有权:(　　)①

A. 责令企业事业单位进行整改

B. 公开进行通报批评

C. 可以查封、扣押造成污染物排放的设施、设备

D. 责令停产整顿

2.(多项选择题)下列相关说法正确的是:(　　)②

A. 建设单位可以委托技术单位对其建设项目开展环境影响评价,具备环境影响评价技术能力的建设单位也可以自行对其建设项目开展环境影响评价

B. 接受委托为建设单位编制建设项目环境影响报告书、环境影响报告表的技术单位,不得与负责审批建设项目环境影响报告书、环境影响报告表的生态环境主管部门或者其他有关审批部门存在任何利益关系

C. 接受委托编制建设项目环境影响报告书、环境影响报告表的技术单位应当对建设项目环境影响报告书、环境影响报告表的内容和结论负责,建设单位对其编制的建设项目环境影响报告书、环境影响报告表承担相应责任

D. 县级以上的人民政府生态环境主管部门有权为建设单位指定编制建设项目环境影响报告书、环境影响报告表的技术单位

3.(不定项选择题)下列有关矿产资源的说法正确的是:(　　)③

A. 矿产资源属于国家所有,由国务院行使国家对矿产资源的所有权

B. 国有矿山企业是开采矿产资源的主体

C. 国家实行探矿权、采矿权有偿取得的制度;但是,国家对探矿权、采矿权有偿取得的费用,可以根据不同情况规定予以减缴、免缴

D. 已取得采矿权的矿山企业,因资金缺乏,可以按照市价将采矿权转让于其他有资质的企业,但需要经依法批准

---

① C。法律依据为《环境保护法》第25条的规定,企业事业单位和其他生产经营者违反法律法规规定排放污染物,造成或者可能造成严重污染的,县级以上人民政府环境保护主管部门和其他负有环境保护监督管理职责的部门,可以查封、扣押造成污染物排放的设施、设备。

② AB。AB选项正确,依据为《环境影响评价法》第19条规定,建设单位可以委托技术单位对其建设项目开展环境影响评价,编制建设项目环境影响报告书、环境影响报告表;建设单位具备环境影响评价技术能力的,可以自行对其建设项目开展环境影响评价,编制建设项目环境影响报告书、环境影响报告表。编制建设项目环境影响报告书、环境影响报告表应当遵守国家有关环境影响评价标准、技术规范等规定。国务院生态环境主管部门应当制定建设项目环境影响报告书、环境影响报告表编制的能力建设指南和监管办法。接受委托为建设单位编制建设项目环境影响报告书、环境影响报告表的技术单位,不得与负责审批建设项目环境影响报告书、环境影响报告表的生态环境主管部门或者其他有关审批部门存在任何利益关系。CD选项错误,《环境影响评价法》第20条规定,建设单位应当对建设项目环境影响报告书、环境影响报告表的内容和结论负责,接受委托编制建设项目环境影响报告书、环境影响报告表的技术单位对其编制的建设项目环境影响报告书、环境影响报告表承担相应责任。设区的市级以上人民政府生态环境主管部门应当加强对建设项目环境影响报告书、环境影响报告表编制单位的监督管理和质量考核。负责审批建设项目环境影响报告书、环境影响报告表的生态环境主管部门应当将编制单位、编制主持人和主要编制人员的相关违法信息记入社会诚信档案,并纳入全国信用信息共享平台和国家企业信用信息公示系统向社会公布。任何单位和个人不得为建设单位指定编制建设项目环境影响报告书、环境影响报告表的技术单位。

③ ABC。考查矿产资源权利的转让。A选项正确。依据为《矿产资源法》第3条第1款规定,矿产资源属于国家所有,由国务院行使国家对矿产资源的所有权。地表或者地下的矿产资源的国家所有权,不因其所依附的土地的所有权或者使用权的不同而改变。B选项正确。依据为《矿产资源法》第4条规定,国家保障依法设立的矿山企业开采矿产资源的合法权益。国有矿山企业是开采矿产资源的主体。国家保障国有矿业经济的巩固和发展。C选项正确。依据为《矿产资源法》第5条规定,国家实行探矿权、采矿权有偿取得的制度;但是,国家对探矿权、采矿权有偿取得的费用,可以根据不同情况规定予以减缴、免缴。具体办法和实施步骤由国务院规定。开采矿产资源,必须按照国家有关规定缴纳资源税和资源补偿费。D选项错误。依据为《矿产资源法》第6条规定,除法定情形外,禁止将探矿权、采矿权倒卖牟利。

劳动与社会保障法

【本学科复习重点、难点说明】

(一)劳动法

学习劳动法,要在全面了解的基础上,注意掌握以下要点:

<table>
<tr><th>节次</th><th colspan="2">重点提示</th><th>难点提示</th></tr>
<tr><td>概述</td><td colspan="2">调整对象;劳动关系的特征;劳动法律关系;工会的权利</td><td>劳动者权利义务的一致性;劳动行政部门的监督权限</td></tr>
<tr><td rowspan="8">劳动合同法</td><td>劳动合同的概念和分类</td><td>劳动合同的分类</td><td>订立无固定期限劳动合同的强制性规定</td></tr>
<tr><td>订立及效力</td><td>劳动合同的必备条款;试用期规定;保密条款</td><td>竞业限制条款的效力范围;对违约金条款的限制;合同无效后的劳动报酬处理</td></tr>
<tr><td>劳动合同的履行和变更</td><td>劳动合同履行过程中的劳动者保护</td><td>劳动报酬权的保障</td></tr>
<tr><td>劳动合同的解除和终止</td><td>单方解除的规则;终止事由;劳动者解除权;经济补偿金</td><td>用人单位单方解除的适用范围;不得终止的特殊情形;适用经济补偿金的情形;对裁员的限制</td></tr>
<tr><td>集体合同</td><td>集体合同的性质、主体和订立程序</td><td>集体合同生效程序;争议处理方法</td></tr>
<tr><td>劳务派遣</td><td>劳务派遣关系的特点;劳务派遣协议</td><td>用人单位与用工单位的区别</td></tr>
<tr><td>非全日制用工</td><td>特殊规定</td><td>合同终止规则</td></tr>
<tr><td>法律责任</td><td>用人单位的责任</td><td>连带赔偿责任</td></tr>
<tr><td rowspan="3">劳动基准法</td><td>工作时间和休息休假</td><td>工作时间和休息时间的种类;加班加点规定</td><td>不定时工作制;加班加点的工资标准</td></tr>
<tr><td>工资制度</td><td>工资的种类;工资支付保障规则</td><td>最低工资的不包括项</td></tr>
<tr><td>职业安全卫生</td><td>职业安全卫生制度的内容</td><td>对女职工的特殊保护规定</td></tr>
</table>

续表

节次	重点提示		难点提示
劳动争议	概论	劳动争议的分类	不属于劳动争议的情形
	处理机构	调解的性质;仲裁机构的设立;法院受案范围	劳动争议仲裁案件的受理范围
	解决方式及处理程序	调解的性质;仲裁程序;劳动争议诉讼案件的处理规则	调解协议书的效力;支付令;仲裁的时效规定;法院对劳动仲裁裁决的撤销权

(二)社会保障法

学习社会保障法,要在全面了解的基础上,着重掌握以下要点:

节次	重点提示		难点提示
概述	概念	社会保险四大类别的保障范围	社会福利的保障方式
	我国立法	主要的社会保险立法	社保立法各层级之间的关系
社会保险法	基本构架	社会保险的特点;基本原则	对"保基本"的理解;社会保险的多层次
	基本制度	征缴义务人;社保登记;社保基金管理运营;社保经办业务;社保监督体系	用人单位违反缴纳义务的后果;政府监督检查措施;举报投诉、权利救济和争议解决的联系
	基本养老保险	覆盖范围;待遇和支付	居民基本养老保险的特点;个人账户支取规定
	基本医疗保险	职工基本医疗保险的缴纳和待遇	居民基本医疗保险的特点;不纳入基本医疗保险的费用
	工伤保险	保险事故认定;支付项目;先行支付规则	视同工伤和不认定为工伤的情形;应由用人单位支付的费用
	失业保险	保费缴纳义务人;保险金领取规则	"非因本人意愿中断就业"的概念;保险金领取期限
	生育保险	覆盖范围;保险待遇	
	军人保险	特点;具体险种;保险基金;经办机构	养老保险、医疗保险的军地接续
	法律责任	用人单位的行政责任;社保经办机构渎职的民事责任	社保欺诈、侵害社保基金、泄露社保信息的法律责任

【大纲变化法律法规提示】

2024年,本学科大纲法律法规无变化。

【大纲变化考点提示】

2024 年,本学科大纲考点无变化。

【大纲配套练习题】

(多项选择题)张三与大地公司签订的劳动合同中约定有服务期限条款,下列有关该劳动合同解除的说法正确的是:(　　)①

A. 大地公司因经营出现暂时困难,到 7 月底上半年的工资只发了 2 个月的,张三因此与大地公司解除合同,不用支付违约金

B. 张三因空闲时间较多,就与大天公司签订了另一份占用双休日的合同,张三的行为属于违约行为,需支付违约金给大地公司

C. 张三同时与大丰公司签订了劳动合同,大地公司认为会对本单位的工作任务造成影响,遂督促张三赶紧解除大丰公司的合同,张三认为自己能够轻松应付 2 份工作,并不影响大地公司的工作而拒绝,张三的行为属于违约行为应当支付违约金

D. 张三进入公司才发现大地公司并没有提供合同中约定的工作条件,遂要求解约,张三无须支付违约金

---

① ACD。本题主要考查有服务期约定的劳动合同的解除。A 选项的情形属于《劳动合同法》第 38 条规定的情形,劳动者有权解除合同,故不属于违约行为,A 选项正确当选。B 选项的情形没有区分兼职的情形,一概而论,故 B 选项错误,不当选。C 选项属于违约行为,故 C 选项正确当选。D 选项的情形属于用人单位的欺诈行为,依据《劳动合同法》第 26 条第 1 款的规定:下列劳动合同无效或者部分无效:以欺诈、胁迫的手段或者乘人之危,使对方在违背真实意思的情况下订立或者变更劳动合同的……结合《劳动合同法》第 38 条第 1 款第 5 项的规定,D 选项正确当选。

国际私法

【本学科复习重点、难点说明】

国际私法学是法学的一个分支，既涉及国内法，又涉及国际法。考生在学习和掌握国际私法时，既要注意借助于民商法、民事诉讼法和国际法的基本原理和相关原则、规则、制度来理解国际私法，更要重点关注国际私法的基本原理，国际私法的原则、规则和制度，特别是我国有关国际私法的立法、司法解释和司法实践。

（一）国际私法的概念、调整对象、范围和渊源

重点关注国际私法是什么，它是以直接规范和间接规范相结合来调整平等主体之间的国际民商事法律关系并解决国际民商事法律冲突的法律部门。要注意国际私法的调整对象是广义的国际民商事关系，既包括一般的民事关系，又包括商事关系。而且，国际私法调整国际民商事法律关系的方法有独特之处，不仅用直接调整方法，而且用间接调整方法。还要关注的是，国际私法集外国人的民商事法律地位规范、冲突规范、国际统一实体私法规范、国际民商事争议解决规范于一体，集直接规范和间接规范于一体，集实体规范、法律适用规范和程序规范于一体，是最早的跨越传统的国内法和国际法界限的法律部门或法律分支。此外，国际私法的渊源不仅有国内法渊源，还有国际法渊源。

（二）国际私法的主体

重点要明晰国际私法的主体包括自然人、法人、国家和国际组织，但主要为自然人和法人，国家和国际组织只是国际私法的特殊主体。国际私法的主体实际上是指国际民商事法律关系的主体。要注意辨析自然人的国籍、住所、居所、经常居所，法人的国籍、住所、经常居所、营业所在国际私法上的意义，掌握如何界定和确定。要认识到国家及其财产豁免是原则，不豁免是例外，区分绝对豁免和限制豁免这两种立场和主张。要掌握国民待遇、最惠国待遇和优惠待遇的要义和区别。国民待遇与最惠国待遇不同。最惠国待遇是以给予一个外国的待遇为标准来给予另一个外国相同的待遇，其结果是使不同的外国国家在内国享受相同的优惠和处于相同的地位。而国民待遇是以给予本国人的待遇为标准确定外国人的待遇，其结果是使外国人与本国人的待遇处于相同的地位。优惠待遇则是内国赋予外国人特定优惠的待遇。

（三）国际民商事法律冲突、冲突规范和准据法

重点要明确了解避免和消除国际民商事法律冲突是国际私法的任务，冲突规范是解决国际民商事法律冲突的一种专门规范，准据法就是通过冲突规范找来的解决国际民商事法律冲突的法律。要关注国际民商事法律冲突产生的四个条件，清晰区分解决国际民商事法律冲突的冲突法方法和统一实体法方法。

冲突规范是由国内法或国际条约规定的，指明某种国际民商事法律关系应适用何种法律的规范。要明白冲突规范是国际私法特有的规范，它是法律适用规范、间接规范，也是结构独特的法律规范。了解冲突规范的范围、连结点、系属结构以及类型，有利于准确适用冲突规范。

准据法，是指经冲突规范指定援用来具体确定民商事法律关系当事人的权利与义务的特定的实体法律。由于冲突规范的直接作用只是确定法律选择，或者说援引准据法，故它并不能直接调整国际民商事法律关系，它只有和它所指定的准据法结合起来才能发挥作用。因此，冲突规范间接调整国际民商事法律关系的作用的发挥离不开准据法，准据法的选择与确定在国际私法中具有重要意义。准据法是经冲突规范援用的实体法律，可成为准据法的法律大多为国内实体私法和国际统一实体私法。国际统一实体私法包括国际条约和国际惯例。

（四）适用冲突规范的制度

在适用冲突规范的制度中，重点要掌握定性、反致、外国法的查明和解释、公共秩序保留、强制性规范的直接适用、法律规避的基本原理，特别是我国有关的立法和司法实践。我国立法明确规定不采用反致制度。在我国司法实践中，定性、外国法的查明和解释、公共秩序保留问题以及强制性规范的直接适用时常碰到。通常的做法是：人民法院、仲裁机构或者行政机关受理一个涉外民商事案件或国际民商事案件后，首先碰到的是定性问题，会依法院地法定性案件所涉的法律问题。如果依本国冲突规范的指引要适用外国法处理案件，就应当依职权查明涉外民事关系应适用的外国法律，但当事人根据意思自治原则选择适用外国法，该外国法应当由当事人提供；不能查明外国法律或者该国法律没有规定的，适用中国法律。外国法律的适用将损害中国社会公共利益的，不予适用，转而适用中华人民共和国法律。特别要注意的是，我国法律对涉外民事关系有强制性规定的，直接适用该强制性规定，而涉及中国社会公共利益、当事人不能通过约定排除适用、无须通过冲突规范指引而直接适用于涉外民事关系的法律、行政法规的规定，人民法院应当认定为《涉外民事关系法律适用法》第 4 条规定的强制性规定。

（五）国际民商事关系的法律适用

这一部分内容涉及权利能力与行为能力、物权、债权、商事关系、婚姻与家庭、继承、知识产权等领域的具体法律适用规则，重在结合我国的相关立法、司法解释和实践来掌握。

关于权利能力与行为能力的法律适用，既要区分自然人和法人，也要区分权利能力和行为能力，我国的法律规定有所不同，重点了解我国的相关立法规定、司法解释和司法实践。

关于物权的法律适用，物之所在地法原则是一般原则。各国一般将动产物权和不动产物权区分开来规定。不动产物权适用不动产所在地法是各国普遍采用、没有争议的规则。但关于动产物权，有的主张适用物之所在地法，有的主张适用当事人住所地法，有的主张适用行为地法，有的主张适用支配转让行为的自体法。重点掌握我国的相关立法规定、司法解释和司法实践。

关于合同的法律适用，一般坚持当事人意思自治原则，适用当事人选择的法律；当事人没有选择的，适用履行义务最能体现该合同特征的一方当事人经常居所地法律或者其他与该合同有最密切联系的法律。显然，适用最密切联系原则，需要采用特征性履行方法作为确定最密切联系的客观依据。要注意的是，当事人选择的法律，一般是指直接确定当事人权利与义务的法律，主要用来解决合同的成立、内容、效力以及履行和解释问题。重点掌握我国的相关立法规定、司法解释和司法实践。

关于侵权的法律适用，一般会区分一般侵权行为的法律适用和特殊侵权行为的法律适用，但适用侵权行为地法是首选。对侵权行为地，有不同的理解：(1)加害行为实施地；(2)损害结果发生地；(3)侵权行为过程中任何一个环节所涉及的地点。重点掌握我国的相关立法规定、司法解释和司法实践。

关于商事关系的法律适用，重点掌握我国《票据法》《海商法》《民用航空法》《涉外民事关系法律适用法》的相关立法规定。

关于婚姻与家庭的法律适用，要区分结婚、夫妻关系、离婚和其他家庭关系，分别确定法律适用。重点掌握我国的相关立法规定、司法解释和司法实践。

关于继承的法律适用，要区分法定继承、遗嘱继承、遗产管理和无人继承财产归属问题，分别确定法律适用。在各国实践中，法定继承的法律适用有区别制和同一制之分，我国采取区别制，即将遗产区分为动产和不动产，分别确定继承的准据法，即动产适用被继承人死亡时经常居所地法，不动产适用物之所在地法。重点掌握我国的相关立法规定、司法解释和司法实践。

关于知识产权的法律适用，要区分知识产权的归属和内容、转让和许可使用、侵权责任，分别确定法律适用。重点掌握我国的相关立法规定、司法解释和司法实践。

（六）国际民商事争议的解决

国际民商事争议解决机制是国际私法的重要内容，涉及 ADR、国际商事调解、国际商事仲裁和国际民事诉讼。重点在国际商事仲裁和国际民事诉讼。

关于国际商事仲裁，要准确界定什么是国际商事仲裁，重点把握仲裁协议的法律效力及其认定，划清仲裁协议有效与无效的界限。要高度关注仲裁裁决的承认与执行，特别是我国已加入的 1958 年《纽约公约》的规定和我国关于承认与执行外国仲裁裁决的相关规定和司法解释，注意区分中国仲裁机构涉外仲裁裁决在中国的执行、中国仲裁机构仲裁裁决在外国的承认与执行、外国仲裁裁决在中国的承认与执行。我国加入《纽约公约》时作了互惠保留和商事保留。对于在非《纽约公约》缔约国作出的仲裁裁决的承认与执行，按照互惠原则办理。

关于国际民事诉讼，主要掌握外国人的民事诉讼地位、国际民事案件管辖权、域外送达、域外调查取证、外国法院判决的承认与执行等内容。要重点了解国际民事案件管辖规则，厘清仲裁管辖与诉讼管辖、普通地域管辖与特别地域管辖、一般管辖与专属管辖、协议管辖与非协议管辖、平行诉讼与非方便法院的区别与联系，掌握界限在什么地方。要掌握域外送达的各种方式，了解我国是 1965 年《海牙送达公约》参加国，依该公约和我国《民事诉讼法》的相关规定如何开展送达。要熟悉域外取证的各种方式，了解我国是 1970 年《海牙取证公约》参加国，依该公约和我国《民事诉讼法》的相关规定如何开展调查取证。外国法院判决的承认与执行是国际民事诉讼领域的重点，要熟悉承认与执行外国法院判决的程序和条件。要特别关注我国相关立法规定、司法解释和司法实践。

（七）区际法律问题

除应了解区际法律冲突和区际冲突法的基本理论外，更要关注我国内地与香港特别行政区、澳门特别行政区的区际法律冲突问题以及大陆与台湾地区的区际法律冲突问题。重点则放在区际司法协助问题上，我国内地（大陆）与港澳台在送达、取证、仲裁保全、仲裁裁决的认可与执行、法院判决的认可与执行方面有一系列的安排和规定，要分别予以学习和掌握。要特别关注我国最高人民法院的相关司法解释的规定和司法实践。

【大纲变化法律法规提示】

中华人民共和国对外关系法★

（2023 年 6 月 28 日第十四届全国人民代表大会常务委员会第三次会议通过　2023 年 6 月 28 日中华人民共和国主席令第 7 号公布　自 2023 年 7 月 1 日起施行）

中华人民共和国外国国家豁免法★

（2023 年 9 月 1 日第十四届全国人民代表大会常务委员会第五次会议通过　2023 年 9 月 1 日中华人民共和国主席令第 10 号公布　自 2024 年 1 月 1 日起施行）

最高人民法院关于适用《中华人民共和国涉外民事关系法律适用法》若干问题的解释（二）★

（2023 年 8 月 30 日最高人民法院审判委员会第 1898 次会议通过　2023 年 11 月 30 日公布　自 2024 年 1 月 1 日起施行）　法释〔2023〕12 号

最高人民法院关于审理涉外民商事案件适用国际条约和国际惯例若干问题的解释★

（2023 年 12 月 5 日最高人民法院审判委员会第 1908 次会议通过　2023 年 12 月 28 日公布　自 2024 年 1 月 1 日起施行）　法释〔2023〕15 号

最高人民法院关于内地与香港特别行政区法院相互认可和执行民商事案件判决的安排★

（2019 年 1 月 14 日最高人民法院审判委员会第 1759 次会议通过　2024 年 1 月 25 日公布　自 2024 年 1 月 29 日起施行）　法释〔2024〕2 号

最高人民法院关于设立国际商事法庭若干问题的规定☆

（2018 年 6 月 25 日最高人民法院审判委员会第 1743 次会议通过　根据 2023 年 12 月 5 日最高人民法院审判委员会第 1908 次会议《关于修改〈最高人民法院关于设立国际商事法庭若干问题的规定〉的决定》修正）　法释〔2023〕14 号

【大纲变化考点提示】

2024 年，本学科大纲考点无变化。

【教材新增要点详解】

☞ 4－3－1　中国关于外国法的查明的规定☆

我国人民法院在审理国际民商事案件时遵循“以事实为根据，以法律为准绳”的原则。当依据我国冲突规范的指定，应当适用的法律为外国法时，人民法院有责任查明外国法的内容，当事人也有举证的责任。目前我国涉及外国法查明的法律、司法解释主要包括《涉外民事关系法律适用法》、《涉外民事关系法律适用法司法解释（一）》以及《涉外民事关系法律适用法司法解释（二）》。《涉外民事关系法律适用法司法解释（二）》已于 2023 年 8 月 30 日由最高人民法院审判委员会第 1898 次会议通过，自 2024 年 1 月 1 日起施行，该解释对我国有关外国法的查明责任、查明途径、查明程序和提供方式，审查认定外国法律的标准以及查明费用的负担等方面进行了系统完善。

（一）外国法的查明责任

我国《涉外民事关系法律适用法》第 10 条规定：“涉外民事关系适用的外国法律，由人民法院、仲裁机构或者行政机关查明。当事人选择适用外国法律的，应当提供该国法律。不能查明外国法律或者该国法律没有规定的，适用中华人民共和国法律。”这条规定明确了三点：一是人民法院、仲裁机构或者行政机关查明应当依职权查明的涉外民事关系应适用的外国法律；二是当事人根据意思自治原则选择适用外国法，该外国法应当由当事人提供，法院不必依职权查明；三是不能查明外国法律或者该国法律没有规定的，适用中国法律。

《涉外民事关系法律适用法司法解释（二）》第 1 条规定，人民法院审理涉外民商事案件适用外国法律的，应当根据《涉外民事关系法律适用法》第10条第1款的规定查明该国法律。当事人选择适用外国法律的，应当提供该国法律。当事人未选择适用外国法律的，由人民法院查明该国法律，《涉外民事关系法律适用法司法解释（二）》第2条进一步规定，人民法院查明外国法律法时可以要求当事人协助提供外国法律，这意味着在当事人没有选择适用外国法律的情况下，人民法院查明应当适用的外国法律，也可以要求当事人提供协助。但第2条第3款规定“人民法院依据本条第1款第1项的规定要求当事人协助提供外国法律的，不得仅以当事人未予协助提供为由认定外国法律不能查明”。显然，我国在外国法查明责任方面秉持以法院查明为主、当事人提供为辅的规则。

（二）外国法的查明途径

《涉外民事关系法律适用法司法解释（二）》在总结原有司法解释规定的基础上，于第2条第1款规定了人民法院查明外国法律的七种途径。一是由当事人提供，这是最常见的途径；二是通过司法协助渠道由对方的中央机关或者主管机关提供；三是通过最高人民法院请求我国驻该国使领馆或者该国驻我国使领馆提供；四是由最高人民法院建立或者参与的法律查明合作机制参与方提供；五是由最高人民法院国际商事专家委员会专家提供；六是由法律查明服务机构或者中外法律专家提供；七是其他适当途径。该条款的规定拓展了查明外国法律的途径，与《最高人民法院关于设立国际商事法庭若干问题的规定》（2023年修正）第8条第1款规定的外国法律查明途径保持一致，体现司法解释之间的统一性和协调性。

（三）查明外国法律的程序和提供形式

《涉外民事关系法律适用法司法解释（二）》第3条首先对当事人提供外国法律的范围作了规定，包括具体规定、获得途径、效力情况、与案件争议的关联性等内容。如果外国法律为判例法时，还应当提供判例全文。第4条规定，法律查明服务机构、法律专家提供外国法律的，除提交上述材料外，还应当提交法律查明服务机构的资质证明、法律专家的身份及资历证明，并附与案件无利害关系的书面声明。为减少无效劳动，提高查明外国法律的效率和准确性，第6条规定，在查明外国法律之前，人民法院可以召集庭前会议或者以其他适当方式，确定需要查明的外国法律的范围。当然，前述规定的应当提交的内容，并不限制当事人继续提交有关外国法律的学术著作、学理阐述等参考辅助资料，或者其他对外国法律的理解与适用的意见等。

（四）审查认定外国法律的程序

外国法律是决定当事人权利义务如何分配的准据法，人民法院应当充分保障当事人发表意见的权利。《涉外民事关系法律适用法司法解释（二）》第5条规定，查明的外国法律的相关材料均应在法庭上出示，法院应当听取各方当事人对外国法律的内容及理解与适用。在此基础上，第7条规定，法律查明服务机构、法律专家可以出庭协助查明外国法律。一方面，人民法院认为有必要时可以通知法律查明服务机构或法律专家出庭接受询问；另一方面，当事人可以申请法律查明服务机构或法律专家出庭作出说明，人民法院认为有必要的可以准许。

（五）审查认定外国法律的标准

对于在法庭上出示的外国法律，如何确认其真实性并予以准确理解和适用，历来是涉外民商事审判的难题。《涉外民事关系法律适用法司法解释（二）》第8条分三种情形作出规定。一是对当事人无异议时如何处理作出规定，即“当事人对外国法律的内容及其理解与适用均无异议的，人民法院可以予以确认”。二是对当事人有异议时如何处理作出规定。一方面，为防止当事人以对外国法律有异议为由拖延诉讼，规定当事人提出异议需要说明理由；另一方面，理由成立的，人民法院可以通过补充查明或补充提供材料的方式解决异议。三是基于诉讼经济原则和方便当事人诉讼原则，对于生效裁判已经查明认定的外国法律，规定人民法院“应当予以确认”，同时考虑外国法律有可能被修订、废止，因此规定“但有相反证据足以推翻的除外”。

（六）裁判文书必须记载查明外国法律的过程

《涉外民事关系法律适用法司法解释（二）》第10条规定，裁判文书中应当载明外国法律的查明过程及外国法律的内容，如果认定外国法律不能查明的，则应当载明不能查明的理由。

（七）查明费用的处理原则

我国法律和《诉讼费用交纳办法》并未明确查明外国法律的费用为诉讼费用。鉴于此，《涉外民事关系法律适用法司法解释（二）》第 11 条就当事人将查明费用作为诉讼请求提出时如何处理进行了规定。当事人约定法律查明费用负担的，应充分尊重当事人的意思自治，按照其约定处理；没有约定的，人民法院需要根据当事人主张，结合外国法律查明情况和案件具体情况酌情支持合理的查明费用。

（八）港澳法律查明的参照适用规则

在涉港澳民商事审判实践中，人民法院经常需要查明港澳法律。《涉外民事关系法律适用法司法解释（二）》第 12 条对查明香港特别行政区、澳门特别行政区法律参照适用本解释作了规定。同时规定"有关法律和司法解释对查明香港特别行政区、澳门特别行政区的法律另有规定的，从其规定"，为内地与香港特别行政区、澳门特别行政区进一步建立各类新型的法律查明途径及合作机制预留充分空间。

（九）外国法不能查明的处理

关于外国法不能查明问题的处理，《涉外民事关系法律适用法司法解释（一）》作出了详细规定。第 15 条规定："人民法院通过由当事人提供、已对中华人民共和国生效的国际条约规定的途径、中外法律专家提供等合理途径仍不能获得外国法律的，可以认定为不能查明外国法律。"根据《涉外民事关系法律适用法》第 10 条第 1 款和《涉外民事关系法律适用法司法解释（二）》第 9 条第 2 款的规定，当事人应当提供外国法律，其在人民法院指定的合理期限内无正当理由未提供该外国法律的，可以认定为不能查明外国法律。

另外，根据我国民事诉讼法，民事案件实行两审终审制，无法律审与事实审的区别。根据"有错必纠"的原则，对我国法院在审理国际民商事案件时发生的适用外国法的错误，无论是适用内国冲突规范的错误，还是适用外国法本身的错误，当事人均可对之提起上诉，要求加以纠正。

【大纲配套练习题】

1.（单项选择题）杨三才、李建、刘强、左贺是大学同学，毕业以后他们分别去了中国驻外公司、中国驻外使馆工作和出国留学，现就各位经常居所地的确认，依相关司法解释，下列哪一选项属于经常居所地的情况？（　　）①

A. 刘强在法国求学毕业后找到了工作，在巴黎居住 1 年以上

B. 李建赴美国就医 1 年以上

C. 杨三才受雇于中国某建筑公司，被派往非洲某国 1 年以上

D. 左贺赴中国驻新西兰使馆工作 1 年以上

2.（单项选择题）结婚条件，适用当事人共同经常居所地法律；没有共同经常居所地的，适用共同国籍国法律；没有共同国籍，在一方当事人经常居所地或者国籍国缔结婚姻的，适用婚姻缔结地法律。该规定属于下列哪一种冲突规范？（　　）②

A. 单边冲突规范　　B. 重叠适用的冲突规范

C. 无条件选择适用的冲突规范　　D. 有条件选择适用的冲突规范

3.（多项选择题）德国人凡代克曾在中国工作，经常居所在德国，在德国有一处房产，并在两国的银行

---

① A。本题考查经常居所。

② D。本题考查冲突规范的类型。结婚条件，适用当事人共同经常居所地法律；没有共同经常居所地的，适用共同国籍国法律；没有共同国籍，在一方当事人经常居所地或者国籍国缔结婚姻的，适用婚姻缔结地法律。该冲突规范中的选择有一个先后的顺序，当事人有共同经常居所地的，就不会适用共同国籍国法律；当事人有共同国籍国的，就不适用婚姻缔结地法律。因此，属于有条件选择的冲突规范。D 选项正确。

均有存款,2011 年凡代克因病在中国去世并未留遗嘱。其子女对房产和存款的继承产生争议,起诉至中国某法院。依我国《涉外民事关系法律适用法》,法院最终应当适用哪些法律裁决本案?(　　)①

A. 适用德国法,因为凡代克是德国人

B. 存款的继承适用德国法

C. 继承适用中国法,因为凡代克死于中国

D. 不动产法定继承,适用不动产所在地法律

4.(不定项选择题) 对于内地与澳门特别行政区关于相互认可和执行民商事判决,依相关的安排,下列表述正确的有哪些?(　　)②

A. 该安排的适用范围目前仅限于民商事案件判决的相互认可和执行

B. 内地有权受理认可和执行判决申请的法院为中级人民法院

C. 根据该安排,在被请求方法院受理认可和执行判决的申请期间,当事人提起相同诉讼的,被请求方法院可以根据案件的具体情况,再决定是否应当受理

D. 违反法律的基本原则可以成为双方拒绝认可相关判决的理由之一

---

① BD。本题考查继承的法律适用。《涉外民事关系法律适用法》第 31 条规定,法定继承,适用被继承人死亡时经常居所地法律,但不动产法定继承,适用不动产所在地法律,BD 选项正确。

② BD。根据《关于内地与澳门特别行政区相互认可和执行民商事判决的安排》的规定,该安排适用于内地与澳门特别行政区民商事案件判决的相互认可和执行,亦适用于刑事案件中有关民事损害赔偿的判决、裁定,但不适用于行政案件,A 选项错误。内地有权受理认可和执行判决申请的法院为中级人民法院,而澳门特别行政区有权受理认可判决申请的法院为中级法院,有权执行的法院为初级法院,B 选项正确。在被请求方法院受理认可和执行判决的申请期间,或者判决已获认可和执行,当事人再行提起相同诉讼的,被请求方法院不予受理,C 选项错误。D 选项正确,不予认可判决的情形包括:在内地认可和执行判决将违反内地法律的基本原则或者社会公共利益;在澳门特别行政区认可和执行判决将违反澳门特别行政区法律的基本原则或者公共秩序。

国际经济法

【本学科复习重点、难点说明】

(一)国际经济法重点

国际经济法并非大多数考生日常接触和熟知的部门法,正如法考大纲所强调的,国际经济法的教学重点在于国际经济法的基本原理、基础知识和主要制度。鉴于国际经济法制度体系复杂,知识点较为专业,考生对于应考内容的广度和深度应合理掌握。从考试标准化检测来看,本科目要求考生兼顾理论与实践,对于国际经济法的知识有系统整体的掌握,并能够对重点的实务知识点予以灵活运用。

考生应当首先从整体、规律性、原则性的层面把握国际经济法的相关知识。总体来讲,国际经济法的复习重点比较集中。一般来讲,国际贸易法所涵盖的国际货物买卖、国际货物运输与保险、国际贸易支付的考查分值占据国际经济法科目的一半以上。对外贸易管制也是历年考试的重点内容,考点集中在几种贸易救济措施。此外,世界贸易组织的争端解决机制、多边投资担保机构也属于高频考点。因此,考生在进行国际贸易法等重要考查部分的复习时可以相对细致全面,而在复习国际经济法其他领域法律问题时掌握要点即可。

关于复习的重点,有以下具体考点内容:

1. 国际货物贸易涉及的法律问题部分。

(1)《国际贸易术语解释通则® 2020》。除主要术语的掌握之外,还应注意其主要修改的内容。如,CIP术语中,卖方有义务取得保险的要求有所提高,应为一切险,但仍可约定较低的险别;在FCA、DAP、DPU、DDP术语下,卖方或买方可使用自己的运输工具安排运输;将DAT改为DPU,DPU目的地卸货后交货,这个目的地不再限于“运输的终端”,可以是任何地方。

(2)《联合国国际货物销售合同公约》。①应掌握适用公约和不适用公约的情况。②该公约适用的任意性,关注该公约与贸易术语的关系,即选择了贸易术语,则会排除相关国际公约的内容的适用。③国际货物买卖合同双方的义务,其中卖方主要义务涉及交付货物、提前交货、质量担保、权利担保和知识产权担保的限制;买方主要义务有支付货款和接收货物。④国际货物买卖的风险转移:应注意风险转移的时间和承担。⑤违反合同的补救方法:应从卖方违约时买方的救济措施和买方违约时卖方的救济措施两个角度进行掌握。⑥适用于买卖双方的一般规定:包括预期违反合同、中止履行义务的适用条件、中止履行义务的结束、分批交付的货物无效及处理方法、保全货物,以及其他补救。

(3)国际货物运输。①班轮运输:掌握提单的种类和特点,掌握《最高人民法院关于审理无正本提单交付货物案件适用法律若干问题的规定》。②调整班轮运输的国际公约:掌握《海牙规则》有关承运人责任、免责、责任期间、诉讼时效等方面的规定;《维斯比规则》、《汉堡规则》与《海牙规则》的比较。③近年来,由于中欧班列和国际航空货运的发展,也有涉及铁路运输和航空运输的题目。

(4)国际货物运输保险。①掌握平安险、水渍险、一切险的承保范围、保险期限、除外责任等。②特别注意该部分内容与CIF等国际贸易术语、国际货物运输的结合点。③掌握共同海损与单独海损的区别,以及委付制度的有关内容。

(5)国际贸易支付部分。①汇付和托收:注意汇付是顺汇法,托收和信用证是逆汇法,托收中银行的义务和免责。②信用证:重点把握信用证的流转程序,当事人之间的关系,单单相符、单证相符,信用证欺诈的例外等,以及《最高人民法院关于审理信用证纠纷案件若干问题的规定》等内容。

2. 贸易管理制度。

(1)关注的法规:《对外贸易管理法》《出口管制法》《反倾销条例》《反补贴条例》《保障措施条例》。

(2)关注的内容:①《对外贸易管理法》:对外贸易经营者的资格,限制和禁止进出口,一般例外等。②《出口管制法》:出口管制的对象、出口管制的主体、出口管制措施。③贸易救济措施:对比掌握反倾销、反补贴和保障措施三种贸易救济措施中的相关规定、特点、区别,以及实施条件、调查及措施的特点。

3. 世界贸易组织法律制度。

(1)关税与贸易总协定。重点掌握最惠国待遇制度、国民待遇制度、约束关税措施、数量限制的禁止与例外。

(2)服务贸易总协定。掌握四种服务贸易的形式,即跨境服务、境外服务、商业存在以及自然人流动。

(3)争端解决机制。专家组、上诉机构的基本程序特点。

4. 国际经济法领域的其他法律制度。

(1)知识产权的国际保护。①《保护工业产权巴黎公约》:掌握国民待遇原则、优先权原则、独立性原则、临时性保护原则,以及驰名商标的保护。②《保护文学艺术作品伯尔尼公约》:掌握国民待遇原则("作者国籍"与"作品国籍")、自动保护原则、版权独立性原则和特别授予权利原则。③《与贸易有关的知识产权协议》:把握其主要特点和保护的七种知识产权。④知识产权许可协议的种类和特点。

(2)国际投资法。①《外商投资法》:负面清单、安全审查制度、投资合同。②《外商投资安全审查办法》:审查的外商投资类型、审查机构、安全审查范围、审查程序、违规惩戒。③《多边投资担保机构公约》:掌握承保的风险、合格投资者、合格投资、合格东道国和代位求偿的相关规定。④《解决国家和他国国民之间投资争端公约》(ICSID)和解决国际投资争端中心:掌握中心的管辖权、争端主体的要求、争端性质、裁决的承认与执行。⑤《与贸易有关的投资措施》中禁止使用的措施。

(3)国际融资法。①国际贷款协议:消极担保条款,预期违约。②国际融资担保:掌握备用信用证的相关规定。③《最高人民法院关于审理独立保函纠纷案件若干问题的规定》:掌握独立保函的特征、性质、开立时间和生效、规则适用、付款责任、表面相符的规定、不符点的规定、欺诈认定、管辖权,法律适用等。

(4)国际税法。①居民税收管辖权和所得来源地税收管辖权。②国际重复征税和国际重叠征税的概念。③CRS"共同申报准则":掌握被交换的信息范围和特点。

(二)难点与疑点

本科目属于国家统一法律职业资格考试客观题试卷二考查的内容。根据客观题试卷二的考点安排,包括单项选择题、多项选择题两种题型。

针对国际经济法的考查,具有以下特点:

1. 一题涉及多个知识点。

由于2018年司法考试改革为法律职业资格考试之后,题型分布的变化使得本科目的题量大大减少。因此,国际经济法:一道题往往会跨不同的知识点。例如,买卖合同与运输相结合、运输与保险相结合、运输与支付相结合、国际投资与国际税法相结合等。

在法律职业资格考试中,国际经济法的考查内容主要涉及三个方面:(1)横向贸易法中的"国际货物买卖"(包括国际货物买卖合同、贸易术语)、"国际货物运输"、"国际货物保险"和"国际贸易支付";(2)纵向贸易法部分包括“我国的对外贸易管理制度”和“WTO 法律制度”；(3)“国际经济法领域的其他法律制度”包括“国际知识产权法”、“国际投资法”、“国际融资法”和“国际税法”。

国际经济法部分的重点一直是国际贸易法，涉及横向贸易法部分及其纵向贸易管制法部分，以及WTO 法律制度。国际经济法的题目基本都属于理解应用型，而且出题灵活，这提醒考生要注重理解条文规定背后的意义，而非死记硬背。

示例　一题涉及贸易术语、国际货物买卖合同、铁路运输多个知识点

中国神州公司与波兰萨力公司签订了出口一批电器的合同，采用 DPU 术语(2020)，通过铁路联运的方式运输。萨力公司在目的地接收货物后，经检验发现 25 件电器的质量低于合同规定的要求，另有 38 件电器在运输中有损坏。依相关国际货物销售、国际铁路运输公约和国际惯例，判断：

【设问一】神州公司应在目的地运输终端向萨力公司交货。

【设问二】萨力公司必须确定 38 件电器损失发生的铁路区段，并只能向该区段的承运人索赔。

【设问三】只要交付的 25 件电器与合同不符，萨力公司即可要求神州公司交付替代物。

【设问四】即使 25 件电器与合同不符，萨力公司也需先接收货物。

【知识点】本题即涉及多个知识点：设问一涉及国际贸易术语，设问二选项涉及国际铁路运输，设问三和设问四涉及《国际货物销售合同公约》，要求考生从多方面判断正误。

【思路与辨析】设问一涉及了 2020 年《国际贸易术语解释通则》将 DAT 改为 DPU 的新变化，该设问混淆该术语以前所强调的必须在“运输终端”交货，该设问描述错误。设问二转向《国际铁路货物联运协定》，按运单承运货物的铁路部门应对货物负连带责任。因此，萨力公司不需要确定损失发生在什么区段。设问三涉及《联合国国际货物销售合同公约》的规定，只有货物的不符达到根本违反的程度，买方才可要求卖方交付替代物，因此该设问描述不正确。设问四同样涉及《联合国国际货物销售合同公约》，由于买方有义务采取合理措施减轻对方违约造成的损失，因而应当接收货物，但接收不等于接受，买方可以拒绝接受货物。设问四描述正确。

2. 核心法条融于实例中。

国际经济法的核心法条会融入题目案例中，而非单独、直接考查法条的内容。例如，依 2020 年《国际贸易术语解释通则》的内容设计题目；在涉及运输的题目中融入最高人民法院有关无单放货的司法解释；在涉及投资的题目中融入相关国际投资公约及国内立法的规定等。

国际经济法的核心法条包括涉及国际货物买卖的 2020 年《国际贸易术语解释通则》和《联合国国际货物销售合同公约》；涉及国际贸易支付的《跟单信用证统一惯例》(UCP 600)、《最高人民法院关于审理信用证纠纷案件若干问题的规定》；涉及“国际货物运输”的《海牙规则》《维斯比规则》《汉堡规则》，以及《最高人民法院关于审理无正本提单交付货物案件适用法律若干问题的规》；涉及贸易管制的《对外贸易法》《反倾销条例》《反补贴条例》《保障措施条例》等；涉及 WTO 制度的《关税与货物贸易总协定》《服务贸易总协定》《与贸易有关的知识产权协定》及其争端解决的相关规则；涉及国际投资法的《解决国家和他国国民间投资争端公约》和《多边投资担保机构公约》；涉及国际知识产权法的《保护工业产权巴黎公约》和《保护文学艺术作品伯尔尼公约》；涉及自由贸易区的《区域全面经济伙伴关系协定》(RCEP)。

示例　将《最高人民法院关于审理信用证纠纷案件若干问题的规定》融于实例中

中国大成公司与保加利亚克公司签订了进口玫瑰油的合同，付款方式为信用证，开证行为中国甲银行。亚克公司向信用证的指定行乙银行提交了符合信用证要求的单据，于是乙银行善意支付了信用证项下的款项。后大成公司以亚克公司提交的单据中存在伪造为由，向中国某法院申请禁止甲银行支付信用证项下的款项。依相关司法解释，判断：

【设问一】中国法院不应中止或终止甲银行对外付款。

【设问二】只要中国法院查明亚克公司的单据确有伪造，即可裁定中止支付。

【设问三】乙银行应查明亚克公司提供单据的真伪后，才能付款。

【设问四】尽管乙银行已善意付款，中国法院仍可以欺诈为由禁止甲银行对外支付。

【知识点】四个设问都涉及《最高人民法院关于审理信用证纠纷案件若干问题的规定》。

【思路与辨析】本题设问都具有一定的迷惑性，容易让考生犯错。例如，设问二称：只要中国法院查明亚克公司的单据确有伪造，即可裁定中止支付。一般人会认为该设问正确：只有亚克公司提供的提单等单据是真实并相符信用证要求的才应当付款，为什么单据有伪造，还不能中止支付呢？应注意，本案中，在卖方国家的银行乙银行已善意支付了信用证项下的款项，依据《最高人民法院关于审理信用证纠纷案件若干问题的规定》第 10 条第 1 项的情况，在乙银行善意支付后，法院就不能裁定开证行中止支付了。

设问一描述正确。依《最高人民法院关于审理信用证纠纷案件若干问题的规定》第 10 条的规定，人民法院认定存在信用证欺诈的，应当裁定中止支付或判决终止支付信用证项下款项，但有下列情形之一的除外：(1) 开证行的指定人、授权人已按照开证行的指令善意地进行了付款；(2) 开证行或者其指定人、授权人已对信用证项下票据善意地作出了承兑；(3) 保兑行善意地履行了付款义务；(4) 议付行善意地进行了议付。其他三个设问描述均不正确，指定行乙银行是善意支付信用证项下的款项的，只要单单相符、单证相符，则不承担责任。乙银行没有义务查明亚克公司提供的单据是否有伪造，只要单单相符，单证相符，即可付款。

3. 关注新呈现的知识点对实务的影响。

本科目题目呈现理论与实务相结合的特点，相当一部分试题结合近年来国际领域的热点问题或者焦点事件。为了避免考生在之后办理涉外业务中，涉外知识体系依赖旧有内容的惯性思维，因此，在出现新国际或国内立法、司法解释、国际惯例等的情况下，这些新热点也会一定程度反映在考试中，以促使考生能熟知相关新变化，并通过实例与新规则相结合的方式，让考生了解新规则对实务的影响。

示例　新出台司法解释的体现

中国甲公司中标了南美的一项水电工程，并向中国乙银行申请开立了独立保函，保函载明适用《见索即付保函统一规则》，双方就单据的不符点产生争议，甲公司接受了不符点，而乙银行拒绝不符点，有关争议在中国某法院审理，依《最高人民法院关于审理独立保函纠纷案件若干问题的规定》，判断：

【设问一】在审单的标准上，要求单据与独立保函条款必须完全一致。

【设问二】受益人认为甲公司已接受了不符点，乙银行即应付款，法院对此应支持。

【设问三】乙银行开出的独立保函应适用《见索即付保函统一规则》。

【设问四】《见索即付保函统一规则》等交易示范规则的内容构成独立保函条款的组成部分。

【知识点】四个选项都涉及《最高人民法院关于审理独立保函纠纷案件若干问题的规定》。

【思路与辨析】本题考查国际金融法——独立保函，将相关规定融于实例中。

设问一描述错误。依据《最高人民法院关于审理独立保函纠纷案件若干问题的规定》第 7 条第 2 款，单据与独立保函条款之间、单据与单据之间表面上不完全一致，但并不导致相互之间产生歧义的，人民法院应当认定构成表面相符。设问二描述错误，依该规定第 8 条第 3 款，开立人拒绝接受不符点，受益人以保函申请人已接受不符点为由请求开立人承担付款责任的，人民法院不予支持。设问三和设问四描述正确，本题当事人约定适用《见索即付保函统一规则》，又依该规定第 5 条第 1 款，独立保函载明适用《见索即付保函统一规则》等独立保函交易示范规则，或开立人和受益人在一审法庭辩论终结前一致援引的，人民法院应当认定交易示范规则的内容构成独立保函条款的组成部分。

【大纲变化法律法规提示】

2024 年，本学科大纲法律法规无变化。

【大纲变化考点提示】

第一章　导　　论

基本要求

了解:国际经济法的概念和调整范围,国际经济法的主体,国际经济法的渊源,国际经济法领域的新发展。

国际经济法的概念和调整范围　国际经济法的主体　国际经济法的渊源　国际经济法领域的新发展★(区域经济合作　网络安全与数据跨境流动)

【教材新增要点详解】

☞ 1-5-1　国际经济法领域的新发展★

经济全球化开始于大约20世纪80年代中、90年代被逐渐认可。在经济全球化背景下,显现国际经济法的统一趋势加强,国际经济法立法主体日益多元化,国际经济法与国内经济法的融合日趋加深等趋势。但近年在国际政治、经济、疫情等多种因素的影响下,美西方出现了逆全球化的倾向。在此背景下,我国一方面继续坚持多边主义,另一方面统筹推进"一带一路"建设与"双循环"新发展格局。展望未来,需要涉外法律职业人才兼具国际、国内法律基础知识,并具有国际经济法的视野和素养,国际经济法的一些新问题,例如人民币国际化、投资领域的新发展、网络安全与数据跨境流动等已成为关注的新领域。

(一)"一带一路"倡议

"一带一路"分别指的是丝绸之路经济带和21世纪海上丝绸之路。"一带一路"是中国首倡和推动的。中国与"一带一路"共建国家基本都签订了双边投资协定,但保护内容有限,限于最惠国待遇和公平与公正待遇、损失或损害的补偿、担保机构的代位权、征收等问题。2014年10月,中国、印度、新加坡等21个首批意向创始成员国代表在北京正式签署了《筹建亚洲基础设施投资银行备忘录》,共同决定成立亚投行。亚投行的成立对"一带一路"共建国家基础设施的建设和风险的分散具有重要的作用。2017年1月,司法部、外交部、商务部、国务院法制办公室印发了《关于发展涉外法律服务业的意见》(本部分以下简称《意见》),对发展涉外法律服务业作出全面部署。《意见》的主要目标是:到2020年,发展涉外法律服务业的制度和机制基本健全,涉外法律服务领域有效拓展,服务质量明显提升,服务队伍发展壮大,国际竞争力显著提高,建立一支通晓国际规则、具有世界眼光和国际视野的高素质涉外法律服务队伍,建设一批规模大、实力强、服务水平高的涉外法律服务机构,更好地服务经济社会发展。《意见》提出4个方面的任务,即为"一带一路"重大倡议提供法律服务;为中国企业和公民"走出去"提供法律服务;为我国外交工作大局提供法律服务;为打击跨国犯罪和追逃追赃工作提供法律服务。《意见》提出6项主要措施,即健全完善扶持保障政策;进一步建设涉外法律服务机构;发展壮大涉外法律服务队伍;健全涉外法律服务方式;提高涉外法律服务质量;稳步推进法律服务业开放。此外,《意见》还强调要加强组织领导,建立协调机制,加强监督管理。

(二)人民币加入特别提款权

特别提款权(Special Drawing Right,SDR)最早发行于1970年,是国际货币基金组织(IMF)根据会员国认缴的份额分配的,可用于偿还国际货币基金组织债务、弥补会员国政府之间国际收支逆差的一种账面资产。一种货币的国际化,要充分实现货币的三种功能:结算功能、投资功能与储备货币功能。在中国的努力下，国际货币基金组织于2015年11月30日宣布批准人民币加入特别提款权（SDR）货币篮子。人民币成为继美元、欧元、英镑和日元之后加入（SDR）货币篮子的第五种货币。入篮会降低我国外汇储备的规模，推动人民币资本市场、债券市场产品的国际化，改善中国金融市场环境，提高人民币国际地位。

（三）投资领域的新发展

2019年3月15日，第十三届全国人民代表大会第二次会议通过了《中华人民共和国外商投资法》，该法取代了《中外合资经营企业法》《外资企业法》《中外合作经营企业法》（以下简称“外资三法”）。作为一部新的外商投资基础性法律，《外商投资法》以完善的外商投资法律制度，促进、保障和规范外商投资活动，提高外资工作法治化水平，促进国家治理体系和治理能力现代化，推动全面依法治国战略深入实施。

《外商投资法》确立了我国新型外商投资法律制度的基本框架，确定了我国对外开放、促进外商投资的基本国策和大政方针，对外商投资的准入、促进、保护、管理等作出了统一规定，是我国外商投资领域新的基础性法律，是对我国外商投资法律制度的完善和创新。

2019年12月12日国务院总理主持召开国务院第74次常务会议，通过《中华人民共和国外商投资法实施条例》，实化促进和保护外商投资的措施，该条例已于2020年1月1日与《外商投资法》同步配套实施，标志着外商投资管理体系将开始新旧模式转换。而最高人民法院《关于适用〈中华人民共和国外商投资法〉若干问题的解释》已于2019年12月16日由最高人民法院审判委员会第1787次会议通过，于2020年1月1日起施行。

2020年11月27日国家发展和改革委员会第13次委务会议审议通过，并经国务院批准的《外商投资安全审查办法》是根据《外商投资法》《国家安全法》和相关法律制定的。为了适应推动形成全面开放新格局的需要，在积极促进外商投资的同时有效预防和化解国家安全风险，对影响或者可能影响国家安全的外商投资，依照该办法的规定进行安全审查。该办法于2021年1月18日起施行。

（四）《区域全面经济伙伴关系协定》

2020年11月15日，中国、东盟十国等15个国家，正式签署了《区域全面经济伙伴关系协定》（Regional Comprehensive Economic Partnership，RCEP），这标志着当前世界上人口最多、经贸规模最大、最具发展潜力的自由贸易区正式开始建立。该协定已于2022年1月1日正式生效。RCEP由序言、20个章节、4个附件（包括关税承诺表、服务具体承诺表、投资保留及不符措施承诺表、自然人临时流动具体承诺表）组成。

与现有的区域自贸协定相比，RCEP具有三方面的特点：第一，该协议为世界上覆盖疆域最广、惠及人口最多、经济体量最大的自贸协定。第二，RCEP秉持包容性开放原则。由于RCEP成员国既包括日本、韩国、新加坡、澳大利亚等高收入国家，也包括中国、马来西亚、印度尼西亚、泰国、菲律宾等中等收入国家以及柬埔寨、老挝和缅甸等低收入国家，因此RCEP旨在达成一个包容的、灵活的、互惠互利的自贸协定，以求达到不同经济发展水平的国家和经济体都能受益的初衷。第三，RCEP是唯一一个以发展中经济体为中心的区域贸易协定。RCEP由东盟发起，所有其他参与国都是通过先与东盟构建“东盟+1”的自贸协定，再通过东盟作为节点将这些经济体联系在一起，最大限度地实现参与各国的经济利益平衡。

RCEP是一个现代、全面、高质量、互惠的大型区域自贸协定。对于外贸企业和行业，RCEP的签署也将带来重大影响：在货物贸易方面，90%以上的货物贸易将最终实现零关税，中方承诺对86%~90%的产品实现关税开放，对于其他自贸区涵盖而RCEP未涵盖的降税产品，以及相互重叠降税的产品，企业仍可引用原有的自贸协定，选择适用对其更有利的税率。在原产地规则方面，RCEP在本地区使用区域累积原则，使产品原产地价值成分可在15个成员国构成的区域内进行累积，来自RCEP任何一方的价值成分都会被考虑在内，这显著提高了协定优惠税率的利用率。在海关程序与贸易便利化方面：RCEP简化了通关手续，采取预裁定、抵达前处理、信息技术运用等高效管理手段，对快运货物、易腐货物等争取实现货物抵达后6小时内放行，促进了快递等新型跨境物流发展，推动了果蔬和肉、蛋、奶制品等快速通关。整体水平超过了世贸组织《贸易便利化协定》的水平。在服务贸易方面，15个成员国均作出了高于各自自贸协定水平的开放承诺。中方服务贸易开放承诺达到了已有自贸协定的最高水平，承诺服务部门在中国入世承诺约100个部门的基础上，新增了研发、管理咨询、制造业相关服务、空运等22个部门，并提高了金融、法律、建筑、海运等37个部门的承诺水平。其他成员在中方重点关注的建筑、医疗、房地产、金融、运输等服务部门都作出了高水平的开放承诺。在投资开放方面,15个成员国均采用负面清单方式对制造业、农业、林业、渔业、采矿业等领域作出较高水平的开放承诺,大大提高了市场准入的确定性,有利于促进区域上下游产业融合,为各国招商引资带来更大机遇。此外,进一步降低和取消区域内的非关税壁垒;全面提升了区域内知识产权整体保护水平,在充分尊重区域内不同成员发展水平的同时,为本区域知识产权的保护和促进提供了平衡、包容的方案;为各成员加强电子商务领域合作提供制度保障,并为电子商务发展提供良好环境;同时,大大降低了中小企业贸易门槛,创造相对透明和公平的贸易合作环境。

(五)网络安全与数据跨境流动

网络与数字技术的发展在造福人类的同时,也带来了一些安全问题,制定网络与数据安全法是落实总体国家安全观的重要举措。从2015年《国家安全法》施行到2017年《网络安全法》生效,再到2021年《数据安全法》《个人信息保护法》公布,我国正在形成一个全面规范网络安全保护、数据安全保护、个人信息保护的法律体系。在网络与数据安全的法律框架上,2015年《国家安全法》确立了总体国家安全观。《网络安全法》《数据安全法》《个人信息保护法》为我国网络信息安全的三大支柱法律。《网络安全法》涉及网络空间安全的整体治理,并重点关注关键信息基础设施安全保护制度、网络安全等级保护制度、网络安全审查制度以及数据跨境流动等制度;《数据安全法》规定了数据的安全保护与开发利用,明确了数据的内涵和外延,建立了数据安全保护的基本制度;《个人信息保护法》则全面、系统规定了个人信息保护的基本原则和制度规则。上述基本法律建立了网络与数据安全领域的主要制度规则,但仍需要配套行政法规、部门规章、地方法规、国家标准等予以细化,落地实施。

《网络安全法》是我国网络安全领域的基础性法律。在涉及网络运行安全、网络信息安全、监测预警与应急处置方面,《网络安全法》重点针对网络安全等级保护、关键信息基础设施保护、个人信息保护、网络信息内容管理等进行了规定。在适用范围方面,首先,该法以"属地原则"为主。第2条规定,该法适用于中国境内建设、运营、维护和使用网络,以及网络安全的监督管理。其次,附以一定的"域外"适用,第50条规定,对来源于中国境外的有害信息,应当通知有关机构采取技术措施和其他必要措施阻断传播;第75条规定,对境外的机构、组织、个人从事攻击、侵入、干扰、破坏等危害中国的关键信息基础设施的活动,造成严重后果的,依法追究法律责任。在网络安全审查制度方面,《网络安全法》第35条规定,关键信息基础设施的运营者采购网络产品和服务,可能影响国家安全的,应当通过国家网信部门会同国务院有关部门组织的国家安全审查。在数据的跨境流动监管与评估制度方面,《网络安全法》第37条要求关键信息基础设施的运营者在中国境内运营中收集和产生的个人信息和重要数据应当在境内存储。因业务需要,确需向境外提供的,应当按照国家网信部门会同国务院有关部门制定的办法进行安全评估;法律、行政法规另有规定的,依照其规定。

《数据安全法》是中国数据安全领域的首部基础性法律,作为将数据作为独立保护对象的法律,聚焦数据安全领域的风险隐患,重点对各行业各部门各地区职责、数据分类分级保护制度、数据安全审查制度、数据跨境流动评估、数据安全风险评估、安全风险报告、信息共享、监测预警机制、数据安全应急处理机制等方面进行了规定。在适用范围方面,《数据安全法》第2条采用了"属地原则"加"保护原则"的模式,"属地原则"针对中国"境内"开展的数据处理活动,规定在中国境内开展的数据处理活动及其安全监管,适用本法。"保护原则"针对"境外"开展的数据处理活动,规定在中国"境外"开展的数据处理活动,损害中国国家安全、公共利益或者公民、组织合法权益的,依法追究法律责任。在数据安全审查制度方面,《数据安全法》第24条第1款规定,国家建立数据安全审查制度,对影响或者可能影响国家安全的数据处理活动进行国家安全审查。

关于安全审查,《网络安全法》第35条和《数据安全法》第24条都有涉及,2022年实施的《网络安全审查办法》(以下简称《审查办法》)则在操作层面进行了细化。《审查办法》第2条规定了网络安全审查的对象,依该条规定:关键信息基础设施运营者采购网络产品和服务,网络平台运营者开展数据处理活动,影响或者可能影响国家安全的,应当按照本办法进行网络安全审查。第10条规定了安全审查的内容,重点评估相关对象或者情形的以下国家安全风险因素:①产品和服务使用后带来的关键信息基础设施被非法控制、遭受干扰或者破坏的风险；②产品和服务供应中断对关键信息基础设施业务连续性的危害；③产品和服务的安全性、开放性、透明性、来源的多样性，供应渠道的可靠性以及因为政治、外交、贸易等因素导致供应中断的风险；④产品和服务提供者遵守中国法律、行政法规、部门规章的情况；⑤核心数据、重要数据或者大量个人信息被窃取、泄露、毁损以及非法利用、非法出境的风险；⑥上市存在关键信息基础设施、核心数据、重要数据或者大量个人信息被外国政府影响、控制、恶意利用的风险，以及网络信息安全风险；⑦其他可能危害关键信息基础设施安全、网络安全和数据安全的因素。与征求意见稿相比，这里新增了对"数据处理活动与国外上市"的审查。在安全审查的启动上，《审查办法》采用了当事人申报与依职权审查的双层审查启动机制，当事人申报即关键信息基础设施运营者或网络平台运营者申报审查，另一种是网络安全审查办公室依职权实施的审查。

在数据出境的方面，我国已形成了以《网络安全法》《数据安全法》《个人信息保护法》为上位法，一系列行政法规、部门规章以及国家标准为支撑的法律框架。2022 年的《数据出境安全评估办法》（以下简称《评估办法》）系统提出了我国数据出境安全评估的具体要求。

关于何为数据出境，依《评估办法》第 2 条，数据处理者向境外提供在中国境内运营中收集和产生的重要数据和个人信息的安全评估，适用该办法。根据以上规定，数据出境的情形可主要概括为：其一，境内网络运营者将数据通过网络直接传输给境外主体；其二，境外主体通过网络主动访问并读取境内的数据；其三，境内网络运营者将数据通过网络传输以外的方式（如物理携带）提供给境外主体。依据《个人信息保护法》第 72 条第 1 款之规定，自然人因个人或者家庭事务处理个人信息的，不适用该法。当然，《评估办法》并未要求对所有的数据出境行为进行管理。对于非在境内运营中收集和产生的个人信息和重要数据，经由本国出境，未经任何变动或加工处理的，以及虽在境内经过存储、加工处理，但仍不涉及境内运营中收集和产生的个人信息和重要数据的，均不属于数据出境的情形。网络攻击导致向境外传输数据不属于"提供"。个人用户主动传输信息到境外不属于网络运营者"提供"。

《评估办法》第 8 条规定了评估的内容，主要包括：①数据出境的目的、范围、方式等的合法性、正当性、必要性。②境外接收方所在国家或者地区的数据安全保护政策法规和网络安全环境对出境数据安全的影响；境外接收方的数据保护水平是否达到中国法律、行政法规的规定和强制性国家标准的要求。③出境数据的规模、范围、种类、敏感程度，出境中和出境后遭到篡改、破坏、泄露、丢失、转移或者被非法获取、非法利用等风险，④数据安全和个人信息权益是否能够得到充分有效保障。⑤数据处理者与境外接收方拟订立的法律文件中是否充分约定了数据安全保护责任义务。⑥遵守中国法律、行政法规、部门规章情况。⑦国家网信部门认为需要评估的其他事项。

依相关规定，数据出境的途径可分为三种：即安全评估、标准合同和认证。三个途径适用的情形不同：其一，安全评估。《评估办法》第 4 条规定了"安全评估"的适用情形：①数据处理者向境外提供重要数据；②关键信息基础设施运营者和处理 100 万人以上个人信息的数据处理者向境外提供个人信息；③自上年 1 月 1 日起累计向境外提供 10 万人个人信息或者 1 万人敏感个人信息的数据处理者向境外提供个人信息；④国家网信部门规定的其他需要申报数据出境安全评估的情形。其二，标准合同。个人信息处理者依《个人信息保护法》第 38 条第 1 款第 3 项，与境外接收方订立合同向中国境外提供个人信息的，应依该规定签订个人信息出境"标准合同"。个人信息处理者与境外接收方签订与个人信息出境活动相关的其他合同，不得与标准合同相冲突。采取"标准合同"方式也需要开展自评估，与非"标准合同"的自评估内容相比，评估事项突出针对个人信息，不涉及国家、社会的因素。其三，认证。根据《网络安全标准实践指南—个人信息跨境处理活动安全认证规范 V2.0》，跨国公司或者同一经济事业实体下属子公司或关联公司之间的个人信息跨境处理活动可由境内一方申请认证，并承担法律责任。《个人信息保护法》第 3 条第 2 款规定的境外个人信息处理者，可由其在境内设置的专门机构或指定代表申请认证，并承担法律责任。

【大纲配套练习题】

1.（**单项选择题**）中国甲公司向德国乙公司出口一批食品，CFR 价格条件。货装船后，乙公司因始终未收到甲公司的通知，未办理保险。部分货物在途中因海上风暴毁损。货物以信用证付款，丙银行为开证行，丁银行为担保银行，依相关规则，下列哪项是正确的？（　　）①

A. 甲公司在装船后未给乙公司以充分的通知，甲公司应赔偿因此造成的损失

B. 乙公司有办理保险的义务，因此，损失应由乙公司承担

C. 虽甲公司提供了与信用证相符的单据，但货物已损坏，丙银行无须承担付款责任

D. 因货物已损坏，丁银行无须承担担保责任

2.（**单项选择题**）中国万里公司与甲国大宇公司签订了进口一批钢材的合同，在谈判过程中，甲国大宇公司提供了钢材买卖的格式合同，合同订立后，由海天公司承运，货物投保了平安险，海天公司签发了清洁提单，货到目的港钢材的数量短少了 250 根。依相关公约和国际惯例，下列说法正确的是哪一项？（　　）②

A. 格式合同为该领域的习惯法，对双方具有约束力

B. 大宇公司是卖方，应承担货物短少的责任

C. 货物已投保了平安险，保险人应赔偿货物短少的责任

D. 海天公司应承担 250 根钢材短少的赔偿责任

3.（**多项选择题**）中国伊桑公司向中国回春公司出售一批文具，合同并未规定包装的方式，FOB 价格条件，适用 2010 年《国际贸易术语解释通则》，后文具运至中国。依《国际贸易术语解释通则》和《联合国国际货物销售合同公约》，下列哪些选项是正确的？（　　）③

A. 因合同未规定包装的方式，则伊桑公司对包装不承担责任

B. 货物的风险在货物由装运港越过船舷时由伊桑公司转移给回春公司

C. 如该批文具侵犯了第三方在中国的专利权，伊桑公司对回春公司应承担责任

D. 回春公司应签订货物运输合同并支付运费

---

① A。本题考查贸易术语和信用证。A 选项正确，B 选项错误，依据 2020 年《国际贸易术语解释通则》，CFR 术语中卖方须在装运港指定船舶上交货，须支付将货物运至指定目的港所需的运费，买方有办理保险的义务。应该注意的是 CFR 术语装船是卖方，而投保是买方，卖方在装船后应给买方以充分的通知，否则，因此而造成买方漏保引起的货物损失应由卖方承担。CD 选项错误，依《跟单信用证统一惯例》，只要受益人提供了与信用证要求一致的单据，银行即应付款。

② D。本题考查格式合同、海上货物运输和保险。A 选项错误，格式合同具有针对性和简化性的作用。格式合同并不是习惯法，对双方没有约束力。B 选项错误，承运人已签发了清洁提单，说明其收到货物准备运输时是没有短少的，所以卖方不应承担短少的责任。C 选项错误，平安险不包括短少的风险。D 选项正确，海天公司在装运港接收货物时签发了清洁提单，应承担货物短少的责任。

③ CD。本题考查国际货物买卖及《国际贸易术语解释通则》中的 FOB。A 选项错误，《联合国国际货物销售合同公约》第 35 条规定，卖方须按照合同所规定的方式装箱或包装，如合同没规定，则应依同类货物通用的包装，如果未按照同类货物通用包装造成损失的，卖方应承担责任。B 选项错误，依《国际贸易术语解释通则》，FOB 术语自货物按照上述规定交付之时起，买方要承担货物灭失或损失的全部风险。因此，风险自"船上交货"时转移，而不是"越过船舷"时转移。C 选项正确，依上述公约第 42 条第 1 款的规定，卖方所交付的货物，必须是第三方不能根据工业产权或其他知识产权主张任何权利或要求的货物，但以卖方在订立合同时已知道或不可能不知道的权利或要求为限，而且这种权利或要求根据以下国家的法律规定是以工业产权或其他知识产权为基础的……因此，如该批设备侵害了第三方在中国的专利权，卖方应当承担侵权责任。D 选项王确，依上述通则的规定，FOB 术语下，卖方没有义务为买方订立运输合同。因此，买方得自行订立货物运输合同。

4.（多项选择题）根据《国际商会托收统一规则》的规定，在托收中银行对下列哪几项免责？（　　）①

A. 收到的款项在扣除必要的手续费和其他费用后必须按照指示书的规定无迟延地交付

B. 对承兑人签名的真实性进行审核

C. 在收货人不提货时提取货物

D. 由于任何通知、信件或单据在寄送途中发生延误或失落所造成的一切后果

5.（不定项选择题）甲国某公司向中国出口一类商品，因价格过低涉及反倾销被商务部调查，该出口商向商务部作出价格承诺，以下正确的是？（　　）②

A. 若该公司违反价格承诺，则商务部可以立即恢复反倾销调查

B. 若商务部拒绝该公司的价格承诺，应当告知理由

C. 该出口经营者针对商务部的复议可以提起行政诉讼

D. 出口商不得就价格承诺复审提起行政诉讼

---

① BCD。根据《国际商会托收统一规则》，银行收到的款项在扣除必要的手续费和其他费用后必须按照指示书的规定无迟延地交付。B选项正确，银行不需要对承兑人签名的真实性负责任。C选项正确，根据《国际商会托收统一规则》，除非事先征得银行同意，货物不应直接送交银行或以银行为收货人，否则银行无义务提取货物。银行对于跟单托收项下的货物无义务采取任何措施。D选项正确，根据《国际商会托收统一规则》，银行对由于任何通知、信件或单据在寄送途中发生延误或失落所造成的一切后果，或对电报、电传、电子传送系统在传送中发生延误、残缺和其他错误，或对专门性术语在翻译上和解释上的错误，概不负责。

② ABC。《反倾销条例》第36条规定："出口经营者违反其价格承诺的，商务部依照本条例的规定，可以立即决定恢复反倾销调查；根据可获得的最佳信息，可以决定采取临时反倾销措施，并可以对实施临时反倾销措施前90日内进口的产品追溯征收反倾销税，但违反价格承诺前进口的产品除外。"A选项说法与法律规定一致，正确。《反倾销条例》第33条第2款规定："商务部不接受价格承诺的，应当向有关出口经营者说明理由。"因此，B选项说法正确。《反倾销条例》第53条规定："对依照本条例第二十五条作出的终裁决定不服的，对依照本条例第四章作出的是否征收反倾销税的决定以及追溯征收、退税、对新出口经营者征税的决定不服的，或者对依照本条例第五章作出的复审决定不服的，可以依法申请行政复议，也可以依法向人民法院提起诉讼。"因此，出口经营者对商务部价格承诺复审可以提起行政诉讼，C选项说法正确，D选项说法错误。

民事诉讼法与仲裁制度

【本学科复习重点、难点说明】

民事纠纷的解决有多种方式可供选择，就制度性规定而言，有人民调解机构的调解，有仲裁机构的仲裁，还有法院的审判。与其他纠纷解决方式不同的是，民事诉讼法构建了一个公权力介入下的私益纠纷处理的制度场域：法院、当事人、其他诉讼参与人围绕民事纠纷的解决各自发挥其应有的作用，依据程序法的规定审理案件，依照实体法的规定判明权利义务定分止争，并以司法最终解决原则划定了与其他纠纷解决方式之间的关系。民事诉讼是程序法与实体法相互作用的场域，在诉讼中，实体法作为法院在诉讼的最终阶段作出判决的依据，其在诉讼的整个过程中也起着不可或缺的作用：法院受理案件的范围、管辖、诉讼主体、诉讼中的证明等，无不与实体法存在密切的关联。这是我们学习民事诉讼法必须关注的问题，也是学习民事诉讼法的重点和难点。

(一)民事诉讼与其他纠纷解决方式的关系

民事诉讼并非解决民事纠纷的唯一渠道。在民事诉讼之外，劳动仲裁、商事仲裁、人民调解、商事调解等纠纷解决机制，都可以解决民事纠纷。此外，民事诉讼法中规定的一些非讼程序，虽然本身的功能并不是解决纠纷，但是也往往在民事纠纷发生后能够起到特定的事实固定或法律关系确认等作用。在众多的民事纠纷解决方式中，民事诉讼是由国家明确设立的公力救济机制，拥有最完整的程序规则。因此，在学习时，需要注意以下两个问题：

第一，民事诉讼与其他纠纷解决方式在制度内容上的区别。在学习时应当以民事诉讼法的相关规则作为主线，对比其他纠纷解决方式在制度上存在差异之处。这些差异往往会成为考试的重点内容，从而考查考生对相关法律规定掌握的准确性。一个不太好的趋势是，考生只归纳梳理法条中的直接规定，记住了制度内容的明确规定，在答题时能够及时回忆起法条的内容，从而比较出二者的异同。但法条的内容是有限的，考生除了要掌握明确规定的制度内容，也要从法理的角度对二者进行比较。

【例题 1】张三和李四订立买卖合同，后发生纠纷，张三根据合同中的仲裁协议提请仲裁要求李四交付标的物，仲裁过程中经过调解双方达成协议，李四及时交付了标的物，张三也当场将尾款转账给李四。问仲裁庭是否可以不出具调解书？

考生可能会记住，《民事诉讼法》第 101 条第 1 款第 3 项规定，能够即时履行的案件达成调解协议的，人民法院可以不制作调解书。而仲裁也确实可以进行调解，此时达成调解协议时可否类推适用《民事诉讼法》第 101 条的这一规则呢？事实上《仲裁法》第 51 条第 2 款明确规定，仲裁庭在调解达成协议后，应当制作调解书或者裁决书，并无不适用的余地。但是，这一规则往往不会在记忆中明确强调，因此考生对此并不会十分重视。而如果从仲裁和诉讼在学理上的区别进行分析，即便没有完全掌握法条，也能够意识到商事仲裁机构在组织和程序上的严格性，决定了其必须要有相应的结案程序，因此不可能不制作调解书。

第二,民事诉讼和其他纠纷解决方式之间的关联。具体来说又体现在两个方面:一是民事诉讼对其他纠纷解决方式的监督和支持;二是民事诉讼与其他纠纷解决方式之间的联系。其他纠纷解决方式的顺利运行,往往都需要人民法院最后的监督和支持,如在相关文书的执行、纠纷解决过程中的保全措施等制度上。而这些支持程序上存在的差异,就构成一些细节性的知识点。例如,劳动争议仲裁和人民法院的关系,是先裁后审,人民法院可以通过民事诉讼的方式撤销或变更劳动仲裁裁决;而商事仲裁和人民法院的关系,是一种监督关系,因此人民法院可以通过撤销或者不予执行程序来监督商事仲裁裁决,这种程序不是民事诉讼程序,性质上其实属于非讼程序。也因此,其救济程序就与普通的民事诉讼有所区别。

【例题2】甲公司与乙公司因为合同纠纷,根据事先订立的仲裁协议提请某仲裁机构仲裁。仲裁庭作出支持乙公司的裁决后,甲公司以仲裁过程中存在严重的程序错误为由申请撤销仲裁裁决,后某市中级人民法院依法作出裁定,撤销该裁决。问乙公司应当如何救济其权利?

本题可能构成干扰的是列举出一些裁定的救济方式,例如向检察机关提请抗诉或检察建议,向上级法院提出上诉或申请再审等。这些救济方式如果针对劳动争议仲裁,恰恰正确。但对于商事仲裁而言,都是错误的。此时乙公司的救济方式只能是另行起诉或者与甲公司重新达成仲裁协议。这种区别,根源上就是针对劳动争议仲裁、商事仲裁和人民法院的关系的不同。

综上所述,考生在复习时,应当综合相关纠纷解决方式与民事诉讼的关联,构建出中国民商事纠纷解决的结构体系。

(二)民事诉讼法与民事实体法的关系

民事诉讼法与民事实体法的互动联结,既是学科发展的趋势,也是司法实践对法律人才提出的要求。在真实的实务工作中,并不会人为地提前预设实体法问题还是诉讼法问题,而必须由法律人自行对案件涉及的各类问题全部予以分析判断。因此,法律职业资格考试近年来也加大了综合考查民事实体法和民事诉讼法的力度。

从民事诉讼法的角度来说,要勾连好实体法与诉讼法的关系,尤其是在个案中掌握法律分析的技术,就要关注民法请求权方法在民事诉讼中的实际操作。如果说请求权方法是提请给付之诉的发动机,那么其在民事诉讼中就面临了若干配套制度,需要在使用请求权方法准确识别本案原被告争议的法律问题的前提下,做出诉讼法上的解答。

1. 法院管辖中的实体问题。

法院的管辖权与案件所涉的实体请求紧密相关。一方面,大量的管辖规则都是根据案件的纠纷类型来确定,而纠纷类型本质上是由争议的民事法律关系的性质,也即诉讼标的的性质决定。例如,《民事诉讼法》第34条规定的专属管辖制度中,第1项规定"因不动产纠纷提起的诉讼,由不动产所在地人民法院管辖"。此时问题的关键就在于,如何辨析纠纷性质属于不动产物权纠纷。长期以来困扰司法实践的问题是,涉案争议标的物是不动产的纠纷,是否都属于专属管辖的不动产纠纷。这一问题在《最高人民法院关于适用〈中华人民共和国民事诉讼法〉的解释》(以下简称《民诉解释》)第28条中得到了明确,该条第1款首先将不动产纠纷限定为因不动产的权利确认、分割、相邻关系等引起的物权纠纷,第2款又规定了一些例外情况,即某些合同纠纷可以视为不动产纠纷,适用专属管辖条款。这一问题充分说明,必须首先根据请求权方法确定原告提出的本案诉讼的诉讼标的是哪种性质的纠纷,方能准确地适用管辖规则。

【例题3】甲区的张某在乙区拥有一栋别墅,装修精美。后发现别墅院墙上被人涂鸦破坏,十分难看。张某雇请工人对院墙重新粉刷,耗费1万元。经过调取监控录像,发现涂鸦是住所地位于丙区的李某所为。张某遂起诉要求李某赔偿因破坏院墙导致的损失1万元。问对该案哪些法院享有管辖权?

这一问题表面上是考查民诉上的管辖问题,但核心其实是确定原告提出的诉讼标的,也即请求权的性质。可能有学生会认为,由于被侵害的是别墅院墙的物权,因此构成不动产物权纠纷,应当按照不动产纠纷适用专属管辖规则。但这一理解是错误的,本案原告提出的实际上是侵权损害赔偿请求权,其请求权基础只能是《民法典》第 1165 条第 1 款的过错侵权规则，而不能依据《民法典》第 238 条将其作为物权纠纷处理，这也符合《民诉解释》第 28 条第 1 款中关于不动产纠纷的定性。所以，享有管辖权的法院应当是侵权行为地的乙区法院和被告住所地的丙区法院。

可见，在确定民事诉讼的管辖问题之前，必须首先依据民事实体法规则，对案件的请求权做出准确的定性，否则就可能导致管辖问题上出现混淆和错误。

2. 诉讼主体制度中的实体问题。

另一个与请求权紧密相关的问题是适格当事人的确定。根据定义，适格当事人原则上应当是争议民事法律关系的主体。在一般的给付之诉中，适格当事人的识别较为简单。但是，一旦涉及多数当事人的确定，这一问题的难度就陡然上升。《民事诉讼法》第 55 条规定了共同诉讼的类型是诉讼标的共同或是同一种类，这就涉及对原告的诉讼请求的识别，从而才能准确判断是否构成共同诉讼；而《民事诉讼法》第 59 条规定的两种第三人，也涉及是否对本诉双方当事人的诉讼标的主张独立请求权，依然需要判断第三人的主张与本诉诉讼标的的关系问题。在解决这一问题时，应当首先准确地识别原告的诉讼请求的请求权基础，进而分析判断该请求权的射程是否包括其他的相关方，从而决定诉讼法上的答案。

当然，由于民法和民事诉讼法理论上的一些争议，对于一些疑难问题，目前中国司法实务中尚未有完全的定论，实务中也可能存在不同的做法。例如，对于无民事行为能力人和限制民事行为能力人侵权时监护人的诉讼地位问题，《民法典》第 1188 条第 1 款明确规定，由监护人承担侵权责任。根据这一规则，被告应该只列监护人。但该条第 2 款又规定，有财产的无民事行为能力人、限制民事行为能力人造成他人损害的，从本人财产中支付赔偿费用；不足部分，由监护人赔偿。这一规则依然没有将行为人作为责任主体，仅仅是将其财产作为责任财产，如果按照这一规则，那么行为人无论如何不可以作为该侵权案件的适格被告。但《民诉解释》规定，无民事行为能力人、限制民事行为能力人造成他人损害的，无民事行为能力人、限制民事行为能力人和其监护人为共同被告。这两项规则未来如何协调，还有待理论界和实务界的进一步探讨。但由此我们应当意识到，当事人适格的确定应当谨慎地分析原告的诉讼请求，确定其法律关系，再结合民事诉讼法的规则和原理，作出判断。又如，共同侵权时承担连带责任的侵权人构成哪一种共同诉讼。根据过去的司法解释，此种情况下，人民法院应当追加其他共同侵权人为共同被告，似乎构成必要共同诉讼。但根据《民法典》的规定，在连带责任的情况下，原告可以选择任一责任人承担全部责任，因此从规范的意义上看，应当理解为普通共同诉讼人为佳。

【例题 4】葛某和许某分别拥有位于丙县的云峰公司 50% 的股份。后由于葛某长期霸占公司公章，许某认为自己主张的多种经营策略无法得到实现，分红权等也无法实现，在多次向葛某交涉后，葛某都置之不理，许某为维护自己的利益，向法院起诉请求解散公司。问本案的被告是谁？

本题考查的是公司解散诉讼的当事人地位。如果只从题目案情上看，似乎发生争议的是葛某和许某两人。事实上，许某确实也可以采取股东派生诉讼等方式起诉葛某，以维护公司和自己的利益。但是，本题最后非常清晰地说明，许某的诉求已经是解散公司。而这一权利的行使对象并不是其他股东，而是公司。因此，本案的被告只能是云峰公司，葛某不具有被告的地位。这一法理上的分析，也符合《最高人民法院关于适用〈中华人民共和国公司法〉若干问题的规定（二）》的具体规则。近年来，实体法和诉讼法的结合，不仅表现在民法和民事诉讼法的结合上，也表现在公司法、企业破产法、合伙企业法、票据法、保险法等商法，著作权法、商标法、专利法等知识产权法与民事诉讼法的结合上。考生要想记背各种司法解释中关于当事人地位的规则，是不现实的。更为重要的是，根据实体法和诉讼法的原理，明确原告的诉讼请求，准确界定适格当事人。

（三）非讼程序、执行程序与诉讼程序的关系

在我国，人民法院的司法活动并不限于一般民事案件的审判活动，对法定化的非争讼性案件的审理、依据国家强制力对民事权利义务的实现——强制执行等，同样构成人民法院司法权的行使范畴。非讼程

序是民事诉讼法中关于一般诉讼之外的其他程序，与一般诉讼程序不同的是，适用非讼程序的案件具有非民事争议性，因此非讼案件不存在对立的双方当事人。目前，我国民事诉讼法规定的非讼程序包括特别程序、督促程序和公示催告程序，不同非讼案件类型的审理有不同的程序设计，体现出非统一性的特点。执行程序为法院通过国家强制力实现执行依据所载权利义务关系的制度与程序安排。在程序价值与理念、基本原则、制度功能、程序规则等方面，执行程序既不同于普通审判程序，也不同于非讼程序，可以说非讼程序与执行程序两者自成体系，但就区别于一般民事案件的审判程序这一点而言，两者具有共性。

特别程序是人民法院审理特定类型的民事非讼案件和选民资格案件所适用的程序。特别程序是相对于普通程序和简易程序等一般诉讼程序而言的，因此特别程序具有优先适用性，只有特别程序无相关规定时，才适用普通程序的规定。与一般诉讼程序相比，特别程序只是确认某种法律事实或者权利是否存在，并不解决民事权利义务争议；除选民资格案件外，特别程序不存在两造的对立当事人结构；启动特别程序的当事人不一定是与本案有直接利害关系的起诉人或者申请人；特别程序实行一审终审、原则上实行独任制、不适用审判监督程序、案件审结期限较短、免交案件受理费。因此，民事诉讼法规定，只有基层人民法院能够适用特别程序审理案件，且仅适用于以下几类案件：选民资格案件；非讼案件，包括宣告公民失踪、宣告公民死亡案件，认定公民无民事行为能力、限制民事行为能力案件，认定财产无主案件，确认民事调解协议案件，实现担保物权案件。

督促程序是人民法院根据债权人的申请，向债务人发出支付令，催促债务人在法定期限内向债权人清偿债务的法律程序，目的在于迅速实现债权人的权利。督促程序仅适用于债权人请求债务人给付金钱、有价证券的案件；督促程序的启动基于债权人的申请，督促程序的终结包括债务人清偿债务或债务人向法院提出书面异议两种方式；督促程序只适用于基层人民法院，审理方式为书面审查，实行独任制与一审终审。对于解决债权债务关系明确、双方当事人均无争议但债务人因故长期未还债的案件而言，督促程序具有高效便捷的优势。

公示催告程序是在票据持有人之票据被盗、遗失或者灭失的情况下，人民法院根据当事人的申请，以公告的方式催告利害关系人在一定期间内申报权利，如果逾期无人申报，根据申请人的申请，依法作出除权判决所适用的程序。公示催告程序不解决实体争议，只是以公示的方式催告利害关系人申报权利或恢复权利人票据上的权利，在程序上解决票据被盗、遗失或者灭失的问题，因此公示催告程序仅适用于按照规定可以背书的票据与法律规定的其他情形。公示催告程序的启动基于被盗、遗失或者灭失票据的最后持有人的申请，公示催告程序的终结包括利害关系人申报的权利成立或作出除权判决两种情形；相对人必须处于不明确状态；仅适用于基层人民法院，审理方式主要是书面审查和公告方式，实行一审终审，所作判决具有除权性；公示催告程序分为公示催告阶段和除权判决作出阶段。

虽然特别程序、督促程序与公示催告程序的程序设计各不相同，功能各有侧重，但是在性质上都属于非讼程序，因此，特别程序、督促程序与公示催告程序既具有非讼程序的共性，又具有各自的个性与独立性，共同构成了具有中国特色的非讼法律制度。根据非讼案件和程序特点的不同，我国的非讼程序包括：涉及身份关系的非讼程序、涉及财产关系的非讼程序、确认权利关系的非讼程序、获得执行依据以实现权利的非讼程序、涉及公民选举政治权利的非讼程序，囊括了非民事争议案件的诸多方面，对于纠纷解决与纠纷预防具有重要的作用和功能。

执行程序是指人民法院的执行组织依照法定的程序，对发生法律效力的法律文书确定的给付内容，以国家的强制力为后盾，依法采取强制措施，迫使义务人履行义务的司法活动。执行程序与审判程序具有紧密的联系，执行程序是部分审判程序的延续，保证了裁判结果的落实和权利义务的实现，而审判程序则为执行程序提供了执行依据和执行内容。但执行程序也具有独立性，执行程序旨在保证生效法律文书的实现，因此适用范围不仅包括民事裁判确定的权利义务内容，还包括刑事裁判中的财产内容以及部分行政处罚决定。

执行程序的一般性制度包括执行机构、执行根据、执行管辖、委托执行、执行和解、执行担保、执行承担、参与分配、执行回转。这些一般性制度贯穿于执行程序始末，为执行程序的推进与结案提供了制度支撑。执行程序的启动始于权利人申请执行或审判人员移送执行。为保证生效法律文书的实现，人民法院依法可以采取执行措施，包括对财产的执行措施、对行为的执行措施、保障性执行措施、代位执行，执行措施和执行程序是合为一体的，采取执行措施就是履行执行程序。执行过程中，需要赋予执行机构较大的权限，但与此同时，执行机构作出的不当或违法执行行为与执行处分，有可能侵害执行当事人或案外人的合法权益，对此法律设置了体系化的执行救济制度。根据程序保障程度的不同，分为程序性救济与实体性救济，前者具体包括当事人或利害关系人异议、案外人异议、分配方案异议，后者具体包括案外人异议之诉、许可执行之诉、分配方案异议之诉。在执行过程中，出现法律规定的特殊情况，执行程序面临暂缓执行、执行中止、执行终结的情形。执行完毕的，则予以结案。

总体而言，非讼程序、执行程序与诉讼程序之间，存在一定的关联性，但更应注意非讼程序、执行程序与诉讼程序之间的制度差异性和程序独特性。非讼程序解决的是非民事权益争议案件，诉讼程序应对的是民事争议案件，非讼程序与诉讼程序的配合基本覆盖了所有类型的民事纠纷；诉讼程序侧重对案件作出裁判，执行程序侧重将裁判结果落实，诉讼程序在先，执行程序在后，执行程序与诉讼程序的衔接共同实现了纠纷的彻底解决；发生法律效力的非讼程序的裁定或支付令也是执行程序的执行根据，因此非讼程序与执行程序也存在联系。总之，非讼程序、执行程序与一般诉讼程序，在实现保护民事权益、解决民事纠纷、维护私法秩序的目标上是一致的，因此，必须建立诉讼程序与非讼程序对接的机制，必须妥善处理诉讼程序、非讼程序与执行程序的衔接问题。

【例题5】张三向甲法院申请针对李四的支付令，要求督促李四支付买卖合同的购货尾款5万元。甲法院送达支付令后，李四当场向甲法院提出书面异议，主张自己因为现金流紧张，暂无支付能力，3个月后必然准时付款。3日后，李四又向甲法院提出书面异议，主张张三交付的货物不符合质量要求，应当支付瑕疵担保违约金5万元，现要求用违约金抵销尾款。张三闻讯大怒，依据合同约定向乙法院提起诉讼，要求李四支付货款和迟延履行违约金共计7万元。请问本案中支付令的效力，如果其无效或失效，原因是什么？

本题中张三申请支付令符合法律要求，因此法院发出并送达支付令。此后发生的法律行为有三个：一是李四提出书面异议主张延期支付；二是李四提出书面异议，主张用瑕疵担保违约金抵销购货尾款；三是张三闻讯后另行提起了付款和违约金的诉讼。《民诉解释》规定，债务人对债务本身没有异议，只是提出缺乏清偿能力、延缓债务清偿期限、变更债务清偿方式等异议的，不影响支付令的效力。因此，李四提出的第一次异议并不足以导致支付令失效。而李四提出的第二次异议，虽然承认自己应当支付尾款，但同时主张以瑕疵担保违约金抵销尾款，这实质上是否定了该债务的效力，因此构成有效的异议，足以导致支付令失效。至于张三的另行起诉，虽然《民诉解释》规定了，债权人另行起诉的，将导致支付令失效，但此时支付令已经因为李四第二次异议失效，因而张三的另诉行为对支付令效力不再发生影响，如果在考试时，这将成为一个典型的干扰项。

【例题6】关于甲、乙之间的借款纠纷，法院作出终审判决，判决甲还乙50万元，乙申请强制执行。后甲以证据错误为由申请再审，法院裁定再审后，在再审过程中发现甲、乙已经达成和解，且履行完毕。此时再审程序和执行程序应当如何进行？

这一案件的原型是最高人民法院指导案例7号。执行程序虽然会因为再审裁定作出后中止，但是如果当事人自行在执行过程中达成和解，此时执行程序应当完全终结。而再审虽然有监督和纠错功能，但是如果其纠错的本源即原始纠纷已经不复存在，那么再审的意义也就微乎其微。因此，法院应当裁定再审程序终结。

以上案件分析主要展现了在学习非讼程序、执行程序时，要综合性地对相关构成要件和法律效果予以梳理，尤其要重视这些程序与诉讼程序发生联系的知识点，避免只记背单个法条，否则就可能导致知识体系的杂乱。此外，在具体学习时，要注意以下重要的疑点问题。

(1)准确理解特别程序的性质。特别程序属于非讼程序，其程序启动主要依利害关系人提起申请。特别程序只确认某种事实或者权利状态，并不解决纠纷。在案件审理中，如果发现存在权利义务争议，则要终结特别程序,告知当事人另行提起诉讼。在法院作出判决后,出现了新的事实或者判决所确认的事实与客观事实不符,则当事人、利害关系人可以向法院提出申请予以撤销,法院依特别程序审理查实,应撤销原判决,作出新判决。

(2)特别程序与执行程序的衔接。人民法院制作的、已经发生法律效力的民事裁定书、支付令属于执行依据。特别程序与《民法典》的结合与衔接,尤其要注意关于公民失踪与死亡、民事行为能力、担保物权的内容。

(3)宣告失踪与宣告死亡案件特别程序中财产代管人的变更程序。财产代管人自己申请变更适用特别程序,但其他利害关系人申请变更则适用普通程序。

(4)人民调解协议司法确认程序中的"人民调解协议"的范围,不限于人民调解委员会作出的调解,还包括行业调解、商事调解、行政调解、人民法院特邀调解组织和特邀调解员达成的调解协议。

(5)实现担保物权的程序中,物的担保人与主债务人并非同一人时,主债务人可否被列为被申请人或追加为第三人。学界存在对立观点:一种观点认为,主债务人并非担保物权法律关系的主体,与实现担保物权案件的申请事项无直接法律关系,可以不列;另一种观点认为,担保物权以特定物或权利为客体,特定物或权利上可能存在其他权利人,权利人之间可能存在利害冲突,因此应列入。

(6)设有担保的债务案件如何适用支付令,能否向担保人发出支付令,学界存在三种理解:一是担保人可以作为支付令的被申请人;二是担保人不可以作为支付令的被申请人;三是区分一般担保人和连带担保人,以确定担保人是否可以作为支付令的被申请人。《民诉解释》规定保证人不能列为督促程序的被申请人,否则与《民事诉讼法》第 221 条规定的条件不符。

(7)公示催告程序的适用不是仅限于"被盗、遗失、灭失"的情形。根据《最高人民法院关于审理票据纠纷案件若干问题的规定》第 25 条"可以背书转让的票据在丧失票据占有"的规定可知,凡是票据最后持有人因意志以外的原因导致票据下落不明,比如被抢劫、被抢夺丧失票据的,适用公示催告程序。

(8)利害关系人请求撤销除权判决的,撤销之诉的被告如何列明。该撤销之诉适用一般诉讼程序,存在对立的双方当事人,因此,撤销之诉的原告为利害关系人,被告为公示催告程序的申请人。

(9)除权判决的效力如何认定。《民事诉讼法》第 230 条规定了撤销除权判决的内容。如果利害关系人为票据权利人,且对该票据享有权利,则撤销除权判决。

(10)执行中止、执行终结、不予执行、停止执行的区别。①执行中止,是指在执行过程中,由于某种特殊情况的发生而暂时停止执行程序,待该情况消除后再恢复执行程序的制度。②执行终结,是指在执行过程中,由于发生某些特殊情况,执行程序不可能或没有必要继续进行,从而结束执行程序的制度。执行终结是执行程序的非正常结束。③执行终结、不予执行、停止执行皆属于执行结案的方式。不予执行指的是法院在审查仲裁裁决、公证债权文书、外国法院的判决与裁定时,以及在执行过程中,发现有不予执行的情形,裁定不予执行或结束执行的行为。④停止执行指的是案外人提起执行异议之诉,一旦法院认可该异议之诉,判决生效后就应停止执行。

(11)执行异议与执行异议之诉都属于执行救济,但民事诉讼法将执行异议作为执行异议之诉的前置条件,而非并行的救济途径。二者的区别在于:①执行异议的对象是执行程序或执行方法上的违法,而执行异议之诉涉及的是私法上的实体权利;②执行异议之诉是独立的诉讼形式,不同于执行异议仅隶属于强制的请求和申诉;③执行异议之诉解决的是实体争议,因此根据实体法律关系确定当事人,但是执行异议解决的是程序争议,因此根据执行程序中各方身份确定。

(四)一审普通程序与简易程序、二审程序、再审程序的关系

大多数考生在学习民事诉讼法的相关知识时,是按照时间顺序和法典中的顺序递次进行。但这种学习方式其实低估了普通程序在我国民事诉讼法中的基础地位。因为其他程序中的很多规则和原理,都来自普通程序。如果平均用力,没有吃透普通程序所体现的民事诉讼的基础性原理,那么就无法系统地掌握

民事诉讼的其他程序中的知识。

很多考生对于《民事诉讼法》和《民诉解释》中的一些法条比较熟悉，但是不能结合民事诉讼法理灵活运用，不能针对跨程序的制度运行作出分析。而命题时往往就会针对简易程序、二审程序或再审程序中的某种特殊情形予以考查。这种情形在法条中或许并未直接规定，但是考生需要结合民事诉讼法理，类推适用普通程序中的相关规则，作出判断。

【例题7】郭某与黄某是夫妻，后郭某起诉离婚，一审判决准予离婚，并分割了共同财产。黄某不服提起上诉，二审审理过程中，郭某与黄某再次发生争吵，郭某一怒之下服毒自杀，郭某的父母非常悲愤，认为是黄某害死了郭某。请问二审程序应当如何处理？可能的选项包括：(1)维持原判；(2)诉讼中止，等待郭某父母表态是否参加诉讼；(3)诉讼终结；(4)缺席判决。

二审程序的法条并不涉及诉讼中止、诉讼终结、缺席判决等制度规定。但本题考查的却是相关制度在二审程序中的运用。考生学习时就需要结合普通程序中相关制度的原理进行分析，意识到诉讼终结的情形包括离婚诉讼当事人在诉讼过程中死亡，而诉讼过程是贯穿从一审立案到二审的全过程。因此，本案只能裁定诉讼终结。

再审程序中明确地分为再审启动和再审审理两个阶段。在再审审理阶段中，可能适用二审程序，也可能适用一审普通程序。但由于其本身的性质是再审审理程序，因此在具体规则上也会存在若干不同。考生需要注意的是：一方面，要加强联系，梳理各个阶段程序设置上的不同，可以从审判对象、审判方式、审判组织、管辖法院、审理程序、审限时长、裁判文书等不同角度切入；另一方面，要理解再审程序的设立目的和程序功能，从民诉学理的角度考查其可能存在的特殊之处，并将其与一审程序、二审程序予以辨析。

(五)几个特殊问题

1. 诉、诉讼标的、重复诉讼。

诉是一种向法院提出的裁判请求，即诉是当事人向法院提出的要求法院对其主张的权利进行审理并作出裁判的请求。诉是连接诉权与审判权的桥梁，诉讼程序因当事人提起诉讼而启动，因法院对当事人提出的权利主张作出裁判而终结。当事人提出的诉若想被法院受理并审理，进而对其权利主张作出裁判，诉必须具备以下几个要素：(1)当事人。诉作为一种裁判请求，必须明确需要法院在哪些主体之间就何种权利主张作出裁判，因此，任何诉都必须有提出裁判请求的一方当事人，也必须有明确的相对人。(2)诉讼标的。诉讼标的谓之诉讼客体，其构成法院审理的对象。通说认为，诉讼标的是指当事人之间发生争议并提交法院加以审理裁判的民事权利义务关系。根据处分权原则的要求，诉讼标的限定了法院审理和裁判的范围，法院不得在当事人主张的诉讼标的之外进行裁判。(3)诉的理由。诉的理由是指当事人向法院提起诉的事实依据。当事人向法院提起诉讼请求保护其权利，就必须向法院提出支持其诉讼请求的案件事实，即事实依据。当事人、诉讼标的和诉的理由是每一个诉不可缺少的构成要素。

诉讼标的是指当事人向法院主张的民事权利义务关系，其与诉讼请求存在密切的联系但又有区别。诉讼请求是当事人向法院提出的具体权利要求，是基于诉讼标的提出的权利主张，诉讼请求使审理对象具体化。

【例题8】甲、乙两公司就一买卖合同发生纠纷，甲公司向法院提起诉讼，要求法院判令乙公司依合同支付货款；乙公司则反诉甲公司，因甲公司迟延交货请求法院判令甲公司承担违约责任。请问该案的诉讼标的是什么？

本案的诉讼标的是甲、乙公司基于买卖合同产生的权利义务关系；甲公司的诉讼请求是依合同请求乙公司支付货款，乙公司的诉讼请求则是依合同要求甲公司承担迟延交付的违约责任。甲公司和乙公司的诉讼请求，都是基于双方之间的合同权利义务这一涉案诉讼标的，诉讼请求则是当事人在诉讼中提出的具体的权利主张。诉讼标的与诉讼请求既有联系又有区别，两者密不可分，共同构成法院审理的对象。

重复诉讼主要包括两种情形：一是案件在法院受理后尚未作出生效判决前，当事人又就同一案件向法院提起诉讼;二是在案件经法院审理并作出生效判决后,当事人又就同一案件向法院提起诉讼。前一种情形是遵循诉讼系属的法理即通过诉讼系属的效力禁止重复诉讼;后一种情形则遵循既判力的法理即通过既判力的消极效力禁止重复诉讼。根据《民诉解释》规定,当事人就已经提起诉讼的事项在诉讼过程中或者裁判生效后再次起诉,同时符合下列条件的,构成重复起诉:(1)后诉与前诉的当事人相同;(2)后诉与前诉的诉讼标的相同;(3)后诉与前诉的诉讼请求相同,或者后诉的诉讼请求实质上否定前诉裁判结果。关于重复诉讼的识别要件,需要从以下几个方面来理解:(1)关于后诉与前诉的当事人相同,除了后诉与前诉的当事人完全相同的情形外,还应当注意代位诉讼、权利义务的继受等特殊情况。(2)关于后诉与前诉的诉讼标的相同的问题,要重点注意诉讼标的的识别问题。诉讼标的识别理论比较复杂,争论比较大,也没有形成各种类型诉讼统一的诉讼标的识别理论。总体而言,诉讼标的的识别应当从具体的诉讼类型出发并结合诉讼案件的具体案件事实来加以识别。比如,确认之诉的诉讼标的应当是当事人提出的确认某项法律关系存在或者不存在的主张;再如,给付之诉应当以当事人提出的诉讼请求的请求权为诉讼标的,其识别标准为诉讼请求与原因事实的结合。

【例题9】甲、乙两公司签订了一份家具买卖合同,因家具质量问题,甲公司起诉乙公司要求更换家具并支付违约金3万元。法院经审理判决乙公司败诉,乙公司未提起上诉。之后,乙公司向法院提起诉讼,要求确认该家具买卖合同无效。请问对乙公司的起诉,法院应采取下列哪一处理方式?

这是一个对重复诉讼识别的案例,对照上述司法解释规定的重复诉讼识别标准,该案例中后诉与前诉的当事人相同、诉讼标的相同、诉讼请求不同,但后诉提出的诉讼请求实质上是直接否定了前诉判决,因为前诉中法院支持了原告的诉讼请求,即在前诉中法院认定合同是有效的,而当事人乙公司提出的后诉是请求法院认定合同无效,显然是否定了前诉判决,构成重复诉讼。

2. 民事诉讼法基本原则及其适用。

民事诉讼法基本原则,是指能反映民事诉讼基本规律,在民事诉讼的全过程或者主要阶段起指导作用的准则。民事诉讼法基本原则具有抽象性、基础性和指导性的特征,是民事诉讼具体规则和具体制度制定的依据,也是参与诉讼的所有主体进行民事诉讼活动必须遵循的根据性规则。《民事诉讼法》对基本原则做了具体规定,包括下列5项原则。

(1)诉讼权利平等原则。该原则强调的是:当事人诉讼地位的平等性,诉讼是在法院的主持下双方当事人平等地展开攻击与防御活动,法院不偏不倚地进行判断并作出裁判。该原则还强调,当事人在诉讼中的程序平等性,法院应当依法予以保障并应当保持公正的裁判地位。立法通过“同等性规定”和“对等性规定”来保障当事人的诉讼权利平等。

(2)处分原则。该原则集中反映了民事诉讼的本质——解决私法上的利益纷争。该原则强调的是:当事人不但对其实体权利享有处分权,同时对程序权利也享有处分权。从程序方面来看,民事纠纷发生后是否诉至法院、诉讼开始后是否终结诉讼、一审判决后是否提起上诉等,都依当事人处分权的行使;从实体方面来看,当事人以何种法律关系(诉讼标的)提出怎样的权利主张、是否变更和追加诉讼请求、是否与对方当事人就权利义务争议达成和解协议,都属于当事人处分权行使的范围,法院不得干预。也即处分原则强调的是:当事人有诉讼程序启动和终结的决定权;当事人有权决定审判的对象及范围。

【例题10】乙向甲借款10万元,约定6个月到期归还本金并支付5000元利息。因乙逾期未依约履行还款义务,甲诉至法院请求判令乙返还10万元借款。法院经审理查明,乙向甲借款10万元并约定支付利息5000元,乙未履行合同义务,遂判决乙返还甲10万元借款并支付5000元利息。请问该裁判是否违反民事诉讼的基本原则?

本案中,原告并未请求支付利息,属于当事人处分权的范畴,法院依职权判决被告支付利息超越了当事人请求的范围,违反了处分权原则,判决不当。

(3)辩论原则。该原则强调的是,当事人在诉讼中享有辩论权,可以对案件的实体问题和程序问题进行辩论,法院必须保障当事人辩论权的行使。辩论权是当事人在诉讼中享有的基本诉讼权利,辩论权的行使贯穿于整个诉讼程序,法院应当在当事人辩论的基础上对案件的程序问题和实体问题进行判断。法院违反辩论原则的要求,没有保障当事人辩论权行使的,依法构成案件再审的事由。辩论原则的本质,是通过当事人的辩论形成法院裁判基础的诉讼资料——主张案件事实和提出证据,这是基于民事纠纷的私法利益本质所决定,与确立处分权原则的依据具有同样的理论基础和制度根基。从现行《民事诉讼法》和《民诉解释》的规则来看,诉讼资料的形成主要基于当事人主张和提供,法院原则上不得依职权对当事人未主张的事实进行认定,法院依职权收集证据也被限定在有限的范围内。如此,也更有利于保障当事人平等诉讼、法院不偏不倚裁判案件的主体程序构造。

(4)诚信原则。诚信原则强调的是,诉讼主体参与诉讼活动应当本着诚实、善意实施审判行为和诉讼行为。对于法院而言,法官不得滥用自由裁量权;应充分保障当事人的诉讼权利行使,不得实施突袭性裁判。比如,法院不当限制当事人的诉讼权利、没有给予当事人充分的程序保障等,都是违背诚信原则的,当事人可以提出异议,可以作为再审的事由申请再审等。对于当事人而言,不得滥用诉讼权利,不得实施前后矛盾的诉讼行为等。比如,当事人滥用诉讼权利进行虚假诉讼,法院可依法对其实施罚款、拘留等程序性制裁措施;再如,当事人进行了前后不一致的陈述,法院应当责令当事人说明理由、提供证据。

诉讼权利平等原则调整当事人之间的程序地位关系;处分原则和辩论原则调整当事人与法院之间就审理对象和审理范围的确定、诉讼资料之形成方面的地位关系;而诚实信用原则,则是一项平衡上述两项基本原则调整下法院、当事人权限划分过于严格所带来的可能损及程序公平和诉讼公正的负面结果的原则,均衡当事人之间、当事人与法院之间的诉讼权利义务关系。

(5)调解原则。调解原则强调的是,法院审理民事案件,只要适宜调解和有调解可能的案件,应当尽量用调解的方式结案。调解是法院审结民事案件的一种方式,调解结案与判决结案具有同等的法律效力。调解必须遵循自愿原则和合法原则,无论是在调解程序的启动上还是在调解协议的达成上,都应尊重当事人的意愿,法院不得强迫。调解贯穿于诉讼的全过程,在立案阶段、庭前准备阶段和庭审阶段都可以进行调解;在第一审程序中、第二审程序中和再审程序中,法院都可以根据自愿原则进行调解。

理解调解原则需要注意以下几点。①调解不是法院解决民事纠纷的必经程序,不适宜调解的案件、当事人不愿调解或虽同意调解但无法达成调解协议的案件,法院应当根据查明的案件事实及时作出判决。②双方当事人在法院主持下达成调解协议的,应当以相应形式将调解协议的内容转化为法院处理纠纷的结果,有两种表达方式:一是制作调解书送达当事人,双方当事人签收后即发生法律效力;二是对依法可以不制作调解书的案件,法院应当将调解协议的内容记入笔录,由双方当事人、审判人员、书记员签名或者盖章后,即具有法律效力。③对反悔调解协议的处理。在调解协议达成后调解书送达前,当事人反悔调解协议拒不签收调解书的,法院不得采取留置方式送达调解书,而应当依查明的案件事实及时作出判决。对于记入笔录不需要制作调解书的案件,当事人请求制作调解书的,法院可以制作调解书送交当事人,当事人事后又拒绝签收调解书的,不影响调解协议的效力。

3. 共同诉讼中的当事人适格。

适格当事人是对具体的案件所争议的权利义务(诉讼标的)能够以自己的名义提起诉讼并能取得本案判决的主体资格,具体案件的诉讼只有在适格当事人之间进行才有意义,纠纷才能得到真正的解决。

在理解当事人适格的问题上需要注意的是:(1)当事人适格与当事人能力既有联系又有区别。当事人能力是作为某一诉讼案件当事人的抽象要件,一般来讲,是否具有当事人能力与某一具体案件并无直接联系,其为法律直接加以抽象规定。比如,自然人自出生即具有当事人能力,无论其是否发生民事纠纷,是否具有行为能力,其依法具有可以作为诉讼中当事人的法律资格。当事人适格则必须结合具体的案件加以判断。作为某案件诉讼适格的当事人,首先其应当具有当事人能力,其次是对该诉讼案件可以作为当事人提起诉讼并获得判决的主体地位和资格。(2)一般来讲,当事人适格的判断标准以诉讼标的为基础。即以特定诉讼标的之权利义务主体或法律关系之主体为适格当事人,通常情况下两者是一致的。此外,对作为诉讼标的的权利义务有管理权和处分权的主体,享有诉讼实施权,也是适格当事人。例如,企业法人被宣告破产的,清算组为当事人。(3)诉讼必须在适格当事人之间进行才有意义,当事人适格是诉讼的合法性要件,在某诉讼案件中如果当事人不适格,法院应当驳回当事人的诉,不对本案进行审理。

根据我国《民事诉讼法》的规定,共同诉讼分为必要共同诉讼和普通共同诉讼。因普通共同诉讼是因诉的主、客观合并而形成,其单个诉讼中当事人为适格当事人,其合并后也为适格当事人。必要共同诉讼存在较为复杂的情形,理论上将必要共同诉讼分类为固有的必要共同诉讼与类似必要共同诉讼,司法解释实际上也将必要共同诉讼区别为这两种类型。固有的必要共同诉讼,要求当事人必须一同参加诉讼才具有适格性。需要注意的是,在固有的必要共同诉讼中,遗漏必要共同诉讼人的,此时当事人为不适格状态,法院需要追加遗漏的当事人才能对案件进行审理和作出判决。追加当事人可以由当事人申请追加,也可以由法院依职权追加。例如,在继承遗产的诉讼中,部分继承人起诉的,人民法院应当通知其他继承人作为共同原告参加诉讼,被通知的继承人不愿意参加诉讼又未明确表示放弃实体权利的,法院仍应当将其列为共同原告。在类似必要共同诉讼中,不存在当事人追加的问题。比如,保证合同约定为一般保证,债权人仅起诉被保证人的,法院应只列被保证人为被告,不必追加保证人为被告;如果债权人向保证人和被保证人一并主张权利的,法院应当将保证人和被保证人列为共同被告。

4. 证明对象、证明责任与证据提出责任。

证明对象主要包括实体法上的事实和程序法上的事实。实体法上的事实又区分为主要事实(直接事实)、间接事实和辅助事实;程序法上的事实涉及范围极为广泛,比如案件的管辖、审判人员的回避、当事人的行为能力等。在诉讼中,证明对象的确定需要符合以下三个条件:一是该事实对于案件诉讼具有法律意义;二是双方当事人对该事实存在争议;三是需要通过证据加以证明。

证明责任的适用针对的是案件主要事实或称要件事实。证明责任的作用是,在案件主要事实真伪不明的情况下,因法院不能适用以该主要事实为构成要件的法律规范作出本案判决,对该主要事实承担证明责任的一方当事人应当承担由此带来的不利后果,即承担不利益判决。可以说,证明责任规范是在案件主要事实真伪不明的情况下,法院作出判决的法律依据。因此,证明责任的分配就显得极为重要。根据立法及司法解释,证明责任按以下规则进行分配。

(1)一般规则:谁主张,谁证明。主张者有证明责任,否认者无证明责任,这是证明责任分配的一般规则。这里的主张,是指构成权利发生、权利障碍和权利消灭的主要事实,主张了这些主要事实的当事人即负有对该事实的证明责任。比如,甲起诉乙要求返还借款,而乙否认借过甲的钱,此时,是否存在借款的事实即构成证明对象;而该事实是支持原告权利主张的事实,因此,原告甲对借款事实负证明责任。再如,上述案件中,如果被告乙承认借款的事实,但主张该借款已经返还于甲,此时,乙是否已经还款的事实即构成了证明对象,而该事实是支持被告乙所主张原告甲的权利消灭的事实,应当由被告乙对该事实负担证明责任。需要注意,证明责任的分配依据不是《民诉解释》第 91 条,该条文的规定"主张法律关系存在的当事人,应当对产生该法律关系的基本事实承担举证证明责任;主张法律关系变更、消灭或者权利受到妨害的当事人,应当对该法律关系变更、消灭或者权利受到妨害的基本事实承担举证证明责任"是证明责任分配原理的复述。真正作为证明责任分配依据的,是实体法律规范中关于权利发生和消灭的各种要件的规定。

(2)特殊规则:证明责任的特殊分配规则,通常在立法和司法解释中以列举式专门加以规定。比如,《民法典》第 1230 条规定,因污染环境、破坏生态发生纠纷,行为人应当就法律规定的不承担责任或者减轻责任的情形及其行为与损害之间不存在因果关系承担举证责任。就一般侵权损害赔偿诉讼而言,因果关系是构成原告权利主张的要件事实(主要事实),应当由原告主张并承担证明责任;但环境污染损害赔偿诉讼中,考虑到双方当事人收集证据的难易程度(离证据远近)、利益平衡等,将该项事实的证明责任分配给行为人(被告)来承担。

证据提出责任,是证明责任的主观方面,即对某一事实承担证明责任的一方当事人负有提出证据加以证明的责任,或者否认方提出该事实不成立的证据加以证明的责任。当事人举证涉及证据的收集和提供两个方面。在民事诉讼中,原则上证据应当由当事人自行收集,当事人可以依法向法院申请证人出庭作证,对于专业性问题可以申请鉴定,对于证据在对方控制之下的情况,可以向法院申请责令对方当事人提出等。根据法律规定,当事人向法院提供证据,应当提供原件或者原物,提交原件或者原物有困难的,可以提供经法院核对无异的复印件、复制品。当事人收集证据有困难且符合法定情形的,可以向法院提出申请由法院收集，具体包括以下三种情形：(1)证据属于国家有关部门保存并需人民法院依职权调取的档案材料；(2)涉及国家秘密、商业秘密、个人隐私的材料；(3)当事人及其诉讼代理人确因客观原因不能自行收集的其他材料。此外，当事人向法院提供证据还需要遵守举证时限的规定。案件受理后，由法院指定举证时限，或者由双方当事人协商确定举证时限并经法院同意；当事人在确定的举证时限期间内提供证据有困难的，可以向法院申请延长期限。当事人逾期提出的证据，法院不组织质证，但对方当事人同意质证的除外。

证明责任与证据提出责任是两个联系非常紧密的制度，但也有本质区别。在诉讼中，对于某一事实的证明责任只能由一方当事人承担，其为一种结果责任，不会随着诉讼的进程而发生转移。对某一事实承担证明责任的一方当事人即负有证据提出责任。但证据提出责任与证明责任不同，对同一事实的证明双方都可能承担证据提出责任。在证明过程中，对某一事实的证明而言，承担证明责任的一方当事人需要向法院提供证据证明其主张的真实性，此为本证；同时，否认该事实的一方当事人也要向法院提供证据进行反驳，此为反证。因此，对于同一个事实的证明活动，原告、被告可能会从正、反两个方面提供证据加以证明。当当事人双方穷尽证据方法时，法院对该事实仍无法得到确信，即案件主要事实处于真伪不明状态，此时，证明责任规范即发挥裁判准据功能，对该事实承担证明责任的一方当事人将承担不利益判决。

5. 案外人异议之诉、第三人撤销之诉与案外人再审之诉。

案外人异议之诉、第三人撤销之诉与案外人再审之诉，都是对没有参与案件诉讼程序的案外人提供的救济制度。案外人异议之诉，是与案件判决本身没有关系，而是在案件执行过程中，案外人对被法院列为执行标的的财产主张权利，以提起案外人异议之诉的方式排除法院对该标的的执行处分。第三人撤销之诉与案外人再审之诉则都是与判决本身存在关联，都涉及法院生效判决可能存在错误的问题。第三人撤销之诉，是在判决作出后，第三人在知道或者应当知道其民事权益受到损害之日起 6 个月内向法院提起诉讼；而案外人再审之诉，则是在执行程序中作为案外人对执行标的主张权利并提出异议，经法院审查驳回后，该异议事由与生效判决存在牵连，案外人认为判决错误而向法院申请再审(《民事诉讼法》第 234 条)。

案外人异议之诉与案外人再审之诉的区别在于：一是在案外人异议之诉中，法院生效判决本身并无错误，而是在执行中可能错列属于案外人的财产而非被执行人的责任财产，其诉的目的是要排除法院不当的执行处分 即撤销对标的财产的执行措施。案外人申请再审，则是案外人认为生效裁判存在错误，其目的是通过再审纠正法院生效裁判的错误，以保护自己的合法权益。二是案外人异议之诉的诉讼理由是案外人能够对执行标的主张实体权利；案外人申请再审的事由，则是生效判决确有错误(参见《民事诉讼法》第 207 条之规定)。案外人异议之诉与案外人再审之诉因诉讼事由不同，因此，两者不可能同时并立：当案外人对执行标的可以主张实体权利时，则应当提起案外人异议之诉；当案外人认为判决有错误时，则应当申请再审。

第三人撤销之诉与案外人再审之诉，其基础都是认为生效判决有错误，损害其合法权益，两者的目的、功能有相似之处，程序适用上可能存在交叉的情况。应当从以下三个方面理解两个程序的适用：第一，在案外人提起异议之诉后，又根据《民事诉讼法》第 234 条提起执行异议，被驳回后又申请再审的，法院不予受理；第二，在案外人向法院提出异议被驳回后，只能根据《民事诉讼法》第 234 条的规定申请再审，提起第三人撤销之诉的，法院不予受理；第三，在案外人提起撤销之诉审理期间，法院又裁定对案件进行再审的，原则上受理第三人撤销之诉的法院应当将第三人的诉讼请求并入再审程序。由此可见，第三人撤销之诉与案外人再审之诉的适用存在排斥关系，原则上不得并立重复适用。

【大纲变化法律法规提示】

中华人民共和国民事诉讼法☆

(1991 年 4 月 9 日第七届全国人民代表大会第四次会议通过　根据 2007 年 10 月 28 日第十届全国人

民代表大会常务委员会第三十次会议《关于修改〈中华人民共和国民事诉讼法〉的决定》第一次修正　根据2012年8月31日第十一届全国人民代表大会常务委员会第二十八次会议《关于修改〈中华人民共和国民事诉讼法〉的决定》第二次修正　根据2017年6月27日第十二届全国人民代表大会常务委员会第二十八次会议《关于修改〈中华人民共和国民事诉讼法〉和〈中华人民共和国行政诉讼法〉的决定》第三次修正　根据2021年12月24日第十三届全国人民代表大会常务委员会第三十二次会议《关于修改〈中华人民共和国民事诉讼法〉的决定》第四次修正　根据2023年9月1日第十四届全国人民代表大会常务委员会第五次会议《关于修改〈中华人民共和国民事诉讼法〉的决定》第五次修正)。

【大纲变化考点提示】

第四章　主管与管辖

基本要求

理解:确定民事诉讼管辖的原则,民事诉讼法所规定的民事诉讼各类管辖的具体内容,不同类别管辖之间的关系,管辖权异议和管辖恒定制度。

熟悉并能够运用:各类管辖适用的条件、具体案件管辖的确定、管辖制度的具体运用。

第四节　地域管辖

地域管辖的概念与依据　一般地域管辖(一般地域管辖的原则规定　一般地域管辖的例外规定)　特殊地域管辖(民事诉讼法中规定的各类特殊地域管辖的适用　最高人民法院关于适用特殊地域管辖的相关司法解释)　专属管辖　共同管辖与选择管辖(共同管辖的管辖法院确定★)　协议管辖(概念　条件)

第十一章　普 通 程 序

基本要求

理解:普通程序的基本特点,起诉的条件(积极条件、消极条件),起诉审查与立案登记,案件受理的法律后果,审理前的准备,开庭审理程序,撤诉(撤诉的条件和撤诉的法律后果),缺席判决,延期审理(适用情形)、诉讼中止和诉讼终结(法定事由、法律效果)。

熟悉并能够运用:起诉制度、撤诉制度、缺席判决制度以及延期审理、诉讼中止和诉讼终结制度。

第一节　普通程序概述

普通程序的概念　普通程序的特点☆

第十三章　第二审程序

基本要求

理解:第二审程序与第一审程序的关系,上诉的提起,上诉的受理,上诉案件的审理,上诉的撤回(条件、法律后果),撤回起诉(二审程序撤回起诉的条件、法律后果),上诉裁判的几种情形及效果,上诉案件的调解,第一审程序与第二审程序的关系。

熟悉并能够运用:上诉的条件,上诉案件审理的方式,上诉案件审理的范围,上诉的撤回,有关上诉裁判的规定,上诉案件的调解。

第三节　上诉案件的审理

上诉案件审理的范围　审判组织形式　上诉案件的审理方式及地点　上诉案件的调解　上诉的撤回

（上诉撤回的条件　上诉撤回的法律效果）　上诉的撤回与起诉的撤回☆（二审撤回上诉与撤回起诉的条件☆　二审撤回上诉与撤回起诉的法律效果☆）

第十七章　涉外民事诉讼程序

基本要求

理解：涉外民事诉讼程序的一般原则，涉外民事诉讼程序与民事诉讼法的关系，涉外民事诉讼程序规定的特殊性，涉外民事诉讼程序中关于涉外案件管辖、送达、调查取证和期间的特殊规定，一般司法协助和特殊司法协助（我国法院判决、裁定以及仲裁裁决在外国的承认和执行，外国法院判决、裁定以及仲裁裁决在我国的承认与执行）。

熟悉并能够运用：涉外民事诉讼管辖和特殊司法协助的规定。

第一节　涉外民事诉讼程序概述

涉外民事诉讼程序的概念和特征☆　涉外民事诉讼程序的一般原则（适用我国民事诉讼法的原则　遵守我国缔结或参加的国际条约的原则　司法豁免原则　委托中国律师代理诉讼的原则　使用我国通用的语言、文字的原则）

第二节　涉外民事诉讼管辖

涉外民事诉讼管辖的原则　涉外民事诉讼的管辖☆　涉外民事诉讼管辖权的冲突及其解决★（排他性管辖协议　先受理法院规则　不方便法院原则）

第三节　涉外民事诉讼中的送达、调查取证、期间

涉外民事诉讼中的送达　涉外民事诉讼中的调查取证★　涉外民事诉讼中的期间

第四节　司法协助

一般司法协助（条件☆　内容☆）　特殊司法协助★　我国法院判决、裁定以及仲裁裁决在国外的承认和执行☆　外国法院判决、裁定以及仲裁裁决在我国的承认和执行☆

第十八章　特别程序

基本要求

理解：特别程序的特点，特别程序适用的范围，适用特别程序的各类案件的审理程序。

熟悉并能够运用：特别程序的法律规定。

第五节　指定遗产管理人案件的审理★

指定遗产管理人案件的申请★（申请条件、管辖法院）　审理与判决★　遗产管理人的变更★

第二十一章　执行程序

基本要求

理解：执行程序的特点，执行的原则，执行程序中的一般性制度，执行的开始，执行和解与诉讼调解的区别，执行担保与执行和解的关系。

熟悉并能够运用：各种执行措施及实施程序，执行异议的程序及处理，暂缓执行、执行中止和执行终结的规定。

第一节　执行程序概述

执行和执行程序　执行的原则　执行程序中的一般性制度（执行机构　执行根据　执行管辖　委托执行与协助执行☆　执行和解　执行担保　执行竞合★　执行承担　参与分配　责令执行与变更执行★）

第三节　执行措施及保全执行☆

对财产的执行措施(扣押、冻结、划拨、变价被执行人的金融资产　扣留、提取被执行人的收入　查封、扣押、拍卖、变卖被执行人的财产　强制被执行人交付法律文书指定的财物或票证)　对行为的执行措施(强制被执行人迁出房屋或退出土地　强制被执行人履行法律文书指定的行为)　保障性执行措施(查询被执行人的身份信息和财产信息　搜查被执行人的财产　强制被执行人支付迟延履行期间债务利息及迟延履行金　办理财产权证照转移手续　报告财产　限制出境　纳入失信名单,通报征信系统记录不履行义务信息　媒体公布不履行义务信息　限制被执行人消费)　代位执行　保全执行★

第四节　执行救济

当事人、利害关系人异议　案外人异议　分配方案异议　案外人异议之诉、许可执行之诉　分配方案异议之诉　执行回转★

第五节　暂缓执行、执行中止和执行终结

暂缓执行　执行中止　执行终结　终结本次执行★

第二十三章　仲裁委员会和仲裁协会

基本要求

理解:仲裁委员会与仲裁协会的关系,仲裁法与仲裁规则的区别与联系。

熟悉并能够运用:仲裁规则。

第二节　仲裁协会

仲裁协会的设立★　仲裁协会的职责

第二十五章　仲 裁 程 序

基本要求

理解:仲裁当事人的变更,仲裁程序与诉讼程序的主要区别,通常程序与简易程序的主要区别。

熟悉并能够运用:仲裁程序的全过程,能够适用相关仲裁程序的规定分析和解决仲裁实际中的问题。

第二节　申请与受理

申请仲裁(申请仲裁的条件　申请仲裁的方式)　审查与受理(对仲裁申请的审查　审查后的处理　对仲裁申请受理的法律后果　受理后程序★)

【教材新增要点详解】

☞ 17－2－1　涉外民事诉讼管辖的原则☆

涉外民事诉讼管辖,是指一国法院对涉外民事案件的审判权限和内部分工。为了维护我国的国家尊严,正确解决涉外民事纠纷,保护我国当事人的合法权益,同时也为了尊重其他国家的主权和法律制度,我国《民事诉讼法》在确定我国法院对涉外民事诉讼的管辖时,主要遵循以下三项原则:

1. 维护国家主权原则。涉外民事诉讼管辖直接关系到国家主权,它是国家主权在涉外民事诉讼中的具体体现。《民事诉讼法》在确定涉外民事诉讼管辖时一直坚持国家主权原则,当事人关于管辖权的约定,不得损害我国主权。

2. 诉讼与法院所在地适当联系原则。《民事诉讼法》在诉讼与法院所在地实际联系的原则之外，将“其他适当联系”原则作为人民法院管辖涉外民事纠纷案件的根据，更加便于中外当事人通过人民法院解决纠纷，更好地维护各方当事人的权益。

3. 尊重当事人原则。涉外民商事纠纷当事人协议选择我国法院管辖的，《民事诉讼法》取消了“实际联系”的要求。涉外民商事纠纷当事人通过排他性协议选择外国法院管辖的，在不违反专属管辖的规定，不涉及我国主权、安全或者社会公共利益的前提下，可以排除我国法院的管辖权。

在涉外民事诉讼程序中，可以遵循如下步骤来确定管辖法院：第一，我国参加或缔结的国际条约中可适用的规定；第二，经识别后在《民事诉讼法》第四编“涉外民事诉讼程序的特别规定”中寻找管辖权根据；第三，如没有规定，在《民事诉讼法》第二章的一般规定中寻找管辖权根据。在确定具体的管辖法院时，还需要考虑司法解释的相关规定。

☞ 17－2－2　涉外民事诉讼的级别管辖☆

涉外民事诉讼的级别管辖是指我国人民法院对一定范围涉外民事案件的审判权限和各级各类人民法院受理第一审涉外民事案件的分工权限。

2022 年最高人民法院《关于涉外民商事案件管辖若干问题的规定》规定，基层人民法院管辖第一审涉外民商事案件，法律、司法解释另有规定的除外。中级人民法院管辖争议标的额大的、案情复杂或者一方当事人人数众多的、其他在本辖区有重大影响的第一审涉外民商事案件。高级人民法院管辖诉讼标的额人民币 50 亿元以上（包含本数）或者其他在本辖区有重大影响的第一审涉外民商事案件。

☞ 17－2－3　涉外民事诉讼的地域管辖☆

我国《民事诉讼法》第四编并未对涉外民事诉讼的一般管辖作出特殊规定，因此适用《民事诉讼法》第二章的一般规定。

（一）地域管辖

为了方便人民法院审理被告在我国领域内无住所的涉外案件，更好维护国家主权、安全和发展利益，平等保护中外当事人合法权益，《民事诉讼法》增加了管辖涉外案件的类型，扩大了人民法院的管辖依据。

根据《民事诉讼法》的规定，因涉外民事纠纷，对在中华人民共和国领域内没有住所的被告提起除身份关系以外的诉讼，合同签订地、合同履行地、诉讼标的物所在地、可供扣押财产所在地、侵权行为地、代表机构住所地位于中华人民共和国领域内的，可以由合同签订地、合同履行地、诉讼标的物所在地、可供扣押财产所在地、侵权行为地、代表机构住所地人民法院管辖。除前款规定外，涉外民事纠纷与中华人民共和国存在其他适当联系的，可以由人民法院管辖。

由此可见，涉外民事诉讼程序的地域管辖规则有以下特点：

1. 人民法院对各类财产案件均可以行使管辖权。《民事诉讼法》在涉外民事诉讼地域管辖上的特别规定主要适用财产案件，对于身份关系的案件，应当适用国内民事诉讼的管辖规则。

2. 主体条件是被告在我国领域内没有住所。如果被告在我国领域内有住所，不论其国籍如何，依据司法主权的地域效力范围，我国法院均有管辖权。被告住所地与经常居住地不一致的，只要其经常居住地在我国领域内，我国法院也可以行使管辖权。

特殊地域管辖突破实际联系，以适当联系为原则。上述规定体现了诉讼与法院所在地实际联系的原则，实际联系体现为：（1）合同在我国领域内签订或者履行的，由合同签订地或者履行地人民法院管辖；（2）诉讼标的物所在地在我国领域内的，由标的物所在地人民法院管辖；（3）被告有财产在我国领域内可供扣押的，由被告可供扣押的财产所在地人民法院管辖；（4）侵权行为或者侵权结果发生在我国领域内的，由侵权行为发生地或者结果地人民法院管辖；（5）被告在我国领域内设有代表机构的，由代表机构所在地人民法院管辖。

该条第 2 款则强调与我国具有“其他适当联系”作为案件管辖的连结点。即使我国法院与涉外民事案件不具有实际联系,也可以依据其他适当联系行使管辖权。例如,最高人民法院在“康文森无线许可有限公司与中兴通讯股份有限公司标准必要专利许可纠纷管辖权异议上诉案”①中指出,对于在中国境内没有住所和代表机构的被告提起的涉外民事纠纷案件,中国法院是否具有管辖权,应审查该纠纷与中国是否存在适当联系。判断被告在中国没有住所和办事机构的标准必要专利许可纠纷是否与中国存在适当联系,可以考虑许可标的所在地、专利实施地、合同签订地、合同履行地等是否在中国境内。前述地点之一在中国境内的,应当认为该案件与中国存在适当联系,中国法院对该案件具有管辖权。

(二)专属管辖

专属管辖是指依照国际条约或国内立法,某些涉外案件只能由特定国家的法院独占管辖,而排除任何其他国家法院对此类案件的管辖权。通常情况下,被列入专属管辖的案件一般都与内国的政治、经济、法律或公共秩序有密切联系。专属管辖的效力即具有独占并且排他的管辖权,也就是凡属于一国专属管辖的案件,其他任何国家的法院均无管辖权,也不允许当事人协议选择其他国家的法院管辖。《民事诉讼法》拓展了我国法院的管辖范围,新增了我国法院有权对在我国领域内设立的法人、非法人组织的法定事项提起的诉讼和审查授予的知识产权的有效性提起的诉讼进行管辖的规定。

下列民事案件,由人民法院专属管辖:

(1)因在中华人民共和国领域内设立的法人,或者其他组织的设立、解散、清算,以及该法人或者其他组织作出的决议的效力等纠纷提起的诉讼;

(2)因与在中华人民共和国领域内审查授予的知识产权的有效性有关的纠纷提起的诉讼;

(3)因在中华人民共和国领域内履行中外合资经营企业合同、中外合作经营企业合同、中外合作勘探开发自然资源合同发生纠纷提起的诉讼。

《民事诉讼法》第 34 条规定:“下列案件,由本条规定的人民法院专属管辖:(一)因不动产纠纷提起的诉讼,由不动产所在地人民法院管辖;(二)因港口作业中发生纠纷提起的诉讼,由港口所在地人民法院管辖;(三)因继承遗产纠纷提起的诉讼,由被继承人死亡时住所地或者主要遗产所在地人民法院管辖。”这一规定主要是针对国内案件而言,就涉外案件而言,由于本条规定的是双边性管辖权的依据,很难构成“专属性”的管辖。

(三)协议管辖

协议管辖,是指双方当事人出于方便考虑,在不违背国内专属管辖的前提下,以协商一致的方式来选择管辖法院。协议管辖是契约自由和私法自治原则在涉外民事诉讼领域的自然延伸。

《民事诉讼法》规定了涉外协议管辖制度。根据当事人选择的法院不同,涉外协议管辖可以分为协议选择我国法院管辖、协议选择外国法院管辖两类情形。

1. 协议选择我国法院管辖。

涉外民事纠纷的当事人书面协议选择人民法院管辖的,可以由人民法院管辖。当事人约定不明时,根据管辖协议,起诉时能够确定管辖法院的,从其约定;不能确定的,依照民事诉讼法的相关规定确定管辖。由此可见,当事人协议选择我国法院管辖的,需满足以下条件:

(1)管辖协议须采用书面协议形式。

(2)当事人选择我国法院管辖,应当体现双方的真实意思,符合《民法典》关于法律行为有效性的规定。

(3)选择我国法院管辖的,不再要求争议与我国有“实际联系”。只要当事人协议选择我国法院管辖的,我国法院均享有管辖权。

2. 排他性管辖协议选择外国法院管辖。

当事人订立排他性管辖协议选择外国法院管辖且不违反中国民事诉讼法对专属管辖的规定,不涉及

---

① 参见最高人民法院(2019)最高法知民辖终 157 号民事裁定书。

中华人民共和国主权、安全或者社会公共利益的，人民法院可以裁定不予受理；已经受理的，裁定驳回起诉。

由此可见，与选择我国法院的管辖协议效力不同，当事人协议选择外国法院管辖的，则需要满足以下条件，才能排除我国法院的管辖权：

(1)当事人订立的管辖协议是排他性管辖协议。对同一争议，我国法院和外国法院均享有管辖权时，产生的管辖权积极冲突，根据司法主权原则，我国法院依法行使管辖权，不受外国法院是否已经行使管辖权的影响。但是为了避免浪费司法资源和维护当事人的意思自治，当事人可以订立排他性管辖协议选择外国法院管辖，赋予被选择法院或者被选择地的法院专有、排他的管辖权。只有排他性管辖协议具有排除其他法院的管辖权的效力，非排他性管辖协议则不具有此效力。

(2)排他性管辖协议选择外国法院管辖，不得违反我国法律对专属管辖的规定，不涉及我国主权、安全或者社会公共利益。否则，构成对强制性规定和公共秩序的违反，管辖协议将被认定为无效。

在司法实践中，关于排他性管辖协议存在若干争议问题。例如，排他性管辖协议的认定问题。当事人在合同中约定“可”向某国法院起诉的，是否应视为排他性管辖？对此，最高人民法院在“徐某某与张某某股权转让合同纠纷案”①中指出，当事人在合同中约定一方违约，对方“可”向某国法院起诉的管辖条款，结合其他合同条款可推断双方当事人具有选择该国法院管辖的真实意思和特定意图，且不违反我国《民事诉讼法》关于涉外管辖及专属管辖规定的情况下，应视为排他性管辖，当事人认为还可向其他国家法院起诉的，没有合同依据。

又如，排他性管辖协议还经常涉及不对称管辖条款的问题。不对称管辖权条款是涉外金融合同文件中常见条款，此类文件通常约定当事人一方必须在指定国家(或地区)的法院对另一方提起诉讼，而另一方则可以任意选择司法辖区进行起诉。最高人民法院在“交通银行信托有限公司与中国国储能源化工集团股份公司合同纠纷再审案”②中指出，基于当事人对诉讼权利的自由处分原则，双方可以约定不对称的管辖条款，即一方权利受到管辖约束，另一方不受约束，这是对一方诉讼权利义务重大的例外限制，这种例外应当具有当事人清晰明确的意思表示，没有明确表示的情况下，不能推定、解读出构成不公平不平等的权利义务。因此，人民法院判定当事人的约定是否构成不对称管辖条款，应当坚持表述清晰、明确、严格的认定标准，避免对双方当事人协议管辖法院方面的意思自治造成不适当的妨碍。案涉协议管辖条款中虽然强调了被上诉人应当遵守香港特别行政区法院的排他性管辖权，但并没有上诉人可以不受该管辖条款约束且可以依法向其他有管辖权的法院起诉的表述，再综合案涉合同的表述，应当认定案涉协议管辖条款的内容不构成不对称管辖条款，上诉人与被上诉人同等受该管辖条款约束，香港特别行政区法院对本案享有排他管辖权。

(四)应诉管辖

应诉管辖，也称默示协议管辖，是指双方当事人在没有管辖协议的情况下，一方当事人向法院起诉，另一方当事人对法院行使管辖权不提出异议，并应诉答辩或者提出反诉的，视为人民法院有管辖权。应诉管辖实际上是通过对当事人意图的推定，进而确定人民法院的管辖权。应诉管辖需要同时满足以下条件：

(1)被告对中华人民共和国人民法院管辖未提出异议。

(2)被告应诉答辩或者提出反诉。“应诉答辩”应该理解为被告就案件的实质进行了答辩，如果是特别出庭抗议管辖权，则意味着对人民法院的管辖权提出了异议。

(五)集中管辖

集中管辖，是指将以往分散由各基层人民法院、中级人民法院管辖的涉外民商事件集中交由少数受案较多、审判力量较强的中级人民法院和基层人民法院管辖。

为正确审理涉外民商事案件，最高人民法院《关于涉外民商事案件管辖若干问题的规定》对有关涉外

---

① 参见最高人民法院(2015)民申字第471号民事裁定书。

② 参见最高人民法院(2021)最高法民再277号民事裁定书。

民商事案件诉讼管辖的问题实施集中管辖。高级人民法院根据本辖区的实际情况,认为确有必要的,经报最高人民法院批准,可以指定一个或数个基层人民法院、中级人民法院分别对一审涉外民商事案件实行跨区域集中管辖。实行跨区域集中管辖的,高级人民法院应及时向社会公布该基层人民法院、中级人民法院相应的管辖区域。

2018 年最高人民法院成立了最高人民法院国际商事法庭,审理国际商事案件。作为最高人民法院的常设审判机构,国际商事法庭受理下列案件:

(1)当事人依照《民事诉讼法》第 277 条的规定协议选择最高人民法院管辖且标的额为人民币 3 亿元以上的第一审国际商事案件;

(2)高级人民法院对其所管辖的第一审国际商事案件,认为需要由最高人民法院审理并获准许的;

(3)在全国有重大影响的第一审国际商事案件;

(4)当事人协议选择国际商事仲裁机构仲裁,并申请仲裁保全、申请撤销或者执行国际商事仲裁裁决的;

(5)最高人民法院认为应当由国际商事法庭审理的其他国际商事案件。

☞ 17-2-4 涉外民事诉讼管辖的冲突及其解决☆

(一)涉外民事诉讼管辖权冲突

涉外民事诉讼管辖权冲突是指在涉外民事诉讼中,与涉外民事案件相关联的所有国家都主张管辖权或都拒绝管辖的情况,前者为管辖权的积极冲突,后者为管辖权的消极冲突。

根据《民事诉讼法》规定,当事人之间的同一纠纷,一方当事人向外国法院起诉,另一方当事人向人民法院起诉,或者一方当事人既向外国法院起诉,又向人民法院起诉,人民法院有管辖权的,可以受理。

1.《民事诉讼法》将重复诉讼与对抗诉讼均纳入平行诉讼的范畴中。

根据当事人诉讼地位的不同,平行诉讼可划分为两类:一是重复诉讼,或称为相同原告诉讼、原被告共同型诉讼。二是对抗诉讼,也称为相反当事人诉讼、原被告逆转型诉讼,即同一纠纷当事人中的一方作为原告在甲国以对方当事人为被告提起诉讼,而对方当事人同时作为原告在乙国以甲国诉讼中的原告为被告提起诉讼,也就是原告、被告的地位在两个或两个以上国家法院中的地位发生逆转的情形。

2. 对同一争议,我国法院和外国法院均享有管辖权时,我国法院依法行使管辖权,不受外国法院是否已经行使管辖权的影响。

我国对国际平行诉讼持认可态度。平行诉讼是指相同当事人就同一争议基于相同事实以及相同目的,在两个以上国家的法院进行诉讼的现象,是国际民商事诉讼管辖权积极冲突的表现形式。这种形式的特点就是不同国家的法院对同一案件都具有管辖权,而且也不排斥其他国家法院的管辖。

(二)解决平行诉讼的一般原则

从尊重当事人意思自治、减少平行诉讼等管辖权积极冲突的涉外民事诉讼发展趋势出发,《民事诉讼法》规定了解决国际平行诉讼的方法。

1. 排他性管辖协议。

通过当事人合意选择法院而使管辖特定于某一国法院,不仅能够避免管辖冲突,也可以使当事人在一定程度上预见判决的结果,从而确保判决的执行。当事人签订排他性管辖协议的目的是提供管辖法院的明确性和可预测性。当事人通过排他性管辖的合意,赋予被选择法院或者被选择地的法院专有、排他的管辖权。一份有效的排他性管辖协议,具有排除其他法院管辖权的效力。

明确排他性管辖协议的效力的一般原则与例外。当事人订立排他性管辖协议选择外国法院管辖且不违反专属管辖的规定,不涉及中华人民共和国主权、安全或者社会公共利益的,人民法院可以裁定不予受理;已经受理的,裁定驳回起诉。

2. 先受理法院规则。

先受理法院规则是指对于外国法院已经受理的相同当事人基于相同事实和相同目的的诉讼,后受理法院承认外国法院正在进行的诉讼的效力而拒绝或中止本国诉讼的制度。大陆法系国家大多采用先受理法院规则作为解决国际平行诉讼的方法。《民事诉讼法》将先受理法院规则作为解决平行诉讼的途径之一。

我国法院受理案件后,构成我国法院与外国法院积极管辖权冲突的,在满足以下条件时,我国法院可以裁定中止诉讼:

(1)外国法院先于中华人民共和国人民法院受理;

(2)经当事人书面申请。

但在下列情况下,人民法院不予裁定中止诉讼,而应当继续审理:

(1)当事人协议选择人民法院管辖,或者纠纷属于人民法院专属管辖;

(2)由人民法院审理明显更为方便。

外国法院未采取必要措施审理案件,或者未在合理期限内审结的,依当事人的书面申请,人民法院应当恢复诉讼。外国法院受理案件后作出的发生法律效力的判决、裁定,已经被我国法院全部或者部分承认,当事人对已经获得承认的部分又向人民法院起诉的,我国法院裁定不予受理;已经受理的,驳回起诉。

3. 不方便法院原则。

不方便法院原则是指一国法院依据内国法或有关国际条约,对某一涉外民事案件享有管辖权,但因其本身审理该案非常不方便或不公平,而拒绝行使管辖权,让当事人到另一个更为方便的法院进行诉讼的制度。一般情况下,不方便法院原则的运用要求存在一个更为合适的可替代法院。英美法系国家大多采用不方便法院原则作为解决国际平行诉讼的基本原则。

《民事诉讼法》规定了我国法院行使不方便管辖的程序条件和实质条件。

程序条件为被告须提出管辖权异议。实质条件共五项,必须同时具备:

(1)案件争议的基本事实不是发生在中华人民共和国领域内,人民法院审理案件和当事人参加诉讼均明显不方便;

(2)当事人之间不存在选择人民法院管辖的协议;

(3)案件不属于人民法院专属管辖;

(4)案件不涉及中华人民共和国主权、安全或者社会公共利益;

(5)外国法院审理案件更为方便。

同时满足上述条件的,我国法院可以裁定驳回起诉,告知原告向更为方便的外国法院提起诉讼。

我国法院裁定驳回起诉后,外国法院对纠纷拒绝行使管辖权,或者未采取必要措施审理案件,或者未在合理期限内审结,当事人又向人民法院起诉的,人民法院应当受理。

☞ 17-3-1 涉外民事诉讼中的调查取证☆

《民事诉讼法》规定,当事人申请人民法院调查收集的证据位于中华人民共和国领域外,人民法院可以依照证据所在国与中华人民共和国缔结或者共同参加的国际条约中规定的方式,或者通过外交途径调查收集。在所在国法律不禁止的情况下,人民法院可以采用下列方式调查收集:

(1)对具有中华人民共和国国籍的当事人、证人,可以委托中华人民共和国驻当事人、证人所在国的使领馆代为取证;

(2)经双方当事人同意,通过即时通讯工具取证;

(3)以双方当事人同意的其他方式取证。

由此可见,我国法律所规定的法院之间的域外取证途径主要包括:条约途径、外交途径、使领馆途径、当事人同意的途径。

(一)条约途径取证

根据目前我国所签订的司法协助条约的情况,条约途径主要分为两种:

1.《海牙取证公约》

我国目前加入的影响较大的普遍性公约有《海牙取证公约》,其对协助请求的提出、中央机关的确定、请求的执行和通知、请求的拒绝等相关程序、机制、文件要求等都作了明确的规定。作为《海牙取证公约》的加入国,在当事人申请人民法院调查收集的证据位于我国领域外时,如果证据所在国也加入了《海牙取证公约》,则可以根据该公约规定的具体程序和方式进行调查取证。

2. 双边司法协助条约

目前中国已经与近一百个国家签订了双边民商事司法协助条约。针对有的国家既是《海牙取证公约》的缔约国,又与我国签订了双边司法协助条约的情形,当双边司法协助条约与《海牙取证公约》不一致时,双边司法协助公约优先适用。

(二)外交取证

如果中华人民共和国与证据所在国并未就调查取证的相关事项缔结双边条约,也未共同参加相关的国际条约,则两国之间就涉外民事案件的调查取证问题可以通过外交途径解决。

(三)使领馆途径取证

在使领馆途径取证中,需要注意以下问题:

1. 采取委托使领馆代为取证方式的前提,必须是使领馆的驻在国法律未明确禁止此类取证方式,并且不得采取强制措施。

2. 使领馆受托代为取证的对象既包括证人,也包括当事人。

3. 采取此种方式调查取证,对象必须是具有我国国籍的当事人、证人,否则将不能采用。

(四)当事人同意的方式取证

1. 经双方当事人同意,通过即时通讯工具取证。

考虑到即时通讯工具作为一种新的调查取证方式刚刚出现,需要在提升调查取证效率与保障当事人诉讼权利之间做好平衡。通过即时通讯工具调查取证的,必须经过双方当事人同意。

2. 以双方当事人同意的其他方式取证。

“以双方当事人同意的其他方式取证”作为兜底条款,主要为保证域外调查取证方式的开放性,在充分尊重当事人诉讼权利的基础上,允许通过双方均认可的其他方式调查取证。

☞ 18-5-1 指定遗产管理人案件的审理☆

1. 申请指定遗产管理人案件的条件及管辖法院。

(1)必须由利害关系人或有关组织向人民法院申请。利害关系人,是指被继承人的继承人、受遗赠人以及债权人。

(2)申请的事由为申请人对遗产管理人的确定有争议。

(3)申请指定遗产管理人案件的管辖法院为被继承人死亡时住所地或者主要遗产所在地基层人民法院。

(4)指定遗产管理人案件申请书应当写明被继承人死亡的时间、申请事由和具体请求,并附有被继承人死亡的相关证据。

2. 审理与判决。人民法院受理申请后,应当审查核实,并按照有利于遗产管理的原则,判决指定遗产管理人。

3. 遗产管理人的变更。

(1)被指定的遗产管理人死亡、终止、丧失民事行为能力或者存在其他无法继续履行遗产管理职责情形的,人民法院可以根据利害关系人或者本人的申请另行指定遗产管理人。

（2）遗产管理人违反遗产管理职责，严重侵害继承人、受遗赠人或者债权人合法权益的，人民法院可以根据利害关系人的申请，撤销其遗产管理人资格，并依法指定新的遗产管理人。

☞ 23－3－1　保全执行★

保全执行，是指为了保证将来的强制执行能够得到顺利执行，以固定债务人现有财产关系或事实状态的一种执行措施。一般认为保全执行具有以下特点：

（1）暂时性。保全执行只是为了实现权利义务的最终执行所采取的暂时性或临时性措施。

（2）紧急性或及时性。为了避免被执行财产将来不能顺利执行，执行机构需要及时对被执行财产采取相应的保全措施。

（3）保密性。保全执行能够有效需要在一定程度上具有保密性。

（4）附属性。保全执行是依附于强制执行的一种附随性程序和措施。

保全执行申请既可以向做出保全裁定的人民法院提出，并由该人民法院执行，保全申请人也可以向被保全财产所在地或者被保全行为地人民法院申请执行。

执行机构在保全执行中，不得对保全标的物采取变价、划拨等处分措施。保全标的物具有下列情形之一的，人民法院可以责令当事人及时处理，由人民法院保全价款，必要时，人民法院可予以变卖、保全价款：（1）系季节性、鲜活、易腐烂变质以及其他不宜长期保存；（2）不及时变价会导致价值严重贬损；（3）保管困难或者保管费用过高。

人民法院依据保全裁定采取的查封等措施，进入终局执行之后，自动转为终局执行的执行措施。终局执行的执行措施依据确定的履行期限届满、所附条件成就之日起30日内，债权人未申请执行的，作出保全裁定的人民法院可以根据被保全人的申请，裁定解除保全。

保全中的担保，是指第三人向人民法院提供财产担保、保证或者以责任保险合同等方式提供担保，人民法院据此变更保全内容或解除保全的，进入终局执行后，人民法院可以裁定直接执行担保财产、第三人在保证范围内的财产或者由保险人赔偿被保全人遭受的损失。

☞ 23－5－1　终结本次执行★

终结本次执行，是指对于已经开始的执行案件，在经过调查这时候没有发现可供执行的财产时，在申请人签字或执行法院合议庭审查核实，经法院院长批准之后，裁定终结本次执行程序的制度。

根据《最高人民法院关于严格规范终结本次执行程序的规定（试行）》第1条的规定，终结本次执行应同时符合以下条件：（1）已向被执行人发出执行通知、责令被执行人报告财产；（2）已向被执行人发出限制消费令，并将符合条件的被执行人纳入失信被执行人名单；（3）已穷尽财产调查措施，未发现被执行人有可供执行的财产或者发现的财产不能处置；（4）自执行案件立案之日起已超过3个月；（5）被执行人下落不明的，已依法予以查找；被执行人或者其他人妨害执行的，已依法采取罚款、拘留等强制措施，构成犯罪的，已依法启动刑事责任追究程序。

【大纲配套练习题】

1.（单项选择题）老刘在乘坐公交车的过程中，因司机在急刹车时不慎而被撞在汽车后门上，造成了轻微脑震荡。为此老刘以违约为由诉至法院要求公交公司承担违约责任，在诉讼过程中老刘得知倘若以侵权为由提起诉讼还可以要求公交公司赔偿精神损失，在征得受诉法院同意的情况下，老刘改为要求公交公

司承担侵权责任并赔偿其精神损失。关于本案下列说法中正确的是:(　　)①

A. 本案属于当事人的变更　　B. 本案属于诉讼标的的变更

C. 本案属于原因事实的变更　　D. 本案属于诉讼请求的增加

2.(单项选择题)赵某与王某发生借贷纠纷,赵某于2017年9月14日向法院起诉,并向法院提供证人甲的证言。甲说他亲眼见到赵某与王某签订借款合同,还款日期是2017年5月17日,看到赵某将现金交给王某。王某向法院提交赵某亲笔所写的收条原件一张,并提供证人乙的证言。乙说他听说王某已经将钱还给赵某。根据本案情况,下列说法正确的是:(　　)②

A. 王某提交的收条是物证和原始证据　　B. 甲所说证言是本证和派生证据

C. 乙所说证言是反证和直接证据　　D. 王某提交的收条是本证和书证

3.(单项选择题)洪某投资建厂,欠吕某工程款100万元,双方协商将洪某名下部分厂房转给吕某抵债,双方未办理过户手续。后洪某因拖欠周某借款500万元被起诉,周某获得生效胜诉判决后申请执行,法院欲拍卖洪某名下的全部厂房,吕某提出执行异议。洪某向吕某承诺履行还款义务,吕某撤回异议。后因洪某不履行承诺,吕某再次向执行法院提出异议,被以重复异议为由裁定驳回。关于对吕某的救济,下列哪一表述正确的是:(　　)③

A. 向执行法院申请复议　　B. 向上一级法院申请复议

C. 向执行法院提起执行异议之诉　　D. 向上一级法院提起执行异议之诉

4.(单项选择题)德国人甲在德国通过网络向中国乙公司购物。之后由于双方就发货、款式等问题无法达成一致。甲在德国法院提起诉讼,要求取消合同。德国法院通过合法途径向中国乙公司送达了起诉状副本。中国乙公司在收到起诉书副本5日前,向中国法院提起诉讼,请求判决德国人甲继续履行合同。根据相关法律的规定,下列说法正确的是:(　　)④

A. 中国法院有权受理中国乙公司的诉讼

B. 如中国法院受理该案,应通过外交途径向甲送达相关诉讼文书

C. 如果甲对中国法院的管辖提出异议,并认为德国法院审理案件更为方便,则我国法院可以裁定驳回乙公司的诉讼,告知其向更方便的德国法院起诉

D. 甲可以和乙公司协议选择本案中消费者合同所适用的法律

---

① B。本题考查诉讼标的。诉讼标的是指当事人之间发生争执并要求法院作出裁判的民事权利义务关系。本案中老刘将原来主张的合同法律关系改为侵权法律关系,属于诉讼标的的变更。

② D。本题考查证据的分类。A选项错误,王某提交的证据是书证和原始证据;B选项错误,甲所说证言是本证和原始证据;C选项错误,乙所说证言是本证和间接证据。D选项正确。

③ C。根据《民事诉讼法》第238条的规定,执行过程中,案外人对执行标的提出书面异议的,人民法院应当自收到书面异议之日起15日内审查,理由成立的,裁定中止对该标的的执行;理由不成立的,裁定驳回。案外人、当事人对裁定不服,认为原判决、裁定错误的,依照审判监督程序办理;与原判决、裁定无关的,可以自裁定送达之日起15日内向人民法院提起诉讼。据此,法院审查后认为案外人主张对执行标的享有足以排除强制执行的理由不成立,裁定驳回后,案外人可通过申请再审或提起执行异议之诉方式救济。本题中吕某因主张对作为执行标的的部分厂房享有所有权而提出异议,其性质属于执行标的异议。由于吕某重复提出异议被法院裁定驳回,为维护其合法权益,可参照适用《民事诉讼法》第238条的规定,因异议理由不成立而被裁定驳回的方式予以救济。此时,由于据以执行的生效判决并未涉及厂房的权利归属,故与原生效判决无关,案外人吕某可向执行法院提起执行异议之诉。选项C正确,其余选项均错误。

④ A。选项A正确。这个选项考查的是平行诉讼。根据我国相关法律的规定,我国法院根据我国法律对涉外案件有管辖权的,对于外国法院已经管辖的案件,我国法院仍旧可以行使管辖权。简单理解就是"他管我也管"。需要注意的是,2023年《民事诉讼法》第281条规定,事人以外国法院先受理为由,书面申请中止的,法院可以裁定中止。选项B错误。域外文书送达的方式有非常多的途径,外交途径只是其中一种。选项中用"应"通过的说法过于绝对,错误。选项C错误。大家注意,关于不方便法院原则必须同时满足六个条件。本题中显然条件不足。这六个条件可以总结为:(1)主观不愿意:当事人没选择中国法院管,且提出管辖异议。(2)客观联系弱:没有专属,不涉利益,事实不在,参加不便。(3)外部更适合:案件更适合由外国法院管。选项D错误。根据我国法律的相关规定,双方当事人不能协议选择消费者合同所适用的法律,只有消费者可以单方面选择适用商品、服务提供地法律,这个点需要格外注意。一般来说,看到"合同",大家的第一反应是可以协议选择,但是消费者合同恰恰不允许协议选择。

5.(多项选择题)甲与乙签订水果买卖合同,甲支付了货款,但乙未按合同约定提供水果,甲欲起诉,其向水果所在地A法院申请诉前财产保全,之后又向乙住所地B区法院提起诉讼,下列说法正确的是:(　　)①

A.诉前保全应当提供担保

B.A区法院应将保全措施全部转移给B区法院

C.A区法院应冻结这批水果

D.B区法院应把案件移送给A区法院

6.(多项选择题)广西某公司与越南某公司因水果贸易发生纠纷。依据合同仲裁条款,广西公司向中国国际经济贸易仲裁委员会申请仲裁,要求越南公司赔偿因水果腐烂造成的损失。仲裁委员会经审理裁决驳回了广西公司的请求,同时裁决广西公司支付越南公司水果价款50万元人民币。越南公司申请广西公司住所地的某市中级人民法院强制执行,而广西公司认为仲裁委员会在越南公司未提出反请求的情况下裁决己方支付货款50万元实属不当。广西公司可行使何权利:(　　)②

A.向仲裁机构所在地的有管辖权的某中级人民法院起诉,请求法院判决越南公司赔偿因水果腐烂造成的损失并撤销仲裁裁决

B.向广西公司住所地的某市中级人民法院申请不予执行仲裁裁决

C.向广西公司被执行财产所在地的某市中级人民法院申请不予执行仲裁裁决

D.向仲裁机构所在地的有管辖权的某中级人民法院申请撤销仲裁裁决

7.(不定项选择题)甲、乙、丙成立某公司,公司住所地为C区。公司章程规定与公司有关的诉讼由A区法院管辖,后来丙将股权转让给丁,丙、丁在股权转让协议中约定因为转让协议发生的任何纠纷由B区法院管辖。后公司召开股东会做出了公司增资的决议,丁认为股东会的表决方式以及决议内容违反公司章程规定,欲向法院起诉请求撤销该决议,应当向哪些(个)法院起诉?(　　)③

A.本案属于公司诉讼,依法应当由公司住所地C区法院管辖

B.本案公司章程规定的管辖协议有效,丁应当向A区法院起诉

C.本案公司章程规定的管辖协议无效,丁不能向A区法院起诉

D.本案丙、丁之间约定的管辖协议有效,丁应当向B区法院起诉

---

① AB。《民事诉讼法》第104条第1款规定:"利害关系人因情况紧急,不立即申请保全将会使其合法权益受到难以弥补的损害的,可以在提起诉讼或者申请仲裁前向被保全财产所在地、被申请人住所地或者对案件有管辖权的人民法院申请采取保全措施。申请人应当提供担保,不提供担保的,裁定驳回申请。"故诉前财产保全必须提供担保,A选项表述正确。BCD选项考查的是当事人申请诉前保全和提起诉讼的法院不同时,两个法院应当如何处理的问题。《民事诉讼法》第24条规定:"因合同纠纷提起的诉讼,由被告住所地或者合同履行地人民法院管辖。"《民诉解释》第160条规定:"当事人向采取诉前保全措施以外的其他有管辖权的人民法院起诉的,采取诉前保全措施的人民法院应当将保全手续移送受理案件的人民法院。诉前保全的裁定视为受移送人民法院作出的裁定。"本案为水果买卖合同纠纷,乙某住所地B区人民法院作为被告住所地法院是有管辖权的,所以甲某可以选择向B区法院提起诉讼。甲某向采取诉前保全措施的A区法院以外的法院起诉时,A区法院应将保全手续全部转移给B区法院,而不是对水果采取具体的保全措施。故B选项表述正确,C选项、D选项表述错误。

② BCD。本题考查仲裁中的管辖。根据《仲裁法》第58条的规定,撤销仲裁裁决的申请,应当向仲裁委员会所在地的中级人民法院提出,不予执行仲裁裁决的申请则是向申请执行人所提出的执行申请的法院提出。根据《仲裁法解释》第29条的规定,不予执行仲裁裁决的管辖法院为受理申请执行的法院,有可能是被执行人住所地或者被执行财产所在地中级人民法院。所以BCD选项正确。

③ B。题干中存在两个法律关系,一是丙和丁之间的股权转让协议,该协议中约定发生纠纷由B区法院管辖;二是该公司内部的法律关系,公司章程约定发生纠纷由A区法院管辖。本案是股东丁起诉公司要求撤销股东会决议,属于公司内部的法律关系发生纠纷,与丙、丁之间的股权转让协议无关。根据《民事诉讼法》第27条规定,公司诉讼由公司住所地法院管辖。但本案中公司章程中约定与本公司有关的诉讼由A区法院管辖,问题来了,公司诉讼能否适用协议管辖,或者说当事人能否通过管辖协议的方式改变公司诉讼的管辖?这是本题的核心考点。《民事诉讼法》第27条规定的公司诉讼由公司住所地法院管辖只是一种特殊地域管辖规定,并不是专属管辖的规定,故公司诉讼并不排斥协议管辖的适用,这一观点也得到最高人民法院的认可。故本案中公司章程规定与公司有关的诉讼由A区法院管辖,该管辖协议有效,丁起诉请求撤销公司股东会决议的诉讼应当根据该管辖协议确定由A区法院管辖,不再由公司住所地C区法院管辖,所以本题AC选项错误,B选项正确。当然,丙、丁之间股权转让协议中约定的管辖协议有效,但丁起诉公司请求撤销公司股东会决议与丙、丁之间的股权转让协议无关,D选项错误。本题答案为B。